高校法学专业
核心课程配套测试

依国际经济法核心课程教材
最新版本体例组编

现代法学
试题系列

14

第十一版

国际经济法配套测试

依据最新立法及学术动态修订升级
新增考试习题、2021~2023年考研真题

教学辅导中心 / 组编

中国法制出版社
CHINA LEGAL PUBLISHING HOUSE

图书在版编目（CIP）数据

国际经济法配套测试 / 教学辅导中心组编 . —11 版
. —北京：中国法制出版社，2023. 7
高校法学专业核心课程配套测试
ISBN 978-7-5216-3578-2

Ⅰ. ①国… Ⅱ. ①教… Ⅲ. ①国际经济法-高等学校
-习题集 Ⅳ. ①D996-44

中国国家版本馆 CIP 数据核字（2023）第 093850 号

责任编辑：谢雯　　封面设计：杨泽江　周黎明

国际经济法配套测试
GUOJI JINGJIFA PEITAO CESHI

组编/教学辅导中心
经销/新华书店
印刷/三河市国英印务有限公司
开本/787 毫米×1092 毫米　16 开　　印张/ 18.5　字数/ 421 千
版次/2023 年 7 月第 11 版　　2023 年 7 月第 1 次印刷

中国法制出版社出版
书号 ISBN 978-7-5216-3578-2　　定价：52.00 元

北京市西城区西便门西里甲 16 号西便门办公区
邮政编码：100053　　传真：010-63141600
网址：http：//www.zgfzs.com　　**编辑部电话：010-63141802**
市场营销部电话：010-63141612　　**印务部电话：010-63141606**

（如有印装质量问题，请与本社印务部联系。）

第十一版出版说明

《高校法学专业核心课程配套测试丛书》是我社教学辅导中心组织编写的一套教辅丛书。该丛书专为法学院校学生掌握法律专业知识、培养法律思维能力而精心设计，分册设置涵盖法学专业核心课程，因考点全面、题量充足、解答详尽、应试性强等优点，受到广大师生的普遍欢迎，使得该丛书成为法学教辅图书中口碑相传的实力品牌。

《国际经济法配套测试》为上述丛书中的一本，自2005年首次出版后，历经多次改版重印，很多读者还来电、来信向我们表达感谢和期待。正是基于这种信赖，为及时体现该领域法学研究成果，并与我国立法发展相适应，在承继该书原有优点的基础上，我们对其全面修订。特点如下：

一、配套教材

本书结构上与国际经济法核心课程教材相配套，便于随学随练。

二、内容及时更新

1. 根据2020年《国际贸易术语解释通则》、2022年《对外贸易法》等法律文件进行全面修订。

2. 增加考试习题、部分高校2021～2023年考研真题等，并对陈旧题目进行替换。

三、加工精细考究

1. 章节前设置“基础知识图解”，归纳每章的知识体系和基本概念，帮助读者梳理知识点并检验学习成果。

2. 对重点题目的答案以脚注形式提醒注意要点，拓展解题思路。

3. 试题答案讲解细致，重点突出，为培养法律思维和提高应试能力提供有效指导。

4. 本书专门收录两套期末测试题，便于读者进行整体复习和预演自测。

四、附录全面实用

1. 收录全国部分高校国际经济法专业历年研究生入学考试真题，为准备考研的读者提供更多帮助。

2. 附录参考书目，为读者完成学习任务、深度研究国际经济法学，提供扩展阅读的指引。

3. 随书赠送课程相关法律单行本一册，方便读者随时查阅我国现行法律规定。

教学辅导中心

2023年7月

目　录

第一章　国际经济法概述

基础知识图解

- 概念、体系、特征
- 调整范围（与国际法、国际私法、经济法的界限）
- 国际经济法的历史发展
- 国际经济法的渊源
  - 条约
  - 国际惯例
  - 国内法
  - 辅助性渊源
- 基本原则
  - 国家经济主权原则
  - 公平互利原则
  - 国际合作以谋发展原则
- 普遍性国际组织与国际经济法的发展

配套测试

一、单项选择题

1. 下列关于国际经济法的调整对象的描述，哪项是正确的？（　　）

A. 只调整国家间的经济关系

B. 只调整国际组织间的经济关系

C. 只调整个人、法人之间的跨国经济关系

D. 调整国家、国际组织、不同国家的法人与个人之间的经济关系

2.《国际贸易术语解释通则》从性质上讲属于下列哪项？（　　）

A. 国际商业惯例　　B. 国际公约

C. 联大的规范性决议　　D. 国内立法

3. 下列关于“国际经济法”的说法中正确的有（　　）。

A. 国际经济法调整的范围包括有关国际贸易、投资、知识产权、服务、货币与金融、税收、国际经济组织及其交往的法律与制度

B. 国际经济法是经济法的一个分支

C. 国际经济法是调整具有涉外因素的经济关系的法律和制度的总称

D. 以上说法均不正确

4. 国际经济法与国际公法的区别主要体现在（　　）。

A. 国际公法主要调整国家间的政治、军事及外交等非经济关系，而国际经济法则主要调整各国国际经济法主体之间的经济关系

B. 惯例是国际经济法的重要法律渊源，却不是国际公法的法律渊源

C. 国家主权原则是国际公法的基本原则，而国际经济法的基本原则是平等互利原则

D. 国际公法以国家为主体，而国际经济法则不以国家为主体

5. 国际合作与发展原则主要是强调（　　）。

A. 发达国家之间的合作

B. 发达国家与发展中国家之间的合作

C. 发展中国家之间的合作

D. 社会主义国家与资本主义国家之间的合作

6. “跨国法”理论的提出者是（　　）。
A. 英国学者施瓦曾伯格
B. 美国学者杰赛普
C. 日本学者金泽良雄
D. 法国学者卡罗

7.《洛美协定》的产生，体现了（　　）。
A. 南南合作　B. 南北合作
C. 东西合作　D. 北北合作

8. 国际经济法中的首要基本规范是（　　）。
A. 经济主权原则　B. 公平互利原则
C. 全球合作原则　D. 有约必守原则

二、多项选择题

1. 下列哪几项属于国际经济法的法律渊源？（　　）
A. 国际经济条约
B. 国际商业惯例
C. 国内立法
D. 联大规范性决议

2. 下列哪些属于国际商业惯例的特点？（　　）
A. 国际商业惯例是强制性的国际经济法律渊源
B. 国际商业惯例是任意性规范，只有在当事人明确选择适用的情况下才对当事人具有约束力
C. 当事人在选择适用商业惯例时，不得对该商业惯例的内容进行任何的修改
D. 当事人在选择适用商业惯例时，可以对该商业惯例进行增、改、删

3. 下列哪些是广义的国际经济法所调整的关系？（　　）
A. 营业地位于甲国的公司与营业地位于中国的公司之间的贸易关系
B. 甲国籍人 A 与乙国籍人 B 之间的婚姻关系
C. 甲国家与乙国家间的双边投资保护协定
D. 中国甲公司与中国乙公司之间的采购合同关系

4. 下列关于国际经济法的各项陈述，哪些是正确的？（　　）
A. 国际商业惯例是在长期的国际经济交往中经过反复使用而形成的成文规则
B. 国际经济条约是国家及国际经济组织为确定其相互之间的权利义务所达成的书面协议
C. 国际经济法的基本原则是指被国际社会公认的，对国际经济法的各个领域都具有普遍指导意义的原则
D. 国际经济法的主体是指在国际关系中能行使权利和承担义务的法律人格者

5. 下列哪些属于国际经济法的调整对象？（　　）
A. 一国外贸管理机关对本国外贸公司的管理关系
B. 一国有关机构对跨国银行的法律管制
C. 东道国和跨国银行的母国对跨国银行海外分支机构的设立及经营活动的法律管制
D. 跨国税收关系

6. 下列说法中正确的有（　　）。
A. 国际经济条约是国家及国际经济组织为确定其相互之间的权利义务而达成的书面协议
B. 国际经济法的基本原则是指被国际社会公认的，对国际经济法的各个领域都具有普遍指导意义的原则
C. 国际商业惯例是在长期的国际经济交往中经过反复使用而形成的成文规则，不能随意修改
D. 国际经济法主体是指在国际关系中能行使权利和承担义务的法律人格者

7. 经济主权的主要内容包括国家对本国境内的以下各项享有完整的永久主权（　　）。
A. 一切财富　B. 一切经济活动
C. 一切机构　D. 一切自然资源

8. 根据《各国经济权利和义务宪章》的规定，发达国家在国际经济往来中应推行（　　）。
A. 互惠待遇　B. 普惠待遇
C. 无差别待遇　D. 关税普惠制

9. 1974 年联合国大会通过的重要国际经济法律文献有（　　）。
A.《关于自然资源永久主权的决议》

B.《建立国际经济新秩序宣言》
C.《各国经济权利和义务宪章》
D.《建立国际经济新秩序行动纲领》

10. 经过发展中国家的多年联合斗争，“非互惠的普惠待遇”和“非互惠的关税普惠制”已被载入许多国际文件，如（　　）。
A.《关税及贸易总协定》
B.《建立国际经济新秩序宣言》
C.《建立国际经济新秩序行动纲领》
D.《各国经济权利和义务宪章》

三、名词解释

1. 国际经济关系
2. 国际经济法的渊源
3. 国家的法律确信
4. 国际经济法学

四、简答题

1. 简述美国学者杰克逊的“国际经济法”的概念。
2. 简评联合国大会决议在形成和发展国际经济法方面的意义和作用。
3. 简述国际经济法的调整对象。
4. 简述国际经济法的渊源。

五、论述题

试论述国际经济法与国际公法及国际私法的联系与区别。

六、案例分析题

某中国北京公司与一设在中国上海的某外商独资企业于2020年12月在北京签订了一份货物买卖合同，由设在中国上海的该外商独资企业向北京公司出售通信设备，交货地点为北京公司设在北京的仓库。合同规定：因合同的执行发生纠纷，双方应首先通过友好协商解决，如果协商不成，则提交中国国际经济贸易仲裁委员会上海分会仲裁。适用的法律为《联合国国际货物销售合同公约》。问：当事人对上述合同作出的法律适用方面的选择是否正确？

参考答案

一、单项选择题

1. 答案：D。本题考查国际经济法的调整对象，国际经济法的调整对象是国家、国际组织、不同国家的法人与个人之间的经济关系。

2. 答案：A。《国际贸易术语解释通则》属于国际商业惯例，而不是国际公约。

3. 答案：A。国际经济法是调整国际经济活动和国际经济关系的法律规范的总和。其调整范围包括：有关国际贸易的法律规范与制度；有关国际投资的法律与制度；有关国际货币与金融的法律与制度；有关国际税收的法律与制度；有关国际经济组织及其交往的法律与制度。

4. 答案：A。A对，国际公法主要调整国家间的政治、外交和军事等非经济关系；国际经济法调整的是不同国家的自然人、法人、国家及国际经济组织之间的国际经济关系，而不是政治关系。B错，国际公法的渊源则主要是国际条约和国际习惯，这里的国际习惯是指国家间的政治和外交活动所产生的习惯，而非商业惯例；国际经济法的渊源包括国际经济条约、国际商业惯例、国内立法等。据此，惯例既是国际公法的渊源，也是国际经济法的渊源。C错，国际公法的基本原则包括：国家主权平等原则、不干涉内政原则、互不侵犯原则、平等互利原则、民族平等和自决原则、和平解决国际争端原则、诚实履行国际义务原则。D错，国家是国际经济法的主体之一。

5. 答案：B。国际经济法的基本原则，是指被国际社会公认的、对国际经济法的各个领域都具有普遍指导意义的原则。包括：国家经济主权原则、公平互利原则、国际合作与发展原则。国际合作与发展原则主要强调发达国家与发展中国家之间的合作，承认和尊重发展中国家的发展权，在此基础上，加强各国间在经济、社会等各方面的合作，实现共同发展。

6. **答案**：B。跨国法理论的提出者是美国学者杰赛普。

7. **答案**：B。《洛美协定》的产生，体现了南北合作。

8. **答案**：A。经济主权原则是国际经济法的首要基本规范。

二、多项选择题

1. **答案**：ABCD。国际经济法的渊源，是指国际经济法的创立方式和表现形式，包括国际渊源和国内渊源。国际渊源包括国际条约、国际惯例以及重要国际组织的决议；国内渊源主要是指国内的相关立法，在普通法国家还包括法院的判例。

2. **答案**：BD。国际商业惯例，是长期的国际经济交往中经过反复使用而形成的不成文的规则。国际商业惯例属于任意性的规范，而且当事人可以对该国际惯例的内容进行修改。

3. **答案**：AC。B项由国际私法调整，D项则属于国内法调整范围。

4. **答案**：BC。国际商业惯例，是在长期的国际交往过程中形成的习惯性做法。

5. **答案**：BCD。

6. **答案**：AB。A对，国际经济条约，是国家及国际经济组织为确定其相互间的权利义务所达成的书面协议。条约分为双边条约和多边条约，多边国际经济条约是国际经济法最主要的渊源。B对，国际经济法的基本原则，是指被国际社会公认的、对国际经济法的各个领域都具有普遍指导意义的原则。C错，国际商业惯例，是在长期的国际经济交往中经过反复使用而形成的不成文规则。国际商事惯例属于任意性的规范。只有在当事人明示选择适用时才对当事人有约束力，而且当事人还可以对其选择的商事惯例进行修改。D错，国际经济法的主体是指在国际经济交往的法律关系中（而非国际关系中），可以享受权利及承担义务的法律人格者，包括自然人、法人、国家和国际经济组织。

7. **答案**：ABD。国际经济主权原则在国际经济法领域内的体现，主要表现为国家对其全部财富和资源的拥有权、使用权和处置权，以及对经济活动的支配权等。

8. **答案**：BD。

9. **答案**：BCD。1974年联合国大会通过的重要国际经济法律文献有《建立国际经济新秩序宣言》《各国经济权利和义务宪章》以及《建立国际经济新秩序行动纲领》。

10. **答案**：ABCD。

三、名词解释

1. **答案**：有两种不同观点，观点一：国际经济关系专指国家政府之间、国际组织之间或国家政府与国际组织之间由于经济交往而产生的各种关系；国际经济关系的主体，仅限国家、国际组织以及在国际公法上具有独立人格的其他实体。观点二：国际经济关系不仅包含上述内容，而且包含属于不同国家的个人之间、法人之间、个人与法人之间以及他们与异国政府或国际组织之间由于经济交往而产生的各种关系；国际经济关系的主体，不仅限于国家、国际组织以及在国际公法上具有独立人格的其他实体，还包括在国际民商法、国际私法上具有独立人格的个人或组织，即属于不同国家的国民个人（自然人）以及各种法人。换言之，某种经济关系，其主体不论是国家政府、国际组织、个人或法人，只要这种经济关系的各方当事人分属于两个以上不同的国家或其所涉及的问题超越出一国国界的范围，都统称为国际经济关系。

2. **答案**：国际经济法是一个既含有国际法规范又含有国内法规范的综合的法律部门，其法的渊源既包括国际法方面的渊源，如国际经济条约、国际惯例、重要国际组织决议、有关国内立法以及其他辅助性渊源，又包括国内法方面的渊源，如各国涉外经济法和有关的冲突规范等。

3. **答案**：国家的法律确信即国家同意把一些决议和宣言等作为法律规范予以接受。国家的法律确信可以通过明示或默示的协议、国家实践以及决议本身表现出来。

4. 答案：国际经济法学是法学中的一门新兴学科，它是以研究国际经济关系中的法律问题及其发展规律为主要对象的科学。国际经济法学成为一门独立的法律科学，是与国际经济法成为一个独立的法律部门密切相关的。国际经济法学又是一门综合性的新兴学科。

四、简答题

1. 答案：杰克逊认为国际经济法这一词语包括非常广泛的内容：包括经济交易的法律；有关经济事务的政府规章；以及包括诉讼和国家经济关系组织的相关法律关系。在一定程度上，国际经济法可以分为两种宽泛的模式，这两种模式贯穿了国际经济法所包括的几乎全部内容。大致可以称为“交易性”的或“管理性”的。交易性的国际经济法涉及在国际贸易或者其他经济活动中进行的交易活动。其关注的主要方面是私人企业或者其他主体的行为。管理性的国际经济法，关注的是政府机构（国家的、地方的或者国际的）的角色。

另外，国际经济法的特点是：国际经济法不能从一般或者“公法”的国际法中分割或者分离开来；国际经济法和国内法或者“域内”法的关系具有特别重要的意义；对从事国际经济法项目工作的人来讲，需要不同学科的综合训练方式的研究和思考相结合；从事国际经济法工作，与从事其他国际法学科工作相比，似乎经常需要更多经验性的研究；国际经济法经常遇到收集信息这一问题；当国际经济法学的主题越来越成为政府决策和政策研究的中心时，这些问题也越来越成为新闻媒体关注的焦点，与政治团体和机构的联系也越来越密切。

【参考资料】［美］约翰·H. 杰克逊：《GATT/WTO 法理与实践》，李成钢、杨国华、张玉卿译，新华出版社 2002 年版。

2. 答案：新独立国家的兴起，形成第三世界，它们运用集体力量，谋求本国经济的发展，改造旧的国际经济秩序，促使各国在国际经济关系中尊重国家对其自然资源的永久主权，坚持公平互利，建立新的国际经济秩序，并促使联合国先后通过一系列宣言、决议等，如 1962 年《关于自然资源永久主权宣言》，1974 年《关于建立新的国际经济秩序宣言》及《行动纲领》，1974 年《各国经济权利义务宪章》等，这些文件反映了新的法律观念和法律原则，构成新的国际经济秩序的基本文件，也是国际经济法基本原则的主要渊源，对国际经济法形成一个独立的法律部门和蓬勃发展奠定了基础。

【参考资料】余劲松、吴志攀主编：《国际经济法》，北京大学出版社 2014 年版。

3. 答案：国际经济法调整的是广义的国际经济关系，即个人、法人、国家与国际组织间由于从事跨越国境的经济活动而产生的各种关系。在国际经济关系的范围上有狭义和广义之分，狭义的国际经济关系仅指国家、国际组织间的经济关系，广义的国际经济关系不仅包括上述内容，而且包括不同国家之间的个人、法人、个人和法人与国家或国际组织之间的经济关系，可称为跨国的经济关系。广义的国际经济关系不仅包括当事人间以等价有偿为基础的横向经济关系，也包括国家对法人及个人的国际经济交易活动进行管理和管制的纵向关系。

4. 答案：国际经济法是一个既包括国际法规范，又包含国内法规范的综合的法律部门，其法的渊源也具有双重性，即国际渊源和国内渊源。主要包括下述几项：第一，国际经济条约，国际经济条约是国家、国际组织间所缔结的以国际法为标准并确定其相互经济关系中权利和义务的国际经济书面协议，对缔约国具有拘束力，因而是国际经济法的重要渊源。国际经济条约包括双边的和多边的，世界性的和地区性的，普遍性的和特殊性的，造法性的和契约性的。第二，国际商业惯例，国际商业惯例是在长期的国际经济交往中经过反复使用而形成的不成文的规则。为了使不成文的国际商业惯例更便于掌握和查找，一些民间性的国际组织或协会对不成文的惯例进行了整理和编纂。国际商业惯例属于任意性的规范，只有在当事人明示选择适用的情况下才对当事人有约束力。当事人也可以对其选择的商业惯例进行删、减、改和补充。第三，联合国大会的规范性决议，国际组织通过的决议本来只属于建议性质，并不对其成员国产生必须遵守的强制力。但是随着国际实践的发展，理论界已倾向于肯定大会决议的法律拘束力，特别是有些联大决议是旨在宣告国际法原则和规范的，应具有法律效力，且有的决议在国际实践中已逐渐被接受，成为各国在国际经济交往中应遵守的准则。第四，国内立法，各国调整涉外经济关系的国内立法是国际经济法的国内法渊源。各国在调整涉外经济关系的国内立法上主要采用统一制和分流制。前者指所制定的国内经济立法既适用于国内经济关系，又适用于涉外经济关系。后者指分别制定不同的法律以调整涉内及涉外经济关系。此外，国内判例在普通法国家是重要的国际经济法的国内法渊源，但判例在我国不属于法律的渊源。

五、论述题

答案：国际经济法与国际公法的联系表现在多方面，两者的区别主要表现在：(1) 在主体上，国际经济法的主体包括自然人、法人、国家和国际经济组织。而国际公法的主体主要为国家和国际组织，自然人和法人则不能成为国际公法的主体。(2) 在法律渊源上，国际经济法的渊源包括国际经济条约、国际商业惯例、联合国大会的决议和国内立法等。而国际公法的渊源则主要是国际条约和国际习惯，这里的国际习惯与国际商业惯例不同，前者源于国家间的政治和外交活动，而非产生于商人的商业习惯。(3) 在调整对象上，国际经济法调整的是不同国家的自然人、法人、国家及国际经济组织之间的经济关系，而不是政治关系。而国际公法则主要调整国家间的政治、外交和军事等非经济关系。

关于国际经济法与国际私法的区别与联系主要表现在下列几个方面：(1) 在主体上，国际经济法的主体如前所述为自然人、法人、国家和国际经济组织。而国际私法的基本主体是自然人和法人，国家和国际组织也可以是国际私法的主体，但主要是以民事法律关系当事者的资格从事一般民事活动，而在国际经济法中国家可以主体的身份从事国际经济交往，并承担一定的权利和义务。(2) 在法律渊源上，国际经济法和国际私法均包括了国际条约、国际惯例和国内立法，但侧重有所不同，国际经济法的主要渊源是国际条约，而国际私法在渊源上更侧重各国国内法中的冲突规范，并辅以涉及法律适用方面的国际惯例和国际条约。(3) 在调整对象上，国际经济法是调整主体之间的国际经济关系，对于自然人的身份、婚姻、继承等人身方面的法律关系并不涉及，而国际私法则主要调整涉外民商事关系的法律适用问题、外国人的民事法律地位问题和国际民商事争议解决的问题等。

六、案例分析题

答案：国际经济法是调整跨越国境的经济关系的法律规范的总和。也就是说，国际经济法调整的经济关系必须具有国际性。或主体在不同国家，具有国际性；或标的具有国际性；或经济关系发生在不同国家；等等。而本案中合同在签订主体、合同订立与履行地点、买卖标的物的移动等方面均不具有国际性。特别是在签订主体方面，虽然签约的一方为外商独资企业，但它仍然是中国法人。因此，该合同的法律适用不应是调整国际经济关系的法律规范——《联合国国际货物销售合同公约》，而应适用《民法典》。

第二章　国际经济法的主体

基础知识图解

- 概述
  - 概念
  - 自然人
  - 法人
  - 国家
    - 国家及其财产豁免问题
    - 国家行为原则
- 跨国公司
  - 概念
  - 特征
  - 法律地位
  - 对其的国际管制：管辖冲突及其解决
- 国际经济组织
  - 概念、特征
  - 主要分类
    - 政府间组织与非政府间组织
    - 全球性组织与区域性组织
  - 主要国际经济组织
    - 国际货币基金组织
    - 世界银行集团
    - 世界贸易组织

配套测试

一、多项选择题

下列关于国家作为国际经济法主体的说法中正确的有（　　）。

A. 作为国际经济法主体时，国家仅以其授权以国家的名义从事民事和经济活动的组织和机构的财产为限承担民事责任

B. 国家作为国际经济法主体所进行的活动，包括其对经济的管理和监督

C. 国家只有自愿放弃豁免权，以平等的民事主体资格进行民事和经济活动时，才是国际经济法主体

D. 国际经济法的内容不仅包括经济法律规范和民事法律规范，还包括部分行政法律规范

二、名词解释

1. 国际经济法主体

2. 控制说

3. 特别许可制

4. 国家豁免

5. 国家行为原则

6. 效果原则

7. 区域性国际经济组织

三、简答题

1. 政府间国际经济组织的法律地位。

2. 简述国际经济组织的特征、种类及其发展趋势。（中国人民大学 2007 年考研真题）①

---

① 编者注：本书中收录的考研题目为编者收集整理，仅供拓展参考。

四、论述题

试论作为国际经济法主体的跨国公司的法律地位。

参考答案

一、多项选择题

答案：BD。AC错，国家是一个特殊的民事主体，作为主权的最高代表和象征，国家可以自己的名义从事各种国际、国内的经济活动，签订各种合同、条约和协议，并以国家的全部资产承担责任。国家又不同于一般的民事主体，表现为国家享有不可被剥夺的主权豁免权：未经国家同意，国家的主权行为和财产不受外国管辖和侵犯；国家不能作为被告在外国法院出庭、应诉；国家财产不能作为诉讼标的以及法院强制执行的对象。但为了适应国际经济交往的需要，国家可以通过一定方式宣布自愿放弃豁免权，以平等的民事主体资格从事各种经济活动。在这种情况下，由国家授权的负责人代表国家进行民事和经济活动。BD对，除了直接从事各种经济活动之外，国家作为国际经济法主体，还具有其他主体所不具有的特殊职能，即对经济进行管理和监督的职能，这些行政法律规范构成了国际经济法的重要内容。

二、名词解释

1. **答案**：国际经济法主体是指在国际经济关系中能行使权利和承担义务的法律人格。如前所述，国际经济法的主体包括自然人、法人、国家和国际组织。
2. **答案**：控制说是确定法人国籍的标准之一。控制说或称成员国籍说、资本控制说，即法人的资本控制在哪一国国民手中就具有哪一国的国籍，因为法人只不过是覆盖在其成员身上的一层面纱，法人的国籍应依其成员的国籍来确定。
3. **答案**：特别许可制是各国承认外国法人的方式之一。特别许可制是指外国法人须经过国内行政机关按照法定程序审核批准，才能获得承认。奥地利等国采取此种制度。
4. **答案**：国家豁免一般指一个国家不受另一个国家管辖。其主要内容是：（1）管辖豁免，指未经一国同意，不得在他国法院对其起诉或以其财产作为诉讼标的；（2）执行豁免，指未经一国同意，不得对其财产加以扣押或执行。国家及其财产豁免的法律根据是主权原则，各主权国家都是平等的，平等者间无管辖权，因此，任何一个主权国家都不受他国司法管辖。
5. **答案**：国家行为原则是指主权国家在其领域内所为的行为，外国法院无权审查其行为的合法性效力。国家行为原则与国家豁免原则相辅相成，构成主权国家应有的权力与尊严。
6. **答案**：效果原则是法院在1948年“美国铝公司”案中提出的。它是指当公司在国外行为对国内产生“效果”时，就对其行使管辖权。这一原则后来又被立法所确认，现在德国等国家也均接受并采纳这一原则。
7. **答案**：区域性国际经济组织指那些由同一区域若干国家组成的国际经济组织，如欧洲联盟、安第斯条约组织等。

三、简答题

1. **答案**：（1）具有独立的法律人格。国际经济组织必须具有一定的法律人格，才能作为国际经济法的主体行使权利和义务，在其职能范围之内开展活动。一般来讲，政府间的国际经济组织，为了实现其宗旨，均被赋予了法律人格，使得其能在法定范围之内行使权利并且履行义务。与主权国家具有的法律人格不同，国际经济组织的法律人格取决于政府的授权，其权利能力和行为能力的范围取决于其特定的宗旨与职能，取决于其基本文件的规定。具有法律人格的国际经济组织，在其基本文件规定的范围之内不受任何国家的权力管辖，具有在国际法和国内法上的符合其宗旨和职能的法律行为能力。其基本的法律能力包括缔约、取得和处置财产、进行法律诉讼的能力。应当注意的是，如果国际经济组织要在非成员国进行活动，其法律人格和法律能力应当得到非成员国的承认。因为国际组织赖以建立的基本文件的性质是一种多边条约，它对成员国具有约束力，成员国参加或者批准该基本文件就表明它承认了该国际组织具有法律人格。但是，国际组织的基本文件对非成员国没有约束力。

（2）政府间的国际经济组织享有特权和豁免。这种特权与豁免也来自成员国的授权。国际经济组织享有的特权与豁免因其性质和职能而异。国家经济组织的特权与豁免通常限于其执行职能所必要的范围。一般来讲，其具体内容包括财产和资产免受搜查、征用、没收或者其他形式的扣押、档案不受侵犯等。但是由于各个经济组织的职能不同，其特权与豁免的范围也有宽有窄。

【参考资料】余劲松、吴志攀主编：《国际经济法》，北京大学出版社、高等教育出版社 2009 年版。

2. 答案：（1）国际经济组织基本特征：它是国家之间的组织，不是凌驾于国家之上的组织；成员一般是国家，但在某些特殊情况下，非主权实体也取得了一些国际经济组织的正式成员或准成员资格；调整国际经济组织成员间关系的基本原则是国家主权平等原则；调整国际经济组织成员间关系的法律规范是国际经济组织法。

（2）当今世界主要的国际经济组织有国际货币基金组织（IMF）、世界银行集团（WBG）和世界贸易组织（WTO），它们被称为战后世界经济发展的三大经济支柱。

IMF 是目前世界上最大的政府间金融组织，是国际货币体系的核心。WBG 由国际复兴开发银行（IBRD）、国际金融公司（IFC）和国际开发协会（IDA）三个金融机构和解决投资争议国际中心（ICSID）、多边投资担保机构（MIGA）两个非金融机构组成。WTO 是正式的国际组织，其职能是为世贸组织协定和若干单项贸易协议的执行、管理运作提供方便和共同机构的框架，为各成员方的多边贸易谈判提供场所，对争端解决谅解规则程序进行管理。

（3）从活动范围看，国际经济组织发展到对国际贸易、金融、投资等各领域的全面协调和管理。从活动内容看，国际经济组织制定的法律规范开始从国际经济整体立场出发，以促进国际协调，建立国际经济的法律秩序为目标。从活动方式看，国际经济组织调节经济活动的手段也从主要采取协商、调解等传统的外交手段发展到利用仲裁、诉讼等法律手段，手段增多，效力加强。新出现的国际经济组织则一般有比较完善的结构安排，出现了组织内部权力机构、执行机构、争端解决机构的分工，并发展出具有国际经济组织特色的议事规则等组织制度。结构更合理，工作更有效率。

【参考资料】余劲松、吴志攀主编：《国际经济法》，高等教育出版社、北京大学出版社 2009 年版。

四、论述题

答案：①跨国公司在国内法上的地位。在国内法上，跨国公司并没有什么特殊的地位。它们与所在国的商业组织具有同等的地位。跨国公司的母公司或者总公司在其母国，与其他商业公司一样，是根据母国的法律成立的，其法律能力也是由母国的法律规定的。跨国公司在东道国的实体，或者是根据东道国法律成立而由母公司控制的子公司，或者是作为分公司在东道国登记注册，其地位仍然属于外国公司。无论跨国公司在东道国的这些实体是本国还是外国公司，它们与其他商业公司在法律地位上没有差别。但是，在法律上，子公司与分公司具有不同的法律地位。子公司具有独立的法律人格，相对于其母公司，它们都是独立的法律实体，子公司根据东道国法律的规定，能够独立以自己的名义享有权利能力和行为能力，能独立进行诉讼，是国内法上民事法律关系的实体。而分公司只是总公司在国外设立的办事机构、营业机构，这种机构没有独立的法律地位，不具有独立的法律人格，只不过是总公司的增设部分，具有总公司的国籍，总公司对分公司的行为承担责任。

②跨国公司在国际法上的地位。在国际上并不存在国际公司法之类，因此，跨国公司是国内法，而不是国际法的产物。无论是跨国公司的母公司还是其子公司，都必须根据本国或者东道国的公司法之类的法律设立，作为本国或者东道国的营利法人。这就决定了跨国公司不是政府不是国际组织，也不是国际法人，而是国内法人。既然它们都是国内法人，那么它们的权利能力和行为能力都只能根据国内法的规定，而不能超出国内法的规定。同时，也因为它们是国内法人，那么根据国际法的管辖原则，主权国家有属地优越权和属人优越权。跨国公司必须服从国家的管辖。基于这种管辖就产生了两个重要的后果：其一，跨国公司没有根据自己的意思独立参加国际关系的能力。它们的意志是以国家的意志为转移的。它们只能在国家的政策和法律允许的范围之内参加国际和国内活动。其二，它们也没有直接承担国际权利和义务的能力。它们只有当国际法成为国内法的时候才能享有该国际法上规定的某种权利，承担某种义务。这样，既然跨国公司缺少作为国际法上的法律能力，那么它就不可能是国际法主体了。然而，跨国公司虽然不是国际法上的主体，这并不妨碍国际法对它们的活动作出规定。但是这些规定并不直接赋予个人和公司权利和义务。就是当条约明白地规定个人和公司的权利和义务的时候，实际上是缔约国承担的一种义务，即必须通过国内法给予个人或者公司以某种权利和义务，国家是这种权利和义务的直接承担者，而个人和公司仅是间接承担者而已。

【参考资料】王传丽：《国际贸易法》，法律出版社 1998 年版；余劲松、吴志攀主编：《国际经济法》，北京大学出版社、高等教育出版社 2009 年版。

第三章　国际贸易法概述

基础知识图解

- 概念、调整范围和渊源
- 发展历史
  - 中世纪的商人法
  - 国际贸易法的编纂和统一
  - 新发展：世贸组织的推动等
- 国际贸易的立法及商业惯例
- 国际贸易法与国际商法、国际经济法等的关系

配套测试

一、名词解释

1. 国际贸易法
2. 国际贸易法的三段论

二、简答题

1. 简述国际贸易法的调整范围是什么？
2. 国际贸易法与国际商法的区别是什么？（对外经贸大学2009年考博真题）

参考答案

一、名词解释

1. 答案：国际贸易法是调整各国间商品、技术、服务的交换关系以及与这种交换关系有关的各种法律制度与法律规范的总和，包括国际公约、国际商业惯例以及各国有关对外贸易方面的法律、制度、法令与规定。

2. 答案：关于国际贸易法的发展可划分为三个阶段：第一阶段是民族国家出现之前，即中世纪商人习惯法时期。第二阶段是民族国家出现后，商人法被纳入各国国内法之中。第三阶段为当代，以跨国公司出现和联合国精神为代表的跨国贸易法。

二、简答题

1. 答案：国际贸易法的调整范围包括：(1) 国际货物买卖以及与之相联系的有关运输、保险与支付方面的法律；(2) 有关服务贸易方面的法律与制度；(3) 国际许可证贸易，即有关专利、商标、专有技术、版权的跨国转让和国际保护方面的法律与制度；(4) 国际商品制度；(5) 有关政府管理贸易方面的法律与制度。

2. 答案：国际贸易法是调整各国间货物、技术、服务的交换关系以及与这种交换关系有关的各种法律制度与法律规范的总称。其调整范围包括国际货物买卖以及与之相联系的运输、保险和支付方面的法律与制度；有关技术贸易与服务贸易方面的法律与制度；国际商品制度；有关政府管理贸易方面的法律与制度。一般认为，国际贸易法突破了传统商法的界限，加进了国家调整和管制贸易的内容。因此，国际贸易法是指传统的商法与国家管理商事活动的法律规范的总称，传统的商法仅是贸易法的一个组成部分。此外，国际商法属于私法领域，而国际贸易法既包括国家管理商事活动的公法内容，也包括传统商法的私法内容。

第四章　国际货物贸易法[①]

基础知识图解

- 国际货物买卖法律
  - 联合国国际货物买卖合同公约
    - 宗旨
    - 内容
    - 适用
      - 主体（我国存在保留）
      - 客体
      - 任意性（可排除适用）
    - 我国的保留事项
  - 2020年《国际贸易术语解释通则》
    - 两类
      - 适用于任何运输方式：DPU、DAP等
      - 适用于海运和内河运输：FAS、FOB、CFR、CIF、CIP
    - 主要内容：FOB、CFR、CIF、FCA（买卖双方义务、风险转移等）
    - 对2010年《国际贸易术语解释通则》的修订点
    - 适用方式：约定适用
- 国际货物买卖合同
  - 当事人：营业地分处不同国家的当事人
  - 要约与承诺
    - 要约与要约邀请
    - 要约的撤回与撤销
    - 不可撤销要约与要约的变更
    - 承诺
      - 生效时间
      - 撤回
      - 效力
  - 合同的形式与内容
- 买卖双方义务
  - 卖方义务
    - 提交货物和单据
      - 交货地点
      - 交货时间
      - 交付单据
    - 权利担保义务
      - 瑕疵担保
      - 知识产权权利担保、所有权担保等
  - 买方义务
    - 支付合同价款
      - 方式
      - 时间
      - 地点
    - 收取货物
      - 做好收货准备
      - 接收货物（接收不等于接受）

---

① 编者注：本章知识可谓国际经济法课程的核心内容，历年法考（司考）、考研都以此部分内容作为考查重点，望读者多花时间学习掌握。

- 违约的补救
  - 卖方违约的补救
    - 实际履行
    - 减少价金
    - 宣告合同无效
    - 损害赔偿
  - 买方违约的补救
    - 实际履行
    - 宣告合同无效
    - 损害赔偿
- 货物所有权与风险转移
  - 所有权转移（公约未涉及，依国际惯例或国际私法确定）
  - 风险转移
    - 负担原则
      - 公约（交货时间为界限、过失划分原则）
      - 惯例（贸易术语确定的原则）
    - 时间（在途货物买卖特殊性）

配套测试

一、单项选择题

1. 关于C组贸易术语，下列选项哪个是正确的？（　　）

A. 在CFR术语下，货物的风险是在装运港船上转移

B. CIF是在目的港船上交货

C. CIP是在装运港船上交货

D. 在CFR术语下，货物的风险是在目的港交付时转移

2. 假设甲、乙两国均为1980年《联合国国际货物销售合同公约》的缔约国，依公约的规定，下列哪项适用公约的规定？（　　）

A. 甲国A公司与乙国B公司关于船舶的买卖

B. 甲国A公司与乙国B公司关于股票的买卖

C. 营业地位于甲国的甲国A公司与营业地位于乙国的甲国B公司订立的洗衣机的买卖合同

D. 营业地位于甲国的甲国A公司与营业地位于甲国的乙国B公司订立的电视机的买卖合同

3. 马来西亚A公司于1999年10月25日收到来自中国B公司的电报，表明中国B公司撤回其发出的关于向马来西亚出口某种中药500箱的要约的意思。10月30日，马来西亚公司收到了中国B公司关于该500箱中药的发盘，马来西亚公司认为此盘价格条件合适，并于11月2日电告中国B公司表示其承诺的意思。后中国B公司既无音信，也没如马来西亚公司所愿履约，马来西亚公司认为中国B公司没有履行合同，应当赔偿马来西亚公司的损失。关于本案，下列选项哪个是正确的？（　　）

A. 马来西亚公司10月25日给中国B公司的电报是一个碰头的要约

B. 中国B公司应当履行合同，因为马来西亚公司已表示了承诺

C. 因为马来西亚公司的要约已被中国B公司撤销，因此合同没有成立

D. 因为中国B公司的要约已被该公司撤回，因此合同没有成立

4. 在CFR合同中，卖方承担的合同义务不包括什么内容？（　　）

A. 自行承担风险及费用，取得出口许可证或其他官方批准证件，并办理货物出口所需的一切海关手续

B. 办理货物在运输途中应由买方承担的货物灭失或损坏风险的海运保险

C. 按照通常条件自行负担费用订立运输合同

D. 除非另有约定，自行负担费用毫不迟延地向买方提供为约定目的港所用的通常的运输单证

5. 甲国公司（卖方）与乙国公司订立了国际货物买卖合同，FOB价格条件，采用海上运输方式。甲乙两国均为《联合国国际货

物销售合同公约》缔约国，下列哪一选项是正确的？（　　）（司考. 2009. 1. 40）①

A. 货物的风险应自货物交第一承运人时转移

B. 因当事人已选择了贸易术语，《联合国国际货物销售合同公约》整体不再适用该合同

C. 甲国公司应在装运港于约定日期或期限内将货物交至船上

D. 甲国公司在订立运输合同并装船后应及时通知乙国公司办理保险

6. 某国A公司（卖方）与中国B公司（买方）签订货物买卖合同，双方约定价格条件为CFR（大连）。货物由C公司承运，在该贸易中，对于货物的保险费用由谁来支付？（　　）

A. A公司

B. B公司

C. A、B双方共同承担

D. C公司承担

7. 某国甲公司与中国乙公司签订国际货物买卖合同，对于该合同适用的法律，下列说法错误的是（　　）。

A. 如果双方在合同中没有约定合同适用的法律，那么该合同有关问题应当适用《联合国国际货物销售合同公约》

B. 双方可以约定排除《联合国国际货物销售合同公约》的适用

C. 当事人不可以约定仅部分适用《联合国国际货物销售合同公约》

D. 当事人可以在买卖合同中对《联合国国际货物销售合同公约》的内容进行一定的改变

8. 我国A公司向印度B公司发出传真："购一级天麻200吨，每吨250美元CIF上海，2000年5月1日至10日装船。"B公司回电称："接受你方条件，2000年6月装船。"依1980年《联合国国际货物销售合同公约》的规定，B公司的回电属于下列哪项？（　　）

A. 承诺　　B. 反要约

C. 要约邀请　　D. 逾期承诺

9. 依1980年《联合国国际货物销售合同公约》的规定，一项逾期的承诺具有何种效力？（　　）

A. 绝对有效

B. 绝对无效

C. 除非要约人毫不迟延地通知表示接受，否则无效

D. 除非要约人毫不迟延地通知表示反对，否则有效

10. 中国甲公司以CIF价向某国乙公司出口一批服装，以信用证方式付款，有关运输合同明确约定适用《海牙规则》。甲公司在装船并取得提单后，办理了议付。两天后，甲公司接乙公司来电，称装船的海轮在海上因雷击失火，该批服装全部烧毁。对于上述情况，下列哪一选项是正确的？（　　）（司考. 2009. 1. 43）

A. 乙公司应向保险公司提出索赔

B. 甲公司应向保险公司提出索赔

C. 甲公司应将全部货款退还给乙公司

D. 乙公司应向承运人提出索赔

11. 下列哪项是1980年《联合国国际货物销售合同公约》在规定承诺生效时间上采用的原则？（　　）

A. 投邮生效主义

B. 到达生效主义

C. 了解生效主义

D. 有限制的到达生效主义，即以函件、电报、电传达成协议的情况下，以作出书面确认书的时间为合同成立的时间

12. 在国际货物买卖中，卖方将代表货物所有权的单据交到买方手中，以完成货物所有权转移的交货方式称为下列哪项？（　　）

A. 实际交货　　B. 工厂交货

① 编者注：部分题目在括号内标注了司法考试真题序号，以本题为例，表示本题为2009年司法考试卷一第40题。以下不再特别注明。

C. 目的地交货　　D. 象征性交货

13. 国际货物买卖中，一方当事人违反合同应负的损害赔偿责任应与下列哪项相等？（　）

A. 另一方当事人因他违反合同而遭受的包括利润在内的损失额

B. 另一方当事人因他违反合同而遭受的不包括利润在内的损失额

C. 另一方当事人因他违反合同而遭受的不包括利润在内的损失额加违约金

D. 另一方当事人因他违反合同而遭受的包括利润在内的损失额加违约金

14. 中国 A 公司（卖方）与泰国 B 公司（买方）订立了一份出口精密仪器的合同（该买卖合同适用 1980 年《联合国国际货物销售合同公约》）。合同规定：买方应在仪器制造过程中按进度付款。合同订立后，B 公司即获悉卖方 A 供应的仪器质量不稳定。于是立即通知 A：据悉你公司供货质量不稳定，故我方暂时中止履行合同。卖方 A 收到通知后，立即向 B 提供书面保证：如不能履行义务，将由银行偿还买方按合同规定所作出的一切支付。A 公司同时向 B 公司出具了一份银行保函。但 B 公司收到此保证和银行保函后仍然坚持中止履行合同。下列哪一选项是正确的？（　）

A. 双方的合同应在 B 公司向 A 公司发出通知时即无效

B. 公司的行为妥当，不构成违约

C. A 公司的履约能力存在缺陷，但其提供了充分的保证后，B 公司应继续履行义务

D. 鉴于 A 公司的履约能力的缺陷，B 公司可以宣告解除合同

15. 国际贸易中卖方提交的单据通常不包括下列哪项？（　）

A. 保险单　　B. 商业发票

C. 领事签证　　D. 信用证

16. 中国甲公司与外国乙公司签订了出口一批水果的合同，双方约定货到验收以后付款。货到买方验收时发现水果总重短少 10%，且抽样检查每个水果的重量也低于合同规定，乙公司于是拒绝付款也拒绝收货。后来水果全部腐烂，并且乙公司所属国海关还要求支付仓储费和处理水果的费用 5 万元。请问，本案中水果腐烂的损失以及仓储费和处理水果费应由谁承担？（　）

A. 乙公司

B. 甲公司

C. 承运人

D. 甲公司和乙公司各承担一半

17. 根据《联合国国际货物销售合同公约》的规定，对于正在运输途中的货物进行交易，货物的风险原则上从何时由卖方转移给买方？（　）

A. 卖方交货时　　B. 买方收货时

C. 双方约定的时间　　D. 合同成立时

18. 依据《联合国国际货物销售合同公约》，如果卖方宣告合同无效，他仍可以采取下列哪个救济措施？（　）

A. 支付货款　　B. 收取货物

C. 损害赔偿　　D. 中止履行合同

19. 依《联合国国际货物销售合同公约》的规定，只能由买方采取的违约救济方法是下列哪项？（　）

A. 实际履行

B. 在先期违约时中止履行

C. 损害赔偿

D. 减少价金

20. 在国际贸易中，CIF 条件与 FOB 条件的主要区别是什么？（　）

A. 货物的价格构成不同，在 CIF 条件下，货价中包括了保险费和运输费用；而在 FOB 条件下，货价中不包括保险费与运费

B. 卖方所承担的责任不同，在 FOB 条件下，卖方必须根据买卖合同的要求，负责订立货物运输合同和货物运输保险合同，负责支付运费与保险费，并及时向买方提供适当的提单和保险单据

C. 在 CIF 条件下，卖方需办理货物出口

所需的一切海关手续，而在 FOB 条件下，货物出口所需的一切海关手续由买方办理

D. 风险转移的时间不同，在 CIF 条件下，卖方负担货物丢失或损坏的一切风险，直至货物在目的港交给买方时为止。而在 FOB 条件下，卖方负担货物丢失或损坏的一切风险，直到货物在装运港被置于船上时为止

21. 关于 D 组贸易术语，下列选项哪个是正确的？（　　）

A. DAT 是在目的地交货

B. DAP 是在运输终端交货

C. DDP 是完税后交货

D. DDP 和 DAP 术语下，货物的风险是在目的港交付时转移

22. 我国甲公司与日本乙株式会社在万国博览会上签订了一份由日方向中方提供 BX2 船用设备的买卖合同。其中价格条款为 USD832000/DAT。运输途中由于不可抗力导致船舶起火，虽经及时抢救，仍有部分设备被烧坏。之后双方就设备损失赔偿发生争议并申请仲裁。应由谁来承担烧坏设备的风险？（　　）

A. 乙株式会社

B. 甲公司

C. 船公司

D. 乙株式会社和甲公司依据公平原则各承担一半货物损失

23. 某国的甲公司是生产汽车用润滑油的大型公司，德国的乙公司专营汽车维修养护用品的进出口业务，2010 年 5 月两公司签订了买卖合同，采用了 CIF 贸易术语，甲公司按照合同的规定于 2010 年 7 月完成装运并发货。9 月到达了目的港，乙公司在与甲公司签订了买卖合同后就在国内寻找买主，于 2010 年 8 月与国内批发商丙公司签订了转卖合同，请问：该批货物的风险从何时转移给丙公司（　　）。

A. 置于船上时转移

B. 收到货后转移

C. 甲、乙公司买卖合同成立时转移

D. 乙、丙公司买卖合同成立时转移

24. 我国甲公司向瑞典乙公司发出传真：“购高级新闻纸 2000 吨，每吨 38 美元，以信用证支付，CIF 上海，1999 年 5 月 1 日至 5 日装船。”乙公司回电称：“同意你方条件，但是由于目前原材料价格上涨，现在价格为每吨 40 美元。”根据国际惯例，乙公司的回电属于（　　）。

A. 承诺　　B. 反要约

C. 交叉要约　　D. 逾期承诺

25. 英国公司甲给中国公司乙发盘：“供应 50 台拖拉机，每台 CFR 北京 3800 美元，合同订立后在 2 个月内装船，不可撤销即期信用证付款，请电复。”乙还盘：“接受你的发盘，在订立合同后 1 个月内装船。”双方的合同是否成立？（　　）

A. 合同已经成立

B. 合同未成立

C. 乙的还盘构成承诺

D. 甲乙应该履行合同义务

26. 我国 X 公司收到新加坡 Y 公司如下来电：“确认售与你方大米 1000 吨。每吨 CIF 天津 300 美元，1999 年 10 月交货……” X 公司复电如下：“确认你方来电和我方购买你方大米 1000 吨，条件按你方电报规定，请提供适合海运的包装……”后来该商品国际市场价格上涨，Y 公司拒绝向 X 公司交货，而将货物另行出售，双方遂发生争议。如果 Y 公司收到 X 公司传真后未提出异议，则该买卖合同的成立时间为（　　）。

A. X 公司收到 Y 公司传真时

B. Y 公司收到 X 公司传真后的合理时间内

C. X 公司的传真到达 Y 公司时

D. X 公司向 Y 公司发出传真时

27. 根据 2010 年《国际贸易术语解释通则》的规定，关于 FOB 贸易术语，下列哪一选项是正确的？（　　）

A. 卖方应当在目的港交货

B. 卖方应当自费取得货物保险

C. 卖方无义务自费订立运输合同
D. 该贸易术语适用于各种运输方式

28. 根据《联合国国际货物销售合同公约》的规定，下列哪个事项可以适用公约？（　）
A. 合同的效力问题
B. 所售货物的所有权问题
C. 该货物造成的人身伤害或死亡的责任问题
D. 合同双方的权利义务问题

29. 我国某大型国有企业向某国一家生产商订购了一套大型采矿设备，合同规定该设备分四批到货。前三批设备均按期按质到货，但在收到第四批设备时，发现有严重的质量问题，这种情况下，我方依《联合国国际货物销售合同公约》的规定，应该如何处理？（　）
A. 我方有权宣告该批货物的交付行为无效，但无权解除整个合同
B. 我方有权要求生产商就该批设备承担违约责任
C. 我方有权将该批设备退还给生产商，要求其交付符合合同的设备
D. 我方不仅有权宣告该批设备的交付行为无效，也有权解除整个合同

30. 区别国际货物买卖合同和国内货物买卖合同的标准是（　）。
A. 双方当事人的住所地
B. 双方当事人的营业地
C. 双方当事人的国籍和营业地
D. 双方当事人的国籍

31. 调整国际货物买卖最重要的国际立法是（　）。
A.《关于国际货物买卖统一法公约》
B.《关于国际货物买卖合同成立统一法公约》
C.《联合国国际货物销售合同公约》
D.《统一商法典》

32. 甲国A公司与乙国B公司订立买卖合同，约定合同适用丙国的法律。甲、乙、丙三国都不是《联合国国际货物销售合同公约》的成员。后双方在合同履行过程中发生争议并诉诸法院，法院根据丙国冲突规范的指引，确定准据法为丁国法律，丁国是上述公约的成员国。下列说法中正确的有（　）。
A.《联合国国际货物销售合同公约》不一定适用于A公司与B公司之间的买卖合同
B. 受案法院应当适用丙国的实体法而不应再由丙国的冲突规范指引确定丁国法律作为准据法
C.《联合国国际货物销售合同公约》不适用于A公司与B公司之间的买卖合同
D.《联合国国际货物销售合同公约》适用于A公司与B公司之间的买卖合同

33. 国际贸易术语的作用主要是（　）。
A. 为了明确合同的效力
B. 为了确定货物的质量
C. 为了明确买卖双方各自的风险、责任和费用
D. 为了明确合同是否已经订立

34. 下列关于《联合国国际货物销售合同公约》的说法中，哪个正确？（　）
A. 公约适用于具有不同国籍或营业地位于不同国家的当事人间的国际货物销售合同
B. 公约不涉及国际货物买卖合同中货物的所有权问题和因货物造成的人身伤亡的责任问题
C. 公约不适用于那些提供劳务或服务的合同
D. 当事人可以通过选择其他法律来排除公约的适用，也可以对公约的内容进行改变，除非存在其所在国的相关保留

35. 在CIF条件下，货物风险转移的时间是（　）。
A. 货物在装运港码头被置于船上时
B. 卖方交货时
C. 买方接收货物时
D. 投保时

36. 2008年8月11日，中国甲公司接到法国

乙公司出售某种设备的发盘，有效期至9月1日。甲公司于8月12日电复："如能将每件设备价格降低50美元，即可接受。"对此，乙公司没有答复。甲公司于8月29日再次致电乙公司表示接受其8月11日发盘中包括价格在内的全部条件。根据1980年《联合国国际货物销售合同公约》，下列哪一选项是正确的？（　　）（司考.2008.1.42）

A. 乙公司的沉默表明其已接受甲公司的降价要求

B. 甲公司8月29日的去电为承诺，因此合同已成立

C. 甲公司8月29日的去电是迟到的承诺，因此合同没有成立

D. 甲公司8月29日的去电是新要约，此时合同还没有成立

37. 我国A公司从日本B公司进口一批汽车，合同价格条款为DAT。运输途中由于不可抗力导致船舶起火，虽经及时抢救，仍有部分汽车被烧坏。烧坏汽车的风险应由（　　）来承担。

A. 中国A公司　　B. 日本B公司

C. 船公司　　D. 保险公司

38. 国际货物买卖合同中的"溢短装条款"是指（　　）。

A. 卖方交货不得少于约定的数量

B. 卖方交货不得多于约定的数量

C. 卖方交货既不能多于也不能少于约定的数量

D. 卖方交货在一定的幅度内可以多于或少于约定的数量

39. 当买卖双方未在合同中约定交货地点时，依《联合国国际货物销售合同公约》的规定，卖方应在（　　）交货。

A. 合同缔结地　　B. 卸货港

C. 卖方营业地　　D. 买方营业地

40. 我国A公司向巴西B公司发出传真稿："急购巴西一级白砂糖200吨，每吨250美元CIF广州，4月20日至25日装船。"巴西B公司回电称："完全接受你方条件，5月1日装船。"依照国际贸易法律与惯例，巴西B公司的回电属于（　　）。

A. 反要约　　B. 要约邀请

C. 无效承诺　　D. 有效承诺

41. 根据2010年《国际贸易术语解释通则》的规定，关于CFR贸易术语，下列哪一选项是正确的？（　　）

A. 卖方应当在目的港交货

B. 买方应负责办理出口清关手续

C. 卖方应当自费取得货物保险

D. 该贸易术语只适用于海运与内河运输

42. 2006年7月1日，我国L公司向外国M公司发出一份要约称：出售某型号的电瓶叉车300辆，单价9500美元/FOB大连，9月15日装船，买方于8月15日前开出信用证。该要约发出后的第四天，全球叉车市场价格上涨，L公司欲撤销该要约。依1980年《联合国国际货物销售合同公约》，下列哪一选项是正确的？（　　）（司考.2008.1.42）

A. 如要约要求在7月15日前答复，则L公司不必考虑撤销要约的问题

B. 如要约要求在7月15日前答复但M公司未答复，L公司应在7月16日通知M公司撤销该要约

C. 如M公司回函要求改用D/P方式付款，则L公司可立即发函撤销该要约

D. 只要在M公司答复之前将撤销要约的通知发至M公司即可撤销该项要约

43. A公司收到B公司交货的通知。在决定是否接受该货物前，A公司需要验货。根据《联合国国际货物销售合同公约》的规定，下列哪一选项是正确的？（　　）（司考.2008.1.45）

A. 无论该货物是否转运，A公司都应在约定的目的港检验货物

B. A公司应在按情况实际可行的最短时间内安排他人检验货物

C. 在收到货物后的2年内，A公司随时有权检验该货物

D. B公司在订立合同时知道货物将要转运的，货物的检验有可能推迟到该货物到达新目的地后进行检验

44. 甲公司与乙公司订立一份国际货物买卖合同，分三批履行，其中第二批出现了质量问题。请问依1980年《联合国国际货物销售合同公约》的规定，下列哪一选项是正确的？（ ）（司考.2007.1.43）

A. 只要第二批货物的质量问题构成根本违约，买方即可宣告合同对该批货物无效

B. 只要第二批货物的质量问题构成根本违约，买方即可宣告合同对已交付或今后交付的各批货物无效

C. 如第二批货物的质量问题构成一般违约，买方可宣告合同对该批货物无效

D. 如第二批货物的质量问题构成根本违约，买方仅可宣告合同对该批货物和今后交付的货物无效

45. 甲公司（卖方）与乙公司于2007年10月签订了两份同一种农产品的国际贸易合同，约定交货期分别为2008年1月底和3月中旬，采用付款交单方式。甲公司依约将第一份合同项下的货物发运后，乙公司以资金周转困难为由，要求变更付款方式为货到后30天付款。甲公司无奈同意该变更。乙公司未依约付款，并以资金紧张为由再次要求延期付款。甲公司未再发运第二个合同项下的货物并提起仲裁。根据《联合国国际货物销售合同公约》，下列哪一选项是正确的？（ ）（司考.2010.1.40）

A. 乙公司应以付款交单的方式支付货款

B. 甲公司不发运第二份合同项下货物的行为构成违约

C. 甲公司可以停止发运第二份合同项下的货物，但应及时通知乙公司

D. 如乙公司提供了付款的充分保证，甲公司仍可拒绝发货

46. 根据《联合国国际货物销售合同公约》的规定，在被发价人对发价人所作出的以下各项修改中，属于“非实质性变更”的修改是（ ）。

A. 货物数量

B. 发票份数

C. 交货时间

D 争议解决办法

47. FOB贸易术语下，卖方的风险和责任止于（ ）。

A. 在装运港将货物交到买方指定的船只上

B. 在装运港将货物交给港口当局

C. 在目的港将货物卸下船

D. 在目的港将货物交到买方指定的人手上

48. 根据《联合国国际货物销售合同公约》，如果合同规定交货期为一段时间，在买卖双方没有约定的情况下，具体的交货日期应（ ）。

A. 由卖方选定

B. 由买方选定

C. 为该段交货期的起始日

D. 为该段交货期的届满日

49. 某国甲公司向中国乙公司出售一批设备，约定贸易术语为“FOB”（Incoterms 2010），后设备运至中国。依2010年《国际贸易术语解释通则》和《联合国国际货物销售合同公约》，下列哪一选项是正确的？（ ）（司考.2013.1.40）

A. 甲公司负责签订货物运输合同并支付运费

B. 甲、乙公司的风险承担以货物在装运港越过船舷为界

C. 如该批设备因未按照同类货物通用方式包装造成损失，应由甲公司承担责任

D. 如该批设备侵犯了第三方在中国的专利权，甲公司对乙公司不承担责任

50. 中国甲公司与法国乙公司商谈进口特种钢材，乙公司提供了买卖该种钢材的格式合同，两国均为1980年《联合国国际货物销售合同公约》缔约国。根据相关规则，下列哪一选项是正确的？（ ）（司考.2014.1.40）

A. 因两国均为公约缔约国，双方不能在合同中再选择适用其他法律

B. 格式合同为该领域的习惯法，对双方

具有约束力

C. 双方可对格式合同的内容进行修改和补充

D. 如双方在合同中选择了贸易术语，则不再适用公约

51. 中国甲公司向加拿大乙公司出口一批农产品，CFR 价格条件。货装船后，乙公司因始终未收到甲公司的通知，未办理保险。部分货物在途中因海上风暴毁损。根据相关规则，下列哪一选项是正确的？（　　）（司考.2014.1.41）

A. 甲公司在装船后未给乙公司以充分的通知，造成乙公司漏保，因此损失应由甲公司承担

B. 该批农产品的风险在装港船舷转移给乙公司

C. 乙公司有办理保险的义务，因此损失应由乙公司承担

D. 海上风暴属不可抗力，乙公司只能自行承担损失

52. 中国甲公司与法国乙公司签订了向中国进口服装的合同，价格条件 CIF。货到目的港时，甲公司发现有两箱货物因包装不当途中受损，因此拒收，该货物在目的港码头又被雨淋受损。依 1980 年《联合国国际货物销售合同公约》及相关规则，下列哪一选项是正确的？（　　）（司考. 2015.1.40）

A. 因本合同已选择了 CIF 贸易术语，则不再适用《公约》

B. 在 CIF 条件下应由法国乙公司办理投保，故乙公司也应承担运输途中的风险

C. 因甲公司拒收货物，乙公司应承担货物在目的港码头雨淋造成的损失

D. 乙公司应承担因包装不当造成的货物损失

53. 中国甲公司与德国乙公司签订了进口设备合同，分三批运输。两批顺利履约后乙公司得知甲公司履约能力出现严重问题，便中止了第三批的发运。依《联合国国际货物销售合同公约》，下列哪一选项是正确的？（　　）（司考.2016.1.40）

A. 如已履约的进口设备在使用中引起人身伤亡，则应依公约的规定进行处理

B. 乙公司中止发运第三批设备必须通知甲公司

C. 乙公司在任何情况下均不应中止发运第三批设备

D. 如甲公司向乙公司提供了充分的履约担保，乙公司可依情况决定是否继续发运第三批设备

54. 中国甲公司与意大利乙公司签订 DAT（南京）合同进口一批服装，根据 2010 年《国际贸易术语解释通则》。下列哪一选项属于双方在合同中约定的内容？（　　）

A. 卖方只需将货物运到南京交由买方处置，无须承担将货物从交通工具上卸下的业务

B. 卖方需要将货物运到南京，将货物从运输工具上卸下并交由买方处置

C. 卖方需要将货物运到南京，完成进口清关手续后将货物交给买方

D. 卖方需要承担货物在南京货交第一承运人之前的所有风险和费用

55. 中国甲公司与 A 国乙公司签订 CIF 合同出口一批瓷器，货物运到 A 国时遭遇 A 国内乱，部分货物毁损，中国和 A 国都是 1980 年《联合国国际货物销售合同公约》的成员国，下列哪一项判断是正确的？（　　）

A. 乙公司无须支付毁损部分货物货款

B. 乙国有理由相信在 A 国这种环境下，甲公司投保了一切险和战争险

C. 在没有特殊约定情况下，甲公司应投保平安险

D. 在乙公司没有机会验货的情况下，可以不付款

56. 法国甲公司与中国乙公司签订 FOB 合同出口红葡萄酒，因法国甲公司的酒庄到装运港有一段陆地需要陆路运输，现买卖双方发生纠纷诉至我国法院，根据 2010 年《国际贸易术语解释通则》和

《联合国国际货物销售合同公约》，下列哪一判断是正确的？（　）

A. 中国乙公司应承担包括陆路运输在内的所有运输工作

B. 法国甲公司将货物交给陆路运输的第一承运人即完成了交货

C. 法国甲公司在装运港将货物装上指定船舶即完成了交货

D. 法国甲公司应负责安排从酒庄到目的港的运输

57. 中国某公司从甲国乙公司进口一批电子设备，合同中约定了设备规格，并选用了DPU术语。乙公司制作好样品后，将样品邮寄至中国某公司，请求确认并按照样品履行。中国某公司收到样品后确认并回复“请依合同履行”。设备到货后与样品相符，但与合同不符，中国某公司要求甲国乙公司承担违约责任。中国和甲国都是1980年《联合国国际货物销售合同公约》的缔约国，下列哪一选项是正确的？（　）

A. 甲国乙公司应承担违约责任，因其交付的设备不符合同约定规格

B. 甲国乙公司不应承担违约责任，因其交付的设备与其提供的样品相符

C. 本案货物风险自货交第一承运人时转移

D. 甲国乙公司须在指定装运地的任何地点交货

58. 位于中国的甲公司向位于德国的乙公司出口数批货物，德国和中国均是《联合国国际货物销售合同公约》的缔约国。乙公司收到第一批货物后将该货物转卖到某国，某国丙公司根据某国法认为该批货物侵犯其知识产权。交付完第二批货物后，甲公司发现乙公司陷入了重大财务危机，遂中止了第三批货物的交付并通知了乙公司。乙公司知悉后向甲公司提供了充分的履约担保。根据该公约，下列选项正确的是？（　）

A. 甲公司不需对该知识产权侵权行为承担责任

B. 甲公司不能擅自中止第三批货物的交付

C. 即使乙公司提供了充分的担保，甲公司仍旧可以拒绝继续履约

D. 如果该批货物造成了人身伤害，则赔偿问题应该依据公约的规定予以解决

59. 甲国A公司从乙国B公司进口一批设备，双方约定以DPU贸易术语交货。承运人为乙国C公司。设备运抵目的地后，A公司和B公司曾因卸货费用的承担发生过争议。对此，下列说法正确的是？（　）

A. 尽管DPU属于到货合同，B公司不负责办理货物进入甲国的进口手续

B. DPU术语的具体内容可根据《国际贸易术语解释通则2010》确定

C. 尽管DPU属于到货合同，B公司无须承担目的地的卸货费用

D. A公司应负责办理货物的运输保险

60. 中国甲公司（卖方）与法国乙公司（买方）在签订的国际货物买卖合同中使用了“CIP敦刻尔克”贸易术语。合同的下列约定符合《国际贸易术语解释通则2020》的要求的是？（　）

A. 货物应运至敦刻尔克港

B. 甲、乙公司的风险承担以货物在装运港越过船舷为界

C. 由乙公司负责办理进口手续

D. 甲公司订立多式联运运输合同，乙公司负责办理保险

二、多项选择题

1. 关于货物灭失或损坏的风险由卖方转移到买方后发现的货物不符合同情形，在下列哪些情况下卖方应当承担责任？（　）（司考．2008.1.84）

A. 货物不符合同情形在风险转移时已经存在

B. 货物不符合同是因货物的包装不当所致

C. 货物不符合同是因承运人的过失造成的

D. 货物不符合同是因卖方违反了货物在一段时间内保持特定质量的保证

2. 关于F组贸易术语，下列选项哪些是正确

的？（ ）

A. FAS 贸易术语与 FOB 术语在交货上的区别是 FAS 在船上交货，而 FOB 在船边交货

B. 在 FOB 术语下，货物的风险在装运港船上转移

C. FOB 和 CIF 贸易术语主要适用于海运或内河运输，而 FCA 则适用于各种运输方式

D. 在凡 F 术语下，货物的风险在船上转移

3. 中国甲公司与德国乙公司签订服装买卖合同，约定单价每件 30 美元/FOB 青岛。乙公司为该货物的运输向保险公司投保了平安险。对于航行途中发生的下列哪些损失，保险公司应承担赔偿责任？（ ）（司考 . 2008. 1. 87）

A. 在运输途中货轮与另一艘船舶相撞造成货损

B. 由于运输延迟造成的货物损失

C. 在运输途中遭遇飓风造成货物全部损失

D. 在装卸时由于一件或整件货物落海造成的部分损失

4. 营业地分别位于缔约国甲乙两国的公司之间进行的贸易中，下列哪些货物的买卖不适用《联合国国际货物销售合同公约》？（ ）

A. 50 辆法拉利轿车

B. 3 架波音 747 飞机

C. 两艘油轮

D. 食品

5. 中国在加入《联合国国际货物销售合同公约》时所提出的保留包括下列哪几项？（ ）

A. 公约关于合同形式的规定

B. 公约适用任意性的规定

C. 公约关于通过国际私法规则的援引而导致公约适用于非缔约国的规定

D. 公约关于卖方权利担保的规定

6. 中国某公司与 A 国某外贸商签订进口一套发电机的买卖合同，合同约定价格条件为 FCA INCOTERM S2010。依此价格条件，以下表述正确的是（ ）。

A. 在该条件下，买卖双方只能就该套发电机以集装箱的方式装运

B. 在该条件下，由卖方办理出口清关手续

C. 在该条件下，如双方约定在货物所在地交货，则卖方应负责装货，装货完毕，才算交货

D. 在该条件下，如双方约定在卖方所在地以外的其他任何地点交货，即使货物还在卖方的交通工具上，卖方只需将货物交给买方指定的承运人，交货即算完成

7. 根据《联合国国际货物销售合同公约》的规定，要约的构成要件之一是“内容必须十分确定”，所谓“十分确定”，最少要指明下列哪几项？（ ）

A. 货物名称

B. 交货时间和地点

C. 货物价格或确定价格的方法

D. 货物数量或确定数量的方法

8. 《联合国国际货物销售合同公约》规定，下列哪几项构成要约的失效？（ ）

A. 撤回　　B. 撤销

C. 拒绝　　D. 反要约

9. 甲国 A 公司于 2001 年 10 月 2 日向乙国 B 公司以平信的方式发出一拟出售羊毛的要约，该要约载明有效期为 10 日，要约于 10 月 5 日到达 B 公司。B 公司于 10 月 7 日将载明承诺的信件以快件方式发出，正常情况两日应当送达，但该快件于 10 月 13 日才送达 A 公司。此时，因 A 公司已将该批羊毛出售，故未做任何答复。根据《联合国国际货物销售合同公约》，关于本案下列说法正确的有哪些？（ ）

A. B 公司所发出的快件属于绝对无效的承诺

B. 双方之间合同成立

C. 如果 A 公司在 10 月 13 日收到 B 公司回复快件时立即拒绝，B 公司的承诺无效

D. A 公司要约有效期自 10 月 7 日起算

10. 厦门甲商行于 10 月 20 日来电向上海乙公司发盘出售一批木材。发盘中列明各项交易条件，但未规定有效期限。乙公司

于当天收到来电，经研究决定后，于22日上午11时向上海电报局交发对上述发盘表示接受的电报，该电报于22日下午1时送达厦门甲商行。此期间，因木材价格上涨，厦门甲商行于10月22日上午9时15分向厦门电报局交发电报，电文如下：由于木材价格上涨，我商行于10月20日电告发盘撤销。甲商行的电报于22日上午11时20分送达乙公司。下列选项中哪些是正确的？（ ）

A. 厦门甲商行未能撤销其发盘

B. 乙公司的回电构成承诺

C. 双方之间合同成立

D. 厦门甲商行10月20日的来电属于要约邀请

11. 请比较以下两个案例：（1）买方从国外进口一批供圣诞节出售的火鸡，卖方交货的时间比合同规定的期间晚了一个星期，由于圣诞节已过，火鸡难以销售，使买方遭受了重大损失。（2）买方从国外进口一批肉鸡，合同规定卖方应于7月至8月装运，但实际上卖方的装运日期，比合同规定的时间迟了一个星期，但这段时间里肉鸡的市场价格并没有发生变化，供销情况亦正常。下列表述正确的是：（ ）

A. 在案例（1）中，买方有权撤销合同

B. 在案例（2）中，买方无权撤销合同

C. 在案例（1）（2）中，买方均有权撤销合同

D. 在案例（1）（2）中，买方均无权撤销合同

12. 关于要约和承诺，下列说法中正确的有哪些？（ ）

A. 要约可以撤回，但不能撤销

B. 要约既可以撤回，也可以撤销

C. 承诺既可以撤回，也可以撤销

D. 承诺可以撤回，但不能撤销

13. 广东某公司从日本购进钢材5000吨，价格条件为CIF广州。由于短途运输和船速较快，该批货物先于提单到达了目的港。该公司凭副本提单加自己签署的保函提取了货物，之后该公司并未去银行付款赎单。银行于是向承运人提出了索赔要求。下列关于本案的主张有哪些是正确的？（ ）

A. 承运人可以凭副本提单加保函向广东某公司交货

B. 承运人应当赔偿银行的损失

C. 承运人应凭正本提单向收货人交货

D. 承运人与银行没有关系，不应承担任何责任

14. 1998年5月，中国甲公司出口一批机床给法国乙公司，合同注明法国乙公司进口该批机床的目的是拟转售M国。1999年1月，M国丁企业控告该国丙进口公司进口该批货物侵犯其在M国一有效专利权。关于本案，下列选项中哪些是正确的？（ ）

A. 本案合同规定了货物的最终转卖地

B. 中国甲公司应直接赔偿M国丙公司因被诉而产生的损失

C. 中国甲公司应赔偿法国乙公司被追诉而产生的损失

D. 中国甲公司对所售货物的权利担保仅限于法国境内

15. 关于《联合国国际货物销售合同公约》的违约救济，下列说法中哪些是正确的？（ ）

A. 根据1980年公约规定，只有当卖方交货不符构成根本违约时，买方才能要求宣告合同无效

B. 减少价金应当为合同价格与实际交付的货物在交货时的差价

C. 一方违约，另一方只能就其违约给自己造成的实际损失请求赔偿

D. 当一方先期违约时，另一方可以根据他先期违约的具体情况解除合同或中止履行

16. 我国甲公司向某国乙公司发出传真稿：“急购一级田纳西大米20吨，每吨500美元CIF深圳，2001年12月9日至21日装船。”某国乙公司回电称：“完全接受你方条件，2001年12月4日装船。”双方的合同是否成立？（ ）

A. 合同成立

B. 合同未成立
C. 某国乙公司违约
D. 某国乙公司未作出有效的承诺

17. 甲公司（卖方）与乙公司订立了国际货物买卖合同。由于甲公司在履约中出现违反合同的情形，乙公司决定宣告合同无效，解除合同。依据《联合国国际货物销售合同公约》，下列哪些选项是正确的？（　　）（司考.2010.1.86）
A. 宣告合同无效意味着解除了甲乙二公司在合同中的义务
B. 宣告合同无效意味着解除了甲公司损害赔偿的责任
C. 双方在合同中约定的争议解决条款也因宣告合同无效而归于无效
D. 如甲公司应归还价款，它应同时支付相应的利息

18. 关于C组贸易术语，下列选项哪些是不正确的？（　　）
A. CFR术语是在卸货港船上风险转移
B. CIF术语是运费和保险费付至指定目的地
C. CIF术语下，货物的风险是在装运港船上转移
D. CIP术语是运费和保险费付至指定目的港

19. 下列哪些问题在1980年《联合国国际货物销售合同公约》中并不涉及？（　　）
A. 营业地位于不同缔约国的当事人之间的缔约能力问题
B. 跨国买卖的货物的所有权转移问题
C. 国际货物买卖中的违约救济问题
D. 因销售的货物造成的人员伤害的问题

20. 依《联合国国际货物销售合同公约》的规定，下列哪些行为为有效的承诺？（　　）
A. 电话通知要约人，表示接受要约
B. 按要约的规定开立信用证
C. 对要约保持沉默
D. 回电表示："接受你方发盘，但包装以我方的最后确认为准"

21. 下列关于1980年《联合国国际货物买卖销售合同公约》的选项，哪些是正确的？（　　）
A. 中国在加入该公约时对公约第11条有关合同形式的规定进行了保留
B. 当事人可以在买卖合同中约定对公约的内容进行改变
C. 公约调整跨境的货物买卖合同
D. 公约调整跨境的所有货物买卖合同

22. 依1980年《联合国国际货物买卖销售合同公约》，关于买方的义务，下列哪些选项是正确的？（　　）
A. 如合同双方约定以信用证的方式付款，则买方应首先申请开立信用证
B. 如买方认为卖方交付的货物质量与买卖合同不符，则在目的港可以不提取货物
C. 买方认为卖方交付的货物与买卖合同不符也应先提取货物
D. 如合同双方约定以信用证的方式支付，则买方应在收到货物后才开始履行其付款义务

23. 中国甲公司向国外采购某商品，不久接到某外商乙公司4月21日的发盘，有效期至4月27日。甲公司于4月23日电复："如能把单价降低50美元，可以接受。"对方没有反应。后因用货部门要货心切，又鉴于该商品行市看涨，甲公司随即于4月28日又去电表示同意对方4月21日发盘所提的各项条件。请问下列选项中哪些是正确的？（　　）
A. 乙公司4月21日的发盘已经失效
B. 合同未成立
C. 甲公司4月28日的去电是承诺
D. 合同成立

24. 中国甲公司与某国乙公司签订了进口普通豌豆10万吨的合同，交货期为8月底，拟转售欧洲。订约后乙公司原定的收购地点发生了洪水，收购计划落空。乙公司要求按不可抗力处理其交货责任。而甲公司认为，其所购的普通豌豆是种类物，也并不要求特定的产地，乙公司可以延期履行，而不是解除合同。问下列哪些选项是正确的？（　　）

A. 乙公司应当延期履行
B. 洪水在本案中构成不可抗力
C. 乙公司有权解除合同
D. 乙公司应延期履行合同，但免除其对延期履行合同造成损失的赔偿责任

25. 中国甲出口公司以 CIF 价格向某国乙公司出口一批设备，向中国人民保险公司投保了一切险，并规定以信用证方式支付。甲公司在规定的期限内在指定的中国某港口装船，船公司签发了提单，甲公司取得单据后办理了议付。第二天，甲公司接到乙公司来电，称装货的海轮在海上失火，设备全部烧毁，要求甲公司出面向中国人民保险公司提出索赔，否则要求甲公司退还全部货款。下列选项中正确的有（　）。
A. 该案货物的风险是在装货港船上转移
B. 乙公司应向船公司提出索赔
C. 乙公司应向甲公司提出索赔
D. 乙公司应向保险公司提出索赔

26. 国际货物买卖合同的主要条款有（　　）。
A. 品质规格条款　　B. 数量条款
C. 价格条款　　D. 商标条款

27. 品质规格条款是买卖合同的主要条款，在国际货物买卖中，表示货物品质的方法主要有哪些？（　）
A. 凭规格、等级或标准确定的品质
B. 凭样品确定货物品质
C. 凭商标或牌号确定货物品质
D. 凭说明书确定货物的品质

28. 商品检验的作用主要有（　　）。
A. 缩短交易过程，节省交易时间
B. 卖方议付货款的依据
C. 买方要求索赔的凭据
D. 仲裁、诉讼的证据

29. 下列关于国际货物买卖合同成立的说法中错误的有（　）。
A. 受要约人超过要约有效期作出的承诺一律无效
B. 受要约人必须将其不接受要约的意思表示明确通知要约人，否则视为承诺
C. 受要约人一经作出承诺，当事人之间的合同即告成立
D. 如果受要约人依据当事人之间的交易习惯在要约有效期内发出货物或者支付了价金，则为有效的承诺

30. 根据 1980 年《联合国国际货物销售合同公约》，不允许撤销要约的情形有（　）。
A. 要约中明确写明是不可撤销的要约
B. 受要约人有理由相信要约是不可撤销的，并且已经按照要约的条件行事
C. 受要约人明确通知要约人已经收到要约，并声明要对要约进行充分的考虑
D. 要约明确规定了要约的有效期限

31. 有效的承诺必须具备的条件有（　）。
A. 承诺须由受要约人作出
B. 承诺须在要约规定的有效期间内作出
C. 承诺须与要约的内容一致
D. 承诺须采用比要约更为快捷的方式送达要约人

32. 根据 1980 年《联合国国际货物销售合同公约》，要约的承诺于表示同意的通知送达要约人时生效。这里的“送达”是指送交要约人的（　）。
A. 通讯地址　　B. 惯常居所
C. 营业地　　D. 任意地点

33. 中国 A 公司向国外询购某商品，不久接到某外商 B 公司 8 月 20 日的发盘，有效期至 8 月 26 日。A 公司于 8 月 22 日电复：“如能把单价降低 3 美元，可以接受。”对方没有反应。后因用货部门要货心切，又鉴于该商品行市看涨，A 公司随即于 8 月 25 日又去电表示同意对方 8 月 20 日发盘所提的各项条件。下列说法正确的有（　）。
A. 原发盘失效
B. 合同未成立
C. A 公司的第二个去电是承诺
D. 合同成立

34. 我国甲公司对某国乙公司发盘限 10 日复电有效。9 日乙公司电报通知甲公司接受该发盘，由于邮电局传递延误，甲公司于 11 日上午才收到对方的接受通知。而甲公司在收到接受通知前已获悉市场价

格已涨，于是甲公司立即复电乙公司通知对方原发盘已失效。而乙公司则认为合同已成立，甲公司应当履约。下列选项中正确的有（　　）。

A. 甲公司应当履约　　B. 合同未成立

C. 发盘已失效　　D. 合同已成立

35. 依《联合国国际货物销售合同公约》规定，一项要约必须同时满足下列（　　）条件，才算十分确定。

A. 明确货物的名称

B. 明示或暗示地规定商品的价格

C. 明确交货时间、地点

D. 明示或暗示地规定商品的数量

36. 国际货物买卖合同中，买方的主要义务有（　　）。

A. 权利担保

B. 支付货款

C. 开立信用证

D. 接收货物

37. 2002 年 1 月，中国 A 公司出口一批设备给德国 B 公司，B 公司进口该批设备拟转售甲国。2002 年 5 月，甲国政府下达禁令，禁止该种中国设备进口。B 公司不得已将该批设备转售乙国。2003 年 1 月，乙国 C 控告 B 公司该批设备侵犯其专利权，B 公司遂要求中国公司对此承担责任。下列选项中正确的有（　　）。

A. 中国公司不应承担侵权责任

B. 德国公司遭到追诉，是因为中国设备在甲国被禁所致，中国公司应对此承担责任

C. 中国公司应承担侵权责任

D. 中国公司对所售货物的权利担保仅限于德国和甲国领域内

38. 《联合国国际货物销售合同公约》对货物风险转移有何规定？（　　）

A. 在途货物的销售，风险自买卖合同成立时转移

B. 风险转移以卖方无违约责任为前提

C. 风险与货物所有权一起转移

D. 风险转移以交货时间为基本原则

39. 我国 A 公司向巴西 B 公司发出传真：“急购巴西一级白砂糖 200 吨，每吨 250 美元 CIF 广州，4 月 20 日至 25 日装船。”巴西 B 公司回电称：“完全接受你方条件，5 月 1 日装船。”根据《联合国国际货物销售合同公约》，巴西公司的回电属于下列哪种情形？（　　）

A. 反要约

B. 一项新要约

C. 无效要约

D. 有效承诺

40. 甲公司（买方）与乙公司订立了一份国际货物买卖合同。后因遇到无法预见与不能克服的障碍，乙公司未能按照合同履行交货义务，但未在合理时间内将此情况通知甲公司。甲公司直到交货期过后才得知此事。乙公司的行为使甲公司遭受了损失。依《联合国国际货物销售合同公约》，下列哪些表述是正确的？（　　）（司考. 2010. 1. 87）

A. 乙公司可以解除合同，但应把障碍及其影响及时通知甲公司

B. 乙公司解除合同后，不再对甲公司的损失承担赔偿责任

C. 乙公司不交货，无论何种原因均属违约

D. 甲公司有权就乙公司未通知有关情况而遭受的损失请求赔偿

41. 根据国际公约有关规定，在卖方有义务移交与货物有关的单据的情况下，关于卖方的此项义务，下列哪些选项是正确的？（　　）

A. 卖方必须在规定的时间移交

B. 如卖方在规定的时间前移交，可以在该时间到达前纠正其中不符合同规定的情形

C. 卖方行使纠正单据的权利使买方承担不合理开支的，买方有权要求赔偿

D. 卖方在不使买方承担不合理开支的情况下，可以改变移交单据的地点和方式

42. 营业地在中国的甲公司向营业地在法国的乙公司出口一批货物。乙公司本拟向

西班牙转卖该批货物，但却转售到意大利，且未通知甲公司。意大利丙公司指控该批货物侵犯其专利权。关于甲公司的权利担保责任，根据《联合国国际货物销售合同公约》规定，下列哪些选项是正确的？( )
A. 甲公司应承担依意大利法提出的知识产权主张产生的赔偿责任
B. 甲公司应承担依法国法提出的知识产权主张产生的赔偿责任
C. 甲公司应担保在全球范围内该批货物不侵犯他人的知识产权
D. 甲公司的知识产权担保义务不适用于该批货物依乙公司提供的技术图样生产的情形

43. 甲公司与乙公司依 CIF 安特卫普价格订立了出口一批布料的合同。货物运输途中，乙公司将货物转卖给丙公司。关于这批布料两次交易的风险转移时间，依 2010 年《国际贸易术语解释通则》及《联合国国际货物销售合同公约》的规定，下列哪些选项是正确的？( )
A. 在甲公司与乙公司之间，货物风险在货物交第一承运人时转移
B. 在甲公司与乙公司之间，货物风险在货物装上装运港船上时转移
C. 在乙公司与丙公司之间，货物风险原则上在双方订立合同时转移
D. 在乙公司与丙公司之间，货物风险原则上在丙公司收到货物时转移

44. 营业地位于中国的卖方甲公司与营业地位于德国的买方乙公司签订了一份货物买卖合同，合同对交货地点和交货时间以及争议所适用的法律没有约定。就此，下列说法中正确的有？( )
A. 若货物涉及运输，则甲公司将货物交给第一承运人的地点为交货地点
B. 如果货物不涉及运输，且货物已经特定化但双方在订合同时并不明确货物所在的具体地点，则甲公司应在双方订立合同时自己的营业地交货
C. 若乙公司要求在德国本土交货，则双方在合同中可能采用《国际贸易术语解释通则》中的 EXW 贸易术语
D. 若合同对货物的包装方式没有特殊约定，则甲公司应按同类货物通用的方式装箱或包装；若没有此类通用方式，则甲公司应按足以保全和保护货物的方式装箱或包装

45. 买卖双方采用 CIF 术语签订了国际货物买卖合同，合同约定装运港为旧金山，目的港为上海。下列哪些表述是正确的？( )
A. 卖方必须负责把货物运至上海
B. 因装运工人罢工、封港，卖方可以不可抗力为由免除迟延交货的责任
C. 对货物从装运港到目的港的灭损风险，由卖方购买保险，买方承担风险
D. 出口清关手续由卖方负责

46. 国际贸易包括（ ）。
A. 国际投资　　B. 国际货物买卖
C. 国际技术转让　　D. 国际无形贸易

47. 国际货物买卖的法律主要有（ ）。
A. 国际贸易惯例
B. 各国有关国际货物买卖的判例
C. 各国有关国际货物买卖的国内立法及其冲突规范
D. 国际货物买卖公约

48. 在国际货物买卖中，发盘的建议必须十分确定，即必须（ ）。
A. 指明货物的名称
B. 规定货物的价格
C. 规定货物的数量
D. 确定交货地点和时间

49. 发盘的效力，因一定事由的发生而消失，这些事由是（ ）。
A. 发盘人的撤回
B. 发盘人的撤销
C. 被盘价人的拒绝
D. 发盘的有效期已过

50.《联合国国际货物销售合同公约》的基本原则是（ ）。
A. 建立新的国际经济新秩序的原则
B. 平等互利原则

C. 照顾不同的社会、经济制度的原则
D. 促进国际贸易发展的原则

51. 成文化了的国际贸易惯例主要有（　　）。
A.《华沙-牛津规则》
B.《汉堡规则》
C.《国际贸易术语解释通则》
D. 1941 年修订的《美国对外贸易定义》

52. 我国《对外贸易法》规定了一些对国际货物买卖的管理管制措施，它们是（　　）。
A. 保障措施　　B. 反倾销
C. 反补贴　　D. 反不正当竞争

53. 国际货物买卖的法律，主要包括以下部分（　　）。
A. 国际贸易惯例
B. 各国有关国际货物买卖的国内立法及冲突规范
C. 国际组织制定的国际商务法律文件
D. 国际货物买卖公约

54. 根据 1980 年《联合国国际货物销售合同公约》的规定，在合同一方不履行合同义务构成根本违约的情况下，关于守约方请求损害赔偿的权利，下列表述正确的是（　　）。
A. 守约方可以根据实际情况请求赔偿原合同价与转卖合同价之间的价差
B. 守约方可以根据实际情况请求赔偿合同价与市价之间的价差以及其他因对方违约造成的损失
C. 守约方可获得的损害赔偿不得超过违约方在订立合同时，依照他当时已知道或理应知道的事实和情况，对违反合同预料到或理应预料到的可能损失
D. 守约方有权对其实际遭受的、违约方缔约时理应预料到的所有损失获得赔偿

55. 南美某国甲公司希望从我国乙公司购买一批货物。双方正在就货物销售合同的具体条款进行谈判。双方都希望选择国际商会 2010 年《国际贸易术语解释通则》中的贸易术语来确定货物销售的价格和相关义务。双方对于该货物的国际买卖均有丰富经验，且都与从事国际海上货物运输和保险的专业公司保持着经常的业务关系。基于上述事实，下列哪些表述是正确的？（　　）
A. 从甲公司的角度出发，如果选择 EXW 贸易术语，意味着它要承担的相关义务比选任何其他的贸易术语都要大
B. 甲公司可以接受“CFR 天津”的贸易术语而自己向保险公司投保货物运输险
C. 假如双方采用了“CFR 布宜诺斯艾利斯”的贸易术语，乙公司对货物在公海上因船舶沉没而导致的货损应向甲公司承担赔偿责任
D. 双方都有可能接受 2010 年《国际贸易术语解释通则》F 组中的某项贸易术语

56. 甲公司的营业所在甲国，乙公司的营业所在中国，甲国和中国均为《联合国国际货物销售合同公约》的当事国。甲公司将一批货物卖给乙公司，该批货物通过海运运输。货物运输途中，乙公司将货物转卖给了中国丙公司。根据该公约，下列哪些选项是正确的？（　　）（司考 .2012. 1. 80）
A. 甲公司出售的货物，必须是第三方依中国知识产权不能主张任何权利的货物
B. 甲公司出售的货物，必须是第三方依中国或者甲国知识产权均不能主张任何权利的货物
C. 乙公司转售的货物，自双方合同成立时风险转移
D. 乙公司转售的货物，自乙公司向丙公司交付时风险转移

57. 中国甲公司向波兰乙公司出口一批电器，采用 DAP 术语，通过几个区段的国际铁路运输，承运人签发了铁路运单，货到目的地后发现有部分损坏。依相关国际惯例及《国际铁路货物联运协定》，下列哪些选项是正确的？（　　）（司考 .2016. 1. 80）
A. 乙公司必须确定损失发生的区段，并只能向该区段的承运人索赔
B. 铁路运单是物权凭证，乙公司可通过

转让运单转让货物

C. 甲公司在指定目的地运输终端将仍处于运输工具上的货物交由乙公司处置时，即完成交货

D. 各铁路区段的承运人应承担连带责任

三、不定项选择题

1. 目前用来解决 EDI 的全球化过程中出现的法律问题的途径有国内立法、通信协议和国际立法三种，其中有关国际立法包括：（ ）

A.《国际贸易术语解释通则》

B.《国际海事委员会电子提单规则》

C.《跟单信用证统一惯例》（600 号）

D.《联合国电子商务示范法》

2. 上海甲公司给厦门乙公司发出要约称："鲤鱼饲料数量 180 吨，单价 CIF 厦门 980 美元，总值 176400 美元，合同订立后 3 个月内装船，不可撤销即期信用证付款，请电复。"厦门乙公司还盘："接受你方发盘，在订立合同后请立即装船。"对此上海甲公司没有回音，也一直没有装船。厦门乙公司认为上海甲公司违约。在此情形下，下列选项哪个是正确的？（ ）

A. 甲公司应于订立合同后立即装船

B. 甲公司应于订立合同后三个月内装船

C. 甲公司一直未装船是违约行为

D. 该合同没有成立

3. 国际货物买卖合同的履行会涉及货物风险的转移。根据 1980 年《联合国国际货物销售合同公约》的规定，在有关货物销售合同已经按照公约要求的方式被注明的前提下，关于风险转移，下列表述错误的是（ ）。

A. 如果双方对需要运输的货物没有约定特定的交货地点，则自货物按照合同交付给第一承运人以转交给买方时起，风险就转移到买方

B. 对于在运输途中销售的货物，风险自买方收到货物时转移到买方

C. 卖方经授权保留控制货物处置权的单据，不影响风险的转移

D. 如卖方有义务在某一特定地点把货物交付给承运人，在货物于该地点交付给承运人以前，风险不转移到买方

4. 2010 年 5 月 2 日，中国一进出口公司甲公司电告日本一商贸公司乙株式会社，欲以 CIF 条件向日方出口一批丝绸，总价款为 100 万美元，乙株式会社于 5 月 4 日回电答应中方提出的要求。随后，甲公司将货物运至上海港，交由中国的远洋运输公司承运。由于船员的疏忽，5 月 10 日船上发生火灾，甲公司托运的一个集装箱被火焚毁。在本案中，货物风险在哪一时刻由卖方转移给买方？（ ）

A. 甲公司将货物交付远洋运输公司时

B. 在上海港自货物装上船时

C. 在横滨港自货物越过船舷时

D. 在甲公司将货物运至上海港码头时起

5. A 公司和 B 公司于 2011 年 5 月 20 日签订合同，由 A 公司将一批平板电脑售卖给 B 公司。A 公司和 B 公司营业地分别位于甲国和乙国，两国均为《联合国国际货物销售合同公约》缔约国。合同项下的货物由丙国 C 公司的"潇湘"号商船承运，装运港是甲国某港口，目的港是乙国某港口。在运输途中，B 公司与中国 D 公司就货物转卖达成协议。请回答：如货物运抵乙国后，乙国的 E 公司指控该批平板电脑侵犯其在乙国取得的专利权，致使货物遭乙国海关扣押，B 公司向 A 公司索赔。在下列选项中，A 公司无须承担责任的情形是：（ ）（司考 . 2011. 1. 100）

A. A 公司在订立合同时不知道这批货物可能依乙国法属侵权

B. B 公司在订立合同时知道这批货物存在第三者权利

C. A 公司是遵照 B 公司提供的技术图样和款式进行生产的

D. B 公司在订立合同后知道这批货物侵权但未在合理时间内及时通知 A 公司

6. 甲公司从国外进口一批货物，根据《联合国国际货物销售合同公约》，关于货物检验和交货不符合同约定的问题，下列说法

正确的是：(　　)(司考.2013.1.99)

A. 甲公司有权依自己习惯的时间安排货物的检验

B. 如甲公司须再发运货物，没有合理机会在货到后加以检验，而卖方在订立合同时已知道再发运的安排，则检验可推迟到货物到达新目的地后进行

C. 甲公司在任何时间发现货物不符合同均可要求卖方赔偿

D. 货物不符合同情形在风险转移时已经存在，在风险转移后才显现的，卖方应当承担责任

7. 营业地位于不同国家的甲乙两公司签订了货物买卖合同，约定使用FCA术语为交货条件。关于该术语以下说法错误的有：(　　)

A. 该术语可以适用于任何的运输方式包括多式联运

B. 该术语只能适用于海运运输合同

C. 该术语要求卖方将货物交给第一承运人时完成交货义务

D. 承运人自收到货物时，货物的风险由卖方转移给买方

8. 中国甲公司（买方）与A国乙公司（卖方）签订FCA合同进口货物，采用陆海联运，双方在合同中约定中国甲公司应通知海运承运人向A国乙公司签发已装船提单，货款以信用证方式支付。货物在海运途中因强热带风暴湿损，依据2020年《国际贸易术语解释通则》及国际经济法的相关规则和实践，下列哪些选项是正确的？(　　)

A. 货物风险自货交第一承运人时转移

B. 因海运承运人在货物装船后向A国乙公司签发了已装船提单，故A国乙公司应承担海运中的损失

C. 应由A国乙公司负责投保货物运输险

D. 中国甲公司可以A国乙公司交付的货物质量不符合同约定为由，要求银行拒付货款

四、名词解释

1. CIF（成本、保险费加运费）
2. 承诺
3. 电子单证
4. 货物的品质规格条款
5. 瑕疵担保
6. 不可抗力条款
7. 第三方要求
8. 先期违约

五、简答题

1. 简述《联合国国际货物销售合同公约》中规定的卖方知识产权担保义务。(中国人民大学2007年考研真题)
2. 我国在加入《联合国国际货物销售合同公约》时，作了哪两点保留？其保留的法律依据是什么？(北京大学2012年，对外经贸大学2013年考研内容)
3. 简述买方要求卖方交付替代货物的条件。
4. 简析解除国际货物买卖合同的条件及效果。
5. 简述《联合国国际货物销售合同公约》关于卖方权利担保义务的规定。(北京大学2003年考研真题，武汉大学2012年考研真题)
6. 简述1980年《联合国国际货物销售合同公约》规定的中止履行义务的适用条件。
7. 根据《联合国国际货物销售合同公约》的规定，货物风险转移的基本原则是什么？

六、论述题

1. 分别阐述FOB合同中卖方根据《国际贸易术语解释通则》和《联合国国际货物销售合同公约》所承担的义务，并且简要分析两类义务相互之间的关系。
2. 试论在国际货物买卖中卖方在知识产权担保方面的担保及免责。
3. 根据《联合国国际货物销售合同公约》的规定，分析逾期承诺的法律效力。
4. 试述国际上对货物所有权转移的原则和做法。

七、案例分析题

1. 2015年2月8日，上海公司与拱北公司签订

购销合同。合同规定：拱北公司向上海公司订购日产复印机200台，价格为CIF九州港1499美元每台，交货期限为4月5日，付款方式为信用证付款。2月底，双方对合同进行了修改，进货数量为100台，单价1230美元每台，交货日期为4月15日。4月13日拱北公司收到装船电报通知，电报称货物由森荣四号船于4月12日运往珠海九洲港并注明合约号及信用证号。4月19日拱北公司收到九州码头提货通知，码头方面向公司出示的随船提单上的装船日期为4月13日，到货日期为4月16日，拱北公司认为上海公司未按合同规定交货，因而没有马上提货。5月2日，拱北公司接到银行单付通知，拱北公司以上海公司延期交货为由，提出拒付，并于当天电告上海公司，宣告解除合同。上海公司提出异议，从而产生纠纷。上海公司遂根据仲裁条款，向中国国际经济贸易仲裁委员会提起仲裁。问：

本案拱北公司是否可以就上海公司延迟一天交货而解除合同？

2. 2010年5月10日，中国某地粮油进出口公司A与西班牙一公司B签订了出口大米若干吨的合同，该合同规定：规格为水分量最高20%，破碎率最高10%，以中国商品检验局的检验证明为最后依据；单价每吨若干美元，FOB中国某港口，买方须于2010年6月10日派船只接运货物，等等。B没按期派船前来接运，直至当年9月20日才派船来华接货。大米运抵目的港后，买方B发现大米生虫，于是委托当地一家检验机关进行了检验，并签发了虫害证明。B据此向A提出索赔请求，遭到A的拒绝，A同时要求B支付延误期间A方支付的大米仓储保管费及其他费用。另外，保存在中国商品检验局的检验货样至争议发生后仍完好，并未发生虫害。问：

（1）A要求B支付延误时期的大米仓储保管费及其他费用能否成立，为什么？

（2）B的索赔要求能否成立，为什么？

3. 2010年9月，新加坡甲公司与上海乙公司签订购买10吨茶叶的合同，交货条件是CIF新加坡每吨3万新元，付款方式为托收方式D/P付款。9月23日，乙公司与航运公司签订了运输合同，并与保险公司签订保险合同，投保了价值为合同总金额的平安险。2010年10月3日，该批货物出港后，在10月4日下午3点时突然遭受风暴袭击。运输货轮船舱进水，几乎沉没，船上的货物大部分落进大海；后经有关方面的援助，该货轮幸免于难，但所运货物几乎全部报废。甲公司获悉该批货物灭失的消息，拒向代收行付款。乙公司多次索要货款未果，遂于2010年12月7日根据仲裁条款向中国国际经济贸易仲裁委员会提请仲裁。

问：本案新加坡甲公司是否应承担付款义务？

4. 2011年2月10日上午，中国某进出口公司A用航空信寄出一份实盘给甲国某公司B，A在发盘通知中注有“不可撤销”的字样，规定受盘人B在2月25日前答复才有效。但A又于2月10日下午用电报发出撤回通知，该通知于2月14日上午送到B处。B于2月15日才收到A航空寄来的实盘。由于B考虑到发盘价格十分有利，于是立即用电报发出接受通知。事后双方对合同是否成立问题发生纠纷。问：

A与B之间的合同是否成立？为什么？

5. 2018年3月25日，中国某进出口公司应马来西亚甲公司请求，报出某通信设备即期装运的实盘。并规定要约的有效期为4月15日；对方接到我方报盘后，要求延长要约有效期，我方经考虑，同意将要约有效期延至5月10日。5月5日，甲公司来电接受该盘。但在我方接到对方承诺的同时，发现因受国际市场变化的影响，该同类产品的价格暴涨。我方拒绝成交，打算等候时机，同时复电对方，声称由于市场变化的影响，致使我方在接到对方承诺前已将货物售出。对方坚持要求我方履行合同，否则便赔偿损失，我方不予理会。于是，甲公司向法院提起诉讼。问：

本案我方公司是否应履行合同？

6. 欧洲某公司与非洲某公司签订了一份FOB合同。在卖方欧洲公司将货物交给承运人，承运人用吊装机械装运货物的过程中，部分货物包装被吊钩钩破，货物损坏。货物到达目的港后，买方经检验发现该损失，随即向卖方欧洲公司提出索赔。欧洲公司拒绝赔偿，并声称该损失应该由装运港的装运部门负责。问：

(1) 卖方的主张是否合理?

(2) 该损失应该由哪一方承担?

7. 2010年4月，中国甲贸易公司与某国乙贸易公司签订了CAP牌打印机进口合同。合同约定：乙贸易公司在6月底前交货。付款方式为信用证。合同签订后，甲贸易公司按期开来了信用证。但直到6月30日，甲贸易公司仍未收到乙贸易公司任何关于货物已经装船或延期交货的通知。7月3日，乙贸易公司向甲贸易公司发来传真，称原定货轮因故延至7月15日才能起航，无法保证按期交货，要求甲贸易公司将信用证装船期延至7月15日，有效期延至7月31日，并要求甲贸易公司于7月4日回复传真。甲贸易公司按期回复，告知乙贸易公司修改信用证的条件是价格下调10%，否则将宣告撤销合同。但乙贸易公司没有同意，仍然要求甲贸易公司延长信用证有效期，否则将货物另售他人。甲贸易公司于7月5日正式函告乙贸易公司，终止合同并提出索赔。问：

(1) 甲贸易公司最后的处理方法是否合理，为什么?

(2) 如果甲贸易公司的主张成立，如何赔偿甲贸易公司?

参考答案

一、单项选择题

1. 答案：A。CIF是在装运港船上交货，CIP是货交承运人，而CFR术语下，根据2010年《国际贸易术语解释通则》A4、A5、B5的规定，货物的风险是在装运港船上转移。

2. 答案：C。《联合国国际贸易销售合同公约》中规定，该公约不适用于船舶、船只、气垫船或飞机的销售；公债、股票、投资证券、流通票据或货币的销售。并且该公约的适用必须是营业地位于不同国家的当事人之间。所以选C。

3. 答案：D。因为中国公司的撤回早于要约的到达时间，因此该要约已被撤回，合同没有成立。

4. 答案：B。CFR与CIF的区别在于在CIF中，卖方须办理保险。CFR中，卖方不需要办理海运保险。

5. 答案：C。选项A错误。在FOB的情况下，风险在装运港船上转移。选项B错误。选择贸易术语，并不排除对公约的适用。选项C正确。在FOB的情况下，在装运港船上交货。选项D错误。在FOB的情况下，价格构成中没有保险一项，因此，卖方对买方“无义务”，同样买方对卖方也无保险的义务。装船以后风险就转移了，买方若此时才去投保，可能会导致自己的利益受损。

6. 答案：B。CFR意为成本加运费（指定目的港），是指在装运港货物装上船卖方即完成交货，卖方必须支付将货物运至指定的目的港所需的运费和费用。但交货后货物灭失或损坏的风险，以及由于各种事件造成的任何额外费用，即由卖方转移到买方。CFR术语要求卖方办理出口清关手续。但CFR下，卖方不承担保险费，这是与CIF的一个重大的不同。

7. 答案：C。《联合国国际货物销售合同公约》第6条规定，双方当事人可以不适用本公约，或在第12条的条件下，减损本公约的任何规定或改变其效力。依此可见，公约的适用不是强制性的。一方面，当事人可以通过选择其他法律而排除公约的适用。另一方面，当事人可以在买卖合同中约定部分适用公约，或对公约的内容进行改变，但这项权利是受到一定限制的。以上所述可知C项的说法是错误的，为正确答案。

8. 答案：B。对装船时间的修改属于实质性变更，应当属于反要约。

9. 答案：C。1980年《联合国国际货物销售合同公约》规定，一项逾期的承诺除非要约人毫不迟延地通知表示接受，否则无效。

10. 答案：A。选项A正确，选项BD错误。CIF术语下，货物的风险在装运港船上由卖方转移给买方。本题中，货物已经装船，风险转移给乙公司。根据《海牙规则》，由于雷击失火，承运人免责。所以，应由乙公司向保险公司提出索赔。选项C错误。此时甲公司没有过错，不需要退还货款给乙公司。

11. 答案：B。1980年《联合国国际货物销售合同公约》采用的是到达生效主义。

12. 答案：D。在国际货物买卖中，象征性交货是指卖方将货物所有权的单据交给买方，以完成货物所有权的转移。

13. 答案：A。

14. 答案：C。这和我国《民法典》规定的不安履行抗辩权相似，A公司的履约能力存在缺陷后，应当提供充分的担保，B公司应继续履行义务。

15. 答案：D。信用证是向银行开出的，是国际贸易中的一种支付方式。

16. 答案：A。该题中的损失是由于乙方拒绝收货造成的，乙方有收货的义务。

17. 答案：D。根据《联合国国际货物销售合同公约》规定，对于在途运输的货物交易，货物风险应当从合同成立时转移。

18. 答案：C。参见《联合国国际货物销售合同公约》第75条，如果合同被宣布无效，而在宣告无效后一段时间内，买方已以合理方式购买替代货物，或者卖方已以合理方式把货物转卖，则要求损害赔偿的一方可以取得合同价格和替代货物交易价格之间的差额以及按照第74条规定可以取得的任何其他损害赔偿。

19. 答案：D。减少价金是只能由买方采取的违约救济方法。

20. 答案：A。CIF包含的运费和保险费由卖方支付，而FOB中卖方不负责运输和保险。其余在海关手续和风险转移上两者是相同的。依此，本题正确答案为A。

21. 答案：C。

22. 答案：A。DAT术语中，货物风险自目的港交货时转移。

23. 答案：D。风险转移依《联合国国际货物销售合同公约》规定，对于在运输途中销售的货物，从订立合同时起，风险就转移到买方承担。但是，如果情况表明有此需要，从货物交付给签发载有运输合同单据的承运人时起，风险就由买方承担。尽管如此，如果卖方在订立合同时已知道或理应知道货物已经遗失或损坏，而其又不将这一事实告知对方，则这种遗失或损坏应由卖方负责。

24. 答案：B。合同的订立承诺与反要约有点相似，但只要抓住一点——是否对交易条件进行了实质性的更改，如果对交易条件进行了实质性的更改，就是反要约。根据《联合国国际货物销售合同公约》和《民法典》第488条规定，受要约人对要约的内容作出实质性变更的为新要约，而有关合同标的、数量、质量、价款或者报酬、履行期限、履行地点和方式、违约责任和解决争议方法等条款的变更，均属实质性变更。乙公司的回电对货物价格的修改属实质性改变交易条件，属于反要约。

25. 答案：B。双方间的合同并未成立，因为甲未作出接受乙还盘的答复。根据《联合国国际货物销售合同公约》规定，对发盘表示接受但载有添加、限制或其他更改的答复，即为拒绝该项发盘并构成还盘。合同必须一方发出实盘，另一方作出有效接受，方能成立。在此例中，甲发出的是实盘，乙对装船时间的改变，已构成对甲发盘的实质性改变，不是有效的接受。

26. 答案：C。大陆法系称“到达生效原则”。《联合国国际货物销售合同公约》第18条规定：（1）被发盘人声明或做出其他行为表示同意一项发盘，即接受。缄默或不行动本身不等于接受。（2）接受发盘于表示同意的通知送达发盘人时生效。如果表示同意的通知在发盘人所规定的时间内，如未规定时间，在一段合理的时间内，未曾送达发盘人，接受就成为无效，但须适当地考虑到交易的情况，包括发盘人所使用的通信方法的迅速程度。对口头发盘必须立即接受，但情况有别者不在此限。(3) 但是，如果根据该项发盘或依照当事人之间确立的习惯做法或惯例，被发盘人可以做出某种行为，如与发运货物或支付价款有关的行为，来表示同意，而无须向发盘人发出通知，则接受于该项行为做出时生效，但该项行为必须在上一款所规定的期间内做出。

27. 答案：C。FOB 术语要求卖方办理货物出口清关手续。卖方必须在约定的日期或期限内，在指定的装运港，按照该港习惯方式，将货物交至买方指定的船只上。所以 A 是错误的。2010 年《国际贸易术语解释通则》没有规定卖方保险合同义务。所以 B 是错误的。2010 年《国际贸易术语解释通则》没有规定卖方运输合同义务。所以 C 是正确的。FOB 术语仅适用于海运或内河运输。所以 D 是错误的。

28. 答案：D。就买卖合同而言，公约仅适用于合同的订立和买卖双方的权利、义务，而不涉及：(1) 合同的效力，或其任何条款的效力或惯例的效力；(2) 合同对所有权的影响；(3) 货物对人身造成的伤亡或损害的产品责任问题。《联合国国际货物销售合同公约》第 4 条规定，本公约只适用于销售合同的订立及卖方和买方因此种合同而产生的权利和义务。特别是，本公约除非另有明文规定，与以下事项无关：(1) 合同的效力，或其任何条款的效力，或任何惯例的效力；(2) 合同对所售货物所有权可能产生的影响。

29. 答案：D。因为成套设备的各部件是相互依存、不可分割的，如果不能将其中的任何一批货物用于双方当事人在订立合同时所设想的目的，则买方可以同时宣告合同对已经交付或今后将交付的各批货物均无效。参见《联合国国际货物销售合同公约》第 73 条。

30. 答案：B。区别国际货物买卖与国内货物买卖的标准是双方当事人的营业地。《联合国国际货物销售合同公约》第 1 条规定，(1) 本公约适用于营业地在不同国家的当事人之间所订立的货物销售合同：①如果这些国家是缔约国；或②如果国际私法规则导致适用某一缔约国的法律。(2) 当事人营业地在不同国家的事实，如果从合同或从订立合同前任何时候或订立合同时，当事人之间的任何交易或当事人透露的情报均看不出，应不予考虑。(3) 在确定本公约的适用时，当事人的国籍和当事人或合同的民事或商业性质，应不予考虑。

31. 答案：C。《联合国国际货物销售合同公约》于 1980 年在维也纳的外交会议上通过，于 1988 年正式生效，是国际货物买卖领域中最重要的国际公约。

32. 答案：D。《联合国国际货物销售合同公约》第 1 条规定：“(1) 本公约适用于营业地在不同国家的当事人之间所订立的货物销售合同：(a) 如果这些国家是缔约国；或 (b) 如果国际私法规则导致适用某一缔约国的法律。(2) 当事人营业地在不同国家的事实，如果从合同或从订立合同前任何时候或订立合同时，当事人之间的任何交易或当事人透露的情报均看不出，应不予考虑。(3) 在确定本公约的适用时，当事人的国籍和当事人或合同的民事或商业性质，应不予考虑。”据此，公约适用于缔约国中营业地分处不同国家的当事人之间的货物买卖；或由国际私法规则导致适用某一缔约国法律。本题中的法院依合同约定应适用丙国法律；法院适用丙国法律包括其冲突规范。

33. 答案：C。国际贸易术语的作用主要是为了明确买卖双方各自的风险、责任和费用。

34. 答案：D。销售合同公约规定了国际货物买卖合同的订立、买卖双方的义务、货物风险的转移和合同的违约救济等，但由于参与谈判的各国分歧太大，所以公约不涉及以下三个问题：(1) 合同效力或者惯例效力。(2) 所售货物的所有权转移问题；要注意只是不涉及所有权转移问题，并非没有涉及所有权问题，因为在卖方的权利担保中，卖方应担保对其货物享有完全的所有权。(3) 因货物造成的人身伤亡的责任问题。同时，(1) 公约不调整如下几种合同：购买供私人、家人或家庭使用的货物的销售（属于消费合同，消费者权益保护属于各国专门法处理范围）；经由拍卖的销售；根据法律执行令状或其他令状的销售（有公权力牵涉其中，适用特别规则）；公债、股票、投资证券、流通票据或货币的销售（有些国家不认为是货物，同时有自己的特殊规则）；船舶、船只、气垫船或飞机的销售（有些国家视为不动产，都要求过户登记，规则不宜统一）；电力的销售（不可触及的特殊性，有些国家不视为货物）。(2) 公约不适用于下列两类合同：由买方提供制造货物的大部分原材料的合同；供货一方的绝大部分义务在于提供劳务或其他服务的合同。注意如果劳务或服务并未构成绝大部分义务的，公约仍调整。(3) 公约的适用是任意性的，当事人可以通过选择其他法律来排除公约的适用，也可以对公约的内容进行改变，除非存在其营业地所在国的保留。

35. 答案：A。参见 2010 年《国际贸易术语解释通则》A4、A5、B5 的规定。

36. 答案：D。要约是一方当事人以订立合同为目的向对方所作的意思表示。在实践中称为发盘人，对方称为受盘人。本题中，乙公司的发盘就是要约，如果甲公司按照乙公司提出的条件作出承诺，则合同成立。但是，甲公司对标的的价格进行了更改就构成了反要约，反要约是对要约的拒绝，不能发生承诺的效力，须经过原要约人承诺合同才成立，因此反要约实际上是新的要约。但是，乙公司没有答复，视为拒绝。8 月 29 日甲公司致电乙公司表示接受其 8 月 11 日发盘的行为依然是新的要约。综上，本题应选 D。

37. 答案：B。DAT（运输终端交货），卖方须承担货物在目的港交货以前的一切风险。

38. 答案：D。国际货物买卖合同中的“溢短装条款”是指允许卖方按一定的机动幅度多交或少交一定数量的货物。

39. 答案：C。《联合国国际货物销售合同公约》第 31 条规定：“如果卖方没有义务要在任何其他特定地点交付货物，他的交货义务如下：(a) 如果销售合同涉及货物的运输，卖方应把货物移交给第一承运人，以运交给买方；(b) 在不属于上一款规定的情况下，如果合同指的是特定货物或从特定存货中提取的或尚待制造或生产的未经特定化的货物，而双方当事人在订立合同时已知道这些货物是在某一特定地点，或将在某一特定地点制造或生产，卖方应在该地点把货物交给买方处置；(c) 在其他情况下，卖方应在他订立合同时的营业地把货物交给买方处置。”

40. 答案：A。所谓反要约是指受要约人在对要约要求接受的同时，也对要约进行了变更。反要约是对要约的拒绝，构成一个新的要约，原来的要约失效。根据《联合国国际货物销售合同公约》第 19 条第 3 款的规定，如果受要约人在对要约的答复中，对要约下列内容进行了变更，则视为对要约作了实质性的变更：货物的价格、付款、货物质量和数量、交货地点和时间、一方当事人对另一方当事人的赔偿责任范围或解决争端等。对要约作了实质性变更的答复，是一个无效的承诺，是对原要约的拒绝，构成反要约，原来的要约失效。

41. 答案：D。CFR 术语中的交货地点是在装运港买方派来接货的船上，不是在目的港交货。因此，A 项说法错误。CFR 术语中是卖方负责办理出口清关手续，而非买方。因此，B 项说法错误。CFR 术语中由买方负责办理保险，而非卖方。因此，C 项说法错误。CFR 术语只适用于海运与内河运输。因此，D 项说法正确。

42. 答案：A。《联合国国际货物销售合同公约》第 16 条规定，(1) 在未订立合同之前，发价得予撤销，如果撤销通知于被发价人发出接受通知之前送达被发价人。(2) 在下列情况下，发价不得撤销：(a) 发价写明接受发价的期限或以其他方式表示发价是不可撤销的；或（b）被发价人有理由信赖该项发价是不可撤销的，而且被发价人已本着对该项发价的信赖行事。根据上述规定可知，本题中，如果L公司在要约中要求在7月15日前答复，那么要约因已经确定了承诺期限，因此，属于不可撤销要约，此时，L公司就不必考虑撤销要约的问题了。A项说法正确。B项错误之处有两点：其一是此要约为不可撤销要约，因此，L公司不能撤销该要约；其二是M公司在承诺期限内没有承诺的话，该要约就已经失效了，不必再对该要约进行撤销。如果M公司回函要求改用D/P方式付款，此时M公司对L公司要约中的主要条款作了修改，已经不再是承诺了，应该属于反要约，M公司发出反要约后，L公司原来的要约就自动失效了，L公司不需要再进行撤销。因此，C项说法错误。根据《联合国国际货物销售合同公约》第16条的规定，D项说的不全面，仅说了一般情况，没有包含例外情况，因此，这种说法过于绝对，不正确。

43. 答案：D。《联合国国际货物销售合同公约》第38条规定，(1) 买方必须在按情况实际可行的最短时间内检验货物或由他人检验货物。(2) 如果合同涉及货物的运输，检验可推迟到货物到达目的地后进行。(3) 如果货物在运输途中改运或买方须再发运货物，没有合理机会加以检验，而卖方在订立合同时已知道或理应知道这种改运或再发运的可能性，检验可推迟到货物到达新目的地后进行。因此，本题的正确答案是D。

44. 答案：A。根据《联合国国际货物销售合同公约》第73条第1款的规定，对于分批交付货物的合同，如果一方当事人不履行对任何一批货物的义务，便对该批货物构成根本违反合同，则另一方当事人可以宣告合同对该批货物无效。由此可知，如果卖方对第二批货物的质量问题构成根本违约，买方即可宣告合同对该批货物无效。所以A项正确，其他三项错误。

45. 答案：C。根据《联合国国际货物销售合同公约》的规定，在给予的暂缓期期满之后，违约方未及时履行合同的，守约方有权终止履行合同，并提起仲裁或诉讼。

46. 答案：B。货物数量、交货时间以及争议解决办法属于实质性条款，对其进行变更属于实质性变更。

47. 答案：A。FOB术语下，卖方的风险和责任止于将货物置于买方指定的船只上。

48. 答案：A。根据《联合国国际货物销售合同公约》规定，如果合同规定交货期为一段时间，在买卖双方没有约定的情况下，具体的交货时间应由卖方选定。

49. 答案：C。FOB（Free on Board）术语中，卖方承担的基本义务是在合同规定的装运港和规定的期限内，将货物装上买方指派的船只，并及时通知买方。货物在装船时越过船舷，风险即由卖方转移至买方。买方要负责租船订舱，支付运费，并将船期、船名及时通知卖方。货物在装运港越过船舷后的其他责任、费用也都由买方负担，包括取得进口许可证或其他官方证件，以及办理货物入境手续和费用。甲公司作为卖方，不需要支付运费。所以A选项错误。2010年《国际贸易术语解释通则》的FOB术语要求卖方将货物装到船上，增加了卖方装运港义务，风险也在货物装船后转移。所以B选项错误。按照《联合国国际货物销售合同公约》第35条规定，(1) 卖方交付的货物必须与合同所规定的数量、质量和规格相符，并须按照合同所规定的方式装箱或包装。(2) 除双方当事人业已另有协议外，货物除非符合以下规定，否则即为与合同不符：(a) 货物适用于同一规格货物通常使用的目的；(b) 货物适用于订立合同时曾明示或默示地通知卖方的任何特定目的，除非情况表明买方并不依赖卖方的技能和判断力，或者这种依赖对他是不合理的；(c) 货物的质量与卖方向买方提供的货物样品或样式相同；(d) 货物按照同类货物通用的方式装箱或包装，如果没有此种通用方式，则按照足以保全和保护货物的方式装箱或包装。(3) 如果买方在订立合同时知道或者不可能不知道货物不符合同，卖方就无须按上一款 (a) 项至 (d) 项负有此种不符合同的责任。所以，如该批设备因未按照同类货物通用方式包装造成损失，应由甲公司承担责任，C 选项正确。《联合国国际货物销售合同公约》第 41 条规定，卖方所交付的货物，必须是第三方不能提出任何权利或要求的货物，除非买方同意在这种权利或要求的条件下，收取货物。但是，如果这种权利或要求是以工业产权或其他知识产权为基础的，卖方的义务应依照第 42 条的规定。第 42 条规定，(1) 卖方所交付的货物，必须是第三方不能根据工业产权或其他知识产权主张任何权利或要求的货物，但以卖方在订立合同时已知道或不可能不知道的权利或要求为限，而且这种权利或要求根据以下国家的法律规定是以工业产权或其他知识产权为基础的：(a) 如果双方当事人在订立合同时预期货物将在某一国境内转售或做其他使用，则根据货物将在其境内转售或做其他使用的国家的法律；(b) 在任何其他情况下，根据买方营业地所在国家的法律。(2) 卖方在上一款中的义务不适用于以下情况：(a) 买方在订立合同时已知道或不可能不知道此项权利或要求；(b) 此项权利或要求的发生，是由于卖方要遵照买方所提供的技术图样、图案、程式或其他规格。所以，如该批设备侵犯了第三方在中国的专利权，甲公司也要对乙公司承担责任，D 选项错误。

50. 答案：C。根据 1980 年《联合国国际货物销售合同公约》第 6 条规定，双方当事人可以不适用本公约，或在第 12 条的条件下，减损本公约的任何规定或改变其效力。第 12 条规定，本公约第 11 条、第 29 条或第二部分准许销售合同或其更改或根据协议终止，或者任何发盘、接受或其他意旨表示得以书面以外任何形式作出的任何规定不适用，如果任何一方当事人的营业地是在已按照本公约第 96 条作出了声明的一个缔约国内，各当事人不得减损本条或改变其效力。所以，A 选项错误。在国际贸易中常常使用某个国际民间组织或国际行业性协会拟定的空白的标准合同，这种空白合同并不是合同，它只是根据买卖合同应具备的基本内容所拟定的详细而固定的条文，印成固定的格式，所以叫作格式合同。格式合同具有针对性和简化性的作用。格式合同可以起到简化谈判过程的作用。它可以向谈判的当事人提供建议性的条文，作为合同条件的基础，这样可以缩短当事人之间协商的时间，为争取商业机会创造条件。从性质上讲，格式合同既不是法律，在双方签字以前也不是真正的合同。格式合同只是贸易谈判的一方给另一方提供的建议性的文本，在当事人签字前不具有约束力。经双方当事人的协商，可以对格式合同中的条文内容进行修改、删节或补充，只有经过双方当事人同意，填写了空白的项目并签字后，才能成为当事人之间订立的一个有效的合同。所以，B 选项错误，C 选项正确。国际贸易术语，又称价格术语。在国际贸易中，买卖双方所承担的义务，会影响到商品的价格。在长期的国际贸易实践中，逐渐形成了把某些和价格密切相关的贸易条件与价格直接联系在一起，形成了若干种报价的模式。每一模式都规定了买卖双方在某些贸易条件中所承担的义务。用来说明这种义务的术语，称之为贸易术语。如双方在合同中选择了贸易术语，可以再适用公约，所以，D 选项错误。

51. 答案：A。CFR，全称 Cost and Freight，指在装运港船上交货，卖方需支付将货物运至指定目的地港所需的费用。但货物的风险是在装运港船上交货时转移。卖方义务主要是：(1) 自负风险和费用，取得出口许可证或其他官方批准的证件，在需要办理海关手续时，办理货物出口所需的一切海关手续。(2) 签订从指定装运港承运货物运往指定目的港的运输合同；在买卖合同规定的时间和港口，将货物装上船并支付至目的港的运费；装船后及时通知买方。

(3) 承担货物在装运港装上船为止的一切风险。(4) 向买方提供通常的运输单据，如买卖双方约定采用电子通信，则所有单据均可被同等效力的电子数据交换 (EDI) 信息所代替。买方义务主要是：(1) 自负风险和费用，取得进口许可证或其他官方批准的证件，在需要办理海关手续时，办理货物进口以及必要时经由另一国过境的一切海关手续，并支付有关费用及过境费。(2) 承担货物在装运港装上船以后的一切风险。(3) 接受卖方提供的有关单据，受领货物，并按合同规定支付货款。(4) 支付除通常运费以外的有关货物在运输途中所产生的各项费用以及包括驳运费和码头费在内的卸货费。在 CFR 术语下，卖方负责安排运输，而买方自行办理保险，因此在货物装上船前，即风险转移至买方前，买方及时向保险公司办妥保险，是 CFR 中一个至关重要的问题。因此《国际贸易术语解释通则》强调卖方必须毫不迟延地通知买方货物已装上船。否则，卖方要承担违约责任。所以，A 选项正确，B 项错误。CFR 术语中，买方乙公司并没有办理保险，原因之一是卖方未对其进行通知。所以，甲公司应该承担违约责任，C 选项错误。D 选项也错误。

52. 答案：D。《联合国国际货物销售合同公约》第 9 条规定，(1) 双方当事人业已同意的任何惯例和他们之间确立的任何习惯做法，对双方当事人均有约束力。(2) 除非另有协议，双方当事人应视为已默示地同意对他们的合同或合同的订立适用双方当事人已知道或理应知道的惯例，而这种惯例，在国际贸易上，已为有关特定贸易所涉同类合同的当事人所广泛知道并为他们所经常遵守。因此公约与贸易术语可以同时适用，A 项说法错误。2010 年《国际贸易术语解释通则》规定，CIF (成本、保险费加运费) 是指卖方以在指定装运港将货物装上买方指定的船舶或通过取得已交付至船上货物的方式交货。货物灭失或损坏的风险在货物交到船上时转移，买方承担自那时起的一切费用。卖方办理出口清关手续，但无义务办理进口清关、支付任何进口税或办理任何进口海关手续。因此 B 项和 C 项说法均错误。在 CIF 条件下，卖方负责对货物查对、包装、标记，卖方必须支付交货所需进行的查对费用 (如核对货物品质、丈量、过磅、点数的费用)。卖方必须自付费用，提供符合其安排的运输所要求的包装 (除非按照相关行业惯例该合同所描述货物无须包装发运)。包装应作适当标记。因此 D 项说法正确。

53. 答案：B。《联合国国际货物销售合同公约》第 5 条规定："本公约不适用于卖方对于货物对任何人所造成的死亡或伤害的责任。"故 A 错误。第 71 条规定："(1) 如果订立合同后，另一方当事人由于下列原因显然将不履行其大部分重要义务，一方当事人可以中止履行义务：(a) 他履行义务的能力或他的信用有严重缺陷；或 (b) 他在准备履行合同或履行合同中的行为显示他将不履行其主要义务。(2) 如果卖方在上一款所述的理由明显化以前已将货物发运，他可以阻止将货物交给买方，即使买方持有其有权获得货物的单据。本款规定只与买方和卖方间对货物的权利有关。(3) 中止履行义务的一方当事人不论是在货物发运前还是发运后，都必须立即通知另一方当事人，如经另一方当事人对履行义务提供充分保证，则他必须继续履行义务。"第 72 条规定："(1) 如果在履行合同日期之前，明显看出一方当事人将根本违反合同，另一方当事人可以宣告合同无效。(2) 如果时间许可，打算宣告合同无效的一方当事人必须向另一方当事人发出合理的通知，使他可以对履行义务提供充分保证。(3) 如果另一方当事人已声明他将不履行其义务，则上一款的规定不适用。"故 B 正确，C 错误，D 错误。

54. 答案：B。DAT (Delivered at terminal) (中文：运输终端交货)，适用于任何运输方式，是 2010 年《国际贸易术语解释通则》新增加的贸易术语。DAT 术语下，卖方必须在约定日期或期限内，在指定港口或目的地的运输终端，将货物从抵达的运输工具上卸下，并交由买方处置。“Terminal”可以是任何地点，如码头、仓库，集装箱堆场或者铁路、公路或航空货运站等。本题中，卖方需要将货物运到南京，将货物从运输工具上卸下并交由买方处置才完成交货。故A项错误。关于清关手续，DAT术语下是“卖出买进”，即卖方自负风险和费用，取得所有出口许可和其他官方授权办理出口和交货前从他国过境运输所需的一切海关手续。而买方必须自负风险和费用，取得所有进口许可或其他官方授权，办理货物进口的一切海关手续。故C项错误。关于风险转移，DAT术语下，卖方承担交货完成前货物灭失或损坏的一切风险。D项错误。

55. 答案：C。CIF术语下货物风险在装运上船时已经转移，本案中，货损发生在风险转移后，故买方无权因此不支付货款，A项错误。CIF术语下，如无特殊约定，卖方只有义务投保海运最低险即平安险，B项错误。在CIF的条件下，买方只有在付款赎单后才能提货，并对货物进行检验，此种情况下当然不能以验货为付款的条件，D项错误。

56. 答案：C。本案买卖合同约定的为FOB贸易术语，故风险转移和卖方交货义务均为货物在装运港装运上船，买方只负责安排海上货物运输，故从卖方营业地到装运港的陆路运输应由卖方负责，C项正确。

57. 答案：A。依据1980年《联合国国际货物销售合同公约》第35条规定，卖方交付的货物质量应与卖方向买方提供的货物样品或样式相同，双方在合同中另有约定的除外。本案中，虽然卖方提供了货物样品，但双方在合同中约定了设备规格，且买方明确要求按照合同履行，故卖方所交货物不符合同约定即构成违约，B项错误。DPU术语的基本内容是卖方承担“运到并卸下”的义务，故货物风险应运到目的地并卸下后才转移，交货地点也应是约定的目的地，而非装运地，C、D项错误。

58. 答案：A。首先明确《联合国国际货物销售合同公约》适用于营业地位于不同缔约国的合同，本题中甲、乙两公司满足公约的适用条件。根据该公约的规定，卖方有义务担保其货物不侵犯他人的知识产权。但这种担保有地域的限制：（1）如果第三方根据使用地或转售地国家的法律提出赔偿请求，除非能够预见，否则原卖方不承担责任；（2）如果第三方根据原买方营业地国家的法律提出请求，原卖方应承担责任。本题中丙公司是根据转售地某国法提出请求，且没有任何文字表明该地能够被预见，所以甲公司不需承担责任，故A项正确。根据该公约的规定，乙公司的情况属于预期违约，即在合同订立后，履行期到来前，一方明示拒绝履行合同，或通过其行为推断其将不履行。甲公司可以中止履行同时应通知对方，当对方提供了充分的担保后应该恢复履行，故B项错误。如B项解析所述，在乙公司提供了充分的担保后，甲公司应该恢复履行，故C项错误。该公约本身并不解决三个问题：（1）合同的效力；（2）所有权；（3）卖方对于货物对任何人所造成的死亡或伤害的责任。所以人身伤害赔偿是无法依据该公约进行解决的，故D项错误。

59. 答案：A。DPU术语，意为“目的地卸货后交货（指定目的地）”，指卖方必须在约定日期或期限内，在指定目的地或者在该指定目的地内的约定交货地点，将货物从抵达的运输工具上卸载，并交由买方处置的方式交货。卖方自负风险和费用，取得所有出口许可和其他官方授权办理出口和交货前从他国过境运输所需的一切海关手续。但是，取得所有进口许可或其他官方授权，办理货物进口的一切海关手续，则由买方负责，也就是说，卖方B公司不负责办理货物进入甲国的进口手续。因此A项正确。DPU术语的具体内容是《国际贸易术语解释通则2020》确定的，由之前的DAT术语更名而成，并且相应的含义也发生了变化。因此B选项错误。题干“设备运抵目的地”，根据DPU术语，卖方B公司应当将货物从抵达的运输工具上卸下并交由买方A公司处置，应承担目的地的卸货费用。因此C项错误。DPU术语，买卖双方均无订立保险合同的义务。题干“设备运抵目的地”以及“承运人为乙国C公司”，说明卖方B公司需要运输货物，运输途中的风险都由卖方承担。因此，虽然卖方B公司对买方没有保险的义务，但是其为了成功交货，应当办理保险。因此D项错误。

60. 答案：C。因为CIP术语适用于一切运输方式，包括多式联运。所以，货物不一定经由海运。而货物一定是送往敦刻尔克，但并不一定送往敦刻尔克港。因此A项错误。CIP术语适用于各种运输方式，交货地点要根据运输方式的不同由双方约定，风险在承运人控制货物时转移。因此B项错误。CIP术语中，卖方的义务为办理出口手续，买方的义务为办理进口手续。因此C项正确。CIP术语中，运输、保险都应当由卖方负责办理。而且在《国际贸易术语解释通则2020》CIP贸易术语下，对卖方有义务取得保险的要求有所提高，相当于我国的“一切险”。如果双方当事人有约定，仍然可以商定较低的保险级别，因此D项错误。

二、多项选择题

1. 答案：ABD。《联合国国际货物销售合同公约》第36条第1款规定，卖方应按照合同和本公约的规定，对风险移转到买方时所存在的任何不符合同情形，负有责任，即使这种不符合同情形在该时间后方始明显。因此，A项说法正确。第35条第1款规定，卖方交付的货物必须与合同所规定的数量、质量和规格相符，并须按照合同所定的方式装箱或包装。据此可知，提供符合货物方式的包装是卖方的法定义务，如果卖方没有履行该义务，就需要承担相应的责任。因此，B项说法正确。第31条（a）项规定，如果销售合同涉及货物的运输，卖方应把货物移交给第一承运人，以运交给买方。第67条第1款规定，如果销售合同涉及货物的运输，但卖方没有义务在某一特定地点交付货物，自货物按照销售合同交付给第一承运人以转交给买方时起，风险就移转到买方承担。如果卖方有义务在某一特定地点把货物交付给承运人，在货物于该地点交付给承运人以前，风险不移转到买方承担。卖方受权保留控制货物处置权的单据，并不影响风险的移转。据此可知，如果当事人对交货地点没有特别约定的话，一般情况下卖方将货物交给第一承运人时，完成交付，风险转移，此后再因非出卖人的原因导致货物不符合合同的，出卖人不应承担责任。因此，C项说法错误。第36条第2款规定，卖方对在上一款所述时间后发生的任何不符合同情形，也应负有责任，如果这种不符合同情形是由于卖方违反他的某项义务所致，包括违反关于在一段时间内货物将继续适用于其通常使用的目的或某种特定目的，或将保持某种特定质量或性质的任何保证。因此，D项说法正确。

2. 答案：BC。A项把两者的交货方式混淆，F项下只有FOB术语下，货物的风险是在装运港船上转移。

3. 答案：ACD。平安险的责任范围主要包括：（1）在运输过程中，由于自然灾害和运输工具发生意外事故造成整批货物的实物的实际全损或推定全损；（2）由于运输工具发生意外事故而造成的货物全部损失或部分损失；（3）只要运输工具曾经发生搁浅、触礁、沉没、焚毁等意外事故，不论这意外事故发生之前或者以后曾在海上遭恶劣气候、雷电、海啸等自然灾害所造成的被保险货物的部分损失；（4）在装卸转船过程中，被保险货物一件或数件落海所造成的全部损失或部分损失；（5）运输工具遭受自然灾害或意外事故，在避难港卸货所引起被保险货物的全部损失或部分损失；（6）运输工具遭受自然灾害或意外事故，需要在中途的港口或者在避难港口停靠，因而引起的卸货、装货、存仓以及运送货物所产生的特别费用；（7）发生共同海损所引起的牺牲、公摊费和救助费用；

(8) 发生了保险责任范围内的危险，被保险人对货物采取抢救、防止或减少损失的各种措施，因而产生合理费用。但是保险公司承担费用的限额不能超过这批被救货物的保险金额。施救费用可以在赔款金额以外的一个保险金额限度内承担。综上，本题的正确答案是 ACD。

4. **答案**：BC。《联合国国际货物销售合同公约》中规定，该公约不适用于船舶、船只、气垫船或飞机的销售。

5. **答案**：AC。我国在核准公约时，提出了下列两项保留：第一，对公约第 11 条的保留，即“销售合同无须以书面订立或书面证明，在形式方面也不受任何其他条件的限制。销售合同可以用包括人证在内的任何方法证明”。第二，对公约第 1 条第 1 款（b）项规定的保留，即扩大适用的保留。我国不同意通过对国际私法的引用而使公约适用于非缔约国。2013 年 2 月我国政府撤回了第 1 项保留。

6. **答案**：BCD。

7. **答案**：ACD。

8. **答案**：BCD。要约的撤销、拒绝以及反要约都会造成要约的失效。要约的撤回不会构成要约的失效，因为要约被撤回后，要约还没有生效。

9. **答案**：BC。《联合国国际货物销售合同公约》中规定，如果载有逾期的承诺信件或其他书面文件表明依照它寄发时的情况，只要邮寄正常，它本应及时到达要约人，则此项逾期承诺应认为具有承诺的效力，除非要约人毫不迟延地用口头或书面通知受要约人，他认为该要约已因逾期而失效。

10. **答案**：ABC。厦门甲商行 10 月 20 日的来电属于要约。

11. **答案**：AB。根本违反合同是一方当事人违反合同的结果，使另一方当事人遭受损害，以至于实际上剥夺了他根据合同有权期望得到的东西。案例（1）中，卖方的行为即属根本违反合同，因而买方有权撤销合同，拒收迟交的货物；而案例（2）中，卖方延迟交货不属根本违反合同，买方不能撤销合同。参见《联合国国际货物销售合同公约》第 25 条。

12. **答案**：BD。要约既可以撤回也可以撤销；而承诺只能撤回不能撤销。

13. **答案**：CD。承运人只能在接到正本提单的时候才可以交付货物，以保函的形式要求交货事实上构成了欺诈的行为。银行应该向收货人要求付款。

14. **答案**：AC。

15. **答案**：AD。

16. **答案**：BD。根据《联合国国际货物销售合同公约》该合同没有成立，因为某国乙公司修改装船日期，实为一个新的要约而不是承诺。《联合国国际货物销售合同公约》第 19 条规定，（1）对发盘表示接受但载有添加、限制或其他更改的答复，即为拒绝该项发盘，并构成还盘。（2）但是，对发盘表示接受但载有添加或不同条件的答复，如所载的添加或不同条件在实质上并不变更该项发盘的条件，除发盘人在不过分迟延的期间内以口头或书面通知反对期间的差异外，仍构成接受。如果发盘人不做出这种反对，合同的条件就以该项发盘的条件以及接受通知内所载的更改为准。（3）有关货物价格、付款、货物质量和数量、交货地点和时间、一方当事人对另一方当事人的赔偿责任范围或解决争端等的添加或不同条件，均视为在实质上变更发盘的条件。依此，BD 项为正确答案。

17. **答案**：AD。合同无效，甲公司仍然承担违约责任，因此 B 项说法错误。争议条款具有独立性，并不随着合同无效而无效，因此 C 项说法错误。

18. **答案**：ABD。CFR 术语下，货物风险在装运港船上转移，CIP 术语是运费和保险费付至指定目的地，CIF 术语下，货物的风险是在装运港船上转移。

19. **答案**：ABD。根据《联合国国际货物销售合同公约》规定，其涉及国际货物买卖中的违约救济问题。

20. **答案**：AB。对要约保持沉默，以及对要约实质性的变更都不能视为有效的承诺。

21. 答案：ABC。必须是双方的营业地位于不同的缔约国，而不是跨境的所有买卖合同都适用。另外，第 11 条保留已被我国政府于 2013 年 2 月撤回。

22. 答案：AC。买方具有收取货物的义务、付款的义务。

23. 答案：AB。甲公司的去电是反要约，合同不能成立。

24. 答案：AD。由于洪水不能构成不可抗力，所以乙公司不能解除合同。

25. 答案：AD。A 对，CIF（成本、运费加保险费），是指在装运港把货物装上船时卖方即完成交货，但卖方须支付将货物运至指定目的港所需的运费，并办理运输中的保险。在 CIF 术语下货物的风险在装运港船上由卖方转移给买方。据此，本题中货物的风险是在装货港船上转移，风险应由乙公司承担。BC 错 D 对，因为虽然承运人的责任自装船时起，但依中国《海商法》及海牙规则的规定，除非承运人本人有过失，其对火灾是免责的。因 CIF 价格条件的风险是在装货港船上转移，该批货物已投保了一切险，故乙公司应向保险公司提出索赔。

26. 答案：ABC。根据国际商会的《国际销售示范合同》的规定，商标条款不属于其中的主要条款。

27. 答案：ABCD。在国际货物买卖中，表示货物品质的方法主要有：凭规格、等级或标准确定的品质；凭样品确定货物品质；凭商标或牌号确定货物品质；凭说明书确定货物的品质。

28. 答案：BCD。商检条款通常规定商品检验所应依据的标准、检验机构、检验期间及商检权等内容。其作用主要有：是确定卖方所交货物是否符合合同的依据，关系到合同的履行；是卖方议付货款的依据；是买方要求索赔的凭据；是仲裁、诉讼的证据。

29. 答案：ABC。一项有效的承诺必须满足以下条件：（1）承诺要由受要约人作出才生效力。（2）与要约的条件保持一致。（3）承诺应在要约有效的时间内作出。逾期作出的承诺，原则上无效，但如果考虑到交易的情况或要约人毫不迟疑地发出通知表示接受，则仍具有承诺的效力。（4）承诺必须通知要约人才产生效力。承诺于表示同意的通知送达要约人时生效。承诺生效时合同成立。我国《民法典》规定，通过函件、电报、电传达成的协议，如一方要求签订确认书时，则合同不是在收到承诺的函件、电报、电传时成立，而是在确认书经双方签字后才能成立。沉默一般不构成承诺。但是，根据要约的规定以及当事人之间确立的习惯做法或惯例，受要约人可以做出某种行为，诸如发货或支付价金等表示同意。然而，其行为必须在规定的期限内实施。如未规定时间，则应在合理的时间内作出。综上所述，ABC 三项表述错误，D 项表述正确。

30. 答案：ABD。《联合国国际货物销售合同公约》第 16 条规定："（1）在未订立合同之前，发盘得予撤销，如果撤销通知于被发盘人发出接受通知之前送达被发盘人。（2）但在下列情况下，发盘不得撤销：（a）发盘写明接受发盘的期限或以其他方式表示发盘是不可撤销的；或（b）被发盘人有理由信赖该项发盘是不可撤销的，而且被发盘人已本着对该项发盘的信赖行事。"

31. 答案：ABC。承诺，是受要约人对要约的内容表示无条件接受的意思表示。有效的承诺应符合下列条件：承诺须由受要约人作出；承诺应在要约有效期内作出，对于规定了有效期限的要约，应在规定的期限内作出承诺；对于未规定期限的要约，应在合理的期限内作出承诺；与要约的内容相一致。

32. 答案：ABC。《联合国国际货物销售合同公约》第 24 条规定："为公约本部分的目的，发盘、接受声明或任何其他意旨表示'送达'对方，系指用口头通知对方或通过任何其他方法送交对方本人，或其营业地或通讯地址，如无营业地或通讯地址，则送交对方惯常居住地。"

33. 答案：AB。该合同未达成。A公司8月22日电实际上是对发盘的拒绝，当受要约人对要约人的要约表示拒绝时，原要约失效，也就是原发盘失效。而A公司8月25日去电是对已失效的发盘表示接受，据此合同不能达成。

34. 答案：BC。《联合国国际货物销售合同公约》第21条规定：“……（2）如果载有逾期接受的信件或其他书面文件表明，它是在传递正常、能及时送达发盘人的情况下寄发的，则该项逾期接受具有接受的效力，除非发盘人毫不迟延地用口头或书面通知被发盘人：他认为他的发盘已经失效。”据此，本题中发盘人甲公司对乙公司逾期的承诺立即表示了“该发盘已失效”，因此，该合同未成立，也无从谈起甲公司的履约义务。

35. 答案：ABD。《联合国国际货物销售合同公约》第14条规定：“（1）向一个或一个以上特定的人提出的订立合同的建议，如果十分确定并且表明发盘人在得到接受时承受约束的意旨，即构成发盘。一个建议如果写明货物且明示或暗示地规定数量和价格或规定如何确定数量和价格，即为十分确定……”一项要约为十分确定须满足的条件为明确货物的名称；明示或暗示地规定数量和价格或规定如何确定数量和价格。

36. 答案：BD。《联合国国际货物销售合同公约》第53条规定：“买方必须按照合同和本公约规定支付货物价款和收取货物。”

37. 答案：AD。《联合国国际货物销售合同公约》第41条规定：“卖方所交付的货物，必须是第三方不能提出任何权利或要求的货物，除非买方同意在这种权利或要求的条件下，收取货物。但是，如果这种权利或要求是以工业产权或其他知识产权为基础的，卖方的义务应依照第四十二条的规定。”

38. 答案：ABD。货物的风险，指的是货物因自然原因或意外事故所致的损坏或灭失，如果货物的损坏或灭失是由于卖方违反合同所致，买方仍然有权向卖方提出索赔，采取因此种违反合同而可以采取的各种补救办法。A对，根据《联合国国际货物销售合同公约》第68条规定：“对于在运输途中销售的货物，从订立合同时起，风险就移转到买方承担。但是，如果情况表明有此需要，从货物交付给签发载有运输合同单据的承运人时起，风险就由买方承担。尽管如此，如果卖方在订立合同时已知道或理应知道货物已经遗失或损坏，而他又不将这一事实告知买方，则这种遗失或损坏应由卖方负责。”据此，在途货物的销售，风险自买卖合同成立时转移。B对，《联合国国际货物销售合同公约》第69条规定：“（1）在不属于第六十七条和第六十八条规定的情况下，从买方接收货物时起，或如果买方不在适当时间内这样做，则从货物交给他处置但他不收取货物从而违反合同时起，风险移转到买方承担。（2）但是，如果买方有义务在卖方营业地以外的某一地点接收货物，当交货时间已到而买方知道货物已在该地点交给他处置时，风险方始移转。（3）如果合同指的是当时未加识别的货物，则这些货物在未清楚注明有关合同以前，不得视为已交给买方处置。”据此，“风险转移以交货时间为基本原则”须以卖方无违约责任为前提。C错D对，公约在确定货物的风险转移上基本采取的是以交货时间为基本原则，即风险随着交付走，而不是随着所有权走。

39. 答案：AB。

40. 答案：AD。合同解除后，违约方仍然要承担违约责任，因此B项说法错误。由于法律规定或双方约定免责条款的原因不属违约，因此C项说法错误。AD项正确。

41. 答案：ABC。在国际贸易中，单据对买方很重要，特别是在象征性交货的情况下，单据可能影响到买方是否能及时提取货物和转卖货物，也会影响到买方办理相关的海关手续。《联合国国际货物销售合同公约》第34条对卖方交付单据的义务进行了规定，依该条规定，如果卖方有义务移交与货物有关的单据，他必须按照合同规定的时间、地点和方式移交这些单据。因此，A项正确。如果卖方在约定的时间以前已移交这些单据，则可在时间届满前纠正单据中任何不符合合同规定的情形，但是，此项权利的行使不得使买方遭受不合理的不便或承担不合理的开支。而且，买方可以保留公约规定的要求损害赔偿的权利。因此，BC项说法正确。买方在承担不合理开支的情况下，有权要求赔偿，但是未经买方同意，无权改变移交单据的地点和方式。因此，D项说法错误。

42. **答案**：BD。根据《联合国国际货物销售合同公约》第42条规定，(1) 卖方所交付的货物，必须是第三方不能根据工业产权或其他知识产权主张任何权利或要求的货物，但以卖方在订立合同时已知道或不可能不知道的权利或要求为限，而且这种权利或要求根据以下国家的法律规定是以工业产权或其他知识产权为基础的：(a) 如果双方当事人在订立合同时预期货物将在某一国境内转售或做其他使用，则根据货物将在其境内转售或做其他使用的国家的法律；或者 (b) 在任何其他情况下，根据买方营业地所在国家的法律。(2) 卖方在上一款中的义务不适用于以下情况：(a) 买方在订立合同时已知道或不可能不知道此项权利或要求；或者 (b) 此项权利或要求的发生，是由于卖方要遵照买方所提供的技术图样、图案、程式或其他规格。因为乙公司的营业地在法国，且在合同签订的时候，卖方不知道货物将转卖意大利。所以甲公司应按照法国的法律承担责任。根据 (2) 的规定，甲公司的知识产权担保义务不适用于卖方要遵照买方所提供的技术图样生产的情形。

43. **答案**：BC。

44. **答案**：ABD。卖方应当在合同指定的地点和时间交货和包装，如果合同未作规定，应按公约的规定进行：(1) 交货地点。一般情况下，由卖方在其营业地交货；如果在订立合同时，双方都知道是在某一特定地点的特定货物或在特定存货中提取或在某特定地点生产加工，则在该特定地点交货；如果货物涉及运输，则货交第一承运人的地点为交货地点。(2) 交货时间。卖方应在合同约定的时间内交货，如果合同没有约定，则卖方应当按公约的规定在一段合理时间内交货。(3) 包装方式。货物应按通用的方式包装，如果没有通用方式，则按照足以保护和保全货物的方式包装。EXW（工厂交货）术语下，是在卖方中国甲公司所在地交货。所以，C项错误。

45. **答案**：CD。CIF（成本、保险费加运费）交货：卖方必须在装运港，在约定日期或期限内，将货物交至船上。CIF风险转移：货物的风险在装运港船上由卖方转移给买方。CIF双方义务：①卖方义务：提供符合合同规定的货物和单证；办理出口许可证及其他货物出口手续；订立运输合同，将货物运至指定的目的港并支付运费；办理货物的保险并交纳保险费；承担在装运港货物装上船前的风险和费用。②买方义务：支付货款并接受卖方提供的单证；取得进口许可证并办理进口手续；承担在装运港货物装上船以后的风险和除运费和保险费外的费用。所以，本题中，A项卖方负责把货物运到上海是不对的，不应选。B项中装运工人罢工，不构成不可抗力，所以不选。

46. **答案**：BCD。国际贸易包括国际货物买卖、国际技术转让和国际无形贸易，不包括国际投资。

47. **答案**：ACD。各国有关国际货物买卖的判例不能作为国际货物买卖的法律渊源。

48. **答案**：ABC。当事人可以没有确定交货的时间和地点，这不影响发价的确定性。

49. **答案**：BCD。发盘的撤回不是发价失效的原因，因为发盘被撤回前，发盘还没有生效。

50. **答案**：ABCD。《联合国国际货物销售合同公约》的基本原则是：建立新的国际经济新秩序的原则；平等互利原则；照顾不同的社会、经济制度的原则；促进国际贸易发展的原则。

51. 答案：ACD。

52. 答案：ABC。反不正当竞争不是我国对国际货物买卖的管理管制措施。

53. 答案：ABD。国际组织制定的国际商务法律文件不属于调整国际货物买卖的法律。

54. 答案：ABC。《联合国国际货物销售合同公约》第75条规定，如果合同被宣告无效，而在宣告无效后一段合理时间内，买方已以合理方式购买替代货物，或者卖方已以合理方式把货物转卖，则要求损害赔偿的一方可以取得合同价格和替代货物交易价格之间的差额以及按照第74条规定可以取得的任何其他损害赔偿。因此，A项说法正确。第76条规定，（1）如果合同被宣告无效，而货物又有时价，要求损害赔偿的一方，如果没有根据第75条规定进行购买或转卖，则可以取得合同规定的价格和宣告合同无效时的时价之间的差额以及按照第74条规定可以取得的任何其他损害赔偿。但是，如果要求损害赔偿的一方在接收货物之后宣告合同无效，则应适用接收货物时的时价，而不适用宣告合同无效时的时价。（2）为上一款的目的，时价指原应交付货物地点的现行价格，如果该地点没有时价，则指另一合理替代地点的价格，但应适当地考虑货物运费的差额。因此，B项说法正确。第74条规定，一方当事人违反合同应负的损害赔偿额，应与另一方当事人因他违反合同而遭受的包括利润在内的损失额相等。这种损害赔偿不得超过违反合同一方在订立合同时，依照他当时已知道或理应知道的事实和情况，对违反合同预料到或理应预料到的可能损失。因此，C项说法正确。第77条规定，声称另一方违反合同的一方，必须按情况采取合理措施，减轻由于该另一方违反合同而引起的损失，包括利润方面的损失。如果他不采取这种措施，违反合同一方可以要求从损害赔偿中扣除原可以减轻的损失数额。因此，D项说法错误。

55. 答案：AD。EXW是在卖方工厂交货，卖方义务最小，买方义务最大。所以甲公司如果选择EXW贸易术语，就意味着它要承担的相关义务比选择任何其他的贸易术语都要大。故A正确。CFR是卖方已付运费的术语，该术语下卖方办理托运，应当指定目的港。而选项B指定了始发港，所以甲公司不可以接受。故B错误。在“CFR布宜诺斯艾利斯”的贸易术语中，由于卖方辉泉公司已经办理了运输保险，并且货物损失是在海上运输过程中产生的，已经脱离了乙公司的支配，所以应由保险公司负赔偿责任。故C错误。《国际贸易术语解释通则》F组中的贸易术语FCA、FAS、FOB也是常用的术语，所以双方都有可能接受F组中的某项贸易术语。故D正确。由此可知，本题答案为AD。

56. 答案：AC。本题考查国际货物贸易中卖方知识产权担保义务和运输途中货物风险转移问题。在国际货物贸易中，卖方必须保证其所交付货物是第三方不能依据买方营业地所在国法律或约定的转售第三国法律提起知识产权侵权之诉。本案中，买方营业所所在地为中国，所以卖方保证第三方不能依据中国法提起侵权之诉即可，A正确，B错误。在途货物运输的风险原则上自买卖合同成立时转移而非交付承运人时转移，否则对买方太不公平。所以C正确，D错误。

57. 答案：CD。DAP（delivered at place），即目的地交货，是指卖方已经用运输工具把货物运送到达买方指定的目的地后，将装在运输工具上的货物（不用卸载）交由买方处置，即完成交货。卖方必须签订运输合同，支付将货物运至指定目的地或指定目的地内的约定地点所发生的运费；在指定目的地将符合合同约定的货物放在已抵达的运输工具上交给买方处置时即完成交货；卖方必须向买方发出所需通知，以便买方采取收取货物通常所需的措施；承担在指定目的地运输工具上交货之前的一切风险和费用；自负风险和费用取得出口所需的许可或其他官方授权，办理货物出口和交货前从他国过境运输所需的一切海关手续；提供商业发票或相等的电子信息。买方承担在指定目的地运输工具上交货之后的一切风险和费用；自负风险和费用取得进口所需的许可或其他官方授权，办理货物进口所需的一切海关手续；按合同约定收取货物，接受交货凭证，支付价款。故CD正确。

三、不定项选择题

1. **答案**：ABCD。本题中ABCD项下的国际立法均调整了EDI的法律关系。
2. **答案**：D。本题考查国际货物买卖合同的成立。国际货物买卖合同是当事人之间意思表示一致的结果。要约，是一方当事人为订立合同而向特定的人所作的意思表示；承诺是受要约人对要约的内容表示无条件接受的意思表示。要约一经承诺，合同即告成立。但受要约人如果在承诺中对原要约的内容有实质性的更改、扩展或限制，则该承诺被视为新的要约即反要约，从而使原要约失效，合同并未成立。反要约实际上是一个新要约，只有经过要约人的承诺才能成立一个新的合同。本题中，乙公司的还盘实际上是反要约，甲公司没有对乙公司的反要约作出答复，因此该合同没有成立。所谓实质性变更，是指要约条件中有关货物价格、付款、货物质量和数量、交货地点和时间、赔偿责任范围或争议解决等的变更。本题中，装船时间的改变是交货时间的改变，是实质性变更。国际货物买卖合同的成立条件与我国《民法典》的规定是类似的，可以依照我国《民法典》的规定进行判断。
3. **答案**：B。《联合国国际货物销售合同公约》第67条第1款规定，如果销售合同涉及货物的运输，但卖方没有义务在某一特定地点交付货物，自货物按照销售合同交付给第一承运人以转交给买方时起，风险就移转到买方承担。如果卖方有义务在某一特定地点把货物交付给承运人，在货物于该地点交付给承运人以前，风险不移转到买方承担。卖方经授权留控制货物处置权的单据，并不影响风险的移转。因此，ACD项说法正确。第68条规定，对于在运输途中销售的货物，从订立合同时起，风险就移转到买方承担。但是，如果情况表明有此需要，从货物交付给签发载有运输合同单据的承运人时起，风险就由买方承担。尽管如此，如果卖方在订立合同时已知道或理应知道货物已经遗失或损坏，而他又不将这一事实告知买方，则这种遗失或损坏应由卖方负责。因此，B项说法错误。
4. **答案**：B。
5. **答案**：BCD。卖方无须承担货物侵犯第三方知识产权的情况有三个：(1) 卖方订立合同时并不知道货物将转运到未约定的第三国；(2) 卖方是依据买方提供的技术、图样、款式进行生产的货物导致侵权，卖方不承担责任；(3) 买方在知道或理应知道第三人的权利或要求后的合理时间未通知卖方，卖方不承担责任。所以BCD正确。
6. **答案**：BD。根据《联合国国际货物销售合同公约》第38条规定，(1) 买方必须在按情况实际可行的最短时间内检验货物或由他人检验货物。(2) 如果合同涉及货物的运输，检验可推迟到货物到达目的地后进行。(3) 如果货物在运输途中改运或买方须再发运货物，没有合理机会加以检验，而卖方在订立合同时已知道或理应知道这种改运或再发运的可能性，检验可推迟到货物到达新目的地后进行。所以，A选项错误。B选项正确。第39条规定，(1) 买方对货物不符合同，必须在发现或理应发现不符情形后一段合理时间内通知卖方，说明不符合同情形的性质，否则就丧失声称货物不符合同的权利。(2) 无论如何，如果买方不在实际收到货物之日起两年内将货物不符合同情形通知卖方，他就丧失声称货物不符合同的权利，除非这一时限与合同规定的保证期限不符。所以，C选项错误。第36条规定，(1) 卖方应按照合同和本公约的规定，对风险移转到买方时所存在的任何不符合同情形，负有责任，即使这种不符合同情形在该时间后方始明显。(2) 卖方对在上一款所述时间后发生的任何不符合同情形，也应负有责任，如果这种不符合同情形是由于卖方违反他的某项义务所致，包括违反关于在一段时间内货物将继续适用于其通常使用的目的或某种特定目的，或将保持某种特定质量或性质的任何保证。所以，D选项正确。

7. **答案**：B。FCA，全称 Free Carrier，意为“货交承运人（指定地点）”，指卖方在卖方所在地或其他指定地点将货物交给买方指定的承运人或其他人，并办理出口清关手续，即完成交货。“承运人”指在运输合同中承诺通过铁路、公路、空运、海运、内河运输或联合方式履行运输或由他人履行运输的任何人。该术语适用于各种运输方式，包括多式联运。B项错误。(1) 交货：交货地点的选择对在该地点装货和卸货的义务会产生影响。如在卖方所在地交货，则卖方应负责装货。如在其他地点交货，则卖方可以在自己的运输工具上完成交货，而不负责将货物从自己的运输工具上卸下。(2) 风险转移：货物的风险在交货时转移。(3) 双方义务：①卖方义务：卖方必须提供符合销售合同的货物和单据；办理出口手续；在指定的地点和约定的时间将货物交付给买方指定的承运人或其他人；承担交货前的风险和费用。②买方义务：支付货款；办理进口手续；订立运输合同并承担运费；承担交货后的风险和费用，包括办理保险。由此可见，FCA术语下，货交第一承运人时，卖方完成交货义务，且实现风险转移，因此C、D项正确。

8. **答案**：A。2010年《国际贸易术语解释通则》和2020年《国际贸易术语解释通则》中FCA的基本含义都是“货交第一承运人”时风险转移，卖方“不包运，也不包险”，C项错误。即使2020年《国际贸易术语解释通则》中增加了买卖双方可在合同中约定，买方通知海运承运人向卖方签发已装船提单，以解决卖方需要向信用证下的银行交单以获得货款的需求，但此项规定没有改变FCA术语货交第一承运人时风险即转移的基本内容，本案货物损失发生在风险已经转移到买方的海运途中，故买卖合同关系中的损失应由买方自行承担，B项错误。信用证下银行是否付款只考虑单证、单单是否表面相符，货物的实际情况与银行付款无关，D项错误。

四、名词解释

1. **答案**：CIF是Cost，Insurance and Freight的缩写。CIF术语表明卖方在装运港将货物运送至船上时卖方即完成交货，虽然卖方必须支付将货物运至指定的目的港所需的运费和费用，但交货后货物灭失或损坏的风险及由于各种事件造成的任何额外费用即由卖方转移到买方。同时卖方在CIF价格条件下还必须办理买方货物在运输途中灭失或损坏风险的海运保险，但应该明确指出，该保险只要求卖方投保最低限度的保险险别。该术语仅适用于海运和内河运输。

2. **答案**：承诺是受约人对要约表示无条件接受的意思表示。一项有效的承诺必须满足一定的条件：承诺要由受要约人作出才生效力；与要约的条约保持一致；承诺应在要约有效的时间内作出；承诺必须通知要约人才发生效力。

3. **答案**：电子单证产生于20世纪60年代末的欧美。经过20多年的发展，电子单证在欧美的大公司中的使用已非常普遍。电子单证也称作EDI，是Electronic Data Interchange的英文缩写，翻译为电子数据交换，指当事人依照法律和协议用电子计算机对约定的信息和数据标准化、格式化，通过计算机网络进行交换和处理。

4. **答案**：货物的品质规格是指商品所具有的内在质量与外观形态。在国际贸易中，商品的品质首先应符合合同的要求，对于某些由国家制定了品质标准的商品，如某些食品，其品质还必须符合有关国家的规定。品质条款的主要内容是：品名、规格和牌号，合同中规定品质规格条款的方法有两种：凭样品及凭文字与图样的方法。

5. **答案**：瑕疵担保是指卖方对其所售货物的质量、特性或适用性承担的责任。

6. **答案**：不可抗力是指合同订立以后发生的当事人订立合同时不能预见、不能避免、人力不可控制的意外事故，导致不能履约或不能如期履约。遭受不可抗力一方可由此免除责任，而对方无权要求赔偿。不可抗力条款的主要内容包括：不可抗力的含义、范围以及不可抗力引起的法律后果、双方的权利义务等。

7. **答案**：所谓第三方要求，又称为卖方的权利担保义务，是《联合国国际货物买卖合同公约》中使用的概念之一，是指卖方保证对其所交付的货物享有合法的权利，其可以出卖这些货物，没有侵害任何第三人的权利，第三人不能就该项货物提出任何权利或要求。如果卖方违反了权利担保义务，应当承担责任。

8. **答案**：先期违约是指合同订立以后，履行期到来之前，一方表示拒绝履行合同的意图。先期违约可由违约方明确表示，或由双方从其行动中判断出来。

五、简答题

1. **答案**：卖方知识产权担保，是指在货物买卖法律关系中，卖方有义务保证，对于其向买方交付的货物，任何第三方不能基于知识产权向买方主张任何权利或要求。由于知识产权具有无形性、地域性、独占性等特点，其权利人的专有权被他人侵犯的机会和可能性比物权等权利大得多。一旦第三人对卖方交付的货物基于工业产权或其他知识产权提出权利或要求，买方对货物的使用或转售就会受到干扰，因为第三人可能向法院申请禁令，禁止买方使用或转售货物，而且还会要求买方赔偿因侵权而造成的经济损失，所以规定卖方的知识产权担保义务，对保护买方的利益非常必要。知识产权的保护具有严格的地域性，各国授予的知识产权是相互独立的，在某国取得的知识产权，只在该国境内受到保护。同一商品在甲国被认为没有侵犯他人的知识产权，但在乙国却可能会被认为是侵犯了他人的知识产权。那么应依何国的法律来判断卖方所出售的货物是否侵犯了第三人的知识产权呢？根据《联合国国际货物销售合同公约》第 42 条的规定，卖方对第三方依买方营业地所在国法律提出的有关知识产权的请求，应承担责任。另外，如果在订立合同时卖方已知买方打算把该项货物转售到某一国家或在某国使用，那么卖方对于第三方依据该国法律所提出的权利要求，应承担责任。

   《联合国国际货物销售合同公约》第 43 条对于卖方的权利担保义务进一步规定，买方如果不在已经知道或理应知道第三方的权利或要求后一段合理时间内，将此一权利或要求的性质通知卖方，则买方就丧失援引第 41 条或第 42 条规定的权利。但是，如果卖方知道第三方的权利或要求以及此一权利或要求的性质，则卖方就无权援引前款规定。《联合国国际货物销售合同公约》第 44 条则规定，虽有上述规定，但如果买方对于其未能发出所需的通知具有合理的理由，则买方仍可以要求降低价格，或者要求利润损失以外的损害赔偿。

2. **答案**：（1）对合同书面形式的保留。《联合国国际货物销售合同公约》规定，合同可以采取任何形式订立，包括口头形式。我国《涉外经济合同法》规定，国际货物销售合同必须以书面的形式订立。我国从买卖关系的复杂性以及解决纠纷的原则性考虑对此作出保留。这样做的法律根据是保持合同的确定性和统一性。1999 年《涉外经济合同法》已废止，我国政府已于 2013 年 2 月撤回了该项保留。

   （2）对公约适用范围的保留。我国对公约为了扩大其适用范围而规定，如果因为国际私法规则导致适用公约，则对于营业所不在公约的适用范围之内的双方当事人订立的货物买卖合同也适用这一规定，我国作了保留。这样做的法律根据是保证公约适用的确定性。

3. **答案**：卖方已交货物，但不符合合同，买方有权要求交付替代货物。这一办法的补救作用，虽很直接，但它将给卖方带来许多不便：既要安排替代货物的交付，还要考虑原交货物的处理。所以这一补救办法的采用，有较严格的限制。按照《联合国国际货物销售合同公约》的规定，买方要求卖方交付替代货物，必须具备三个条件：

(1) 卖方所交货物不符合同，情况严重，构成根本违反合同；

(2) 买方能按实际收到货物的原状归还原交货物；

(3) 关于替代货物的要求，必须与货物不符合同的通知同时提出，或者在该项通知发出后一段合理时间内提出。

这三个条件，缺一不可。

4. 答案：根据《联合国国际货物销售合同公约》的规定，国际货物买卖合同是指营业地处于不同国家的当事人之间订立的货物买卖合同。解除合同的条件：

(1) 根本违约。是指一方当事人违反合同的结果，使得另一方当事人蒙受损失，并且在实质上剥夺了它根据合同期待得到的东西。受损害的一方当事人有权要求解除合同，并且要求损害赔偿。(2) 预期违约。如果订立合同之后，一方当事人由于他履行义务的能力或者其信用有严重缺陷，或者其在准备履行合同或者履行合同中的行为，表明其显然将不履行其大部分重要义务，另一方可以以对方当事人预期违反合同为由，中止履行义务，但是要通知对方。如对方提供了担保，就要继续履行合同，如果对方不提供担保则可以解除合同。(3) 分批交货中的违反合同。如果各批货物是相互依存的，对方一次不履行合同构成对以后各批货物的根本违反合同，那么就可能导致交货无效，当事人有权解除合同。(4) 双方协议解除合同。(5) 不可抗力中，如果遭受不可抗力的一方无法履行合同义务，可以解除合同。

效果：合同解除的效力一般就是返还财产和损害赔偿，即恢复原状。

5. 答案：《联合国国际货物销售合同公约》对卖方承担的权利担保义务作了如下规定：

第41条，卖方所交付的货物，必须是第三方不能提出任何权利或要求的货物，除非买方同意在这种权利或要求的条件下，收取货物。但是，如果这种权利或要求是以工业产权或其他知识产权为基础的，卖方的义务应依照第42条的规定。

第42条，(1) 卖方所交付的货物，必须是第三方不能根据工业产权或其他知识产权主张任何权利或要求的货物，但以卖方在订立合同时已知道或不可能不知道的权利或要求为限，而且这种权利或要求根据以下国家的法律规定是以工业产权或其他知识产权为基础的：(a) 如果双方当事人在订立合同时预期货物将在某一国境内转售或做其他使用，则根据货物将在其境内转售或做其他使用的国家的法律；或者 (b) 在任何其他情况下，根据买方营业地所在国家的法律。(2) 卖方在上一款中的义务不适用于以下情况：(a) 买方在订立合同时已知道或不可能不知道此项权利或要求；或者 (b) 此项权利或要求的发生，是由于卖方要遵照买方所提供的技术图样、图案、程式或其他规格。

第43条，(1) 买方如果不在已知道或理应知道第三方的权利或要求后一段合理时间内，将此一权利或要求的性质通知卖方，就丧失援引第41条或第42条规定的权利。(2) 卖方如果知道第三方的权利或要求以及此一权利或要求的性质，就无权援引上一款的规定。

6. 答案：当一方出现预期违反合同的情况时，依1980年《联合国国际货物销售合同公约》的规定，另一方可以采取中止履行义务的措施。此公约第71条对中止履行义务的条件进行了规定，条件可以概括为下列几点：(1) 须是被中止方当事人在履行合同的能力或信用方面发生严重缺陷。如买方已经申请破产，或者发生不支付的情况，卖方可以判定买方的支付能力发生严重缺陷，因而可以中止履行义务。(2) 被中止方当事人须在准备履行或履行合同的行为方面表明其将不能履行合同中的大部分重要义务。如在甲合同中，货物不符是由当事人所使用的原料造成的，而情况表明乙合同和甲合同使用的原料都出自同一产地，因此，如果该当事人准备使用或已经使用了这种原料，那么，这种准备使用或已经使用了的行为，就表明该当事人不能履行合同的大部分重要义务。应当注意，只要当事人一方对另一方的履约能力或信用产生合理的怀疑，就可以中止履约。但怀疑是否合理是个事实问题，要根据每一个合同的具体情况判断。而最终判定者常常是法院或仲裁庭。

除上述两种情况外，其他情况也有可能导致当事人中止履行义务，如对卖方来说，其所在的国家对与合同有关的货物实行出口禁运，货物的交付可能性在合同规定的期限内已经不存在。此时，买方可以根据合理的判断中止履行义务。中止履行义务的一方必须立即通知对方当事人，不论货物是否已经发运。

7. **答案**：《联合国国际货物销售合同公约》对于买卖双方风险的转移采用了以下原则：

（1）交货时间确定风险的原则。《联合国国际货物销售合同公约》第69条规定，从买方接收货物时起，风险转移于买方。

（2）过失划分的原则。从交货时间起，风险从卖方移于买方。这一原则的适用有一个前提，即风险的转移是在卖方无违约行为的情况下，若卖方发生违约行为，则上述原则不适用。《联合国国际货物销售合同公约》第66条规定，货物在风险转移到买方后遗失或损坏，买方仍需履行付款义务，除非这种遗失或损坏是由卖方的作为或不作为所致。

（3）国际惯例优先原则。在国际货物买卖实践中，对于货物风险的转移，一些惯例有明确的规定，《联合国国际货物销售合同公约》第9条规定，双方当事人业已同意的住所惯例和他们之间确立的任何习惯做法，对双方当事人均有约束力。

（4）划拨是风险发生转移的前提条件。根据公约规定，货物在划拨合同项下前风险不发生转移。当货物涉及运输时，《联合国国际货物销售合同公约》第67条规定，风险于货交第一承运人时起转移到买方，但在货物未划拨合同项下前不发生转移。在交货不涉及运输时，《联合国国际货物销售合同公约》第69条规定，风险是在货物交由买方处置时发生转移，但在货物未划拨合同以前，不得视为已交给买方处置。

六、论述题

1. **答案**：（1）根据《国际贸易术语解释通则》，FOB术语中买卖双方的权利和义务划分如下：卖方必须提供符合合同规定的货物和单证或者相等的电子单证；自负费用以及风险办理出口许可证手续，并缴纳出口捐、税、费。按照约定的时间、地点，并且依照港口惯例将货物运上买方所指定的船舶并且给买方充分的通知；承担在装运港货物装上船之前的风险和费用。使用FOB术语，应当注意卖方在货物装运完毕之后要给买方以充分的通知。由于货物的风险是在装上船时由卖方转移给买方，因此，卖方在货物装船的时候必须通知买方，以便买方投保。如果卖方不给予及时的通知导致买方受到损失应当由卖方负责。

（2）《联合国国际货物销售合同公约》中规定卖方的义务有：提交货物和相关的单证或者电子单证；担保的义务：主要是货物的质量方面的担保、知识产权方面的担保、所有权方面的担保。卖方对货物的知识产权担保义务是指：卖方有义务保证其所交付的货物，必须是任何第三方不得根据工业产权或者其他知识产权主张任何权利或者要求的货物。也就是说，卖方所交付的货物不得侵犯任何第三方的工业产权或者知识产权。

（3）卖方在这两个公约中都承担交付货物、提交单证的义务；在《联合国国际货物销售合同公约》中卖方要承担对知识产权和所有权方面的担保，但是在《国际贸易术语解释通则》中没有规定这方面的义务。

2. **答案**：依1980年《联合国国际货物销售合同公约》的规定，在国际货物买卖中卖方有知识产权担保的义务。知识产权担保指卖方所交付的货物，必须是第三方不能根据工业产权或其他知识产权主张任何权利或要求的货物。知识产权是包括工业产权的，公约之所以将两者并列是为了避免不同国家在使用这两个概念时的分歧。如果在买方接收货物后，任何第三人通过司法程序指控买方所购的货物侵犯了其知识产权，卖方应承担代替买方辩驳第三人的指控。

由于知识产权的地域性质，以及货物将销售到某个外国的特点，卖方不可能对每个国家的情况都了解，因此，公约虽然规定了卖方的知识产权担保义务，但并不要求其出售的货物不得侵犯全世界任何一个知识产权人的权利，那样的要求是不现实的。此外，买方可能在自己的国家销售，也有可能将货物销售到第三国。例如，买方改变了将货物转卖A国的计划，而将卖方出售的货物转卖到了B国，则当一B国人称该货物侵犯其商标权时，卖方不应对买方负责，因为在订立合同时，卖方并不知道这批货物将被转卖到B国。鉴于这些情况，公约对卖方的知识产权担保义务规定两个条件：其一，第三方的权利主张必须是基于货物销售或使用地国家法律的，而且这个国家是在双方签订合同时已经为双方所知道的。如果没有明确货物的销售和使用国家，则权利主张必须基于买方营业地点所在国家的法律。其二，卖方必须在签订合同时知道或不可能不知道这种基于知识产权的权利或主张。关键是对卖方不可能不知道的判断。如果该权利主张是基于已经申请或批准的专利权利，或已经批准的商标权利的，卖方通常将被视为不可能不知道，因为这些都会有公告。

公约还对卖方的知识产权担保作了两项免责规定。第一，如果在签订合同时，买方知道或不可能不知道存在基于知识产权的要求，卖方将对知识产权担保豁免责任。由于对卖方不可能不知道知识产权权利或要求的判断标准和对买方对同一事实的判定标准应当是相同的，所以，卖方豁免责任的可能性很大。第二，如果卖方的货物导致侵权是由于卖方遵守买方订货时要求的技术图样、图案、程式或其他规格要求的结果。在这种情况下，由于是买方先行要求，所以责任应由买方承担。但是，根据一些国家的法律，卖方需要给予买方适当的通知才能免除自己的责任。

3. 答案：（1）逾期承诺是指承诺通知到达要约人的时间已经超过了要约所规定的有效期，或者在要约没有规定有效期时，已超过了合理的时间。（2）按照各国法律，逾期承诺不能认为是种有效的承诺，而只是一项新的要约。《联合国国际货物销售合同公约》也认为逾期的承诺在原则上是无效的。但为了有利于双方合同的成立，公约对逾期的承诺亦采取了一些灵活的处理方法，以便逾期承诺在符合某些条件的情况下，仍然具有承诺的效力，合同仍然得以成立。（3）按照《联合国国际货物销售合同公约》第21条第1款的规定，逾期的承诺仍具有承诺的效力，只要要约人毫不迟延地以口头或书面将其认为该逾期的承诺仍属有效的意思通知受要约人即可。这样，即使承诺逾期，合同仍可有效成立，合同成立的时间就是该逾期承诺送达要约人的时候。反之，如果要约人不及时对此项逾期的承诺予以确认，或表示由于承诺逾期，其要约已经失效，则该迟到的承诺就不具有承诺的效力，合同就不能成立。（4）按照《联合国国际货物销售合同公约》第21条第2款的规定，如果载有逾期承诺的信件或其他书面文件表明，依照它寄发的情况，只要邮递正常，它本来应当是能够及时送达要约人的，但事实上却由于传递的延误而迟到了，则此项逾期承诺应认为具有承诺的效力，除非要约人毫无迟延地用口头或书面通知受要约人，表示他的要约已因承诺逾期而失效。这项规定同前款规定的区别在于这项规定所指的是由于邮递延误致使承诺迟到，而不是由于受要约人做出承诺的时间太晚而造成的，逾期的原因不能归咎于受要约人，在处理上亦与前款不同。

4. 答案：（1）合同订立时间为所有权转移时间。采用以合同订立时间确定所有权转移时间的原则。在司法实践中，对于所有权的转移还可适用以下原则：

①对于种类物的买卖，所有权在货物经划拨后发生转移；

②对于附条件的买卖，则在满足条件后所有权发生转移；

③买卖双方可在合同中自由确定所有权

转移时间。

(2) 货物特定化后，在交货时所有权发生转移。货物在特定于合同项下之前，所有权不发生转移。除双方另有约定外，特定化后的货物所有权是在交货时发生转移：

①当合同规定在目的地交货时，所有权在目的地由卖方提交货物时发生转移；

②当合同规定卖方需将货物发送买方而需送至目的地时，货物所有权在交付发运的时间和地点转移给买方；

③当不需移动货物即可交付时，如卖方需提交所有权凭证时，所有权在交付所有权凭证的时间和地点发生转移；在不需提交所有权凭证时，所有权在订立合同时发生转移。

无论有无正当理由，当买方以任何形式拒绝接收货物时，所有权不发生转移。

(3) 货物特定化后，以双方当事人的意图决定所有权转移。货物未经特定化之前，所有权不发生转移。特定化后的所有权转移时间取决于双方当事人的意图。为确定双方意图，除需考虑合同条款、缔约双方行为以及合同的具体情况外，还要遵循以下原则：

①当无保留条件的买卖是处于可交付状态的特定物时，货物所有权是在缔约时转移给买方。处于可交付状态是指货物已经备妥，买方应立即根据合同提取货物。

②当买方必须对货物有所作为才能使货物处于可交付状态时，所有权是在完成了这些工作并在买方收到有关通知时发生转移。

③当货物已处于可交付状态，但卖方还必须对货物进行称重、丈量、检验或其他行为才能确定价金时，所有权是在以上行为都已完成且买方收到有关通知时转移。

④当货物属于附有“看货和试用后决定”(on approval) 或“准许退还剩货”(on sale or return) 或其他类似条件交付买方时，所有权在买方向卖方表示认可或接受，或采取其他接受该项交易行为时；或买方虽未对卖方表示认可或接受，但留下货物且未通知拒收时发生转移。

⑤如特定化后，卖方根据合同条款保留对货物的处置权，则不管货物是否交付买方、交付承运人或其他委托人以便转移给买方，货物所有权都不发生转移，直至所附条件完成。

(4) 订立独立的物权合同，转移货物所有权。货物所有权是在卖方将货物交付时发生转移；在卖方必须交付物权凭证的场合，卖方则通过提交物权凭证完成所有权转移。

(5) 所有权于交货时发生转移。我国法律采用这一原则。我国没有专门的货物买卖法，也没有特定化的概念。《民法典》第598条规定，出卖人应当履行向买受人交付标的物或者交付提取标的物的单证，并转移标的物所有权的义务。

七、案例分析题

1. 答案：未构成根本违约，合同不能解除。

本案上海公司延迟一天交货未构成根本性违约，拱北公司不能就此而解除合同。《联合国国际货物销售合同公约》第25条对根本性违约作了规定：一方当事人违反合同的结果，如使另一方当事人蒙受损害，致使实际上剥夺了他根据合同规定有权期待得到的东西，即为根本违反合同，除非违反合同一方并不预知而且一个同等资格、通情达理的人处于相同情况中也没有理由预知发生这种结果。以上内容可以分为前后联系的两部分，前一部分为根本违约的定义，后一部分规定了表明是否根本违约的标准。在本案中，上海公司未按合同规定的日期交货，显然已构成违约，给拱北公司造成了损害。但这种损害的严重程度，并未使拱北公司延迟收货一天，丧失了它根据合同规定可望获得的经济利益。公约对构成根本性违约的范围作了限定，这种限定就是违约方可预见的程度。在本案中，上海公司不可能预知因其延迟发货一天，致使拱北公司拒收货物并解除合同。在本案中，拱北公司迟收一天复印机，并未严重影响其订立合同时所期望得到的经济利益。同时，上海公司只比合同约定的日期迟延一天交货，尚无允许推迟履行的合同宽限期。这种情况下，拱北公司应首先给予上海公司一定的宽限期，在宽限期内延迟方仍未履行合同时可以行使解除合同的权利。当然，延迟交货也可能构成根本性违约，要根据具体情况来确定是否严重影响守约方订立合同时期望的经济利益，从而判定是否足以行使解除合同的权利。若是季节性非常强的货物，在某个具体日期需要用的货物，超过了规定日期，则可能构成根本性违约。

2. **答案**：采用 FOB 价格术语时，合同双方的权利义务：

(1) A 要求 B 支付延误期间的大米仓储保管费及其他费用是能够成立的。本案中，依合同规定，B 有义务于 2010 年 6 月 10 日派船只来中国接货，但 B 未能履行这一义务，才使 A 多支付了迟延期间的仓储费及其他费用。

(2) B 的索赔要求不能成立。因为本案中的合同采用了 FOB 价格术语，在此条件下，买方自己承担货物自装运港装上船以后的一切风险。本案中，卖方 A 交货时货物品质是完好的，所以这一损失应由 B 承担。

本案中的合同采用了价格术语，买方要自行负担费用订立从指定装运港运输货物的合同，并给予卖方关于船名、装货地点和所要求交货时间的充分通知。依合同，B 作为买方，应于 2010 年 6 月 10 日派船只来中国接货，但直到同年 9 月 20 日，买方才派船，迟延了 3 个多月。正是由于买方未履行自己的义务，才使卖方 A 多支付了迟延期间的仓储费及其他费用，这笔费用应由 B 支付。B 的索赔要求不能成立。按 FOB 条件，买方承担货物自装运港装上船后的一切风险。卖方 A 只能保证大米在交货时的品质规格，对运输途中所引起的大米品质变化不属卖方责任；并且合同规定，以中国商检局的检验证明为最后依据，而保存在中国商检局的检验货样至争议发生后仍然完好，未发生虫害，因此可以肯定卖方 A 不承担责任。

3. **答案**：甲公司应承担付款义务。本案涉及国际贸易术语中的 CIF 术语。CIF 术语是国际贸易中运用得最广泛的术语之一。CIF 即成本、保险费加运费，系指卖方必须支付成本费和将货物运至指定目的港所需的运费，还必须办理货物在运输途中应由买方承担的货物灭失或损坏风险的海运保险，由卖方订立保险合同并支付保险费。本术语只适用于海运和内河运输。

本案中，根据 CIF 贸易术语，乙公司在上海港口将茶叶装运交付到船上，就已完成了交货义务。自该批货物装上船时止，其灭失、损坏的风险已转移到买方，该批货物由于遭风暴袭击而报废，甲公司应向保险公司索赔，不能以此为由拒付货款。

4. **答案**：即使是不可撤销的要约，在生效之前也可被撤回。

A 与 B 之间的合同是不成立的。因为 A 对 B 发出的盘虽是实盘，并注有“不可撤销”字样，但在该实盘生效之前，A 的撤回通知已送达 B 处，当 B 收到该实盘时，它已经失效了，尽管 B 立即发出接受电报，合同仍未成立。

在本案中，A、B 营业地分别在中国、甲国，两国都是（公约）缔约国，公约可以适用于本案。A 对 B 发出的盘虽然是实盘，并注有“不可撤销”字样，但这个盘在 2 月 10 日用航空信发出，2 月 15 日才送达 B 处。A 在 2 月 10 日上午用空邮发出实盘后，又于当天下午用电报发出撤回通知，这项通知于 2 月 14 日送达 B 处。由于 A 的实盘尚未送达 B 处，即在该项实盘生效之前，A 的撤回通知已送达 B 处。当 B 于 2 月 15 日收到实盘时，该项实盘已经失效。尽管 B 立即发出接受电报，合同仍不能成立。

5. **答案**：该案国际货物买卖合同成立，我方公司应实际履行合同。

本案的关键问题是如何认识合同订立的程序。本案中，经过推迟的要约有效期是 5 月 10 日，甲公司的承诺于 5 月 5 日到达，是有效承诺，合同应于 5 月 5 日成立。我方公司以“由于世界市场价格变化，货物在接到承诺电报前已售出”为由不履行合同是缺乏法律知识的表现。

6. **答案**：(1) 卖方的主张不合理。(2) 卖方应该赔偿买方的损失，但在赔偿买方的损失之后，有权再向造成损失的装运港的装运人索赔。因为，该风险发生在货物在装运港装上船之前。根据《Incoterms 2020》的规定，在FOB术语中，货物装上船之前的风险由卖方承担。而本案中的部分货物在装运过程中，包装被吊钩钩破即属于装上船之前的风险，因此，应该由卖方承担该货损责任，而不是买方。卖方让买方向装运部门索赔没有法律依据。

7. **答案：**（1）甲贸易公司的处理方法合理。因为乙贸易公司未按期交货已经构成了违约，而且在甲贸易公司拒绝将信用证延期的情况下，仍未履行交货义务，故乙贸易公司的行为构成根本违约，甲贸易公司有权解除合同并向乙贸易公司索赔。

（2）乙贸易公司应该赔付合同规定的价格与卖方应交货时，货物在卖方所在地价格之间的差额，如买方补进货物，应赔付合同价格与补进货物价格之间的差额。

第五章　国际货物运输与保险

基础知识图解

- 国际海上货物运输
  - 提单
    - 定义、特征、种类
    - 承运人责任及其豁免
    - 托运人责任
    - 公约
      - 《海牙规则》
      - 《维斯比规则》
      - 《汉堡规则》
  - 租船合同
    - 航次租船合同
    - 定期租船合同
- 国际航空、铁路运输
  - 调整航空运输的《蒙特利尔公约》
  - 调整铁路运输的《国际货约》和《国际货协》
- 国际多式联运
  - 含义、特征
  - 多式联运单据
  - 联运人的责任
  - 发货人的责任
  - 索赔与诉讼
- 国际货物运输保险
  - 保险合同
    - 承保风险与损失
      - 全部损失
        - 实际全损
        - 推定全损
      - 部分损失
        - 共同海损
        - 单独海损
    - 委托与代位求偿
  - 险别
    - 基本险别
      - 平安险
      - 水渍险
      - 一切险
    - 特殊险别
      - 一般附加险
      - 特别附加险
      - 特殊附加险

配套测试

一、单项选择题

1. 中国甲公司以 CIF 价向某国乙公司出口一批服装，以信用证方式付款，有关运输合同明确约定适用《海牙规则》。甲公司在装船并取得提单后，办理了议付。两天后，甲公司接到乙公司来电，称装船的海轮在海上因雷击失火，该批服装全部烧毁。对于上述情况，下列哪一选项是正确的？(　　)（司考 . 2009. 1. 43）

A. 乙公司应向保险公司提出索赔

B. 甲公司应向保险公司提出索赔

C. 甲公司应将全部货款退还给乙公司

D. 乙公司应向承运人提出索赔

2. 承运人在收取货物以后，签发的载明船名及装船日期的提单被称为（　　）。

A. 收货待运提单　　B. 备运提单

C. 已装船提单　　D. 不清洁提单

3. 当信用证规定的有效期即将届满而货物还没有装船时，托运人为了使提单上的装船日期与信用证规定的日期相符，要求承运人在货物装船前签发的已装船提单称为（　　）。

A. 清洁提单　　B. 不清洁提单

C. 倒签提单　　D. 预借提单

4. 下列哪项公约首次在一定范围内承认了保函的效力即规定托运人为了换取清洁提单可向承运人出具保函，但保函只在托运人和承运人之间有效；如果保函有欺诈意图，则保函无效，承运人应赔偿第三者的损失，且不能享受责任限制？（　　）

A.《汉堡规则》

B.《维斯比规则》

C.《海牙规则》

D.《联合国国际货物买卖合同公约》

5. 下列公约中实行推定完全过失责任的是（　　）。

A.《海牙规则》

B.《华沙—牛津规则》

C.《汉堡规则》

D.《维斯比规则》

6.《汉堡规则》规定的承运人迟延交货的责任限额为下列哪项？（　　）

A. 迟交货物应付运费的1倍

B. 迟交货物的每公斤2.5计算单位

C. 每件迟交货物835计算单位

D. 迟交货物应付运费的2.5倍

7.《汉堡规则》对承运人责任期间的规定有（　　）。

A. 装到卸　　B. 钩到钩

C. 舷到舷　　D. 接到交

8. 在提单中承运人的责任制问题上，《海牙规则》采用的是（　　）。

A. 不负过失责任　　B. 完全过失责任

C. 不完全过失责任　　D. 过失责任

9. 中国甲轮将一批饲料从日本东京运至中国威海港。甲轮到达目的港后，发现所载饲料因发霉受损。经检验，发现饲料霉损分别由下列原因所致，其中应由承运人承担赔偿责任的是（　　）。

A. 霉损是因船员修理船舱后忘记关闭舱盖，雨水渗入所致

B. 霉损是因海上风浪过大，海水浸泡所致

C. 霉损是因为货舱通风不良所致

D. 霉损是因该批饲料本身含水分过高所致

10.《汉堡规则》规定，承运人对火灾所引起的灭失、损坏或延迟交付负赔偿责任，证明承运人、其受雇人或代理人对此有过失的举证责任由谁承担？（　　）

A. 承运人　　B. 托运人

C. 保险人　　D. 索赔人

11. 中国甲公司与日本乙公司于2011年5月签订了购买3500吨钢材的合同，由中国的"东风"号将该批货物从日本神户运至宁波，"东方"号在途中遇小雨，因货舱盖不严使部分货物生锈。下列关于货物责任的选项正确的是（　　）。

A. 乙公司应自行承担此项损失

B. 甲公司应赔偿大合公司的损失

C. 承运人可依《海商法》的规定主张免责，但应承担举证责任

D. 承运人应赔偿货物锈损的损失

12. 根据1924年《海牙规则》的规定，在航行过程中遭受的下列损失，承运人不可免责的是哪一项？（　　）（司考.2008.1.44）

A. 不论何种原因引起的局部或全面罢工或停工而造成的货物的损失

B. 承运人为多装货物，下令将船上的救火设施拆除，在航运途中船舶失火造成的货物烧毁的损失

C. 承运的货物因本身湿度过大而发生霉变造成的损失

D. 航行途中，船长超速驾驶，结果船舶触礁货舱进水造成的货物湿损

13. 首次明确了提单对于善意受让人是最终证据的国际公约是（　　）。

A.《维斯比规则》

B.《海牙议定书》

C.《海牙规则》
D.《汉堡规则》

14. 一批货物按发票总值的110%投保了平安险。载运该批货物的轮船于6月7日在海上遭到暴风雨的袭击，使该批货物受到部分水渍，损失价值为1000元；该轮继续航行，又于6月9日发生触礁事故，又使该批货物发生部分损失，损失货物价值为2000元。保险公司按平安险条款，应支付的赔偿额为多少元？（　）

A. 2200元　　B. 1100元
C. 3300元　　D. 4400元

15. 船舶出租人向承租人提供约定的由出租人配备船员的船舶，由承租人在约定的期限内按约定用途使用，并支付租金的合同属于（　）。

A. 光船租赁合同　　B. 班轮运输合同
C. 航次租船合同　　D. 定期租船合同

16. 在航次租船运输中，船舶如果迟于什么时间到达装货港，租船人有解除合同的权利？（　）

A. 受载日　　B. 交货日
C. 解约日　　D. 装卸日

17. 在航次租船运输中，如果承租人在装卸期间届满前提前完成装货或卸货，则出租人应向承租人支付（　）。

A. 滞期费　　B. 速遣费
C. 预付运费　　D. 到付运费

18. 从性质上讲，光船租赁合同属于（　）。

A. 货物运输合同
B. 财产租赁合同
C. 货物买卖合同
D. 货物运输保险合同

19. A公司从国外进口一批钢坯，以集装箱运输，装箱单及提单上均载明为21箱。货交甲船运输后，由于市场行情的变化，A公司将货物转售给B公司，双方签订买卖合同时，A公司向B公司背书交付了提单等各项单据。待船到目的港，B公司持单提货时，发现货物只有20箱。B公司要求甲船偿付漏装一箱的货款，船方经仔细审查，发现在大副记载的有关日志中，写明实际收货20箱。对此，船公司提出抗辩，拒绝承担赔偿责任。那么，短缺的一箱货物损失由谁承担？（　）

A. B公司
B. A公司
C. 甲船公司
D. A、B公司共同承担

20. 航空货运代理公司将若干单独发运的货物组成一整批货物，用一份总运单将货物整批发运到目的地的航空运输属于国际航空运输方式中的哪一种？（　）

A. 部分包机运输　　B. 集中托运
C. 班机运输　　D. 整包机运输

21. 规范国际货物航空运输的《华沙公约》规定的诉讼时效是自航空器到达目的地或应该到达之日起（　）。

A. 2年　　B. 4年
C. 6个月　　D. 1年

22. 一载货轮船从中国大连港出发，驶往美国旧金山。船经日本海领域时货轮起火，大火蔓延至机舱，船长为了船货安全，命令往舱中浇水灭火。火扑灭后，经检查，主机受损，船舶无法继续航行，于是船长命令驶入日本大阪港进行修理，待船整修好后，继续驶往旧金山，并在旧金山进行理算，理算时应适用哪国法律？（　）

A. 中国法
B. 日本法
C. 美国法
D. 当事人可以选择第三国法

23. 我国参加的调整国际铁路货物运输的国际公约是（　）。

A.《联合国国际货物销售合同公约》
B.《关于铁路货物运输的国际公约》
C.《联合国国际货物多式联运公约》
D.《国际铁路货物联运协定》

24.《国际铁路货物联运协定》规定，为了保证核收运输合同项下的一切费用，铁路当局对货物可行使留置权，留置权的效力以下列哪一国的法律为依据？（　）

A. 货物经停国　　B. 货物交付国

C. 货物发运国　　　D. 货物制造国

25. 中国甲公司与德国乙公司签订了购买成套设备的进口合同。价格条件为CFR上海，以信用证付款。货物按时装上了承运人所属的利比里亚籍“玛丽”轮，甲公司投保了平安险。“玛丽”轮航行到上海港区时与日本籍“小治丸”轮因双方的过失发生碰撞，致使“玛丽”轮及其货舱中的部分货物受损。基于上述情况，下列哪一选项是正确的？（　　）（司考.2007.1.46）

A. 本案碰撞引起的货损应由甲公司自行承担

B. 依《海牙规则》，“玛丽”轮所有人对过失碰撞引起的货损可以免责

C. 因甲公司投保的是平安险，保险公司对本案碰撞引起的部分货物损失不承担赔偿责任

D. 因已知货物受损，所以即使单证相符，甲公司仍有权要求银行拒付货款

26. 《国际货协》在货损的赔偿上规定（　　）。

A. 限额赔偿

B. 足额赔偿

C. 不予赔偿

D. 以每公斤250金法郎为限

27. 下列单据中，具有物权凭证特征的有（　　）。

A. 海运提单

B. 航空货运单

C. 铁路运单

D. 货物运输保险单

28. 关于《联合国国际货物多式联运公约》，下列说法中正确的有（　　）。

A. 该公约规定的诉讼时效是1年

B. 该公约所说的“国际多式联运”，是指多式联运经营人以至少两种以上的运输方式，并且其中至少有一种是海运，将货物从一国境内接管货物的地点运至另一国指定交付货物的地点

C. 该公约至今尚未生效

D. 该公约规定多式联运经营人的责任期间为从货物装上第一个运输工具至货物卸离最后一个运输工具

29. 下列关于委付和代位求偿权关系的提法中错误的是（　　）。

A. 委付适用于全损或部分损失，而代位适用于推定全损

B. 委付转让的是保险标的所有权及其他相关的权利义务，而代位是向第三者追偿的权利

C. 委付与代位都适用于海上货物运输保险

D. 委付是保险人取得保险标的的所有权后，向被保险人支付保险赔款，而代位是以保险人向被保险人支付赔偿为前提

30. 《联合国国际货物多式联运公约》在联运经营人的责任制问题上，采用的是（　　）。

A. 完全推定责任原则

B. 不负过失责任原则

C. 不完全的过失责任原则

D. 航行过失免责的原则

31. 《海商法》规定，除合同另有约定外，保险责任开始后导致（　　）。

A. 被保险人可以解除合同，保险人不可以

B. 保险人可以解除合同，被保险人不可以

C. 保险人、被保险人均不可以解除合同

D. 保险人、被保险人均可以解除合同

32. 我国《海商法》规定，在国际海上运输货物保险合同中，保险标的的保险价值（　　）。

A. 由国家检验检疫机构确定

B. 由保险人和被保险人约定

C. 由国家认可的会计师事务所确定

D. 由保险公司指定的专门机构确定

33. 丝绸公司是一家中外合营企业，由来自意大利、韩国和中国的6家公司共同举办。MIGA（多边投资担保机构）向这个合营者的股权投资提供了200万美元的担保，按照MIGA的规定，其不予以承保的风险为（　　）。

A. 商业风险 B. 货币转移险
C. 战争和内乱险 D. 违约险

34. 我国《海商法》规定，根据海上保险合同向保险人要求保险赔偿的请求权，时效期间为 2 年，其起算时间是（ ）。
A. 保险事故发生之日
B. 被保险的货物起运之日
C. 首次向保险公司提出索赔之日
D. 保险合同成立之日

35. 货物全部毁灭或因受损而失去原有用途，或被保险人已无可挽回地丧失了保险标的的情况属于下列哪种损失？（ ）
A. 部分损失 B. 单独海损
C. 实际全损 D. 推定全损

36. 委付是在什么情况下，被保险人将残存货物的所有权转移给保险公司，并请求取得全部保险金额的？（ ）
A. 共同海损 B. 单独海损
C. 实际全损 D. 推定全损

37. 在中国人民保险公司海洋运输货物保险的三种基本险别中，保险公司承担保险责任最大的是（ ）。
A. 平安险 B. 水渍险
C. 一切险 D. 战争险

38. 中国甲公司与法国乙公司签订 CIF 合同进口设备。在约定的装船日期，乙公司如数将符合合同质量要求的设备交与承运人。但在海上运输的途中由于海浪过大，设备被海水浸泡而导致质量降低。请问该批货物损失应由谁承担？（ ）
A. 承运人 B. 保险公司
C. 甲公司 D. 乙公司

39. 根据我国《海商法》的有关规定，货物由承运人接收或装船后，应托运人的要求，承运人（ ）。
A. 可以签发提单
B. 应当签发提单
C. 无须签发提单
D. 应当签发清洁提单

40. 下列哪种提单依我国《海商法》的规定不能转让？（ ）
A. 指示提单
B. 不记名提单
C. 记名提单
D. 已装船指示提单

41. 下列哪项属于指示提单的转让方式？（ ）
A. 交付即转让
B. 背书转让
C. 经承运人同意后方能转让
D. 不能转让

42. 在提单中承运人的责任制问题上，《海牙规则》采用的是下列哪种责任？（ ）
A. 不负过失责任 B. 完全过失责任
C. 不完全过失责任 D. 过失责任

43. 拖轮所有人拖带其驳船，将货物从上海港运至日本东京港，属于下列哪一类合同？（ ）
A. 拖航合同
B. 货物买卖合同
C. 定期租船合同
D. 海上货物运输合同

44. 关于海上货物运输中的迟延交货责任，下列哪一表述是正确的？（ ）
A. 《海牙规则》明确规定承运人对迟延交付可以免责
B. 《维斯比规则》明确规定了承运人迟延交付的责任
C. 《汉堡规则》只规定了未在约定时间内交付为迟延交付
D. 《汉堡规则》规定迟延交付的赔偿为迟交货物运费的 2.5 倍，但不应超过应付运费的总额

45. 由保险人和被保险人商定的，保险人承担损失补偿的最高责任限额称为（ ）。
A. 保险价值 B. 保险标的
C. 保险金额 D. 保险费

46. 甲国 A 公司（买方）与乙国 B 公司（卖方）签订一进口水果合同，价格条件为 CFR，装运港的检验证书作为议付货款的依据，但约定买方在目的港有复验权。货物在装运港检验合格后交由 C 公司运输。由于乙国当时发生传染病，船舶到达甲国目的港外时，甲国有关当局对船

舶进行了熏蒸消毒，该工作进行了数天。之后，A公司在目的港复验时发现该批水果已全部腐烂。依据《海牙规则》及有关国际公约，下列哪一选项是正确的？（　　）

A. C公司可以免责

B. A公司应向B公司提出索赔，因为其提供的货物与合同不符

C. A公司应向C公司提出索赔，因为其没有尽到保管货物的责任

D. A公司应向B公司提出索赔，因为其没有履行适当安排保险的义务

47. 平安险是中国人民保险公司海洋货物运输保障的主要险别之一。下列哪一损失不能包括在平安险的责任范围之内？（　　）

A. 被保险货物在运输途中由于自然灾害造成的全部损失

B. 被保险货物在运输途中由于自然灾害造成的部分损失

C. 共同海损的牺牲、分摊

D. 共同海损的救助费用

48. 中国A公司与泰国B公司签订CIF合同进口泰国香米。在约定的装船日期，B公司如数将符合合同质量要求的香米交与承运人。但在海上运输的途中由于海浪过大，大米被海水浸泡而导致质量降低。请问该批货物损失应由谁承担？（　　）

A. A公司　　B. B公司

C. 承运人　　D. 保险公司

49. 海运单是20世纪70年代以来，随着集装箱运输的发展，特别是航程较短的运输中产生出来的一种运输单证。关于海运单，下列哪一选项是正确的？（　　）（司考.2007.1.44）

A. 海运单是一种可流通的书面运输单证

B. 海运单不具有证明海上运输合同存在的作用

C. 第三方以非法的方式取得海运单时无权提取货物

D. 海运单具有物权凭证的特征，收货人凭海运单提取货物

50. 中国甲公司通过海运从某国进口一批服装，承运人为乙公司，提单收货人一栏写明“凭指示”。甲公司持正本提单到目的港提货时，发现货物已由丙公司以副本提单加保函提取。甲公司与丙公司达成了货款支付协议，但随后丙公司破产。甲公司无法获赔，转而向乙公司索赔。根据我国相关法律规定，关于本案，下列哪一选项是正确的？（　　）（司考.2011.1.40）

A. 本案中正本提单的转让无须背书

B. 货物是由丙公司提走的，故甲公司不能向乙公司索赔

C. 甲公司与丙公司虽已达成货款支付协议，但未得到赔付，不影响甲公司要求乙公司承担责任

D. 乙公司应当在责任限制的范围内承担因无单放货造成的损失

51. 青田轮承运一批啤酒花从中国运往欧洲某港，货物投保了一切险，提单上的收货人一栏写明“凭指示”，因生产过程中水分过大，啤酒花到目地港时已变质。依《海牙规则》及相关保险规则，下列哪一选项是正确的？（　　）（司考.2015.1.41）

A. 承运人没有尽到途中管货的义务，应承担货物途中变质的赔偿责任

B. 因货物投保了一切险，保险人应承担货物变质的赔偿责任

C. 本提单可通过交付进行转让

D. 承运人对啤酒花的变质可以免责

52. 中国甲公司与法国乙公司订立了服装进口合同，以信用证付款，丙银行保兑。货物由“铂丽”号承运，投保了平安险。甲公司知悉货物途中遇台风全损后，即通知开证行停止付款。依《海牙规则》、UCP600号及相关规则，下列哪一选项是正确的？（　　）（司考.2016.1.41）

A. 承运人应承担赔偿甲公司货损的责任

B. 开证行可拒付，因货已全损

C. 保险公司应赔偿甲公司货物的损失

D. 丙银行可因开证行拒付而撤销其保兑

53. 中国某公司进口了一批仪器，采取海运方式并投保了水渍险，提单上的收货人

一栏写明"凭指示"的字样。途中因船方过失致货轮与他船相撞，部分仪器受损。依《海牙规则》及相关保险条款，下列哪一选项是正确的？（ ）（司考.2017.1.41）

A. 该提单交付即可转让

B. 因船舶碰撞是由船方过失导致，故承运人应对仪器受损承担赔偿责任

C. 保险人应向货主赔偿部分仪器受损的损失

D. 承运人的责任期间是从其接收货物时起至交付货物时止

54. 中国甲公司从意大利乙公司进口一批珠宝，意大利乙公司委托航空货运代理公司在意大利安排了航空运输。因为飞行故障，飞机在航空站点外降落致使货物受损。根据《华沙公约》和我国相关法律规定，下列哪一项判断是正确的？（ ）

A. 航空运单不是物权凭证

B. 航空货运代理公司安排航空运输产生的纠纷应适用意大利法

C. 因飞机在航空站点外降落，故航空公司对货损免责

D. 因飞机在航空站点外降落，故货损应由买方承担

55. 中国甲公司向德国乙公司出口一批货物，双方约定采取 CIF（汉堡）规范双方之间的合同。甲公司委托丙公司承担该批货物的运输并向丁公司投保了平安险。该批货物在运输过程中遭受了数次损失。第一次因为遭遇风浪损失了部分货物，第二次因为工人检修船舶电路又造成了部分货物损失，第三次因为忘记给货舱通风造成部分货物受潮受热。根据我国《海商法》及相关规则，下列选项正确的是？（ ）

A. 丙公司和丁公司均应对第一次损失承担责任

B. 丙公司和丁公司均应对第二次损失承担责任

C. 丙公司和丁公司均应对第三次损失承担责任

D. 应当由甲公司负责该批货物的保险费用

56. 中国甲公司委托成都国际铁路运输港运送一批货物途经多个"一带一路"沿线国家，最终到达波兰并交付给波兰乙公司。根据《国际铁路货物联运协定》，下列说法正确的是：（ ）

A. 该运输合同从始发站签发运单时起成立

B. 该运输合同的责任期间从始发站承运货物时起成立

C. 波兰乙公司有权任意变更到站或收货人

D. 成都国际铁路运输港对运输途中的损失承担连带责任

二、多项选择题

1. 目前调整提单运输的国际公约有（ ）。

A.《国际货约》 B.《海牙规则》

C.《维斯比规则》 D.《汉堡规则》

2. 下列选项中哪些属于提单的法律特征？（ ）

A. 提单是收货人出具的接收货物的收据

B. 提单是海上货物运输合同的证明

C. 提单是承运人凭以交付货物的具有物权特性的凭证

D. 提单就是海上货物运输合同

3. 提单运输合同的当事人包括（ ）。

A. 承运人 B. 实际承运人

C. 托运人 D. 收货人

4. 下列提单哪些是按照提单上是否有批注的标准所作的分类？（ ）

A. 记名提单 B. 不记名提单

C. 清洁提单 D. 不清洁提单

5. 提单中注明的装船日期早于实际装船日期的情况有（ ）。

A. 预借提单 B. 倒签提单

C. 已装船提单 D. 收货待运提单

6. 在司法实践中，下列哪些保函通常被认定为无效保函？（ ）

A. 托运人和承运人明知货物的表面状况有瑕疵，为换取清洁提单，托运人向

承运人出具的保函
B. 托运人为得到倒签提单而向承运人出具的保函
C. 托运人为得到预借提单而向承运人出具的保函
D. 由于缺乏识别手段或计量工具，承运人和托运人出现认识上的偏差，为免去提单上的批注，托运人向承运人出具的保函

7. 关于承运人赔偿责任基础，下列选项中实行“不完全过失责任原则”的有（　　）。
A.《海牙规则》
B.《维斯比规则》
C.《汉堡规则》
D.《海商法》

8. 在提单中承运人的责任制问题上，《汉堡规则》采用的责任基础是（　　）。
A. 不负过失责任　B. 完全过失责任
C. 不完全过失责任　D. 推定过失责任

9. 根据《海牙规则》，下列事项中承运人可以免责的包括（　　）。
A. 承运的茶叶由于本身湿度过大而发生的霉变
B. 承运人为了多装货，下令将船上救火设施全部拆除，不料途中船舶失火造成的货物损失
C. 在航行途中，船长超速驾驶，船舶触礁沉没造成的货物灭失
D. 不论何种原因引起的局部或全面罢工或停工而造成的货物损失

10. 下列哪几项属于《汉堡规则》的适用范围?（　　）
A. 提单或作为海上运输合同证明的其他单证在某一缔约国签发
B. 提单或作为海上运输合同证明的其他单证上载有适用《汉堡规则》或采纳该规则的任何国内法的首要条款
C. 装货港或卸货港或备选卸货港位于缔约国
D. 租船合同项下的提单

11. 下列属于《海牙规则》规定的承运人最低限度的义务有（　　）。
A. 承运人必须承担绝对地使船舶适航的责任
B. 承运人应当适当和谨慎地承担管货的义务
C. 承运人必须在整个责任期间内使船舶具有适航性
D. 承运人在开航前和开航时必须谨慎处理，使船舶具有适航性

12. 中国甲公司与某国农业公司签订了进口一批羊毛的货物买卖合同，合同约定有关合同的一切争议适用中国法，此批货物由马来西亚“马莱”号承运，并投保了一切险。“马莱”号在太平洋公海航行时与巴拿马籍货物“那玛”号相撞，“马莱”号船长为了避免该轮沉没采取了自愿搁浅的措施，“马莱”号在救助人的帮助下进入了避难港，经修理继续航行到中国目的港。但在途中遭遇暴风雨，使部分羊毛受损。问：下列关于一切险正确的是（　　）。
A. “马莱”号自愿搁浅的损失应赔
B. 因暴风雨使羊毛湿损应赔
C. 一切险包括外来原因所致的部分损失
D. 一切险包括外来原因所致的全损

13. 国际上最常用的航次租船合同格式为（　　）。
A. 土产格式合同
B. 纽约格式合同
C. 统一杂货租船合同
D. 金康合同

14. 提单的种类有（　　）。
A. 以货物是否装船分为已装船提单和收货待运提单
B. 以提单上是否有批注分为清洁提单和不清洁提单
C. 记名提单
D. 指示提单

15. 下列属于航次租船合同特有条款的有（　　）。
A. 预备航次条款
B. 装卸期间条款
C. 停租条款

D. 运送合法货物条款

16. 我国加入的有关航空运输的国际公约有（　）。

A.《海牙规则》

B.《瓜达拉哈拉公约》

C.《华沙公约》

D.《海牙议定书》

17. 关于航空运单，下列说法中正确的有（　）。

A. 和海运提单一样，航空运单也是货物的物权凭证

B. 航空运单一般都印有“不可转让”的字样

C. 航空运单是记载收货人应负担费用和代理费用的记载凭证

D. 当承运人承办保险或托运人要求承运人代办保险时，航空运单则可用来作为保险证书

18. 下列哪几项是《联合国国际货物多式联运公约》对多式联运经营人赔偿责任限额的规定？（　）

A. 如在国际多式联运中包括了海运或内河运输，多式联运经营人的赔偿责任限额为每件 920 个特别提款权，或货物毛重每公斤 2.75 个特别提款权，以较高者为准

B. 如在国际多式联运中未包括海运或内河运输，多式联运经营人的赔偿责任限额为毛重每公斤 8.33 个特别提款权

C. 如在国际多式联运中包括了海运或内河运输，多式联运经营人的赔偿责任限额为每件 666.67 个特别提款权，或货物毛重每公斤 2 个特别提款权，以较高者为准

D. 如在国际多式联运中未包括海运或内河运输，多式联运经营人的赔偿责任限额为毛重每公斤 2.5 个特别提款权

19. 下列各项中，属于国际货物运输保险基本原则的是（　）。

A. 损失补偿原则

B. 近因原则

C. 保险利益原则

D. 最大诚实信用原则

20. 根据我国《海商法》的规定，海上运输货物保险合同中，保险人承担的赔偿责任包括（　）。

A. 保险人赔偿保险事故造成的损失，以保险金额为限。保险金额低于保险价值的，在保险标的发生部分损失时，保险人按照保险金额与保险价值的比例负赔偿责任

B. 保险标的在保险期间发生几次保险事故所造成的损失，即使损失金额的总和已超过保险金额，保险人也应当赔偿

C. 一旦发生保险事故，即按保险金额全额赔偿

D. 保险标的在保险期间发生几次保险事故所造成的损失，即便损失金额的总和已超过保险金额，保险人也应以保险金额为限赔偿

21. 在被保险人向保险公司发出委付通知的情况下，该保险公司可以选择的处理方法是（　）。

A. 无条件地接受委付

B. 有条件地接受委付

C. 必须接受委付

D. 拒绝接受委付

22.《海商法》规定承运人须在开航前和开航时恪尽职责使船舶适航，其具体含义是（　）。

A. 在开航前船舶适于航行

B. 船员的配备、船舶装备和供应适当

C. 船舶要适合货物的安全运送和保管

D. 在开航时船舶适于航行

23. 下列险别中，属于我国海洋货物运输保险中一般附加险的是（　）。

A. 短量险　　B. 拒收险

C. 串味异味险　　D. 舱面险

24. 下列选项中属于《海商法》规定的保险人不负赔偿责任范围的有（　）。

A. 对因航行迟延、交货迟延或者行市变化或货物的自然损耗、本身缺陷和自然特性造成的损失

B. 对因船舶开航时不适航造成的保险船舶损失
C. 对于被保险人故意造成的损失
D. 因船舶自然磨损或锈蚀造成的损失

25. 被保险人通常承担的义务包括（　　）。
A. 如实申报　　B. 及时提货
C. 保全货物　　D. 支付保费

26. 国际货物买卖中，买方和议付货款的银行一般只愿意接受（　　）。
A. 已装船提单　　B. 收货待运提单
C. 清洁提单　　D. 不清洁提单

27. 班轮运输合同的当事人包括（　　）。
A. 承运人　　B. 实际承运人
C. 托运人　　D. 收货人

28. 关于对货物的适用范围，《海牙规则》不适用于（　　）。
A. 动植物
B. 活牲畜
C. 舱面货
D. 石油等有环境污染可能的货物

29. 关于《海牙规则》和《汉堡规则》的关系问题，下列说法中正确的有（　　）。
A. 在承运人的责任制问题上，《汉堡规则》的规定更为严格
B.《汉堡规则》规定的承运人的责任期间更长
C.《汉堡规则》规定的承运人的责任限额更高
D.《汉堡规则》规定的货物适用范围更广

30. 根据我国《海商法》的规定，除非提单中明确规定，否则，收货人、提单持有人不承担（　　）。
A. 在装货港发生的滞期费
B. 在卸货港发生的滞期费
C. 在装货港发生的亏舱费
D. 在卸货港发生的亏舱费

31. 依我国《海商法》的规定，下列货物运输方式中哪些属于多式联运？（　　）
A. 空海联运　　B. 陆海空联运
C. 陆海联运　　D. 陆空联运

32. 关于《联合国国际货物多式联运公约》下列说法中正确的是（　　）。
A. 该公约至今尚未生效
B. 该公约所说的"国际多式联运"是指多式联运经营人以至少两种以上的运输方式，并且其中至少有一种是海运，将货物从一国境内接管货物的地点运至另一国指定交付货物的地点
C. 该公约规定多式联运经营人的责任期间为从货物装上第一个运输工具至货物卸离最后一个运输工具
D. 该公约在多式联运经营人责任制上采用了推定责任原则

33. 下列各项中，属于平安险承保范围的是（　　）。
A. 被保险货物在运输途中由于恶劣天气、雷电、地震等自然灾害所造成的部分损失
B. 被保险货物在运输途中由于恶劣天气、雷电、地震等自然灾害所造成的整批货物的全部损失
C. 由于运输工具遭受搁浅、触礁、互撞等意外事故造成的被保险货物的全部损失
D. 由于运输工具遭受搁浅、触礁、互撞等意外事故造成的被保险货物的部分损失

34. 下列哪几项属于共同海损成立的条件？（　　）
A. 船舶遭遇风险
B. 船货处于共同危险中
C. 采取的措施必须经过各方当事人的同意
D. 采取的措施必须是有意和合理的

35. 在司法实践中，下列哪些保函通常被认定为无效保函？（　　）
A. 由于缺乏识别手段或计量工具，承运人和托运人出现认识上的偏差，为免去提单上的批注，托运人向承运人出具的保函
B. 托运人和承运人明知货物的表面状况有瑕疵，为换取清洁提单，托运人向承运人出具的保函

C. 托运人为得到倒签提单而向承运人出具的保函

D. 托运人为得到预借提单而向承运人出具的保函

36. 关于航次租船合同和定期租船合同，下列说法中正确的是（　　）。

A. 在营运成本上，在航次租船中由船方承担的航次成本，在定期租船下转由租船人承担，因而在定期租船合同中有关于燃油消耗量、航速的规定

B. 航次租船的时间损失由船方承担，因此，在航次租船合同中有关于装卸期间的规定

C. 定期租船的时间损失由租船人承担，因此，在定期租船合同中有关于停租的规定

D. 在定期租船下，由于经营权归租船人，因此，船东为了保证其船舶的安全，通常会在定期租船合同中订入有关航区、可装运货物范围等航次租船合同中没有的规定

37. 下列公约中，采用特别提款权作为赔偿计算单位的是（　　）。

A.《海牙规则》

B.《汉堡规则》

C.《华沙公约》

D.《联合国国际货物多式联运公约》

38. 根据我国《海商法》的规定，海上运输货物保险合同中，保险人承担的赔偿责任包括（　　）。

A. 一旦发生保险事故，即按保险金额全额赔偿

B. 保险人赔偿保险事故造成的损失，以保险金额为限。保险金额低于保险价值的，在保险标的发生部分损失时，保险人按照保险金额与保险价值的比例负赔偿责任

C. 保险标的在保险期间发生几次保险事故所造成的损失，即使损失金额的总和已超过保险金额，保险人也应当赔偿

D. 保险标的在保险期间发生几次保险事故所造成的损失，即便损失金额的总和已超过保险金额，保险人也应以保险金额为限赔偿

39. 中国甲公司与德国乙公司签订服装买卖合同，约定单价每件 30 美元/FOB 青岛。乙公司为该货物的运输向保险公司投保了平安险。对于航行途中发生的下列哪些损失，保险公司应承担赔偿责任？（　　）（司考．2008. 1. 87）

A. 在运输途中货轮与另一艘船舶相撞造成货损

B. 由于运输延迟造成的货物损失

C. 在运输途中遭遇飓风造成货物全部损失

D. 在装卸时由于一件或整件货物落海造成的部分损失

40. 保险公司承保水渍险的责任包括赔偿（　　）。

A. 自然灾害造成的全部损失

B. 自然灾害造成的推定全损

C. 意外事故造成的共同海损

D. 意外事故造成的单独海损

41. 国际货物运输保险合同包括（　　）。

A. 海上货物运输保险

B. 陆上货物运输保险

C. 航空货物运输保险

D. 多式联运保险

42. 中国甲公司与某国乙公司签订茶叶出口合同，并投保水渍险，议定由丙公司“天然”号货轮承运。下列哪些选项属于保险公司应赔偿范围？（　　）（司考．2011. 1. 80）

A. 运输中因茶叶串味等外来原因造成货损

B. 运输中因“天然”号过失与另一轮船相撞造成货损

C. 运输延迟造成货损

D. 运输中因遭遇台风造成部分货损

43. 中国甲公司从国外购货，取得了代表货物的单据，其中提单上记载“凭指示”字样，交货地点为某国远东港，承运人为中国乙公司。当甲公司凭正本提单到远东

港提货时，被乙公司告知货物已不在其手中。后甲公司在中国法院对乙公司提起索赔诉讼。乙公司在下列哪些情形下可免除交货责任？（　　）（司考.2013.1.81）

A. 在甲公司提货前，货物已被同样持有正本提单的某公司提走

B. 乙公司按照提单托运人的要求返还了货物

C. 根据某国法律要求，货物交给了远东港管理当局

D. 货物超过法定期限无人向某国海关申报，被海关提取并变卖

44. 甲公司向乙公司出口一批货物，由丙公司承运，投保了中国人民保险公司的平安险。在装运港装卸时，一包货物落入海中。海运途中，因船长过失触礁造成货物部分损失。货物最后延迟到达目的港。依《海牙规则》及国际海洋运输保险实践，关于相关损失的赔偿，下列哪些选项是正确的？（　　）（司考.2013.1.82）

A. 对装卸过程中的货物损失，保险人应承担赔偿责任

B. 对船长驾船过失导致的货物损失，保险人应承担赔偿责任

C. 对运输延迟造成的损失，保险人应承担赔偿责任

D. 对船长驾船过失导致的货物损失，承运人可以免责

45. 两批化妆品从韩国由某公司“清田”号货轮运到中国，适用《海牙规则》，货物投保了平安险。第一批货物因“清田”号过失与他船相碰致部分货物受损，第二批货物收货人在持正本提单提货时，发现已被他人提走。争议诉至中国某法院。根据相关规则及司法解释，下列哪些选项是正确的？（　　）（司考.2014.1.81）

A. 第一批货物受损虽由“清田”号过失碰撞所致，但承运人仍可免责

B. 碰撞导致第一批货物的损失属于保险公司赔偿的范围

C. 某公司应承担第二批货物无正本提单放货的责任，但可限制责任

D. 某公司对第二批货物的赔偿范围限于货物的价值加运费

46. 根据《反补贴条例》，下列哪些选项属于补贴？（　　）（司考.2014.1.82）

A. 出口国政府出资兴建通向口岸的高速公路

B. 出口国政府给予企业的免税优惠

C. 出口国政府提供的贷款

D. 出口国政府通过向筹资机构付款，转而向企业提供资金

47. 中国甲公司委托某国乙公司承运一批货物，乙公司向甲公司开具了一份提单，提单在收货人一栏注明“凭指示”。丙公司从甲公司处受让提单后找到乙公司要求提货，此时乙公司已经将货物交给了丁公司。关于本案，根据我国相关法律，下列说法错误的是？（　　）

A. 该提单应该通过背书方式转让

B. 丙公司不能要求乙公司和丁公司承担连带责任

C. 丙公司只能要求乙公司承担侵权责任

D. 如果乙公司无法向丙公司交付货物是因为该货物已被海关变卖，则其仍应向丙公司承担无单放货的责任

三、不定项选择题

1. 某一载货轮船，在航行途中遇特大风浪，不幸触礁，船身被撞穿一个大洞，随即海水大量涌入，不仅使货物遭到严重的水渍，而且船舶由于大量进水，随时有沉船的危险。为了船、货的共同安全，船长急令轮船驶向附近的浅滩，同时命令将部分货物抛到海里。船舶在浅滩搁浅后，滞留多日，被一过路货轮发现，拖到附近港口检修。经过检查与核对，在这次事故中，该船遭受了如下损失：(1) 因触礁，船舶被撞穿一个大洞。(2) 因船舶进水，有50包大米被抛到海里；另有50包大米只有水渍损失，经晒干后，可作为次米出售；另外尚有：50包茶叶被海水浸泡已不能饮用。(3) 除了以上货物，该船上还有

一台精密仪器，但因船舶触礁，船身剧烈震动致使该台仪器受到损坏，经专家检验，认为如要修复所需花费将超过该仪器的现有价值。（4）因搁浅而造成的损失。上述损失中，属于单独海损的是（　　）。

A. 因触礁，船舶被撞穿一个大洞

B. 被抛到海里的 50 包大米

C. 被海水浸湿的 50 包大米

D. 因搁浅而造成的损失

2. 韩国釜山的甲公司与中国大连的乙公司订立购买食物的合同，约定“CIF 韩国釜山港交货”，卖方乙公司办理了保险。货物在装船时，有 10 箱食物从吊钩上脱落坠入海中；在航程中因遭暴雨有 5 箱货物中渗入雨水；货物运到之后有 8 箱食物因包装破损而变质；收货人发现货物短量。对于上述各项损失，甲公司不能向保险人获得赔偿的有（　　）。

A. 因包装破损而变质的 8 箱食物

B. 短量的货物

C. 装货港坠入海中的 10 箱食物

D. 因雨水渗入而损坏的 5 箱食物

3. 中国甲公司与法国乙公司以 CIF 价格条件订立了从中国出口饲料的货物买卖合同，该批货物向中国人民保险公司投保了水渍险。当货物到达目的港时，发现饲料上有很多飞虫，致使该批货物已无法正常使用。经检验，发现该批货物在转运前就已含有大量虫卵。下列说法中正确的是（　　）。

A. 承运人无须承担赔偿责任，本案中货物损失是因为货物的固有缺陷所致，其属于承运人的免责事项

B. 乙公司应承担货物损失，本案中货物损失发生在风险转移至乙公司之后

C. 保险公司无须承担赔偿责任，本案中货物的损失属于海运货物保险的除外责任

D. 甲公司应承担货物损失，其对货物损失有过失

4. 2012 年 7 月 2 日，某甲轮（悬挂巴拿马国旗）与某乙轮（在巴拿马登记）在日本海上发生碰撞，造成乙船船体严重受损，在日本某打捞局的帮助下泊于日本某港进行修理。甲轮继续航行至中国青岛港。乙轮随后亦停靠青岛港，并向海事法院提出海事请求权保全申请，申请扣押甲轮，海事法院在依法予以审查后，将甲轮扣押。其后，乙轮向法院提起诉讼。对本案具有管辖权的法院是（　　）。

A. 中国海事法院

B. 日本海事法院

C. 巴拿马海事法院

D. 当事人可以约定由某国法院管辖

5. 承运人 A 公司以其船舶“阿奇兹”号运载托运人 B 公司的一批橘子到伦敦。该轮代理对托运人口头保证：该轮在西班牙港口瓦伦西亚装上该批橘子后，将直接驶往伦敦并卸货。但后来，“阿奇兹”号并未直驶伦敦，而是先驶向比利时的安特卫普。结果当托运人的橘子到达伦敦时，橘子的进口关税提高了，且由于其他橘子的大量到货，使橘子的价格下降。托运人认为如果货物是依口头约定直驶伦敦的，关税的提高和橘子价格的下跌都应在该轮到达之后发生。托运人向法院起诉，要求承运人赔偿其遭受的损失。承运人则辩称：提单中载明有规定承运人可以任意地经过任何航线将货物直接或者间接地运往目的地的条款，因此不应对因为绕道安特卫普引起的损失承担赔偿责任。下列关于本案的说法中正确的是（　　）。

A. 承运人与托运人之间的权利义务应依据提单的规定，因此承运人不应赔偿托运人的损失

B. 提单只是运输合同的证明，承运人未按运输合同履行义务，应赔偿托运人的损失

C. 托运人与承运人之间的口头约定不能改变提单的内容

D. 关税的提高属于不可抗力，承运人对因此而发生的损失不应承担赔偿责任

6. 我国 A 公司与某外国 B 公司于 2010 年 10 月 20 日签订了购买化肥的 CFR 合同，A 公司开出的信用证规定，装船期限为 2011

年1月1日至1月10日。由于B公司租来的货轮在开往装货港途中发生海事，导致装货至2011年1月20日才完成。承运人在接受B公司保函的情况下，签发了与信用证条款一致的提单。依提单上载明的装船日期预计船舶将于2月10日到达目的港，收货人已安排好了一些接货的工作，但该船却于2月25日才到达目的港，这时正赶上化肥的价格下跌，使A公司在出售化肥时的价格大大下降。另外，由于收货人已为接货做好了运输工具和仓库的安排，化肥的延迟到港也引起了收货人在这方面的损失。关于本案例，下列选项中哪些是正确的？（　　）

A. 该案属于承运人依托运人的保函倒签提单的情况，因此引起的责任承运人可不负责任

B. 承运人应对倒签提单引起的损失承担赔偿责任

C. 依单证相符的原则，承运人在本案中必须倒签提单

D. 处理本案的正确方法是应由开证申请人申请修改信用证的装船期间

7. 有一批货物，已投保平安险，分两只船装运，一起运往目的港。由于航运过程中遇暴风雨的袭击，甲轮因船身颠簸，致使船上货物相互碰撞发生部分损失，而乙轮则不慎与另一货轮发生碰撞，为了船货的安全，船长被迫抛弃大部分船上货物，从而发生部分损失。保险公司应如何予以赔偿？（　　）

A. 保险公司应对甲轮的货物损失予以赔偿

B. 保险公司不应对甲轮的货物损失予以赔偿

C. 保险公司应对乙轮的货物损失予以赔偿

D. 保险公司不应对乙轮的货物损失予以赔偿

8. 上海A公司与荷兰B公司签订了从中国购买肠衣的货物买卖合同，价格条件是CIF。A公司依买卖合同的规定把货物用木桶装妥后交给上海远洋运输公司运输，承运人按托运人要求将货物装在水线以下远离锅炉的舱位，然后签发了清洁提单。船到目的港时发现木桶全部被压碎，货物因而损失约15万美元。B公司作为收货人向承运人索赔，承运人以托运人对货物包装不当为由拒赔。关于本案例，下列选项哪些是正确的？（　　）

A. 承运人应当赔偿，因为其签发了清洁提单，就应对货物在途中受到的损失负责赔偿

B. B公司应当首先承担责任，因为货物的风险已在装货港货物装上船时转移给了B公司

C. A公司应承担责任，因为其对货物包装不当

D. 承运人不应赔偿，因为它是按照托运人的要求装载的

9. 我国某工厂从国外进口一批生产设备，为以防出现意外事故造成该生产设备的损失，我方投保时投了一切险。按照我方与海运公司的约定，该生产设备应存放于船舱里。但在收取货物时，我方却发现有部分设备被放置于甲板上，并且由于风吹雨淋，设备已出现生锈的现象，不能投入正常的使用，给我方造成重大损失。为此，我方诉至法院。本案应如何处理？（　　）

A. 我方工厂可向保险公司进行索赔

B. 我方工厂可向海运公司进行索赔

C. 保险公司在赔偿我方工厂损失后，可向海运公司进行追偿

D. 海运公司在赔偿我方损失后，可再向保险公司索赔

10. 一艘货轮从天津港驶往日本横滨，在航行途中受雷击起火，大火蔓延至机舱，船长为了船、货的共同安全，命令采取紧急措施，往舱中灌水灭火。火被扑灭后，由于主机受损无法继续航行，船长被迫雇拖轮将货轮拖至一避难港进行修理，修好后重新将货物运至目的港。在此次事件造成的如下几项损失中，属于共同海损的是（　　）。

A. 500 箱货物被烧毁
B. 500 箱货物受水损
C. 雇用拖轮费用
D. 额外增加的燃料以及船长和船员的工资

11. 中国甲公司进口一批日产空调，合同规定以信用证支付。甲公司开出的信用证规定装船期限为 2009 年 7 月 10 日至 7 月 20 日，由承运人所属的“SALA”号货轮承运上述货物。“SALA”号在装货港外锚地因遇大风走锚与另外一艘在锚地待泊的油轮相撞，使“SALA”号不能如期装货。“SALA”号最后于 8 月 15 日完成装货，船长在接受了托运人出具的保函的情况下签发了与信用证一致的提单，并办理了结汇。由于船舶延迟到港错过了空调的销售季节，给甲公司造成了很大损失。甲公司为此向承运人提出了索赔要求，下列关于承运人责任的选项哪个是正确的？（　　）
A. 延迟装货是因为不可抗力，因此承运人对延迟不负责任
B. 承运人的行为是倒签提单，承运人应对此承担责任
C. 承运人倒签提单是应托运人的要求，因此不应承担任何责任
D. 承运人的行为是预借提单，承运人应对此承担责任

12. 依照我国《海商法》相关规定，下列哪些诉讼应适用受理案件的法院所在地法律？（　　）（司考 . 2006. 1. 82）
A. 我国法院受理的关于海事赔偿责任限制的诉讼
B. 我国法院受理的关于船舶优先权的诉讼
C. 同一国籍的船舶在公海上发生碰撞而在我国法院进行的诉讼
D. 不同国籍的外国船舶在公海上发生的碰撞而在我国法院进行的诉讼

13. 下列哪一损失不属于中国人民保险公司海洋运输货物保险中平安险承保的责任范围？（　）
A. 被保险货物在运输途中由于自然灾害造成的货物的全部损失
B. 被保险货物在运输途中由于意外事故造成的货物的全部损失
C. 被保险货物在运输途中由于意外事故造成的货物的部分损失
D. 被保险货物在运输途中由于自然灾害造成的货物的部分损失

14. 甲公司是一家英国公司，乙公司是一家设在上海的中外合资经营企业。二者签订了一份国际货物买卖合同，合同中规定乙公司是信用证付款。乙公司付款后，凭提单却没有提到货物。经查是因甲提交给银行的提单中，在收货人一栏中的填写上出了不符合提单填写要求的问题。收货人一栏的填写错误可能是下列哪些情况？（　　）
A. 甲公司名称　　B. 乙公司名称
C. 凭甲公司指示　　D. 凭乙公司指示

15. 在国际海上货物运输中，如承运人签发的是指示提单，下列关于该提单的表述中哪些是正确的？（　　）
A. 提单正面载明了收货人的名称
B. 提单在转让时不需要背书，只要将提单交给受让人即可
C. 提单的转让必须经过背书
D. 提单中的收货人一栏没有具体的收货人名称，而是载明“凭指示”的字样

16. 我国某公司以 CIF 条件与国外客户订立出口合同。根据 2010 年《国际贸易术语解释通则》的解释，对海上运输货物我国公司应投保（　　）。
A. 平安险
B. 水渍险
C. 一切险
D. 一切险加战争险

17. 深圳甲公司从日本购进线钢 4500 公吨，价格条件为 CIF 广州。由于短途运输和船速较快，该批货物先于提单到达了目的港。深圳甲公司凭副本提单加自己签署的保函提取了货物，之后该公司未去银行付款赎单。银行于是向承运人提出

了索赔要求。下列关于本案的主张有哪些是正确的？（ ）

A. 承运人可以凭副本提单加保函向深圳公司交货

B. 承运人应当赔偿银行的损失

C. 承运人应凭正本提单向收货人交货

D. 承运人与银行没有关系，不应承担任何责任

18. 有一艘载货船从天津港驶往新加坡，在航行途中船舶货舱起火，大火蔓延到机舱。船长为了船货的共同安全，命令采取紧急措施，往舱中灌水灭火。火虽然被扑灭，但由于主机受损，无法继续航行。于是船长决定雇用拖轮将货船拖到天津港修理，检修后重新将货物运往新加坡。事后调查，这次事故造成的损失如下：

A. 1千箱货物被火烧毁；

B. 600箱货由于灌水受到损失；

C. 主机和部分甲板被火烧坏；

D. 雇用拖船的费用若干；

E. 因为船舶维修，延误船期，额外增加了船员工资以及船舶的燃料。

问：

（**1**）按上述各项损失的性质区分，哪些属于单独海损？（ ）

A. A项和C项属单独海损

B. A项和B项属单独海损

C. A项和D项属单独海损

D. A项和E项属单独海损

（**2**）按上述各项损失的性质区分，哪些属于共同海损？（ ）

A. B项、D项和E项属于共同海损

B. C项、D项和E项属于共同海损

C. B项、C项和E项属于共同海损

D. B项、C项和D项属于共同海损

19. 按中国人民保险公司《海洋货物运输保险条款》的规定，在三种基本险别中，保险公司承担赔偿责任的程度是（ ）。

A. 平安险最大，其次是一切险，再次是水渍险

B. 水渍险最大，其次是一切险，再次是平安险

C. 一切险最大，其次是水渍险，再次是平安险

D. 一切险最大，其次是平安险，再次是水渍险

20. 甲国A公司向乙国B公司出口一批货物，双方约定适用2010年《国际贸易术语解释通则》中CIF术语。该批货物由丙国C公司“乐安”号商船承运，运输途中船舶搁浅，为起浮抛弃了部分货物。船舶起浮后继续航行中又因恶劣天气，部分货物被海浪打入海中。到达目的港后发现还有部分货物因固有缺陷而损失。

（1）关于CIF贸易术语的适用，下列选项正确的是：（ ）（司考.2012.1.99）

A. 货物的风险在装运港完成交货时由A公司转移给B公司

B. 货物的风险在装运港越过船舷时由A公司转移给B公司

C. 应由A公司负责海运运输

D. 应由A公司购买货物海运保险

（2）该批货物投保了平安险，关于运输中的相关损失的认定及赔偿，依《海牙规则》，下列选项正确的是：（ ）（司考.2012.1.100）

A. 为起浮抛弃货物造成的损失属于共同海损

B. 因恶劣天气部分货物被打入海中的损失属于单独海损

C. 保险人应赔偿共同海损和因恶劣天气造成的单独海损

D. 承运人对因固有缺陷损失的货物免责，保险人应承担赔偿责任

21. A公司和B公司于2011年5月20日签订合同，由A公司将一批平板电脑售卖给B公司。A公司和B公司营业地分别位于甲国和乙国，两国均为《联合国国际货物销售合同公约》缔约国。合同项下的货物由丙国C公司的“潇湘”号商船承运，装运港是甲国某港口，目的港是乙国某港口。在运输途中，B公司与中国D公司就货物转卖达成协议。在贸易术语适用上，

A、B公司在双方的买卖合同中仅约定适用FOB术语。对此，下列选项正确的是：(　)（司考 .2011. 1. 99）

A. 该合同应当适用2010年《国际贸易术语解释通则》

B. 货物的风险应自货交C公司时由A公司转移给B公司

C. B公司必须自付费用订立从指定装运港运输货物的合同

D. 因当事人选择了贸易术语，故不再适用《联合国国际货物销售合同公约》

22. 甲公司从国外进口一批货物，根据《联合国国际货物销售合同公约》，关于货物检验和交货不符合同约定的问题，下列说法正确的是：(　)（司考 .2013. 1. 99）

A. 甲公司有权依自己习惯的时间安排货物的检验

B. 如甲公司须再发运货物，没有合理机会在货到后加以检验，而卖方在订立合同时已知道再发运的安排，则检验可推迟到货物到达新目的地后进行

C. 甲公司在任何时间发现货物不符合同均可要求卖方赔偿

D. 货物不符合同情形在风险转移时已经存在，在风险转移后才显现的，卖方应当承担责任

四、名词解释

1. 提单（中国人民大学2009年考研真题）

2. 保函

3. 航次租船合同

4. 《国际货约》

5. 国际货物多式联运

6. 共同海损

7. 委付

8. 平安险（Free From Particular Average）

五、简答题

1. 请列明关于国际铁路货物运输的两个国际公约的名称（全称及简称），并注明中国加入了哪个公约。

2. 简述《海牙规则》中关于承运人的免责规定。

3. 简述提单的法律特征。

4. 简述倒签提单和预借提单的责任属性。

5. 简述航次租船合同与国际货物买卖合同的关系。

6. 简述国际运输货物保险合同中的最大诚实信用原则。

7. 简述国际海洋运输货物保险合同的转让。

8. 简述《海牙规则》中有关承运人的适航责任。（华东政法大学2008年考研真题）

六、论述题

1. 论各类海运保函的效力。

2. 试比较《海牙规则》《维斯比规则》和《汉堡规则》在承运人的责任原则、责任期间、责任限额、免责等方面的不同规定。

3. 分析倒签提单与预借提单的性质及其导致的法律后果。

七、案例分析题

1. 2009年4月，中国甲公司与巴基斯坦某公司签订了向中国进口12000吨（240000包）白糖的合同，价格条件为CFR，每吨单价为437美元。由中方向中国人民保险公司北海分公司投保了水渍险。该批货物由巴拿马籍某轮承运。在巴基斯坦某港装货的过程中，船长先后向托运人发出书面声明和抗议，指出货物堆放于码头无任何遮盖物并发生了雨水的污染，宣布货物为不清洁。而托运人为了结汇则出具了保函，以要求承运人签发清洁提单。船长在接受了保函的情况下签发了清洁提单。货轮于5月23日抵达北海港，经外轮理货公司理货，发现了578包有雨水污染，并确认货物短少608包。对于本案，请回答下列问题：

（1）收货人是否应向承运人索赔，因为其签发了清洁提单？

（2）承运人是否可以依保函要求收货人向托运人索赔？

（3）收货人是否应向保险人索赔，因

为该批货物已投保了水渍险？

2. 2010年10月6日，中国甲公司与加拿大乙公司以FOB大连价格条件订立了从中国向加拿大温哥华出口一批华人春节用品的合同。由加拿大乙公司投保了水渍险。乙公司通过银行开出的信用证规定的装船日期是2010年12月15日至31日。乙公司所订中国籍货轮“大洋”号在来大连的途中与他船相碰，经修理于2011年1月21日才完成装船。甲公司在出具保函的情况下换取了承运人签发的注明2010年12月30日装船的提单。船舶延迟到达目的港温哥华，造成收货人加拿大丙公司一系列签订的供货合同均延迟履行，并导致了该加拿大丙公司向乙公司索赔。乙公司在赔偿丙公司后，向承运人提出了索赔。请回答下列问题：

（1）乙公司是否可向承运人提出索赔？理由是其倒签了提单，应对因此引起的损失负责。

（2）本案承运人签发的是什么提单？

（3）乙公司是否应向保险公司提出延迟交付的索赔？

3. 2008年1月15日，原告某银行应申请人甲公司的申请，开立两份不可撤销信用证。同年4月某银行收到正本议付单据。经审核后，原告对外承兑付款，合法持有单证。提单为被告船务公司签发，记载收货人均为“凭某银行指示”、起运港韩国釜山、目的港中国厦门、承运轮华讯。2008年4月11日船抵达目的港厦门后，乙公司向船务公司传真一份保函，请求无正本提单提取货物。4月16日，收货人丙公司向厦门外代出具无提单提货担保函。4月17日，船务公司指示厦门外代凭副本提单加保函放货给被告收货人丙公司。丙公司后因财务困难没有去银行付款赎单。请回答下列问题：

（1）船务公司指示厦门外代凭副本提单加保函放货给被告收货人丙公司的行为侵犯了谁的利益？

（2）某银行应以谁为被告起诉？

4. “希玛”轮2005年5月2日在上海承运了102箱西药运往天津新港，该批货物投保了一切险。5月5日该轮抵达目的港天津，由于收货人中国某医药公司（以下简称医药公司）不能出示正本提单，“希玛”轮船东（以下简称船公司）没有向其交付货物。5月10日，医药公司向船公司出具了一份银行的提货担保书，船公司接受提货担保书后，向医药公司签发了提货单。医药公司则委托进出口公司报关。由于进出口公司在报关时伪报货物名称，该批货物被海关没收。于是收货人医药公司没有付款赎单，提单被退回了上海托运人。2006年4月，上海托运人持正本提单在上海法院以错误交货为由，对船公司提起诉讼，要求赔偿货价损失。上海法院判决支持了托运人的请求。船公司在1个月后向海事法院提起诉讼，被告为医药公司及银行。船公司要求判令被告赔偿其因在上海败诉而支付的货款、律师费及其利息的损失。

（1）本案船公司与银行是什么关系？

（2）本案医药公司是否应承担船公司在上海败诉所受到的损失？

（3）本案银行是否有责任？为什么？

（4）如本案未发生报关的问题，收货人付款赎单并收到了货物，但货物中有12箱因放置离机舱太近而受热变质，收货人向谁索赔？理由是什么？

（5）如船公司拖欠船员的工资，在进入天津港时又拖欠港务费，该船舶所有人在向银行贷款时办理了将该轮抵押的手续并进行了登记。依我国《海商法》的有关规定，上述各债权项目的受偿顺序如何？

5. 两家贸易公司签订茶叶买卖合同，由中国公司按CIF纽约向某国公司交货，以信用证方式付款。运输途中因意外事故部分货物被海水浸泡，某国公司以货物不合格为由拒绝接收货物，并指示信用证开证银行拒绝付款。

（1）某国公司能否以部分茶叶遭海水

浸泡、货物不合格为由拒绝接收货物？为什么？

（2）信用证开证行可否以茶叶浸泡为由拒绝付款？为什么？

参考答案

一、单项选择题

1. **答案**：A。选项A正确，选项BD错误。CIF术语下，货物的风险在装运港船上由卖方转移给买方。本题中，货物已经装船，风险转移给乙公司。根据《海牙规则》，由于雷击失火，承运人免责。所以，应由乙公司向保险公司提出索赔。选项C错误。此时甲公司没有过错，不需要退还货款给乙公司。

2. **答案**：C。AB错C对，根据签发提单时货物是否已装船，可将提单划分为已装船提单和收货待运提单。银行一般只接受已装船提单。已装船提单，是指由船长或承运人的代理人在货物装上指定的船舶后签发的提单。装载日期即提单的签发日。D错，根据提单有无批注，可将提单划分为清洁提单和不清洁提单。

3. **答案**：D。C错，倒签提单，是指承运人倒填签发日期的提单，提单上的签发日期早于实际装船日期。倒签提单变更了卖方交付货物的日期，使原本可能不符合合同规定的交货变得符合合同规定，从而可能剥夺了买方相应的权利。一般发生在托运人不能在信用证规定的期限内装船，同时又来不及修改信用证或不能修改信用证的情况下，其目的是使卖方能够交付合格的单据，取得货款。D对，预借提单，是指货物尚未全部装完，或货物已在承运人的接管下，但尚未开始装船的情况下签发的提单。签发预借提单一般是信用证的装船日期和交单结汇日期将届满，应托运人的要求预借提单。

4. **答案**：A。《汉堡规则》首次在一定范围内承认了保函的效力，即规定托运人为了换取清洁提单可向承运人出具保函，但保函只在托运人和承运人之间有效；如果保函有欺诈意图，则保函无效，承运人应赔偿第三者的损失，且不能享受责任限制。也就是说，善意的保函只在承运人和托运人之间有效；恶意的保函属于欺诈，无效。

5. **答案**：C。《汉堡规则》实行推定完全过失责任。其将《海牙规则》中承运人的不完全过失责任改为承运人的推定完全过失责任制。

6. **答案**：D。A错，A项表述是我国《海商法》规定的承运人的迟延交货赔偿责任限额。BC错，BC两项表述是《汉堡规则》规定的货物灭失或损坏的赔偿责任限额。D对，D项表述是《汉堡规则》规定的承运人迟延交货的责任限额。

7. **答案**：D。《海牙规则》规定的责任期间一般理解为“钩到钩”期间。有时承运人是在陆上接收货物，并在陆上仓库向收货人交货的，在收受货物至装船及卸下货物至交付这两个期间中，货物是在承运人的掌管之下，依《海牙规则》，承运人对装船前和卸货后的货损不负责任。为此，《汉堡规则》规定了承运人的责任期间为货物在装货港、运送途中和卸货港在承运人掌管下的全部期间，也就是“接到交”期间，或称“仓到仓”期间。

8. **答案**：C。《海牙规则》在承运人的责任上采用的是不完全过失责任，因为《海牙规则》规定了承运人的航行过失免责。

9. **答案**：C。C对，《海商法》第47条规定：“承运人在船舶开航前和开航当时，应当谨慎处理，使船舶处于适航状态，妥善配备船员、装备船舶和配备供应品，并使货舱、冷藏舱、冷气舱和其他载货处所适于并能安全收受、载运和保管货物。”

10. **答案**：D。《汉堡规则》全称是1978年《联合国海上货物运输公约》，于1992年11月1日正式生效。该规则对承运人或托运人在货物运输中应享有的权利、承担的责任以及适用范围与其他公约不同。在承运人免责的问题上，《汉堡规则》取消了“航行过失免责”和“过失火灾免责”，即承运人对船长、船员等在驾驶船舶或管理船舶及火灾中的过失免责。但在火灾的举证责任上进行了妥协，索赔人只有在证明承运人对发生火灾有过失的条件下才能得到赔偿。

11. **答案**：D。此种货物湿损应由承运人负责，因其货舱盖不严是对船舶适航义务的违反。《海商法》第47条规定，承运人在船舶开航前和开航当时，应当谨慎处理，使船舶处于适航状态，妥善配备船员、装备船舶和配备供应品，并使货舱、冷藏舱、冷气舱和其他载货处所适于并能安全收受、载运和保管货物。依此，只有D项为正确答案。

12. **答案**：B。《海牙规则》规定，不论承运人或船舶，对由于下列原因引起或造成的灭失或损坏，都不负责：（a）船长、船员、引水员或承运人的雇佣人员，在驾驶船舶或管理船舶中的行为、疏忽或不履行义务；（b）火灾，但由于承运人的实际过失或私谋所引起的除外；（c）海上或其他可航水域的灾难、危险和意外事故；（d）天灾；（e）战争行为；（f）公敌行为；（g）君主、当权者或人民的扣留或管制，或依法扣押；（h）检疫限制；（i）托运人或货主、其代理人或代表的行为或不行为；（j）不论由于任何原因所引起的局部或全面罢工、关厂停止或限制工作；（k）暴动和骚乱；（l）救助或企图救助海上人命或财产；（m）由于货物的固有缺点、质量或缺陷引起的体积或重量亏损，或任何其他灭失或损坏；（n）包装不充分；（o）标志不清或不当；（p）虽恪尽职责亦不能发现的潜在缺点；（q）非由于承运人的实际过失或私谋，或者承运人的代理人，或雇佣人员的过失或疏忽所引起的其他任何原因；但是要求引用这条免责利益的人应负责举证，证明有关的灭失或损坏既非由于承运人的实际过失或私谋，亦非承运人的代理人或雇佣人员的过失或疏忽所造成。根据上述规定可知，ACD项中的情况承运人免责。《海牙规则》规定，承运人负有在开航前和开航时谨慎处理，使船舶适航的义务。B项中，承运人自己把船上的救火设施拆除，使船舶处于不适航的状态，违背了法律规定的强制义务，因此不能免责。

13. **答案**：A。《维斯比规则》对《海牙规则》修改的主要内容有：提单的最终证据效力。提单对于善意受让人是最终证据。

14. **答案**：C。按照平安险的条款，只对运输工具发生意外事故而使货物发生的损失（全部损失和部分损失）负责赔偿，而对自然灾害造成的部分损失不负赔偿责任，即一般情况下，保险公司对该批货物的第一次损失即6月7日的损失不负赔偿责任；但按照平安险的责任范围规定：在运输工具已经发生搁浅、触礁、沉没、焚毁等意外事故的情况下，货物在此前后在海上遭受恶劣气候、雷电、海啸等自然灾害所造成的部分损失也应列入赔偿范围。因而，保险公司应对上例发生的两次部分损失负赔偿责任。

15. **答案**：D。海上运输又分为提单运输和租船运输两种主要形式。（1）提单运输合同，又称班轮运输合同，是指航运公司的船舶以固定的航线、在固定的港口间、按事先规定的船期和公布的费率进行的运输合同。提单运输的书面内容多以提单的形式表现。（2）租船运输合同主要包括：航次租船合同、定期租船合同和光船租赁合同。其中定期租船合同符合题目所述定义。

16. **答案**：C。受载日，是指在航次租船合同中，租船人可以接受船舶并进行装货的最早日期。解约日，是指在航次租船合同中规定的船舶应到达装货港的最迟日期。在航次租船运输中，船舶如果迟于解约日到达装货港，租船人有解除合同的权利。

17. **答案**：B。在航次租船运输中，承租人在合同规定的装卸时间内未能完成装货或卸货，应支付出租人一定数额的滞期费。而如果承租人在合同规定的装卸期间届满前提前完成了装货或卸货，出租人应支付承租人一定数额的速遣费。

18. **答案**：B。光船租赁合同是指船舶所有人向承租人出租不配备船员的船舶，在约定的期间内由承租人占有、使用和营运，并向出租人支付租金的合同。从性质上讲，光船租赁合同属于财产租赁合同。光船租赁合同是要式合同，应以书面形式订立。

19. 答案：C。提单是承运人接管货物或货物装船的依据。当提单被转让给善意第三方时，提单是承运人和提单持有人之间的绝对证据，承运人须严格按照提单上所记载的内容履行义务，即使承运人对提单所记载的货物有疑问，并能提出有效的证据，也不能推翻提单的记载。参见《维斯比规则》第1条。

20. 答案：B。国际航空运输主要方式有：班机运输、包机运输、集中托运；集中托运是指航空代理公司将若干单独发运的货物组成一整批货物，用一份总运单将货物整批发运到目的地的航空运输。

21. 答案：A。《华沙公约》规定的诉讼时效是自航空器到达目的地或应该到达之日起2年。

22. 答案：C。《海商法》第274条规定："共同海损理算，适用理算地法律。"因此，本题应适用美国法。

23. 答案：D。我国参加的调整国际铁路货物运输的国际公约是《国际铁路货物联运协定》。

24. 答案：B。根据《国际货协》规定，为了保证铁路核收运输合同项下的一切费用，铁路当局对货物享有留置权，留置权的效力是以货物交付地国家的法律为依据。

25. 答案：B。因为碰撞是由双方过失引起的，所以由碰撞引起的货损应由双方承担。所以A错误。根据《海牙规则》规定的承运人的免责共有17项，依第4条第2款的规定，对由于下列原因引起或造成的货物的灭失或损害，承运人不负责任：(1) 船长、船员、引水员或承运人的雇佣人在驾驶或管理船舶中的行为、疏忽或不履行职责……所以B正确。平安险的英文意思为"单独海损不赔"。其责任范围主要包括……(8) 运输合同中订有"船舶互撞责任"条款，根据该条款规定应由货方偿还船方的损失。在CFR术语下，风险自货物装上船之后转移，所以甲公司无权要求银行拒付货款。

26. 答案：B。《国际货协》在货损的赔偿上基本采用了足额赔偿的方法，货物损失方可以得到100%的赔偿。根据《国际货协》第22条规定，铁路对货物赔偿损失的金额在任何情况下，都不得超过货物的全部灭失时的款项。对于未声明价格的家庭用品，如发生全部或部分灭失时，铁路赔偿的最高额为每公斤2.70卢布。

27. 答案：A。海运提单具有物权凭证的特性，而航空货运单、铁路运单、货物运输保险单皆不具有物权凭证的特征。

28. 答案：C。A错，公约规定的诉讼时效为2年，但如果货物在交付之日起或应交付之日后6个月内，没有提出书面索赔通知，说明索赔的性质和主要事项，则在时效届满后失效。也就是说，公约规定的2年诉讼时效是以在6个月内提出索赔通知为条件的。B错，根据公约规定，"国际多式联运"，是指由多式联运经营人以至少两种以上运输方式，将货物从一国境内接管货物的地点运至另一国指定交付货物的地点的运输。与我国《海商法》的规定略有不同，我国《海商法》所调整的多式联运，其中必须有一种是海运。C对，在联合国贸发会的主持下，于1980年通过了《联合国国际货物多式联运公约》。公约目前尚未生效。D错，根据公约规定，多式联运经营人的责任期间为从其接管货物之时起至交付货物时止的期间。与《汉堡规则》的规定相同。

29. 答案：A。委付发生在保险标的出现推定全损的情况下，当保险标的出现推定全损时，被保险人可以选择按部分损失向保险人求偿或按全部损失求偿。当被保险人选择后者时，则由被保险人将保险标的权利转让给保险人，而由保险人赔付全部的保险金额。此称之为委付。代位求偿权是指如果保险标的损失是由第三者的疏忽或故意造成的，在保险人依保险合同向被保险人支付了约定的赔偿后，即取得了由被保险人转让的对第三者的损害赔偿请求权，此称之为代位求偿权。由此可知BCD项中的说法都是正确的，故只有A项为正确选项。

30. **答案**：A。《联合国国际货物多式联运公约》在联运经营人的责任制问题上，采用的是完全推定责任原则，与《汉堡规则》规定的责任原则相同。除非经营人能证明其本人、受雇人或代理人为避免事故的发生和其后果已采取了一切所能合理要求的措施。否则，便推定损坏是由于其本人、受雇人或代理人的过错行为所致，并由其负赔偿责任。

31. **答案**：C。《海商法》第227条第1款规定："除合同另有约定外，保险责任开始后，被保险人和保险人均不得解除合同。"

32. **答案**：B。保险金额是由保险人和被保险人商定的，保险人承担损失补偿的最高责任限制。

33. **答案**：A。多边投资担保机构是一会员国从其他会员国取得投资时，对投资的非商业性风险予以担保，因而其承保的风险范围排除商业性风险。

34. **答案**：A。《海商法》第264条规定："根据海上保险合同向保险人要求保险赔偿的请求权，时效期间为二年，自保险事故发生之日起计算。"

35. **答案**：C。实际全损是指保险标的发生事故后灭失，或受到严重损坏完全丧失原有形体、效用，不能再归被保险人拥有。

36. **答案**：D。委付是指海上保险事故发生后，保险标的构成推定全损时，被保险人要求保险人按照全部损失赔偿，而将该保险标的的全部权利和义务转移给被保险人。

37. **答案**：C。中国人民保险公司海上运输货物保险的主要险别有：平安险、水渍险和一切险。平安险，即"单独海损不赔"，只承担由于海损事故和自然灾害造成的全部损失和特定意外事故。平安险是海上货物运输保险中责任最小的一种险别，在保险业务中使用较少。水渍险，即负责单独海损的赔偿。其承保范围不仅包括平安险承保的全部责任，还负责被保险货物由于恶劣气候、雷电、海啸、地震、洪水等自然灾害所造成的部分损失。一切险的承保范围除包括平安险和水渍险的全部责任外，还负责被保险货物在运输途中由于外来原因所致的全部或部分损失。所谓外来原因，是指偷窃、提货不着、淡水雨淋、短量、混杂、玷污、渗漏、串味异味、受潮受热、包装破裂、钩损、碰损破碎、锈损等原因。

38. **答案**：C。CIF术语中货物装上船以前的所有风险均由卖方承担，装上船以后则由买方承担。双方未就保险条款和投资险别加以约定时，卖方购买保险的义务仅限于负责办理最低级别的海运保险（平安险）并支付投保费用。风险转移的前提是没有违约行为。本题中乙公司没有违约行为，故该批设备自装上船风险转移给甲公司，因海水浸泡造成的设备质量降低不属于平安险的承保范围。故该批货物的损失应由甲公司承担。

39. **答案**：B。根据我国《海商法》的规定，货物由承运人接收或装船后，应当签发提单，而不是可以签发提单。

40. **答案**：C。记名提单，是指提单正面载明收货人名称的提单。在此情况下，我国《海商法》规定，记名提单不能转让。

41. **答案**：B。我国《海商法》第79条规定："提单的转让，依照下列规定执行……（二）指示提单：经过记名背书或者空白背书转让……"

42. **答案**：C。《海牙规则》第4条规定了承运人的17项免责条款，主要包括两种类型：过失免责和无过失免责。因此属于不完全过失责任。

43. **答案**：D。定期租船合同是指出租人向承租人提供约定的船舶，在规定的期限内承租人按照约定的用途使用，由承租人支付租金的合同。其属性仍然是租船合同，而该题中是拖轮所有人用自己的驳船运送货物，因此应当是海上货物运输合同。

44. **答案**：D。《海牙规则》规定的承运人的免责共有17项，包括2项过失免责和15项无过失免责，根据第4条第2款的规定，对由于下列原因引起或造成的货物的灭失或损害，承运人不负责任：（1）船长、船员、引水员或承运人的雇佣人员，在驾驶或管理船舶中的行为、疏忽或不履行职责；（2）火灾，但由于承运人实际过失或私谋所造成者除外；（3）海上或其他可航水域的风险、危险或意外事故；（4）天灾；（5）战争行为；（6）公敌行为；（7）君主、统治者或人民扣留或拘禁或依法扣押；（8）检疫限制；（9）货物托运人或货主、其代理人或代表的行为或不行为；（10）不论由于何种原因引起的局部或全面的罢工、关厂、停工或劳动力受到限制；（11）暴乱和民变；（12）救助或企图救助海上人命或损害；（13）由于货物的固有瑕疵、性质或缺陷所造成的容积或重量的损失，或任何其他灭失或损害；（14）包装不当；（15）标志不清或不当；（16）尽适当的谨慎所不能发现的潜在缺陷；（17）不是由于承运人的实际过失或私谋，或是承运人的代理人或受雇人员的过失或疏忽所引起的任何其他原因。可见，《海牙规则》没有规定承运人对迟延可以免责，故A错误。《维斯比规则》的内容主要是对《海牙规则》的补充和修改，也没有规定承运人迟延交付的责任，故B错误。《汉堡规则》规定，承运人对火灾所引起的灭失、损坏或延迟交付负赔偿责任，但索赔人需证明承运人、其受雇人或代理人有过失。《汉堡规则》所规定的延迟交付是指未在约定的时间内交付，或在无约定的情况下，未在合理的时间内交付。故C错误。《汉堡规则》规定，承运人对延迟交付的赔偿责任限额为延迟交付应付运费的2.5倍，但不应超过应付运费的总额。故D正确。

45. 答案：C。保险金额，是指合同约定的保险人赔偿的最高限额。

46. 答案：A。本题考查承运人免责事由。《海商法》第51条第1款规定："在责任期间货物发生的灭失或者损坏是由于下列原因之一造成的，承运人不负赔偿责任：（一）船长、船员、引航员或者承运人的其他受雇人在驾驶船舶或者管理船舶中的过失；（二）火灾，但是由于承运人本人的过失所造成的除外；（三）天灾，海上或者其他可航水域的危险或者意外事故；（四）战争或者武装冲突；（五）政府或者主管部门的行为、检疫限制或者司法扣押；（六）罢工、停工或者劳动受到限制；（七）在海上救助或者企图救助人命或者财产；（八）托运人、货物所有人或者他们的代理人的行为；（九）货物的自然特性或者固有缺陷；（十）货物包装不良或者标志欠缺、不清；（十一）经谨慎处理仍未发现的船舶潜在缺陷；（十二）非由于承运人或者承运人的受雇人、代理人的过失造成的其他原因。"由第5项可知选A。

47. 答案：B。本题考查平安险的责任范围。平安险的责任范围主要包括：（1）被保险货物在运输途中由于恶劣气候、雷电、海啸、地震、洪水等自然灾害造成的整批货物的全部损失或推定全损。（2）由于运输工具遭受搁浅、触礁、沉没、互撞、与流水或其他物体碰撞以及失火、爆炸等意外事故造成货物的全部或部分损失。（3）在运输工具已经发生搁浅、触礁、沉没、焚毁等意外事故的情况下，货物在此前后又在海上遭受恶劣气候、雷电、海啸等自然灾害所造成的部分损失。（4）在装卸或转运时由于一件或数件货物落海造成的全部或部分损失。（5）被保险人对遭受承保责任内危险的货物采取抢救、防止或减少货损的措施而支付的合理费用，但以不超过该批被救货物的保险金额为限。（6）运输工具遭遇海难后，在避难港由于卸货所引起的损失以及在中途港、避难港由于卸货、存仓以及运送货物所产生的特别费用。（7）共同海损的牺牲、分摊和救助费用。（8）运输合同中订有"船舶互撞责任"条款，根据该条款规定由货方偿还船方的损失。注意：平安险承保的是被保险货物在运输途中由于自然灾害造成的全部损失，而不包括被保险货物在运输途中由于自然灾害造成的部分损失。

48. 答案：A。CIF 项下，货物风险自装上船时转移。

49. 答案：C。海运单是证明海上运输货物由承运人接管或装船，且承运人保证将货物交给指定的收货人的一种不可流通的书面运输单证。所以 A 项错误。海运单具有提单货物的收据和海上货物运输合同的书面证明的作用。所以 B 项错误。海运单的不可转让性使第三者在非法得到海运单时不能提取货物。所以 C 项正确。海运单不是货物的物权凭证，收货人提货时无须凭海运单，而只需要证明其身份，所以 D 项错误。

50. 答案：C。本案中提单收货人一栏写明"凭指示"，说明是一份指示提单。指示提单可以转让，但需要背书，因此兼具安全性和流通性，为大多数交易所采用。所以 A 错误。在本案中，承运人乙公司无正本提单放货，提单持有人甲公司可要求乙公司承担侵权或违约责任。所以 B 错误，因为承运人应该见正本提单方能放货。承运人无正本提单后，正本提单持有人在没有重新占有货物情况下与提货人就货款的支付进行协商，在协议款项没有得到赔付时，正本提单持有人仍有权追究承运人无单放货责任，因为提单物权效力人仍存在。所以 C 正确。《海商法》关于限制赔偿责任的规定是承运人和货主共同分担海上风险原则的体现，而无正本提单放货行为发生在货物卸下船舶后的交付环节，并不存在海上风险，不同于发生在承运人运输责任期间的货物灭失、损坏或者延迟交付。所以对承运人不适用限制赔偿责任的规定。D 错误。

51. 答案：D。《海牙规则》第 4 条第 2 款规定：不论承运人或船舶，对由于下列原因引起或造成的灭失或损坏，都不负责：(a) 船长、船员、引水员或承运人的雇佣人员，在驾驶船舶或管理船舶中的行为、疏忽或不履行义务；(b) 火灾，但由于承运人的实际过失或私谋所引起的除外；(c) 海上或其他可航水域的灾难、危险和意外事故；(d) 天灾；(e) 战争行为；(f) 公敌行为；(g) 君主、当权者或人民的扣留或管制，或依法扣押；(h) 检疫限制；(i) 托运人或货主、其代理人或代表的行为或不行为；(j) 不论由于任何原因所引起的局部或全面罢工、关厂停止或限制工作；(k) 暴动和骚乱；(l) 救助或企图救助海上人命或财产；(m) 由于货物的固有缺点、质量或缺陷引起的体积或重量亏损，或任何其他灭失或损坏；(n) 包装不充分；(o) 标志不清或不当；(p) 虽恪尽职责亦不能发现的潜在缺点；(q) 非由于承运人的实际过失或私谋，或者承运人的代理人，或雇佣人员的过失或疏忽所引起的其他任何原因；但是要求引用这条免责利益的人应负责举证，证明有关的灭失或损坏既非由于承运人的实际过失或私谋，亦非承运人的代理人或雇佣人员的过失或疏忽所造成。因此，对于货物生产过程中的固有缺陷，承运人和保险人可以免责。A 项说法错误，D 项说法正确。一切险的责任范围除包括"平安险"和"水渍险"的所有责任外，还包括货物在运输过程中，因各种外来原因所造成保险货物的损失。投保一切险是投保人因附加险的种类繁多，为避免遗漏，保障货物安全而投保的一种安全性较大的险别。通常是在所发运货物容易发生碰损破碎、受潮受热、雨淋发霉、渗漏短少、串味、沾污以及混杂污染等情况下投保一切险。因此，货物生产过程中的固有缺陷不属于一切险的承保范围，保险人可以免责。B 项说法错误。指示提单，是指提单上收货人一栏内载明"凭指示"或"凭某人指示"字样的提单。前者称为不记名指示提单，承运人应按托运人的指示交付货物；后者叫记名指示提单，承运人按记名的指示人的指示交付货物。指示提单必须经过背书转让，可以是空白背书，也可以是记名背书。因此 C 项说法错误。

52. 答案：C。平安险（Free from Particular Average，F. P. A.），是指单独海损不负责赔偿。根据国际保险界对单独海损的解释，它是指保险标的物在海上运输途中遭受保险范围内的风险直接造成的船舶或货物的灭失或损害。因此，平安险的原来保障范围只赔全部损失。概括起来，这一险别的责任范围主要包括：（1）在运输过程中，由于自然灾害和运输工具发生意外事故，被保险货物的实物的实际全损或推定全损。（2）由于运输工具遭搁浅、触礁、沉没、互撞。与同一运输工具上其他物体碰撞以及失火、爆炸等意外事故造成被保险货物的部分损失。（3）只要运输工具曾经发生搁浅、触礁、沉没、焚毁等意外事故，不论这个意外事故发生之前或者以后曾在海上遭恶劣气候、雷电、海啸等自然灾害所造成的被保险货物的部分损失。（4）在装卸转船过程中，被保险货物一件或数件落海所造成的全部损失或部分损失。（5）运输工具遭自然灾害或意外事故，在避难港卸货所引起被保险货物的全部损失或部分损失。（6）运输工具遭自然灾害或意外事故，需要在中途的港口或者在避难港口停靠，因而引起的卸货、装货、存仓以及运送货物所产生的特别费用。（7）发生共同海损所引起的牺牲、公摊费和救助费用。（8）发生了保险责任范围内的危险，被保险人对货物采取抢救、防止或减少损失的各种措施，因而产生合理费用。但是保险公司承担费用的限额不能超过这批被救货物的保险金额。施救费用可以在赔款金额以外的一个保险金额限度内承担。本题中货物因台风全损属于平安险承保范围，保险公司应该赔偿甲公司货物的损失。故C正确。

53. 答案：C。本题中，收货人一栏写明“凭指示”的字样的提单为指示提单，此类提单经背书可以转让。故A错误。《海牙规则》规定，对17项原因引起或造成的货物灭失或损害，承运人不承担责任：（1）船长、船员、引水员或承运人的雇佣人在驾驶或管理船舶中的行为、疏忽或不履行职责；（2）火灾，但由于承运人实际过失或私谋所造成者除外；（3）海上或其他可航水域的风险、危险或意外事故；（4）天灾；（5）战争行为；（6）公敌行为；（7）君主、统治者或人民的扣留或拘禁或依法扣押；（8）检疫限制；（9）货物托运人或货主、其代理人或代表的行为或不行为；（10）不论由于何种原因引起的局部或全面的罢工、关厂、停工或劳动力受到限制；（11）暴乱和民变；（12）救助或企图救助海上人命或财产；（13）由于货物的固有瑕疵、性质或缺陷所造成的容积或重量的损失，或任何其他灭失或损害；（14）包装不当；（15）标志不清或不当；（16）尽适当的谨慎所不能发现的潜在缺陷；（17）不是由于承运人的实际过失或私谋，或是承运人的代理人或受雇人员的过失或疏忽所引起的任何其他原因。本题中，因船方过失致货轮与他船相撞属于第1项免责事由，承运人不承担责任。故B错误。本题中的仪器受损的损失属于“由于运输工具遭受搁浅、触礁、沉没、互撞、与流水或其他物体碰撞以及失火、爆炸等意外事故造成货物的全部或部分损失”，在水渍险的保险范围之内。故C正确。《海牙规则》规定，承运人的责任期间是从货物装上船起至卸完船为止。故D错误。

54. 答案：A。航空运输比较快，没有必要单货分离，故航空运单不是物权凭证，A项正确。根据我国《涉外民事关系法律适用法》第16条规定，代理适用代理行为地法律，但被代理人与代理人的民事关系，适用代理关系发生地法律。当事人可以协议选择委托代理适用的法律。B项的结论过于武断，没有考虑到当事人意思自治优先的可能性，B项错误。根据《华沙公约》，承运人应对货物在航空运输期间发生的，因毁灭、遗失或损坏而产生的损失负责。航空运输期间包括货物在承运人保管下的整个期间，不论在航空站内、在航空器上或在航空站外降停的任何地点，C、D项错误。

55. **答案**：D。首先看承运人，根据我国《海商法》的规定，承运人一共有十二项免责事由，可以总结为四个方面：(1) 航行或管船过失免责；(2) 火灾免责，承运人本人的过失造成的除外；(3) 救助或企图救助人命或财产免责；(4) 民法的一般免责事由（自然灾害、意外事件、不可抗力等）。题目中只要有“为了船”“维修船”等字样，就是管船；其余则为管货。其次是海上运输保险中的平安险。平安险的主要内容是：(1) 单纯自然灾害造成的部分损失不赔；(2) 意外事故加自然灾害造成的部分损失需赔偿；(3) 共同海损造成的损失需赔偿。“船外海上”即平安险只赔偿船外海上风险造成的损失，损失由船内风险造成不赔。A 项涉及自然灾害造成的部分损失。承运人对自然灾害免责，不赔。平安险下保险公司对于单纯自然灾害造成的部分损失也不赔，故 A 项错误。B 项涉及承运人管船过失造成的部分损失。承运人对管船过失免责，不赔。平安险下该损失由船内风险造成，保险公司也不赔，故 B 项错误。C 项涉及承运人管货过失造成的损失。承运人对管货过失造成的损失应该赔偿。平安险下该损失也由船内风险造成，保险公司不赔，故 C 项错误。D 项中的保险义务，术语为 CIF，甲公司作为卖方有购买保险并付费的义务，故 D 项正确。

56. **答案**：D。A 项错误，根据《国际铁路货物联运协定》，从始发站承运货物时起，运输合同即成立。也就是说始发站只要答应承运，合同就成立了。运单的签发发生在合同成立之后。B 项错误，根据《国际铁路货物联运协定》，承运人的责任期间为从签发运单时起至终点交付货物时止。C 项错误，根据《国际铁路货物联运协定》，发货人有权任意变更到站和收货人；收货人只能够在到达国境内变更到站和收货人。本题中波兰乙公司是收货人，所以不能“任意”变更。D 项正确，根据《国际铁路货物联运协定》，按运单承运货物的铁路部门应对货物负连带责任。

二、多项选择题

1. **答案**：BCD。目前调整提单运输的国际公约有《海牙规则》《维斯比规则》《汉堡规则》。我国虽不是《汉堡规则》的缔约国，也未加入《海牙规则》和《维斯比规则》。但是我国《海商法》分别吸纳了这三个规则的长处。

2. **答案**：BC。根据《汉堡规则》第 1 条第 7 款规定，提单是指一种用以证明海上运输合同和货物由承运人接管或装船，以及承运人据以保证交付货物的单证。

3. **答案**：AC。提单运输合同，又称班轮运输合同，是指航运公司的船舶以固定的航线、在固定的港口间、按事先规定的船期和公布的费率进行的运输合同。提单运输的书面内容多以提单的形式表现。虽然实际承运人和收货人不是运输合同的当事人，但实际承运人应对其承运的那一段期间货物的损坏承担责任，也享有运费的请求权；如果货物在运输中受损，收货人也有索赔的权利，在运输合同约定运费到付的情况下，收货人有支付运费的义务。也就是说，运输合同的效力会及于实际承运人和收货人等。

4. **答案**：CD。AB 错，AB 两项均属于按收货人抬头的不同所作的划分。根据收货人的抬头不同，可将提单划分为记名提单、不记名提单和指示提单。记名提单，是指提单正面载明收货人名称的提单。在此情况下，承运人只能向提单所载明的收货人，或向经收货人背书转让的提单持有人交付货物。从转让的角度看，记名提单一般不能转让。不记名提单，是指提单正面未载明收货人名称的提单。从转让的角度看，不记名提单凭交付便可转让。谁持有提单，谁就可以提取货物，承运人见单交货，而不管持票人的身份、是否真的有权提货。指示提单，是指提单正面载明凭指示交付货物的提单。从转让的角度看，指示提单必须经过背书才能转让。如果受让人不作任何背书，则意味着其保留对货物的所有权。

5. 答案：AB。AB对，提单中注明的装船日期早于实际装船日期的情况有：预借提单和倒签提单。CD错，根据签发提单时货物是否已装船，可将提单划分为已装船提单和收货待运提单。已装船提单，是指由船长或承运人的代理人在货物装上指定的船舶后签发的提单。装载日期即提单的签发日。收货待运提单，是指船方在收到货物后，在货物装船以前签发的提单。

6. 答案：ABC。保函，是指由托运人出具的用以担保承运人签发清洁提单而产生一切法律后果的一种担保文件。也就是说，托运人为了取得清洁提单以向银行办理结汇，就会出具一份保函请求承运人签发清洁提单。该保函能担保承运人因签发提单后而产生的法律后果。

7. 答案：ABD。关于承运人赔偿责任基础《汉堡规则》将《海牙规则》中承运人的不完全过失责任改为承运的推定完全过失责任制。《维斯比规则》没有解决《海牙规则》中权益失衡这一本质问题，关于承运人的责任和豁免，责任起讫，托运人义务等问题均未作实质改变。我国《海商法》吸纳了《海牙规则》中关于承运人责任和豁免的规定。

8. 答案：BD。在提单中承运人的责任制问题上，《汉堡规则》规定对承运人实行完全过失责任制，而且是推定过失责任制，即发生货损后推定承运人有过失，承运人对自己无过失要承担举证责任。

9. 答案：ACD。根据《海牙规则》第4条规定，承运人的免责条款，主要包括过失免责和无过失免责。承运人的过失免责，是指船长、船员、引航员或承运人的受雇人员在驾驶船舶或管理船舶上的行为、疏忽或过失引起的货物灭失或损坏，承运人可以免除赔偿责任；承运人的无过失免责，通常是指船舶发生火灾、海上灾难、意外事故、天灾、不可抗力、船舶潜在缺陷、货物固有缺陷等。A对，A项表述属于货物固有缺陷；B错，B项表述并非疏忽或过失，而是故意；C对，C项表述属过失；D对，D项表述属不可抗力。

10. 答案：ABCD。《汉堡规则》第2条规定：1. 本公约的各项规定适用于两个不同国家间的所有海上运输合同，如果：(1) 海上运输合同所规定的装货港位于一个缔约国内，或 (2) 海上运输合同所规定的卸货港位于一个缔约国内，或 (3) 海上运输合同所规定的备选卸货港之一为实际卸货港，并且该港位于一个缔约国内，或 (4) 提单或证明海上运输合同的其他单证是在一个缔约国内签发的，或 (5) 提单或证明海上运输合同的其他单证规定，本公约各项规定或实行本公约的任何国家的立法，应约束该合同……3. 本公约的各项规定不适用于租船合同。但是，如果提单是依据租船合同签发的，并绘制承运人和不是租船人的提单持有人之间的关系，则本公约的各项规定适用于该提单……

11. 答案：BD。《海牙规则》第4条第1款规定："不论承运人或船舶，对于因不适航所引起的灭失或损坏，都不负责，除非造成的原因是由于承运人未按第3条第1款的规定，恪尽职责；使船舶适航；保证适当地配备船员、装备和供应该船，以及使货舱、冷藏舱和该船的其他装货处所能适宜并安全地收受、运送和保管货物。凡由于船舶不适航所引起的灭失和损害，对于已恪尽职责的举证责任，应由根据本条规定要求免责的承运人或其他人承担。"据此，承运人最低限度的义务包括适航义务和管货义务。该两项义务皆为强制性的，提单中解除或降低这两项义务的条款均属无效。

12. 答案：ABCD。一切险除包括水渍险的责任范围外，还负责被保险货物在运输中由于外来原因所致的全部或部分损失，所以CD正确。A项属于平安险，B项属于水渍险，均包括在一切险内。

13. 答案：CD。目前，国际上最常用的航次租赁合同格式是《统一杂货租船合同》，租约代号Gencon，简称金康合同。该格式由波罗的国际航运公会制定。

14. 答案：ABCD。

15. 答案：AB。预备航次条款和装卸期间条款是航次租船合同所特有的条款。(1) 预备航次条款。预备航次，是指船舶在上一个卸货港时达成一项租船合同，则船舶驶往下一个租船合同的空放航次。船方在预备航次中应尽责速遣，否则，须对因延迟而造成的承租人的损失负赔偿责任。(2) 装卸期间条款。装卸期间，是指合同当事人双方约定的货物装船或卸船而无须在运费之外支付附加费的期间。航次租船合同规定有装卸期间的原因在于航次租船下的时间损失在船东；承租人在合同规定的装卸时间内未能完成货物装卸作业，应支付一定数额的滞期费；承租人在合同规定的装卸时间内提前完成了装卸作业，出租人应支付一定数额的速遣费。

16. **答案**：CD。目前有关国际航空货物运输的国际公约主要有《华沙公约》，修改《华沙公约》的《海牙议定书》《瓜达拉哈拉公约》。我国加入了前两个公约。《海牙议定书》主要是在航行过失免责、责任限制、运输单证的项目以及提出索赔期限等方面对《华沙公约》作出了修改。

17. **答案**：BCD。航空运单是承运人出具的证明承运人与托运人已订立了国际航空货物运输合同的运输单证。与海上运输提单的性质不同，在航空运输中，航运提单不是物权凭证。在实务中，航空运单一般都印有“不可转让”的字样。航空运单的作用主要在于：是航空运输合同的证明；是托运人托运货物后取得的货物收据；是运费记载的账单；是进出口申报海关的单证；是承运人或托运人投保的依据，当承运人承办保险或托运人要求承运人代办保险时，航空运单即可作为保险证书。

18. **答案**：AB。根据公约规定，多式联运经营人在其责任期间，发生货物灭失、损坏应负赔偿责任。(1) 如果在国际多式联运中包括了海运或内河运输，则货物灭失或损坏赔偿责任限制按灭失或损坏货物的每件或其他货运单位不得超过 920 特别提款权，或按毛重每公斤不得超过 2.75 特别提款权，以较高者为准。(2) 如果多式联运不包括海上运输或内河运输，则多式联运经营人的赔偿责任按灭失或损坏货物毛重每公斤不得超过 8.33 特别提款权。对于迟延交货的赔偿责任限制，相当于迟延交付的货物应负费用的 2.5 倍，但该费用不得超过多式联运合同规定应付的总额。

19. **答案**：ABCD。国际货物运输保险的基本原则有：保险利益原则、最大诚实信用原则、损失补偿原则、近因原则。

20. **答案**：AB。A 对 C 错，《海商法》第 238 条规定：“保险人赔偿保险事故造成的损失，以保险金额为限。保险金额低于保险价值的，在保险标的发生部分损失时，保险人按照保险金额与保险价值的比例负赔偿责任。”B 对 D 错，《海商法》第 239 条规定：“保险标的在保险期间发生几次保险事故所造成的损失，即使损失金额的总和超过保险金额，保险人也应当赔偿。但是，对发生部分损失后未经修复又发生全部损失的，保险人按照全部损失赔偿。”

21. **答案**：AD。在被保险人向保险公司发出委付通知的情况下，该保险公司可以选择的处理方法只有：无条件地接受委付或者拒绝接受委付。

22. **答案**：ABCD。本题考查适航责任的内容。

23. **答案**：AC。海上运输货物保险的附加险别是投保人在投保主要险别时，为补偿主要险别范围以外可能发生的某些危险造成的损失所附加的保险。附加险又可分为一般附加险、特别附加险和特殊附加险。(1) 一般附加险，承保各种外来原因造成的货物全损或部分损失。外来原因指不与海水或运输工具联系起来的原因。附加险不能单独承保，必须附于主险项下。(2) 特别附加险，是指必须附属于主要险别项下，对因特殊风险造成的保险标的的损失负赔偿责任的附加险。(3) 特殊附加险包括战争险和罢工险。综上所述，AC 两项属于一般附加险；BD 两项属于特别附加险。

24. **答案**：ACD。A 对，《海商法》第 243 条规定：“除合同另有约定外，因下列原因之一造成货物损失的，保险人不负赔偿责任：

（一）航行迟延、交货迟延或者行市变化；（二）货物的自然损耗、本身的缺陷和自然特性；（三）包装不当。”B 错 D 对，《海商法》第 244 条规定：“除合同另有约定外，因下列原因之一造成保险船舶损失的，保险人不负赔偿责任：（一）船舶开航时不适航，但是在船舶定期保险中被保险人不知道的除外；（二）船舶自然磨损或者锈蚀。运费保险比照适用本条的规定。”C 对，《海商法》第 242 条规定：“对于被保险人故意造成的损失，保险人不负赔偿责任。”

25. 答案：ABC。D 项为保险人的义务。

26. 答案：AC。不清洁提单和收货待运提单，买方和议付货款的银行一般不愿意接受。

27. 答案：AC。班轮运输合同的当事人包括承运人和托运人。

28. 答案：BC。《海牙规则》规定，其不适用于活牲畜和舱面货。

29. 答案：ABCD。

30. 答案：AC。

31. 答案：ABC。我国《海商法》第 102 条规定：“本法所称多式联运合同，是指多式联运经营人以两种以上的不同运输方式，其中一种是海上运输方式，负责将货物从接收地运至目的地交付收货人，并收取全程运费的合同……”

32. 答案：AD。《联合国国际货物多式联运公约》中规定的“国际多式联运”和我国《海商法》不同，没有要求必须是一种海上运输。公约规定的责任期间是从其接管货物之时起至交付货物时止的期间。

33. 答案：BCD。平安险中“单独海损”不赔。

34. 答案：BD。共同海损，是指在同一海上航程中，船舶、货物和其他财产遭遇共同危险，为了共同安全，有意地和合理地采取措施所直接造成的特殊牺牲，支付的特殊费用。

35. 答案：BCD。

36. 答案：ABCD。

37. 答案：BD。《海牙规则》和《华沙公约》采用金法郎作为计算单位。

38. 答案：BC。

39. 答案：ACD。平安险的责任范围主要包括：（1）在运输过程中，由于自然灾害和运输工具发生意外事故造成整批货物的实物的实际全损或推定全损；（2）由于运输工具发生意外事故而造成的货物全部损失或部分损失；（3）只要运输工具曾经发生搁浅、触礁、沉没、焚毁等意外事故，不论这意外事故发生之前或者以后曾在海上遭遇恶劣气候、雷电、海啸等自然灾害所造成的被保险货物的部分损失；（4）在装卸转船过程中，被保险货物一件或数件落海所造成的全部损失或部分损失；（5）运输工具遭受自然灾害或意外事故，在避难港卸货所引起被保险货物的全部损失或部分损失；（6）运输工具遭受自然灾害或意外事故，需要在中途的港口或者在避难港口停靠，因而引起的卸货、装货、存仓以及运送货物所产生的特别费用；（7）发生共同海损所引起的牺牲、公摊费和救助费用；（8）发生了保险责任范围内的危险，被保险人对货物采取抢救、防止或减少损失的各种措施，因而产生的合理费用。但是保险公司承担费用的限额不能超过这批被救货物的保险金额。施救费用可以在赔款金额以外的一个保险金额限度内承担。综上，本题的正确答案是 ACD。

40. 答案：ABCD。

41. 答案：ABCD。

42. 答案：BD。水渍险包括平安险加上“单独由自然灾害造成的单独海损”，平安险理赔范围为：（1）全部海损和共同海损；（2）与意外事故有关的单独海损；（3）货物装卸、转运时落水的损失；（4）被保险人自救费用。所以 BD 属于理赔范围。茶叶异味串味属于一般附加险中的异味串味险，并不属于水渍险理赔范围。所以 A 错误。运输延迟造成的货物损失并非海上运输风险，而是选择承运人合作的商业风险，对此保险公司不予承保。所以 C 错误。

43. 答案：ACD。指示提单（Order Bill of Lading），是指提单上收货人一栏内载明“凭某人指示”（to Order）或“凭指示”（to the Order of）字样的提单。前者称为不记名指示提单，承运人应按记名的指示人的指示交付货物；后者称为记名指示提单，承运人按托运人的指示交付货物。指示提单背书交付后产生两个效力，对内，除非另有约定，背书人（提单出让人）背书交付提单的行为是转让提单所证明的运输合同项下的权利义务（包括对承运人的提单项下货损索赔权）的初步证据；对外，承运人此后只需也只能向提单受让人履行提单项下的合同义务并承担义务不履行的责任包括货损赔偿责任，而不再向提单出让人履行义务或承担责任。如果同样持有正本提单，可以提货。所以，A 选项正确。指示提单中，承运人按照托运人的指示形式交货，不是按照托运人的要求交货，所以乙公司按照提单托运人的要求返还货物，需要承担责任。B 选项错误。根据《海商法》第 51 条“承运人免责事由”规定，在责任期间货物发生的灭失或者损坏是由于下列原因之一造成的，承运人不负赔偿责任：（1）船长、船员、引航员或者承运人的其他受雇人在驾驶船舶或者管理船舶中的过失；（2）火灾，但是由于承运人本人的过失所造成的除外；（3）天灾，海上或者其他可航水域的危险或者意外事故；（4）战争或者武装冲突；（5）政府或者主管部门的行为、检疫限制或者司法扣押；（6）罢工、停工或者劳动受到限制；（7）在海上救助或者企图救助人命或者财产；（8）托运人、货物所有人或者他们的代理人的行为；（9）货物的自然特性或者固有缺陷；（10）货物包装不良或者标志欠缺、不清；（11）经谨慎处理仍未发现的船舶潜在缺陷；（12）非由于承运人或者承运人的受雇人、代理人的过失造成的其他原因。所以，C 选项、D 选项正确。

44. 答案：ABD。平安险（Free from Particular Average）是指单独海损不负责赔偿。根据国际保险界对单独海损的解释，它是指保险标的物在海上运输途中遭受保险范围内的风险直接造成的船舶或货物的灭失或损害。依照中国人民保险公司《海洋货物运输保险条款》，平安险的承保责任范围是：（1）被保险货物在运输途中由于恶劣气候、雷电、海风、地震、洪水等自然灾害造成整批货物的全部损失或推定全损。（2）由于运输工具遭遇搁浅、触礁、沉没、互撞、与流水或其他物体碰撞以及失火、爆炸等意外事故造成的被保险货物的全部或部分损失。（3）运输工具已经发生搁浅、触礁、沉没、焚毁等意外事故的情况下，货物在此前后又在海上遭受恶劣气候、雷电、海风等自然灾害所造成的部分损失。（4）在装卸或转运时由于一件或数件货物落海造成的全部或部分损失。（5）被保险人对遭受承保责任内危险的货物采取抢救、防止或减少货损的措施而支付的合理费用，但以不超过该批货物的保险金额为限。（6）运输工具遭遇海难后，在避难港由于卸货所引起的损失，以及在中途港、避难港由于卸货、存仓以及运送货物所产生的特别费用。（7）共同海损的牺牲、分摊和救助费用。（8）运输合同订有船舶互撞责任条款，根据该条款规定，应由货方偿还船方的费用。所以，对装卸过程中的货物损失，保险人应承担赔偿责任，A 选项正确，C 选项错误。依照中国人民保险公司《海洋货物运输保险条款》中的除外责任规定，不论是平安险、水渍险或一切险，对下列各项损失和费用，概不负赔偿责任：（1）被保险人的故意行为或过失所造成的损失；（2）属于发货人责任所引起的损失；（3）在保险责任开始前，被保险货物已存在的品质不良或数量减差所造成的损失；（4）被保险货物的自然损耗、本质缺陷、特性以及市价跌落、运输延迟所引起的损失或费用；（5）海洋运输货物战争险条款和罢工险条款规定的责任范围和除外责任。所以对船长驾船过失导致的货物损失，保险人应承担赔偿责任，B 选项正确。《海牙规则》第 4 条第 2 款第 1 项规定，由于船长、船员、引航员或承运人的雇佣人在航行或管理船舶中的行为、疏忽或过失所引起的货物灭失或损坏，承运人可以免除赔偿责任。所以，D选项正确。

45. 答案：AB。我国《海商法》第51条第1款规定，在责任期间货物发生的灭失或者损坏是由于下列原因之一造成的，承运人不负赔偿责任：(1) 船长、船员、引航员或者其他受雇人在驾驶船舶或者管理船舶中的过失；(2) 火灾，但是由于承运人本人的过失所造成的除外；(3) 天灾，海上或者其他可航水域的危险或者意外事故；(4) 战争或者武装冲突；(5) 政府或者主管部门的行为、检疫限制或者司法扣押；(6) 罢工、停工或者劳动受到限制；(7) 在海上救助或者企图救助人命或者财产；(8) 托运人、货物所有人或者他们的代理人的行为；(9) 货物的自然特性或者固有缺陷；(10) 货物包装不良或者标志欠缺、不清；(11) 经谨慎处理仍未发现的船舶潜在缺陷；(12) 非由于承运人或者承运人的受雇人、代理人的过失造成的其他原因。从这12项免责可看出，承运人对货物在责任期间所发生的灭失或损坏是否负责，依其本人、船长、船员、其他受雇人或代理人有无过失而定，有过失便应负责，无过失便可免责；但作为例外，如果货物的灭失或损坏系船长、船员、其他受雇人或代理人在驾驶船舶或管理船舶中的过失所致，或者由于他们的过失所引起的火灾所致，承运人仍可免责。所以，A选项正确。平安险是指单独海损不负责赔偿。根据国际保险界对单独海损的解释，它是指保险标的物在海上运输途中遭受保险范围内的风险直接造成的船舶或货物的灭失或损害。由于运输工具遭搁浅、触礁、沉没、互撞、与流域其他物体碰撞以及失火、爆炸等意外事故造成被保险货物的全部或部分损失。所以，B选项正确。根据《最高人民法院关于审理无正本提单交付货物案件适用法律若干问题的规定》第2条规定，承运人违反法律规定，无正本提单交付货物，损害正本提单持有人提单权利的，正本提单持有人可以要求承运人承担由此造成损失的民事责任。第3条规定，承运人因无正本提单交付货物造成正本提单持有人损失的，正本提单持有人可以要求承运人承担违约责任，或者承担侵权责任。正本提单持有人要求承运人承担无正本提单交付货物民事责任的，适用海商法规定；海商法没有规定的，适用其他法律规定。第4条规定，承运人因无正本提单交付货物承担民事责任的，不适用海商法第56条关于限制赔偿责任的规定。所以，C选项错误。第6条规定，承运人因无正本提单交付货物造成正本提单持有人损失的赔偿额，按照货物装船时的价值加运费和保险费计算。所以，D选项错误。

46. 答案：BCD。根据《反补贴条例》第3条规定，补贴，是指出口国（地区）政府或者其任何公共机构提供的并为接受者带来利益的财政资助以及任何形式的收入或者价格支持。出口国（地区）政府或者其任何公共机构，以下统称出口国（地区）政府。本条第1款所称财政资助，包括：(1) 出口国（地区）政府以拨款、贷款、资本注入等形式直接提供资金，或者以贷款担保等形式潜在地直接转让资金或者债务；(2) 出口国（地区）政府放弃或者不收缴应收收入；(3) 出口国（地区）政府提供除一般基础设施以外的货物、服务，或者由出口国（地区）政府购买货物；(4) 口国（地区）政府通过向筹资机构付款，或者委托、指令私营机构履行上述职能。所以，A选项错误，BCD正确。

47. 答案：BCD。根据我国法律的规定，收货人一栏记载"凭指示"的提单属于指示提单，该提单通过背书方式转让，故A项正确。根据《最高人民法院关于审理无正本提单交付货物案件适用法律若干问题的规定》规定，丙公司作为提单持有人可以要求承运人和无单提货人承担连带责任，故B项错误。根据该解释规定，丙公司作为提单持有人既可以向承运人主张侵权责任，也可以向承运人主张违约责任，故C项错误。根据该解释规定，承运人在下列情况下不承担无单放货的责任：(1) 依法向当局交货；(2) 货物无人领取被海关依法变卖，或货物被法院裁定拍卖；(3) 记名提单托运人要求改变运输，记名提单持有人要求承运人承担责任的；(4) 签发数份正本提单，承运人已向最先提交人交货。因此 D 项错误。

三、不定项选择题

1. **答案**：AC。单独海损一般是由偶然的意外事件造成的，而不是人的有意行为引起的，因此单独海损应由损失方自己承担。
2. **答案**：ABD。C 项不选，本题中的 C 项属于该险别中承保范围内的“装卸时，一件或数件货物落海造成的全部或部分损失”。故 C 项属于平安险的承保范围，甲公司可以向保险公司要求赔偿。
3. **答案**：ACD。B 错 D 对，本题中甲公司所提供的货物在转运前就已含有大量虫卵，其对货物的损失有过失，构成违约，因此不适用风险转移，应承担货物的损失。C 对，除外责任，是指保险单中规定的保险人不负责赔偿的海上运输货物损失。
4. **答案**：ABC。《民事诉讼法》第 31 条规定，因船舶碰撞或者其他海事损害事故请求损害赔偿提起的诉讼，由碰撞发生地、碰撞船舶最先到达地、加害船舶被扣留地或者被告住所地人民法院管辖。本题中，中国为最先到达地和被扣留地，日本为碰撞发生地，巴拿马为被告住所地，故均有管辖权。
5. **答案**：B。
6. **答案**：BD。倒签提单的情况下，承运人仍然应当承担责任。
7. **答案**：BC。平安险为“单独海损不赔”，其责任范围包括：被保险货物在运输途中由于自然灾害造成的整批货物的全部损失或推定全损；由于运输工具与其他物体碰撞等意外事故造成货物的全部或部分损失等。甲轮为单独海损，而乙轮则为共同海损，因而前者不能得到赔偿，而后者可以得到赔偿。依此，BC 项为正确答案。
8. **答案**：BCD。承运人按照托运人的要求装运货物，所以不应赔偿。
9. **答案**：AC。一切险负责赔偿所保货物因遭受一切意外灾害所致损失。所以在我方工厂投保一切险的情况下，保险公司应予赔偿。同时，也不能免除海运公司的责任，保险公司在支付赔偿之后，取得代位求偿权，有权向过失方海运公司进行追偿。
10. **答案**：BCD。共同海损，是指在同一海上航程中，船舶、货物和其他财产遭遇共同危险，为了共同安全，有意地和合理地采取措施所直接造成的特殊牺牲，支付的特殊费用。A 项的损失不是为了共同的安全所作出的牺牲。
11. **答案**：B。本题考查提单种类。B 对 C 错，倒签提单是指出口商为了出口货物的结汇，在货物装船后，要求承运人签发的一种早于货物实际装船日期的提单。倒签提单是一种非法欺诈行为，是托运人与承运人合谋欺诈提单持有人，承运人应承担相应的责任。
12. **答案**：ABD。《海商法》第 275 条规定：“海事赔偿责任限制，适用受理案件的法院所在地法律。”故 A 正确。第 272 条规定：“船舶优先权，适用受理案件的法院所在地法律。”故 B 正确。第 273 条规定：“船舶碰撞的损害赔偿，适用侵权行为地法律。船舶在公海上发生碰撞的损害赔偿，适用受理案件的法院所在地法律。同一国籍的船舶，不论碰撞发生于何地，碰撞船舶之间的损害赔偿适用船旗国法律。”故 C 错误，D 正确。由此可知，本题答案为 ABD。
13. **答案**：D。本题考查平安险的承保范围。(1) 海损分全损和部分损失。全损又包括实际全损和推定全损。实际全损，是指保险标的发生保险事故后灭失或者受到严重损坏，完全失去原有形体、效用，或者不能再归被保险人所拥有的损失状态。推定全损，是指货物发生保险事故后，认为实际全损已经不可避免，或者为避免发生实际全损所需要支付的费用与继续将货物运抵目的地的费用之和超过保险价值的损失状态。全损在中国人民保险公司三个海运主要险种平安险、水渍险、一切险中基本上都是要赔的。所谓“基本上”，是指由于“外来原因”造成的全损只在一切险中赔，在前两个险种中只赔非外来原因（如自然灾害、意外事故）造成的全损。（2）部分损失又分为共同海损、单独海损。共同海损，是指在同一海上航程中，船舶、货物和其他财产遭遇共同危险，为了共同安全，有意地和合理地采取措施所直接造成的特殊牺牲，支付的特殊费用。（3）平安险是三个险种中承保范围最小的险种，其英文意思是“单独海损不赔”。平安险只承担海损事故和自然灾害造成的全部损失和特定意外事故造成的损失。单独海损不赔，仅指由于自然灾害造成的单独海损不赔。

14. 答案：AC。本题考查记名提单、不记名提单和指示指单的区别。本题中如果当收货人一栏填写了甲公司名称时，此种提单为记名提单，承运人只能向该收货人即甲公司交付货物；当收货人一栏填写了“凭甲公司指示”字样时，此种提单成为托运人指示提单。在此种情形下，如托运人作出了指示背书，承运人应向被背书人交货，如托运人未背书，则承运人只能向托运人交付货物。本题中，乙公司从银行取得提单，即付款赎单，因此可能由于上述两种情况导致乙公司没有取得提单项下的货物。如果收货人栏填写乙公司名称或填写“凭乙公司指示”字样，乙公司都可以取得提单项下的货物。

15. 答案：CD。本题考查提单的种类。根据以收货人的抬头为标准，提单可分为记名提单（不可转让提单）、指示提单和不记名提单三种。指示提单，是指提单正面载明“凭指示”交付货物的提单。指示提单通过背书可以转让，故又称“可转让提单”，在国际贸易中得到普遍使用。提单正面载明收货人名称的提单是记名提单，一般不能转让。提单正面未载明收货人名称的提单是不记名提单。不记名提单的收货人一栏中空白不填或填写“持有人”的字样。不记名提单由于未写明收货人的名称，因此转让十分简便，无须背书，只要将提单交给受让人即可。

16. 答案：A。CIF 适用最低级别的保险即平安险。

17. 答案：BC。本题考查无单放货的法律后果。A 错 C 对，提单是一种用以证明海上运输合同和货物已由承运人接管或装船，以及承运人保证凭以交付货物的单据。承运人在收到货物并签发提单后，负有在目的地只向正本提单持有人交付货物的义务。B 对 D 错，承运人没有根据提单正本交货，构成了违约，是造成银行损失的根本原因，应当赔偿银行的损失。

18. 答案：（1）A。（2）A。本题考查单独海损和共同海损的内涵。

19. 答案：C。保险公司承担责任程度的顺序从大到小为：一切险、水渍险、平安险。

20. 答案：（1）ACD。本题考查 CIF 术语的内容。根据 2010 版贸易术语规定，FOB、CIF、CFR 三个术语的风险转移由 2000 版术语中的装运港过船舷转移风险变为装运港船上转移，因为其交货地点是装运港船上。所以 A 正确，B 错误。在 C 组术语和 D 组术语项下，卖方义务大，由卖方负责安排运输，在 E 组和 F 组术语下，买方义务大，由买方安排运输，故 C 正确。CIF 和 CIP 两个术语中，卖方有义务去投保，所以 D 正确。

（2）AB。本题考查海运货物风险和险种。共同海损是指为了避免船货面临的共同危险，人为有意作出的合理损失，由各方共同分摊的损失。船舶搁浅若不能及时上浮，船和货都有风险，为了起浮不得已抛弃部分货物正属于共同海损，故 A 正确。单独海损指货物因非人为的意外原因发生的损失，并且只涉及船舶或货物一方利益，与他方利益无关。本题中，海浪将部分货物打入海中属于单独海损。故 B 正确。本题中投保的平安险，其英文直译成中文为“单独海损不赔”，指单独由自然灾害引起的单独海损是不赔的，但对与意外事故有关的单独海损、全部海损和共同海损是赔偿的。被海浪打入海中的货物属于自然灾害引起的单独海损，所以保险公司不赔付。故 C 错误。货物本身固有缺陷引起的损失承运人是免责的，保险公司对此也不赔付，故 D 错误。

21. **答案**：C。2010 年《国际贸易术语解释通则》于 2011 年 1 月 1 日生效，当事人希望适用新术语必须注明适用新术语，2000 年《国际贸易术语解释通则》和 2010 年《国际贸易术语解释通则》并存由当事人选择适用。所以 A 错误。FOB 术语在 2000 年《国际贸易术语解释通则》中是装运港过船舷转移风险，在 2010 年《国际贸易术语解释通则》中是装运港船上转移风险。所以 B 错误。《国际贸易术语解释通则》是国际商业惯例，在其没有具体规定的方面仍可以适用《联合国国际货物销售合同公约》，所以 D 错误。FOB 术语中，买方负责签订承运合同，所以 C 正确。

22. **答案**：BD。根据《联合国国际货物销售合同公约》第 38 条规定，(1) 买方必须在按情况实际可行的最短时间内检验货物或由他人检验货物。(2) 如果合同涉及货物的运输，检验可推迟到货物到达目的地后进行。(3) 如果货物在运输途中改运或买方须再发运货物，没有合理机会加以检验，而卖方在订立合同时已知道或理应知道这种改运或再发运的可能性，检验可推迟到货物到达新目的地后进行。所以，A 选项错误。B 选项正确。第 39 条规定，(1) 买方对货物不符合同，必须在发现或理应发现不符情形后一段合理时间内通知卖方，说明不符合同情形的性质，否则就丧失声称货物不符合同的权利。(2) 无论如何，如果买方不在实际收到货物之日起两年内将货物不符合同情形通知卖方，其就丧失声称货物不符合同的权利，除非这一时限与合同规定的保证期限不符。所以，C 选项错误。第 36 条规定，(1) 卖方应按照合同和本公约的规定，对风险移转到买方时所存在的任何不符合同情形，负有责任，即使这种不符合同情形在该时间后方始明显。(2) 卖方对在上一款所述时间后发生的任何不符合同情形，也应负有责任，如果这种不符合同情形是由于卖方违反他的某项义务所致，包括违反关于在一段时间内货物将继续适用于其通常使用的目的或某种特定目的，或将保持某种特定质量或性质的任何保证。所以，D 选项正确。

四、名词解释

1. **答案**：提单是指用以证明海上运输合同的订立和货物已经由承运人接收或者装船，以及承运人保证据以交付货物的单证。简称 B/L，是在对外贸易中，运输部门承运货物时签发给发货人的一种凭证。收货人凭提单向货运目的地的运输部门提货，提单须经承运人或船方签字后始能生效。是海运货物向海关报关的有效单证之一。

2. **答案**：在国际海上货物运输实践中，托运人为取得清洁提单，向承运人出具承担赔偿责任的保函的做法一直被司法实践认为是一种欺诈行为而无效。但实践中，这一做法却因为实用、简便而经常为当事人采纳作为紧急情况下的一种变通做法。《汉堡规则》将保函合法化。规定托运人为取得清洁提单而向承运人出具承担赔偿责任的保函在托运人和承运人之间有效，但对提单受让人，包括任何收货人在内的第三方无效。在发生欺诈行为的情况下（无论是托运人或承运人欺诈），承运人均需承担损害赔偿责任，并且不能享受公约规定的责任限制的利益。

3. **答案**：航次租船合同在租船运输中得到广泛应用。它是为完成特定航次运输，由船舶出租人向承租人提供船舶或船舶的部分舱位，装运约定的货物，从一港运至另一港，由承租人支付约定运费的合同。航次租船合同多以标准格式出现，常见的有波罗的海国际航运公会（The Baltic and International Maritime Conference，BIMCO）制定的《统一杂货租船合同》（Uniform Genenal Charter），简称金康合同（Gencon）；《澳大利亚谷物租船合同》（Chamber of Shipping Australian Grain Charter），简称奥斯特拉尔（Austral）等。

4. **答案**：《国际货约》（CIM），全称《关于铁路货物运输的国际公约》，1961 年在伯尔尼签字，1975 年 1 月 1 日生效。其成员国包括了主要的欧洲国家，如法国、德国、比利时、意大利、瑞典、瑞士、西班牙及东欧各国，此外还有西亚的伊朗、伊拉克、叙利亚、西北非的阿尔及利亚、摩洛哥、突尼斯等共 28 国。

5. 答案：国际货物多式联运是指以至少两种不同的运输方式将货物从一国接管货物的地点运至另一国境内指定交付货物的地点的运输。

6. 答案：共同海损指海上运输中，船舶、货物遭到共同危险，船方为了共同安全，有意和合理地作出特别牺牲或支出的特别费用。对于共同海损所作牺牲和支出的费用，用获救船舶、货物、运费获救后的价值按比例在所有与之有利害关系的受益人之间进行分摊，因此，共同海损属于部分损失。保险公司对共同海损牺牲和费用以及共同海损分摊都给予赔偿。

7. 答案：委付指在推定全损的情况下，被保险人把残存货物的所有权转让给保险公司，请求取得全部保险金额。委付是被保险人的单方行为，保险公司没有必须接受委付的义务。但委付一经接受则不能撤回。接受委付后，保险公司取得残存货物的所有权，当损失由第三者过失引起时，同时取得向有过失的第三方代位追偿的权利。如追偿额超过保险公司的赔付额，也不必将超出部分退还被保险人。

8. 答案：平安险原意为“单独海损不赔”。承保被保险货物由于恶劣气候、雷电、海啸、地震、洪水等自然灾害造成的整批货物的全损；运输工具搁浅触礁、沉没、互撞以及失火、爆炸等意外事故造成的货物全部或部分损失；运输工具在发生上述意外事故前后又在海上遭受恶劣气候等自然灾害造成的部分损失；装卸时，一件或数件货物落海造成的全部或部分损失；被保险人为抢救货物支出的合理费用等。平安险是三种基本险别中保险人责任最小的一种。

五、简答题

1. 答案：1975 年《关于铁路货物运输的国际公约》，简称《国际货约》和 1951 年《关于铁路货物联合运输协定》，简称《国际货协》，我国于 1953 年加入后一个条约。

2. 答案：（1）《海牙规则》实行的是不完全过失责任制度。关于承运人免责的规定共有 17 项，包括两类：一是过失免责；二是无过失免责。过失免责是指由于船长、船员、引航员或者承运人的雇佣人在航行或者管理船舶中的行为或者疏忽或者过失引起的灭失和损害，承运人可以免除赔偿责任。

（2）无过失免责可以分为以下几个方面：不可抗力或者承运人无法控制的事项方面。如海上危险、天灾、战争、公敌行为、暴动和骚乱、政府扣押船舶、检疫限制、罢工或者停工等。托运人或者货方的行为或者过失方面。有托运人或者货主的行为，货物包装不良、货物标志不清或者不当以及货物的性质、固有缺陷等；特殊免责条款有三项：第一，火灾；第二，企图救助人命或者财产；第三，谨慎处理但是仍然不能发现的潜在缺陷。总的无过失免责条款，即属于未列举的承运人无过失免责条款，对此，《海牙规则》规定必须由承运人举证。

3. 答案：提单是指用以证明海上运输合同的订立和货物已经由承运人接收或者装船，以及承运人保证据以交付货物的单据。提单中载明的向记名人交付货物，或者按照指示人的指示交付货物，或者向提单持有人交付货物的条款，构成承运人据以交付货物的保证。从上述定义中可以看出，提单具有下列法律特征：

（1）提单是海上运输合同的证明。关于提单是海上运输合同本身还是运输合同的证明是有争议的。多数的意见认为，提单只是运输合同的证明。首先，从理论上说，合同是以当事人双方一致为生效的主要条件，而提单只是由一方当事人签发的。其次，从时间上说，运输合同是在提单签发之前签订的。运输合同在托运人依班轮公司的船期、费率等与班轮公司洽订舱位时即成立，而提单通常是在货物装船后才签发的，这时，运输合同实际上已在履行了。《汉堡规则》和我国《海商法》均采用了提单是运输合同的证明的观点。

提单是运输合同的证明只是就承运人与托运人之间的关系而言。在一般情况下货物的托运人是货物买卖合同的卖方，卖方在收到船方签发的提单后，会将其转让给买方，买方又有可能将其再背书转让给其他受让人。提单的受让人并非原托运人与承运人运输合同的当事方，其对托运人与承运人在订舱时有什么约定并不知情，因此，提单在承运人与提单的受让人之间就不仅是运输合同的证明，而且是运输合同本身。

（2）提单是承运人出具的接收货物的收据。提单是在承运人收到所交运的货物后向托运人签发的，提单的正面记载了许多收据性的文字，如货物的标志、货物的包装、数量或重量及货物的表面状况等。如运输合同在开航前解除或于中途终止合同，托运人可依提单的记载领回货物。

提单的证明作用在托运人手中和托运人以外的第三方持有人手中的效力是不同的。提单在托运人手中时只是初步证据，所谓初步证据是指如承运人有确实的证据证明其收到的货物与提单上的记载不符，承运人可以向托运人提出异议。但在托运人将提单背书转让给第三人的情况下，对于提单受让人来说，提单就成了终结性的证据。因为提单的受让人是根据提单上的记载事项受让提单的，他对货物的实际情况并不知情，如提单中的记载不实是由于托运人的误述引起的，承运人可以向托运人提出抗辩。但承运人不得以此对抗提单的受让人，这样可以保证提单的流通性。

（3）提单是承运人凭以交付货物的具有物权特性的凭证。也有学者认为提单只是提货的凭证。提单是承运人凭以交付货物的具有物权特性的凭证。提单的流通性决定了提单所具有的物权凭证的特性。提单签发后，货物的控制权即和提单紧密联系在一起，只有持有提单才能控制货物。提单的流通性使得提单的最终持有人总是处于不确定的状态，只有到了目的港，承运人才能知道应将货物交给谁。为了避免错交货物，承运人只能采用谁持有提单就向谁交货的做法。可见，赋予提单物权凭证的特性是国际贸易流通环节的需要。依商业惯例，提单的转让就表明了货物所有权的转移，提单的持有人就是货物的所有人。如承运人向非提单持有人交付货物，则须承担因此而产生的赔偿责任。

4. **答案**：关于倒签提单和预借提单的责任属性是有争议的。第一种观点认为责任者应承担合同责任，因为提单是承运人与收货人、提单持有人和提单受让人之间的合同，在倒签提单和预借提单的情况下，货物最终还是装上了船舶，因此，承运人的这两种做法违反的是合同法规定的强制性义务，承运人应承担这种违约行为所引起的合同责任。在法国，类似上述行为被认为是违反合同要件的"实质性违约"，在日本也将此种行为按"根本违约"判定责任。第二种观点认为责任者应承担侵权责任，因为预借和倒签提单的行为符合侵权的一般特征，满足侵权行为成立所必需的四个条件，具有侵权性质。第三种观点主张竞合责任说，认为倒签提单带有双重的法律特征，其行为过程是由违约与侵权行为的结合而形成的，该行为本身侵犯了两种经济关系，引起了两种民事法律后果，因此是违约和侵权的竞合。由于倒签提单和预借提单均为欺诈行为，因此，在实践中，在信用证即将到期，而托运人又不能如期装船的情况下，正确的处理方法是要求修改信用证。

5. **答案**：首先，从当事人上讲，航次租船合同当事人一方的出租人一般为航运公司，也可能是转租船人，另一方当事人，即承租人可以是国际货物买卖合同中的买方，也可以是卖方。在采用 FOB 贸易术语的条件下，是由买方负责租船订舱，因此，在航次租船合同中该买方就是承租人。在采用 CFR 和 CIF 的贸易术语下，是由国际货物贸易中的卖方负责租船，因此，承租人就应是国际贸易中的卖方。其次，从航次租船合同与国际货物买卖合同的衔接上讲，无论是国际贸易中的买方还是卖方负责租船，都应注意租船合同与货物买卖合同的衔接，即所租的船舶应符合买卖合同所要运输的货物的要求，否则的话，由于租来的船舶不适合运输货物合同中的货物，就可能导致赔偿责任。主要应注意下列几个方面：

（1）租的船舶应适应装货港与卸货港的要求。承租人应依装卸港对船长、船高、吃水等方法的限制租船。例如，在某案中，买方租的船舶因吨位过大不能进出可供卖方选择及指定的装货港口。再如，买方租的船是被装货港当局列入黑名单而拒绝入港的船舶。

（2）租的船舶应适合装运期间的要求。在货物买卖合同中一般都有装运期间的规定，买方在申请开立的信用证中也会对装运期间进行规定，如货方未能在装货港按时完成装船，提单上的装船日期就会与信用证上规定的装运期间产生不符，导致卖方无法结汇。因此，所租的船舶应适合装运期间的要求。在CFR和CIF的情况下，是卖方自己租船并完成装船，而在FOB的情况下，是买方租船，如买方租的船未能准时抵达装运港，使卖方不能在装运期间内合理地把货物装上船舶，有的案例判定，此情况下买方行为违约，卖方可以要求损害赔偿。

（3）租的船舶应适合货物的要求。例如，在运输某种食品的货物时，有通风的要求。在运输一定长度的货物时，要求船舱中没有障碍物等。

6. 答案：最大诚实信用原则指国际运输货物保险合同的当事人应以诚实信用为基础订立和履行保险合同，该原则主要体现在订立合同时的告知义务和在履行合同时的保证义务上。告知在保险人一方表现为说明的义务，在被保险人或投保一方表现为如实告知义务。依我国《保险法》第16条的规定，订立保险合同时，保险人应向投保人说明保险合同的条款内容，投保人故意隐匿，或因过失遗漏，或为不实之说明，足以变更或减少保险人对于危险之估计的，保险人可解除合同。告知义务更突出的是对被保险人的告知。依我国《海商法》第222条的规定，合同订立前，被保险人应将其知道的或在通常业务中应当知道的有关影响保险人据以确定保险费率或确定是否承保的重要情况，如实告知保险人，保险人知道或者在通常业务中应当知道的情况，保险人没有询问的，被保险人无须告知。违反告知义务的，可能会导致保险合同无效和保险人有权解除保险合同的后果。在订立保险合同时，保险人不可能对每项业务均进行彻底的调查，从这个意义上讲，保险人是受投保人支配的，因此法律上要求投保人应将有关保险人询问的保险标的的情况据实说明，如投保人没有据实告知的，保险人可解除合同。

在告知的义务上，我国《保险法》与《海商法》的规定不同，保险法采用的是有限告知主义，而《海商法》则采用了无限告知主义：（1）“有限告知主义”，有限告知主义又称主观告知，指被保险人只需如实回答保险人的询问，如实填写投保单，即认为已尽了告知义务，因此又称“询问告知主义”。我国《保险法》第17条的规定与有限告知主义相似，依该条规定，订立保险合同，保险人应当向投保人说明保险合同的条款内容，并可以就保险标的或者被保险人的有关情况提出询问，投保人应当如实告知。（2）“无限告知主义”，无限告知主义指对于保险人没有询问的重要情况，被保险人也须主动告知。我国《海商法》采用的是无限告知主义，《海商法》第222条规定的告知的内容并不限于投保单上所列项目和保险人所询问的事项，而是一切影响保险人是否承保及保险费率的重要情况。又依第223条的规定，由于被保险人的故意，未将“重要情况”如实告知保险人的，保险人有权解除合同，并不退还保险费。合同解除前发生保险事故造成损失的，保险人不负赔偿责任。对于被保险人并非由于故意未将“重要情况”告知的，保险人也有权解除合同或者要求相应增加保险费。保险人解除合同的，对于合同解除前发生保险事故造成的损失，保险人应当负赔偿责任，但未告知或者错误告知的重要情况对保险事故的发生有影响的除外。被保险人在履行告知义务时，应当判断何谓“重要情况”，“重要情况”依上述的规定即为一个谨慎的保险人在其决定保险费率或决定是否承保该项风险时，将会产生影响的情况。例如，在船舶保险中船舶的适航情况、船员的状况、船旗等情况，货物保险中货物的性质及其真实价值等均属于“重要情况”。

保证是最大诚实信用原则的另一项重要内容，保证源于英国保险法，保证是保险合同中被保险人为了享受合同权利而承诺做出某些行为或不行为的规定。违反保证，保险人有权解除合同。保证有明示保证和默示保证之分，明示保证是在保险合同中明示约定的，默示保证虽然在合同中没有明确约定，但依法律或惯例认为被保险人对某一事项应作为或不作为的为默示保证。保险人要求被保险人承诺某种保证的主要原因在于，使被保险人能确保良好的管理状态，确保未经保险人同意不得从事超过约定风险的活动。在保险合同的履行过程中，被保险人不能破坏保证，一旦破坏保证，就会导致保险单失效。

7. 答案：保险合同的转让指被保险人将其在保险合同中的权利转移给第三方的行为。保险合同的转让分为需经保险人同意的转让和不需经保险人同意的转让。海上运输货物保险合同的转让不需经保险人的同意。

（1）需经保险人同意的转让。一般的保险合同的转让都应经保险人的同意并进行书面批改后，才能取得赔偿权利。主要考虑的是被保险人的个人素质、道德品质、管理水平、财务状况等因素。《保险法》第20条第1款规定：在保险合同有效期内，投保人和保险人经协商同意，可以变更保险合同的有关内容。《海商法》第230条规定的船舶保险合同的转让也是需经保险人同意的转让。如上所述，一般保险合同的转让均应经保险人的同意，因为保险人承保的责任的风险大小与被保险人本人的因素有关，不同的被保险人，保险合同约定的承保条件常常不同。例如，一个经营管理良好的船舶所有人，其船舶的出险率就会低于一个经营作风恶劣的船舶所有人，后者的保险费率当然也会高于前者，因为船舶所有人的经营作风对船舶的安危会产生很大的影响。《海商法》第230条对需经保险人的同意才可转让的船舶保险合同进行了规定，依该条的规定，因船舶转让而转让船舶保险合同的，应当取得保险人同意。未经保险人同意，船舶保险合同从船舶转让时起解除；船舶转让发生在航次之中的，船舶保险合同至航次终了时解除。合同解除后，保险人应当将自合同解除之日起至保险期间届满之日止的保险费退还被保险人。

（2）不需经保险人同意的转让。《海商法》第229条规定的转让是不需经保险人同意的转让。依该条的规定，海上运输货物保险合同的转让不需经保险人的同意，可以由被保险人背书或者以其他方式转让，合同的权利和义务也随之转移。合同转让时尚未支付保险费的，被保险人和合同受让人负连带支付责任。海上运输货物保险合同的转让不需经保险人的同意是由此类保险的保险标的流动性决定的，因为运输中的货物在途中其所有权可能因提单的转让而多次转移，此外，货物在运输过程中，货物已在承运人管辖范围，危险发生的可能与被保险人没有直接的关联。这样就不会影响商品的流通和正常贸易。所以，运输货物保险合同的转让不像固定财产的保险那样需要征得保险人的同意。值得注意的是：当保险合同主体变更时，其权利义务当然也随之转移，如原被保险人在货物转让之前没有支付保险费，那保险合同转让后，受让人就有支付保险费的义务。

保险单是保险合同的书面证明，海上运输货物保险合同的转让一般就是保险单的转让，保险单的转让有两种形式，一种是空白背书的方式，即由保险单抬头署名的被保险人在保险单后面背书，此保险单即可随着货物所有权的转让而一起转让。另一种方式为指名背书，即在背书时明确受让人的一种背书方式。

8. 答案：根据《海牙规则》规定，承运人的适航责任包括三个方面要求：(1) 承运人在开航前和开航当时，应谨慎处理使船舶适航；(2) 承运人应妥善地配备船员、装备船舶和配备供应品；(3) 承运人应确保货仓具有适合装货的能力。

六、论述题

1. 答案：海运保函概括起来有下列几种：

(1) 为提货出具保函。依国际航运惯例，承运人在目的港必须凭正本提单交付货物，而在实践中由于提单流转环节多，速度慢，而运输速度则随着科技的进步越来越快，特别是短途运输所需时间较短，往往造成货物运抵目的港而提单还未到达收货人之手的情况，致使收货人无法在货物到港后凭正本提单将货物及时提走，既影响了承运人和收货人的经济效益，又将使大量货物滞留港口，增加了港口的压力。为了解决上述困难，避免给有关方面造成经济损失，航运实务中出现了以正本提单以外的其他单证连同保函提货的做法。目前这个提货方式已普遍存在，很多国家默认了这一做法。尽管凭保函放货违反了正本提单提货的国际航运惯例，但其作为解决凭正本提单放货困难的一种权宜之计，在实践中不无合理性，它对于加速商品流通，提高经济效益具有一定的积极意义。这种保函有善意与恶意之分：第一，恶意保函。是指承运人与提货人恶意串通欺骗收货人，提货人不是货物的将来所有权人，而是以骗取货物为目的将货提走，承运人明知提货人不是货物的买主而将货放走，致使货物的真正所有权人持正本提单提不到货物，也就是说，承运人明知如此放货必定会导致对第三人的损害而追求或放任损害结果的发生，属主观上的故意，那么承运人不仅要赔偿收货人的全部经济损失，而且承运人和提货人之间订立的保函也因其具有欺诈性而归于无效，承运人也不得依保函向提货人索赔。第二，善意保函。在因凭保函加副本提单错交货物的情况下，承运人在承担什么责任的问题上是有争论的，一种认为这是欺诈，另一种则认为承运人在主观上无恶意，因此只能承担过失责任。因为一般而言，承运人凭保函放货只是为了解决上述凭正本提单放货的实际困难。在主观认识上，承运人认为提货人即为提单收货人。如果这种判断正确，提货人和提单收货人一致，则交货准确。发生提货人和提单收货人不一致的情况，一方面是提货人本不是提单收货人而冒充提单收货人骗取货物，或者提货人本是该批货物的买方，但提货人提取货物之后没有及时到银行付款赎单；另一方面是承运人对提货人的资格审查不严格或过于相信提货人即为收货人所致，这属于民法上的过失。过失并不构成欺诈，欺诈首先必须是故意，从承运人的地位上看，承运人错交货物势必受到提单收货人的追偿，且不能享受责任限制，承运人并不希望错交事实的发生，并不存在欺诈的故意。当然，承运人不凭正本提单放货给提货人骗取货物提供了可乘之机，是提单收货人提不到货物的原因之一，承运人应承担过失责任，赔偿提单收货人的经济损失，但是，并不能以承运人的过失否定保函的效力，承运人赔偿提单收货人的经济损失后可以依保函向提货人索赔。

(2) 为取得清洁提单而出具的保函。此类保函也有善意和恶意之分：第一，善意保函。有的情况下承运人接受保函签发清洁提单并不是对收货人存心欺诈，而是因为某些客观条件的限制，如缺乏识别手段或计量工具，或者货物外表虽有瑕疵，但程度轻微，这种轻微的瑕疵可能是买卖合同所允许的，买方应该接受，收货人不会因此对承运人提出异议，此时，承运人虽有批注的权利，但行使此项权利并无必要，反而会阻碍贸易的顺利进行。在这种情况下，承运人接受保函免去提单上的批注，并不是对收货人的恶意欺诈，而是因为认识上的偏差或限制造成，在此背景下订立的保函应视为有效，承运人如果受到索赔，可以通过保函从托运人或其保证人处得到补偿。第二，恶意保函。在托运人与承运人明知货物的表面状况有瑕疵仍以保函换取清洁提单的情况下，此种保函是一种恶意保函。此种保函无效，承运人在对收货人承担责任后不得依法依保函向托运人索赔，即保函强制的效力，但也存在托运人自己愿意履行的情况，在这种情况下也就不会出现承运人告托运人的情况了。

(3) 为预借提单和倒签提单而出具保函。提单中注明的装船日期早于实际装船的日期就称为倒签提单。承运人应托运人的要求倒签了提单，实际上就隐瞒迟延交货的责任，构成了对收货人的欺诈行为，日后须对因此而引起的损失负责。预借提单是当信用证规定的有效期即将届满，而货物还未装船时，托运人为了使提单上的装船日期与信用证规定的日期相符，要求承运人在货物装船前签发的已装船提单。预借提单在议付时，货物实际上可能还未装运，使信用证对装货这一环节的制衡力丧失，无法保证货物的准时到达。预借提单与倒签提单一样，都是掩盖了货物的实际装船日期，从而避开了迟延交货的责任。由于倒签提单和预借提单均为欺诈行为，因此，为预借提单和倒签提单而出具保函均为无效保函。在实践中，在信用证即将到期，而在托运人又不能如期装船的情况下，正确的处理方法是要求修改信用证。

2. **答案**：《海牙规则》《维斯比规则》和《汉堡规则》均是关于海上货物运输的公约，三个公约在承运人的责任原则、责任期间、责任限额、免责等方面有不同的规定，主要表现在：

(1) 承运人的责任原则。《海牙规则》在承运人的责任上采用的是不完全过失责任。

因为承运人对于航行过失引起的损失可以免责。而《汉堡规则》在承运人的责任上采用的则是完全过失责任。《海牙规则》和《汉堡规则》规定的承运人的责任均为过失责任，但由于《海牙规则》有关于承运人航行过失免责的规定，因此是一种不完全的过失责任制。《汉堡规则》取消了承运人对航行过失的免责，因而是完全的过失责任制。同时，《汉堡规则》还采用了推定过失责任制，即在货损发生后，先推定承运人有过失，如承运人主张自己无过失，则必须承担举证的责任。另外，《汉堡规则》不但取消了承运人对船长、船员等在驾驶船舶或管理船舶上的过失免责，也取消了火灾中的过失免责。海运发达国家在火灾免责的废除上是持反对态度的，妥协的结果是将火灾的举证责任推给索赔人，即由索赔人举证承运人一方有过失。依《汉堡规则》的规定：承运人对火灾所引起的灭失、损坏或延迟交付负赔偿责任，但索赔人需证明承运人、其受雇人或代理人有过失。然而，由于货物在承运人的掌管之下，特别是当船舶在航行途中时发生的火灾，货方是很难举证的。因而，可以说承运人仍然可以间接享受到火灾的免责。

(2) 承运人的责任期间。依《海牙规则》第1条第5项的规定，承运人的货物运输责任期间为从货物装上船时起至卸完船为止的期间。这里是否包括了装船和卸货的过程并不清楚，结合上述承运人“装载”和“卸货”和责任可以看出，该两个过程应该包括在内。至于装卸货从哪一点开始到哪一点为止，条文也未明确规定。在实践中，多将其理解为钩至钩责任。在使用岸吊的情况下，以船舷为责任期间的起止点。在使用驳船装卸货时，一般的解释是承运人的责任期间是从货物挂上船上吊钩起，至货物卸至驳船上止的期间。《汉堡规则》规定承运人的责任期间为货物在装货港、运送途中和卸货港在承运人掌管下的期间。与《海牙规则》相比，在《汉堡规则》下，承运人的责任期间是在装货港和卸货港向两头延长了，即承运人“收货”到“交货”的全部期间。

(3) 承运人的赔偿责任限额。《海牙规则》第4条第5款规定，承运人对货物的灭失或损失的赔偿责任，在任何情况下每件或每计费单位不得超过100英镑，但托运人于装货前已申明该货物的性质和价值，并在提单上注明者不在此限。

《维斯比规则》采用了双重责任限额制，即对货物的灭失或损害责任以每件或每单位10000金法郎或每公斤30金法郎为限，两者以高者计。双重责任限额给了货方选择的余地，使货方在货物单件较重的情况下能获得较高的赔偿。在采用货币币种的问题上，《维斯比规则》吸取了《海牙规则》因采用某国货币而引起种种贬值问题的教训，未使用某国的货币单位，而是采用了金法郎。金法郎为含纯度为900/1000的黄金65.5毫克的计算单位。关于成组运输工具的责任限制问题，《海牙规则》并未涉及，因为当时还没有这种方式的运输。为了适应使用集装箱等成组运输工具运输的发展，《维斯比规则》增加了关于在该类运输中件数的确定方法的规定。该规则规定如果货物是以集装箱、托盘或类似的运输工具集装的，则提单中载明的内装件数就是计算赔偿限额的件数。如提单上未注明内装件数，则以成组运输工具的件数为计算赔偿限额的件数。

《汉堡规则》提高了承运人的最高赔偿限额，规定承运人对货物灭失或损坏的赔偿责任限额为每件或每单位835特别提款权，或每公斤2.5特别提款权，以高者为准。《汉堡规则》也采用了对货主有利的双重责任限额。为了解决货币贬值问题，《汉堡规则》采用特别提款权为计算责任限额的单位。特别提款权是国际货币基金组织创设的一种储备资产和记账单位。创设时1特别提款权等于0.888671克纯金。此外，公约还规定，如货损是由于承运人、其雇佣人或代理人故意造成的，则将丧失责任限制的权利。

(4) 承运人的免责。《海牙规则》规定的承运人的免责共有17项，依第4条第2款的规定，对由于下列原因引起或造成的货物的灭失或损害，承运人不负责任：船长、船员、引水员或承运人的雇佣人在驾驶或管理船舶中的行为、疏忽或不履行职责；火灾，但由于承运人的实际过失或私谋所造成者除外，海上或其他可航水域的风险、危险或意外事故；天灾，战争行为；公敌行为；君主、统治者或人民的扣留或拘禁或依法扣押；检疫限制；货物托运人或货主、其代理人或代表的行为或不行为；不论由于何种原因引起的局部或全面的罢工、关厂、停工或劳动力受到限制；暴乱和民变：暴乱指公众骚乱。民变为聚众非法制造混乱的行为；救助或企图救助海上人命或财产；由于货物的固有瑕疵、性质或缺陷所造成的容积或重量的损失，或任何其他灭失或损害；包装不当；标志不清或不当；尽适当的谨慎所不能发现的潜在缺陷；不是由于承运人的实际过失或私谋，或是承运人的代理人或受雇人员的过失或疏忽所引起的任何其他原因。上述最重要的是航行过失免责，《汉堡规则》取消了航行过失免责，加重了承运人的责任。

(5) 在迟延交货的责任上。《海牙规则》没有规定迟延交货的责任，承运人为了避免货方向其索赔因延迟交货引起的损失，常常在提单中加入延迟交货的免责条款。货方因此也很少就延迟交货向承运人索赔。《汉堡规则》规定承运人应对延迟交货负责。延迟交货指未在约定的时间内交付，或在无约定的情况下，未在合理的时间内交付。承运人对延迟交货的赔偿责任限额为迟交货物应付运费的2.5倍，但不应超过应付运费的总额。

(6) 关于保函的效力。保函是托运人为了换取清洁提单而向承运人出具的保证赔偿承运人因此而受到损失的书面文书。由于保函常常带有欺诈的意图，以往的案例通常判保函无效。《汉堡规则》第一次在一定范围内承认了保函的效力，这主要考虑到在托运人与承运人对货物的数量等有分歧，而又无从查验时，出具保函可以免去许多麻烦，也是商业上的一种习惯的变通做法，但为了抑制保函的作用，公约规定：托运人为了换取清洁提单可向承运人出具保函，保函只在托运人与承运人之间有效。如保函有欺诈意图，则保函无效，承运人应赔偿第三者的损失，且不能享受责任限制。

(7) 货物的适用范围。《海牙规则》不适用于舱面货和活牲畜。关于舱面货，《汉堡规则》规定，承运人依协议、惯例、法律的要求，有权在舱面装货，否则承运人应对将货物装在舱面上造成的损失负赔偿责任。关于活牲畜，《汉堡规则》规定，活牲畜的受损如是因其固有的特殊风险造成的，承运人可以免责，但承运人须证明已按托运人的特别指示办理了与货物有关的事宜。

(8) 关于承运人与实际承运人的关系。《海牙规则》只有承运人的概念，没有关于实际承运人的规定，也没有对在转船、联运和租船进行班轮运输的情况下承运人的责任作出规定，以致订约承运人常常以自由转船等条款逃避在部分航程中或全部航程中的货损责任。受委托的实际承运人也可以非订约承运人为由拒绝货方的索赔。《汉堡规则》第10条规定，即使订约承运人将全程运输或部分运输委托给实际承运人，订约承运人仍应对运输全程负责。如果承运人和实际承运人都有责任，则两者负连带责任。

(9) 诉讼时效。《海牙规则》在诉讼时效上规定，货方对承运人或船舶提起货物灭失或损害索赔的诉讼时效为1年，自货物交付之日起算，在货物灭失的情况下，自货物应交付之日起算。《维斯比规则》对《海牙规则》第6条作了两点修改：(1) 诉讼时效为1年，双方协商，可以延长时效。(2) 对第三者的追偿诉讼，在1年的诉讼时效期满后，仍有3个月的宽限期。依公约的规定，在对第三者的追偿诉讼中，只要在受诉法院所在地法律允许的期间之内，即使上述1年的时效届满仍可起诉，但允许的时间自提起此种诉讼的人已解决索赔案件，可向其本人送达起诉状之日起算，不得少于3个月。对第三者的追偿诉讼，如在租船运输的情况下，承运人在向提单持有人赔偿后，还要依租船合同向责任方追偿。这里因为包含两个诉讼，所以需要的时间较长。《维斯比规则》针对这一情况规定了一个宽限期。《汉堡规则》规定的诉讼时效为2年。自承运人或实际承运人交付货物或交付部分货物，或者自应交付货物的最后1日起算。被索赔人可在上述诉讼时效期间之内向索赔人提出延长时效的书面声明，而且可通过再次声明进一步延长时效。此外，承运人向收货人赔付后再向第三方追偿时，即使上述时效已届满，仍可在诉讼所在国法律许可的时间内提起诉讼，但所许可的时间，自起诉人已解决对其索赔的案件，或已接到向其本人送达的起诉状之日起算，不少于90天。

3. **答案**：(1) 倒签提单是承运人在货物装船后签发的，但提单中注明的装船日期早于实际装船日期的提单。而预借提单则是指在货物尚未全部装船，或者货物虽已由承运人接管但尚未装船的情况下签发的已装船提单。

(2) 倒签提单和预借提单一样，掩盖了货物的实际装船日期，并使信用证对装货这一环节的制衡力丧失，无法保证货物准时到达，从而避开了迟延交货的责任，对提单受让人中的收货人构成欺诈。因此，倒签提单和预借提单的行为性质均为欺诈行为。

(3) 对于倒签提单和预借提单的法律后果，从倒签提单和预借提单的产生原因来看，它是托运人为了避免因装船日期滞后而要求承运人提前签发的，其行为的目的是实现信用证结汇的需要，从其行为的性质看，应为一种与收货人订立合同的行为。但因托运人和承运人的欺诈行为，违反了先合同义务，最终导致其订立的合同（倒签提单）无效。因此，倒签提单和预借提单的责任属性为缔约过失责任。

(4) 实践中，承运人在签发倒签提单或预借提单时，常常要求托运人出具保函。承运人接受保函而签发这种提单仍需承担较大的风险，这是因为签发倒签提单或预借提单，有违民事活动诚实信用的基本原则，甚至构成与托运人串通而对善意的收货人进行欺诈。因此，如果由此而造成第三者收货人的损失，承运人需承担赔偿责任，并且，承运人在赔偿收货人的损失后，根据保函向托运人或者其他提供保函的人追偿时，有时也难以得到法律的保护。

【参考资料】张湘兰主编：《海商法论》，武汉大学出版社2005年版。

七、案例分析题

1. **答案**：(1) 收货人可以向承运人索赔。承运人签发了清洁提单即表明其收到货物时货物没有问题，承运人应对途中受到的损失负责。如果承运人在装货时已发现货物有问题，承运人就不应签发清洁提单，这样收货

附赠

高校法学专业核心课程配套测试

中华人民共和国
对外贸易法

中国法制出版社

中华人民共和国对外贸易法

（1994年5月12日第八届全国人民代表大会常务委员会第七次会议通过　2004年4月6日第十届全国人民代表大会常务委员会第八次会议修订　根据2016年11月7日第十二届全国人民代表大会常务委员会第二十四次会议《关于修改〈中华人民共和国对外贸易法〉等十二部法律的决定》第一次修正　根据2022年12月30日第十三届全国人民代表大会常务委员会第三十八次会议《关于修改〈中华人民共和国对外贸易法〉的决定》第二次修正）

目　　录

第一章　总　　则

第一条　为了扩大对外开放，发展对外贸易，维护对外贸易秩序，保护对外贸易经营者的合法权益，促进社会主义市场经济的健康发展，制定本法。

第二条　本法适用于对外贸易以及与对外贸易有关的知识产权保护。

本法所称对外贸易，是指货物进出口、技术进出口和国际服务贸易。

第三条　国务院对外贸易主管部门依照本法主管全国对外贸易工作。

第四条　国家实行统一的对外贸易制度，鼓励发展对外贸易，维护公平、自由的对外贸易秩序。

第五条 中华人民共和国根据平等互利的原则，促进和发展同其他国家和地区的贸易关系，缔结或者参加关税同盟协定、自由贸易区协定等区域经济贸易协定，参加区域经济组织。

第六条 中华人民共和国在对外贸易方面根据所缔结或者参加的国际条约、协定，给予其他缔约方、参加方最惠国待遇、国民待遇等待遇，或者根据互惠、对等原则给予对方最惠国待遇、国民待遇等待遇。

第七条 任何国家或者地区在贸易方面对中华人民共和国采取歧视性的禁止、限制或者其他类似措施的，中华人民共和国可以根据实际情况对该国家或者该地区采取相应的措施。

第二章 对外贸易经营者

第八条 本法所称对外贸易经营者，是指依法办理工商登记或者其他执业手续，依照本法和其他有关法律、行政法规的规定从事对外贸易经营活动的法人、其他组织或者个人。

第九条 从事国际服务贸易，应当遵守本法和其他有关法律、行政法规的规定。

从事对外劳务合作的单位，应当具备相应的资质。具体办法由国务院规定。

第十条 国家可以对部分货物的进出口实行国营贸易管理。实行国营贸易管理货物的进出口业务只能由经授权的企业经营；但是，国家允许部分数量的国营贸易管理货物的进出口业务由非授权企业经营的除外。

实行国营贸易管理的货物和经授权经营企业的目录，由国务院对外贸易主管部门会同国务院其他有关部门确定、调整并公布。

违反本条第一款规定，擅自进出口实行国营贸易管理的货物的，海关不予放行。

第十一条 对外贸易经营者可以接受他人的委托，在经营范围内代为办理对外贸易业务。

第十二条 对外贸易经营者应当按照国务院对外贸易主管部门或者国务院其他有关部门依法作出的规定，向有关部门提交与其对外贸易经营活动有关的文件及资料。有关部门应当为提供者保守商业秘密。

第三章　货物进出口与技术进出口

第十三条　国家准许货物与技术的自由进出口。但是，法律、行政法规另有规定的除外。

第十四条　国务院对外贸易主管部门基于监测进出口情况的需要，可以对部分自由进出口的货物实行进出口自动许可并公布其目录。

实行自动许可的进出口货物，收货人、发货人在办理海关报关手续前提出自动许可申请的，国务院对外贸易主管部门或者其委托的机构应当予以许可；未办理自动许可手续的，海关不予放行。

进出口属于自由进出口的技术，应当向国务院对外贸易主管部门或者其委托的机构办理合同备案登记。

第十五条　国家基于下列原因，可以限制或者禁止有关货物、技术的进口或者出口：

（一）为维护国家安全、社会公共利益或者公共道德，需要限制或者禁止进口或者出口的；

（二）为保护人的健康或者安全，保护动物、植物的生命或者健康，保护环境，需要限制或者禁止进口或者出口的；

（三）为实施与黄金或者白银进出口有关的措施，需要限制或者禁止进口或者出口的；

（四）国内供应短缺或者为有效保护可能用竭的自然资源，需要限制或者禁止出口的；

（五）输往国家或者地区的市场容量有限，需要限制出口的；

（六）出口经营秩序出现严重混乱，需要限制出口的；

（七）为建立或者加快建立国内特定产业，需要限制进口的；

（八）对任何形式的农业、牧业、渔业产品有必要限制进口的；

（九）为保障国家国际金融地位和国际收支平衡，需要限制进口的；

（十）依照法律、行政法规的规定，其他需要限制或者禁止进口或者出口的；

（十一）根据我国缔结或者参加的国际条约、协定的规定，其他需要限制或者禁止进口或者出口的。

第十六条 国家对与裂变、聚变物质或者衍生此类物质的物质有关的货物、技术进出口，以及与武器、弹药或者其他军用物资有关的进出口，可以采取任何必要的措施，维护国家安全。

在战时或者为维护国际和平与安全，国家在货物、技术进出口方面可以采取任何必要的措施。

第十七条 国务院对外贸易主管部门会同国务院其他有关部门，依照本法第十五条和第十六条的规定，制定、调整并公布限制或者禁止进出口的货物、技术目录。

国务院对外贸易主管部门或者由其会同国务院其他有关部门，经国务院批准，可以在本法第十五条和第十六条规定的范围内，临时决定限制或者禁止前款规定目录以外的特定货物、技术的进口或者出口。

第十八条 国家对限制进口或者出口的货物，实行配额、许可证等方式管理；对限制进口或者出口的技术，实行许可证管理。

实行配额、许可证管理的货物、技术，应当按照国务院规定经国务院对外贸易主管部门或者经其会同国务院其他有关部门许可，方可进口或者出口。

国家对部分进口货物可以实行关税配额管理。

第十九条 进出口货物配额、关税配额，由国务院对外贸易主管部门或者国务院其他有关部门在各自的职责范围内，按照公开、公平、公正和效益的原则进行分配。具体办法由国务院规定。

第二十条 国家实行统一的商品合格评定制度，根据有关法律、行政法规的规定，对进出口商品进行认证、检验、检疫。

第二十一条 国家对进出口货物进行原产地管理。具体办法由国务院规定。

第二十二条 对文物和野生动物、植物及其产品等，其他法律、行政法规有禁止或者限制进出口规定的，依照有关法律、行政法规的规定执行。

第四章 国际服务贸易

第二十三条 中华人民共和国在国际服务贸易方面根据所缔结或者参加的国际条约、协定中所作的承诺，给予其他缔约方、参加方市场准入和国民待遇。

第二十四条 国务院对外贸易主管部门和国务院其他有关部门，依照本法和其他有关法律、行政法规的规定，对国际服务贸易进行管理。

第二十五条 国家基于下列原因，可以限制或者禁止有关的国际服务贸易：

（一）为维护国家安全、社会公共利益或者公共道德，需要限制或者禁止的；

（二）为保护人的健康或者安全，保护动物、植物的生命或者健康，保护环境，需要限制或者禁止的；

（三）为建立或者加快建立国内特定服务产业，需要限制的；

（四）为保障国家外汇收支平衡，需要限制的；

（五）依照法律、行政法规的规定，其他需要限制或者禁止的；

（六）根据我国缔结或者参加的国际条约、协定的规定，其他需要限制或者禁止的。

第二十六条 国家对与军事有关的国际服务贸易，以及与裂变、聚变物质或者衍生此类物质的物质有关的国际服务贸易，可以采取任何必要的措施，维护国家安全。

在战时或者为维护国际和平与安全，国家在国际服务贸易方面可以采取任何必要的措施。

第二十七条 国务院对外贸易主管部门会同国务院其他有关部门，依照本法第二十五条、第二十六条和其他有关法律、行政法规的规定，制定、调整并公布国际服务贸易市场准入目录。

第五章　与对外贸易有关的知识产权保护

第二十八条　国家依照有关知识产权的法律、行政法规，保护与对外贸易有关的知识产权。

进口货物侵犯知识产权，并危害对外贸易秩序的，国务院对外贸易主管部门可以采取在一定期限内禁止侵权人生产、销售的有关货物进口等措施。

第二十九条　知识产权权利人有阻止被许可人对许可合同中的知识产权的有效性提出质疑、进行强制性一揽子许可、在许可合同中规定排他性返授条件等行为之一，并危害对外贸易公平竞争秩序的，国务院对外贸易主管部门可以采取必要的措施消除危害。

第三十条　其他国家或者地区在知识产权保护方面未给予中华人民共和国的法人、其他组织或者个人国民待遇，或者不能对来源于中华人民共和国的货物、技术或者服务提供充分有效的知识产权保护的，国务院对外贸易主管部门可以依照本法和其他有关法律、行政法规的规定，并根据中华人民共和国缔结或者参加的国际条约、协定，对与该国家或者该地区的贸易采取必要的措施。

第六章　对外贸易秩序

第三十一条　在对外贸易经营活动中，不得违反有关反垄断的法律、行政法规的规定实施垄断行为。

在对外贸易经营活动中实施垄断行为，危害市场公平竞争的，依照有关反垄断的法律、行政法规的规定处理。

有前款违法行为，并危害对外贸易秩序的，国务院对外贸易主管部门可以采取必要的措施消除危害。

第三十二条　在对外贸易经营活动中，不得实施以不正当的低价销售商品、串通投标、发布虚假广告、进行商业贿赂等不正当竞争行为。

在对外贸易经营活动中实施不正当竞争行为的，依照有关反不正当竞争的法律、行政法规的规定处理。

有前款违法行为，并危害对外贸易秩序的，国务院对外贸易主管部门可以采取禁止该经营者有关货物、技术进出口等措施消除危害。

第三十三条　在对外贸易活动中，不得有下列行为：

（一）伪造、变造进出口货物原产地标记，伪造、变造或者买卖进出口货物原产地证书、进出口许可证、进出口配额证明或者其他进出口证明文件；

（二）骗取出口退税；

（三）走私；

（四）逃避法律、行政法规规定的认证、检验、检疫；

（五）违反法律、行政法规规定的其他行为。

第三十四条 对外贸易经营者在对外贸易经营活动中，应当遵守国家有关外汇管理的规定。

第三十五条 违反本法规定，危害对外贸易秩序的，国务院对外贸易主管部门可以向社会公告。

第七章 对外贸易调查

第三十六条 为了维护对外贸易秩序，国务院对外贸易主管部门可以自行或者会同国务院其他有关部门，依照法律、行政法规的规定对下列事项进行调查：

（一）货物进出口、技术进出口、国际服务贸易对国内产业及其竞争力的影响；

（二）有关国家或者地区的贸易壁垒；

（三）为确定是否应当依法采取反倾销、反补贴或者保障措施等对外贸易救济措施，需要调查的事项；

（四）规避对外贸易救济措施的行为；

（五）对外贸易中有关国家安全利益的事项；

（六）为执行本法第七条、第二十八条第二款、第二十九条、第三十条、第三十一条第三款、第三十二条第三款的规定，需要调查的事项；

（七）其他影响对外贸易秩序，需要调查的事项。

第三十七条 启动对外贸易调查，由国务院对外贸易主管部门发布公告。

调查可以采取书面问卷、召开听证会、实地调查、委托调查等方式进行。

国务院对外贸易主管部门根据调查结果，提出调查报告或者作出处理裁定，并发布公告。

第三十八条 有关单位和个人应当对对外贸易调查给予配合、协助。

国务院对外贸易主管部门和国务院其他有关部门及其工作人员进行对外贸易调查，对知悉的国家秘密和商业秘密负有保密义务。

第八章　对外贸易救济

第三十九条　国家根据对外贸易调查结果，可以采取适当的对外贸易救济措施。

第四十条　其他国家或者地区的产品以低于正常价值的倾销方式进入我国市场，对已建立的国内产业造成实质损害或者产生实质损害威胁，或者对建立国内产业造成实质阻碍的，国家可以采取反倾销措施，消除或者减轻这种损害或者损害的威胁或者阻碍。

第四十一条　其他国家或者地区的产品以低于正常价值出口至第三国市场，对我国已建立的国内产业造成实质损害或者产生实质损害威胁，或者对我国建立国内产业造成实质阻碍的，应国内产业的申请，国务院对外贸易主管部门可以与该第三国政府进行磋商，要求其采取适当的措施。

第四十二条　进口的产品直接或者间接地接受出口国家或者地区给予的任何形式的专向性补贴，对已建立的国内产业造成实质损害或者产生实质损害威胁，或者对建立国内产业造成实质阻碍的，国家可以采取反补贴措施，消除或者减轻这种损害或者损害的威胁或者阻碍。

第四十三条 因进口产品数量大量增加，对生产同类产品或者与其直接竞争的产品的国内产业造成严重损害或者严重损害威胁的，国家可以采取必要的保障措施，消除或者减轻这种损害或者损害的威胁，并可以对该产业提供必要的支持。

第四十四条 因其他国家或者地区的服务提供者向我国提供的服务增加，对提供同类服务或者与其直接竞争的服务的国内产业造成损害或者产生损害威胁的，国家可以采取必要的救济措施，消除或者减轻这种损害或者损害的威胁。

第四十五条 因第三国限制进口而导致某种产品进入我国市场的数量大量增加，对已建立的国内产业造成损害或者产生损害威胁，或者对建立国内产业造成阻碍的，国家可以采取必要的救济措施，限制该产品进口。

第四十六条 与中华人民共和国缔结或者共同参加经济贸易条约、协定的国家或者地区，违反条约、协定的规定，使中华人民共和国根据该条约、协定享有的利益丧失或者受损，或者阻碍条约、协定目标实现的，中华人民共和国政府有权要求有关国家或者地区政府采取适当的补救措施，并可以根据有关条约、协定中止或者终止履行相关义务。

第四十七条 国务院对外贸易主管部门依照本法和其他有关法律的规定，进行对外贸易的双边或者多边磋商、谈判和争端的解决。

第四十八条 国务院对外贸易主管部门和国务院其他有关部门应当建立货物进出口、技术进出口和国际服务贸易的预警应急机制，应对对外贸易中的突发和异常情况，维护国家经济安全。

第四十九条 国家对规避本法规定的对外贸易救济措施的行为，可以采取必要的反规避措施。

第九章 对外贸易促进

第五十条 国家制定对外贸易发展战略，建立和完善对外贸易促进机制。

第五十一条 国家根据对外贸易发展的需要，建立和完善为对外贸易服务的金融机构，设立对外贸易发展基金、风险基金。

第五十二条 国家通过进出口信贷、出口信用保险、出口退税及其他促进对外贸易的方式，发展对外贸易。

第五十三条 国家建立对外贸易公共信息服务体系，向对外贸易经营者和其他社会公众提供信息服务。

第五十四条 国家采取措施鼓励对外贸易经营者开拓国

际市场，采取对外投资、对外工程承包和对外劳务合作等多种形式，发展对外贸易。

第五十五条 对外贸易经营者可以依法成立和参加有关协会、商会。

有关协会、商会应当遵守法律、行政法规，按照章程对其成员提供与对外贸易有关的生产、营销、信息、培训等方面的服务，发挥协调和自律作用，依法提出有关对外贸易救济措施的申请，维护成员和行业的利益，向政府有关部门反映成员有关对外贸易的建议，开展对外贸易促进活动。

第五十六条 中国国际贸易促进组织按照章程开展对外联系，举办展览，提供信息、咨询服务和其他对外贸易促进活动。

第五十七条 国家扶持和促进中小企业开展对外贸易。

第五十八条 国家扶持和促进民族自治地方和经济不发达地区发展对外贸易。

第十章 法律责任

第五十九条 违反本法第十条规定，未经授权擅自进出口实行国营贸易管理的货物的，国务院对外贸易主管部门或者国务院其他有关部门可以处五万元以下罚款；情节严重的，可以自行政处罚决定生效之日起三年内，不受理违法行为人从事国营贸易管理货物进出口业务的申请，或者撤销已给予其从事其他国营贸易管理货物进出口的授权。

第六十条 进出口属于禁止进出口的货物的，或者未经许可擅自进出口属于限制进出口的货物的，由海关依照有关法律、行政法规的规定处理、处罚；构成犯罪的，依法追究刑事责任。

进出口属于禁止进出口的技术的，或者未经许可擅自进出口属于限制进出口的技术的，依照有关法律、行政法规的规定处理、处罚；法律、行政法规没有规定的，由国务院对外贸易主管部门责令改正，没收违法所得，并处违法所得一倍以上五倍以下罚款，没有违法所得或者违法所得不足一万元的，处一万元以上五万元以下罚款；构成犯罪的，依法追究刑事责任。

自前两款规定的行政处罚决定生效之日或者刑事处罚判决生效之日起，国务院对外贸易主管部门或者国务院其他有关部门可以在三年内不受理违法行为人提出的进出口配额或者许可证的申请，或者禁止违法行为人在一年以上三年以下的期限内从事有关货物或者技术的进出口经营活动。

第六十一条 从事属于禁止的国际服务贸易的，或者未经许可擅自从事属于限制的国际服务贸易的，依照有关法律、行政法规的规定处罚；法律、行政法规没有规定的，由国务院对外贸易主管部门责令改正，没收违法所得，并处违法所得一倍以上五倍以下罚款，没有违法所得或者违法所得不足一万元的，处一万元以上五万元以下罚款；构成犯罪的，依法追究刑事责任。

国务院对外贸易主管部门可以禁止违法行为人自前款规定的行政处罚决定生效之日或者刑事处罚判决生效之日起一年以上三年以下的期限内从事有关的国际服务贸易经营活动。

第六十二条 违反本法第三十三条规定，依照有关法律、行政法规的规定处罚；构成犯罪的，依法追究刑事责任。

国务院对外贸易主管部门可以禁止违法行为人自前款规定的行政处罚决定生效之日或者刑事处罚判决生效之日起一年以上三年以下的期限内从事有关的对外贸易经营活动。

第六十三条 依照本法第六十条至第六十二条规定被禁止从事有关对外贸易经营活动的，在禁止期限内，海关根据国务院对外贸易主管部门依法作出的禁止决定，对该对外贸易经营者的有关进出口货物不予办理报关验放手续，外汇管理部门或者外汇指定银行不予办理有关结汇、售汇手续。

第六十四条 依照本法负责对外贸易管理工作的部门的工作人员玩忽职守、徇私舞弊或者滥用职权，构成犯罪的，依法追究刑事责任；尚不构成犯罪的，依法给予行政处分。

依照本法负责对外贸易管理工作的部门的工作人员利用职务上的便利，索取他人财物，或者非法收受他人财物为他人谋取利益，构成犯罪的，依法追究刑事责任；尚不构成犯罪的，依法给予行政处分。

第六十五条 对外贸易经营活动当事人对依照本法负责对外贸易管理工作的部门作出的具体行政行为不服的，可以依法申请行政复议或者向人民法院提起行政诉讼。

第十一章 附 则

第六十六条 与军品、裂变和聚变物质或者衍生此类物质的物质有关的对外贸易管理以及文化产品的进出口管理，法律、行政法规另有规定的，依照其规定。

第六十七条 国家对边境地区与接壤国家边境地区之间的贸易以及边民互市贸易，采取灵活措施，给予优惠和便利。具体办法由国务院规定。

第六十八条 中华人民共和国的单独关税区不适用本法。

第六十九条 本法自2004年7月1日起施行。

人的货款也不会付出。在承运人依保函签发清洁提单的情况下，使提单在跟单信用证机制中的制衡作用被破坏。因此，承运人必须对依保函签发清洁提单的后果承担责任。

(2) 不可以。因为本题保函无效，且即使是有效保函，也不能对抗第三人。

(3) 不可以，本题投保的是水渍险，水渍险不包括雨水造成的损失。

2. 答案：(1) 可以。本案承运人以保函倒签了提单，应对因此而造成的延迟交付负责。因此乙公司可以向承运人提出索赔。

(2) 本案属于倒签提单的行为，即将实际装船的日期提前的行为。

(3) 不可以。水渍险并不承保因延迟交付造成的损失。因此乙公司不应向保险公司提出索赔。

3. 答案：(1) 国际海上货物运输中，提单是承运人保证据以交付货物的凭证，持有提单就拥有对提单项下货物的物权。原告某银行作为开证银行，根据信用证关系承兑付款后，在开证申请人未付款赎单的情况下，合法持有提单，就拥有提单项下货物的物权。船务公司违反法定义务，将货物交付给非提单持有人，侵犯了某银行的合法权益。

(2) 船务公司违反了依正本提单放货的法定义务，应对由此给某银行造成的损失承担责任。因此，某银行应起诉船务公司。

4. 答案：(1) 本案船公司与银行之间是一种担保关系。国内根据《汉堡规则》的有关规定，银行可以提供“提货担保书”，只要这种行为是善意的，不带有欺诈性，我国就对此予以承认。本案中银行为医药公司出具了“提货担保书”，因此，银行就与船公司之间形成保证关系，保证医药公司作为提货人的真实资格。

(2) 本案医药公司应该承担船公司在上海败诉所受到的损失。因为医药公司在银行提供“提货担保”的情况下，医药公司作为提货人，委托某进出口公司报关，结果进出口公司在报关时伪报货物名称，致使该批货物被海关没收。于是收货人医药公司没有付款赎单，提单被退回给了上海托运人。由此看来，由于医药公司委托其他公司不正确报关而使货物被扣，又因医药公司没有付款赎单致使提单被退回了上海托运人。医药公司对船公司在上海的败诉负有直接责任。因此，医药公司应该承担船公司在上海败诉所受到的损失。

(3) 本案银行有责任。因为银行为医药公司出具了“提货担保书”，根据《汉堡规则》，只要银行的行为是善意的，其行为就具有法律效力。于是医药公司就作为提货人向船公司提取货物，并导致了货物被扣和医药公司没有付款赎单的结果。因此，银行的担保行为与船公司的损失也具有一定的因果关系，银行也应该对此承担责任。

(4) 收货人向船公司或保险公司提出索赔。根据《海牙规则》的规定，承运人须承担在开航前或开航时必须履行最低限度的责任，具体是：使船舶适用航行；适当地配备船员、装备和供应船舶；使货舱、冷藏舱和该船其他装载货物的部分能适宜和安全地收受、运输和保存货物。承运人应当适当和谨慎地装载、搬运、积载、运输、保管、照料和卸载所运货物。本案中有12箱因放置离机舱太近而受热变质，说明承运人船公司违反了《海牙规则》中规定的义务，对此应当承担赔偿的责任。同时，因该批货物投保了一切险，对此保险公司也应承担理赔责任，收货人可以直接向船公司索赔也可以向保险公司索赔。

(5) 本案中各债权项目的受偿顺序是：船员的工资；天津港的港务费；银行贷款。根据我国《海商法》的有关规定，轮船享有“船舶优先权”原则，必须首先保障船舶自身的一切需要。在本案中，船东应首先保障船员的工资，满足该船正常运行；其次要交纳拖欠天津港的港务费，这属于对船舶征收的行政性收费，处于次要地位；最后是偿还银行的贷款。

5. 答案：(1) 不能。本案合同为CIF合同，中国公司的交货地点是在装运港，而非目的港纽约；货物自装运港装上船后，灭失或损坏的风险由买方某国公司承担，买方某国公司不得以装上船后因意外事故造成的货物灭损(即茶叶遭海水浸泡、货物不合格)为由拒绝接收货物。

(2)不能。信用证支付方式体现银行信用，由银行承担付款责任。银行付款的条件是单证一致。银行的付款义务不涉及货物是否受损。信用证与买卖合同是独立的。

第六章　国际技术贸易法

基础知识图解

- 概述
  - 含义
  - 分类
  - 特征
- 国际许可协议
  - 概念、特征
  - 种类
    - 独占许可协议
    - 排他许可协议
    - 普通许可协议
  - 基本内容
  - 限制性商业条款的含义及其管制
- 知识产权的国际保护
  - 《建立世界知识产权组织公约》（我国参加的第一个知识产权公约）
  - 《保护工业产权巴黎公约》
    - 国民待遇原则
    - 优先权原则
    - 临时性保护
  - 《专利合作条约》
  - 《商标国际注册马德里协定》
  - 《保护文学和艺术作品伯尔尼公约》（保护主体、国民待遇原则）
  - 《世界版权公约》
  - 《与贸易有关的知识产权协议》（TRIPs 协议）

配套测试

一、单项选择题

1. 《与贸易有关的知识产权协议》规定，版权的保护应延及（　　）。

A. 创意　　B. 操作方法

C. 表达方式　　D. 思想

2. 《与贸易有关的知识产权协议》要求成员方应按什么条约的有关规定对集成电路布图设计提供保护？（　　）

A. 《保护表演者、录音制品制作者和广播组织罗马公约》

B. 《保护工业产权巴黎公约》

C. 《集成电路知识产权条约》

D. 《保护文学艺术作品伯尔尼公约》

3. 根据《保护工业产权巴黎公约》，关于优先权，下列哪一选项是正确的？（　　）（司考 . 2009. 1. 42）

A. 优先权的获得需要申请人于“在后申请”中提出优先权申请并提供有关证明文件

B. 所有的工业产权均享有相同期间的优先权

C. “在先申请”撤回，“在后申请”的优先权地位随之丧失

D. “在先申请”被驳回，“在后申请”的优先权地位随之丧失

4. 知识产权领域第一个世界性多边公约是（　　）。

A. 《保护文学艺术作品伯尔尼公约》

B. 《保护工业产权巴黎公约》

C. 《商标国际注册马德里协定》

D. 《建立世界知识产权组织公约》

5. 根据《保护工业产权巴黎公约》规定，工业品外观设计和商标的优先权申请期限是（　　）。

A. 6个月　　B. 12个月

C. 20个月　　D. 25个月

6. 某公约规定：在一成员国被认定的驰名商标，无须在另一成员国境内申请或注册，即可在该国自动获得保护。这一公约是（　　）。

A. 《商标注册条约》

B. 《建立世界知识产权组织公约》

C. 《保护工业产权巴黎公约》

D. 《商标国际注册马德里协定》

7. 根据《伯尔尼公约》，所谓“同时出版”，是指一个作品在首次出版后多长时间内在两个或两个以上国家内出版？（　　）

A. 3个月　　B. 6个月

C. 10天　　D. 30天

8. 《伯尔尼公约》要求成员国为摄影作品和作为艺术作品保护的实用美术作品提供的保护期不应少于自该作品创作完成之后算起的（　　）。

A. 10年　　B. 20年

C. 25年　　D. 50年

9. 第一个为著作邻接权提供保护的国际公约是（　　）。

A. 《罗马公约》

B. 《录音制品公约》

C. 《伯尔尼公约》

D. 《世界版权公约》

10. 根据《罗马公约》，唱片制作者享有的权利包括（　　）。

A. 许可或禁止进口未经其许可的复制品

B. 许可或禁止购买未经其许可的复制品

C. 许可或禁止直接或间接复制其唱片制品

D. 许可或禁止销售未经其许可的复制品

11. 下列哪些属于专有技术许可证协议的特色条款？（　　）

A. 技术改进和发展条款

B. 商品质量保证条款

C. 保密条款

D. 许可使用性质条款

12. 根据《与贸易有关的知识产权协定》，关于商标所有人转让商标，下列哪一选项是正确的？（　　）（司考.2008.1.43）

A. 必须将该商标与所属业务同时转让

B. 可以将该商标与所属业务同时转让

C. 不能将该商标与所属业务同时转让

D. 可以通过强制许可形式转让

13. 某服装公司以生产高档男女西服、衬衫闻名，其产品在国内占有一定的市场，某牌文字和图形商标在国内也有较高的知名度。为打开国际市场，公司决定除提高服装质量、在国外广泛宣传外，还要在十几个国家申请某牌文字和图形商标的注册专用权。考虑到我国和公司拟申请注册的大多数国家都是《商标国际注册马德里协定》的成员国，公司决定通过国际注册的方式在各有关国家取得商标专用权。如果该公司提出申请，下列表述中不正确的是（　　）。

A. 某服装公司可直接向世界知识产权组织国际局申请国际注册

B. 在提出申请时，某服装公司须注明要求保护的国家

C. 如果申请成功获得国际注册，则某服装公司将享有20年的保护期

D. 如果在获得国际注册以后的第3年，我国商标局撤销了某牌的注册，各国注册也将随之失效

14. 在国际许可合同中，如果规定在合同规定的范围和期限内，受让方对受让的技术拥有使用权，许可人不能将该项技术另行转让给第三方，但许可方自己仍保留在该时间和地域范围内的使用权。这种许可合同属于（　　）。

A. 交叉许可合同　　B. 普通许可合同

C. 独占许可合同　　D. 排他许可合同

15. 下列许可证协议中，受让方所获使用权范围最大的是（　　）。

A. 独占许可证协议

B. 排他许可证协议

C. 普通许可证协议
D. 交叉许可证协议

16. 在签订国际许可合同时，一次性算清各项技术项目所应支付的全部费用，由双方当事人确定一个固定的金额，并在合同中加以明确规定，这称为下列哪项？（ ）
A. 统包价格
B. 提成价格
C. 入门费加提成的价格
D. 一次总付价格

17. 下列哪些是专利许可证协议的特有条款？（ ）
A. 保密条款
B. 维持权利有效性条款
C. 质量监督和保证条款
D. 详细的技术保证条款

18. 根据《保护工业产权巴黎公约》的国民待遇原则，若该公约某成员国国民的发明在其本国获得了专利保护，关于该发明在其他成员国的待遇，下列哪一选项是正确的？（ ）（司考. 2008. 1. 43）
A. 该发明在其他成员国也获得专利保护
B. 该发明在其他成员国也获得版权保护
C. 该发明应按其他成员国的法律规定来确定是否获得专利保护
D. 其他成员国对该发明应给予发明者本国所给予的相同水平的保护

19. 甲国人迈克在甲国出版著作《希望之路》后25天内，又在乙国出版了该作品，乙国是《保护文学和艺术作品伯尔尼公约》缔约国，甲国不是。依该公约，下列哪一选项是正确的？（ ）（司考 . 2017. 1. 44）
A. 因《希望之路》首先在非缔约国出版，不能在缔约国享受国民待遇
B. 迈克在甲国出版《希望之路》后25天内在乙国出版，仍然具有缔约国的作品国籍
C. 乙国依国民待遇为该作品提供的保护需要迈克履行相应的手续
D. 乙国对该作品的保护有赖于其在甲国是否受保护

20. 甲国和中国均为《保护工业产权巴黎公约》缔约国，甲国某公司发明一种环保涂料，于2018年12月1日在甲国提出了专利申请，并自2019年年初开始在中国销售。中国某公司发明了同样的环保涂料，于2019年12月10日向中国有关机关提出了专利申请。下列哪一选项是正确的？（ ）
A. 中国某公司无权就该种涂料在中国申请专利
B. 若中国某公司获得专利授权，甲国某公司继续在中国销售该种涂料，应经中国某公司授权
C. 中国某公司若在中国销售该种涂料，应经甲国某公司授权
D. 因甲国某公司申请在先，中国某公司专利权应该被宣告无效

二、不定项选择题

1. 《与贸易有关的知识产权协议》的基本原则包括（ ）。
A. 关税减让原则
B. 高水平保护的原则
C. 最惠国待遇原则
D. 国民待遇原则

2. 根据《与贸易有关的知识产权协议》规定，成员方可以不授予专利的有（ ）。
A. 医疗和农用化学产品
B. 对人或动物的诊断、治疗和外科手术方法
C. 除微生物外的任何植物和动物
D. 任何植物、动物的非生物培育方法

3. 根据《与贸易有关的知识产权协议》关于集成电路布图设计的规定，成员方有权认为下列哪些未经权利人授权的行为是非法的？（ ）
A. 进口、销售或为商业目的出售含有受保护的布图设计的集成电路
B. 进口、销售或为商业目的出售含有受保护集成电路的产品
C. 进口、销售或为商业目的出售受保护的工业品外观设计
D. 进口、销售或为商业目的出售受保护

的布图设计

4. 下列有关《与贸易有关的知识产权协议》中有关商标的说法中正确的有（　　）。
A. 各成员可以根据使用进行注册，但实际使用并非注册申请的条件
B. 商品或服务的性质不应成为申请商标注册的障碍
C. 商标首次注册和每次续展注册的期限不得少于10年
D. 各成员不能将标志是否能被视觉显而易见作为商标注册的条件

5. 下列各项中属于《关税与贸易总协定》乌拉圭回合新议题的是（　　）。
A. 与贸易有关的知识产权问题
B. 货物贸易问题
C. 服务贸易问题
D. 与贸易有关的投资措施

6. 依独占许可合同，在合同规定的期限和地域内，对该项合同技术，除受让方使用外（　　）。
A. 供方和任何第三方也可使用
B. 供方可以使用，但任何第三方不得使用
C. 供方不得使用，但任何第三方可以使用
D. 供方和任何第三方均不得使用

7. 某国人甲于1998年7月1日向中国专利局提出实用新型专利申请，1999年3月20日获得实用新型专利权。甲对该项技术拥有独占权的期限终止于（　　）。
A. 2004年3月19日
B. 2008年6月30日
C. 2019年3月19日
D. 2018年6月30日

8. 根据我国《商标法》的规定，注册商标有效期的起算之日是（　　）。
A. 申请之日　　B. 首次使用之日
C. 核准注册之日　　D. 公告之日

9. 最常见的国际许可合同，其标的物（　　）。
A. 既包括专利，也包括商标
B. 既包括专利，也包括专有技术
C. 既包括商标，也包括专有技术
D. 包括专利、专有技术和商标

10. 《与贸易有关的知识产权协议》规定在知识产权保护上，成员国应给予他国家怎样的待遇（　　）。
A. 优惠待遇　　B. 最惠国待遇
C. 国民待遇　　D. 平等待遇

11. 下列公约中有哪些是我国已加入的？（　　）
A. 《罗马公约》
B. 《保护工业产权巴黎公约》
C. 《保护唱片制作者禁止未经许可复制其录音制品公约》
D. 《世界版权公约》

12. 《保护工业产权巴黎公约》的基本原则包括（　　）。
A. 国民待遇原则
B. 独立性原则
C. 优先权原则
D. 自动保护原则

13. 中国甲公司发现有假冒某商标的货物通过海关进口。依我国相关法律规定，甲公司可以采取下列哪些措施？（　　）（司考.2009.1.86）
A. 甲公司可向海关提出采取知识产权保护措施的备案申请
B. 甲公司可要求海关将涉嫌侵犯某商标权的标记移除后再进口
C. 甲公司可向货物进出境地海关提出扣留涉嫌侵权货物的申请
D. 甲公司在向海关提出采取保护措施的申请后，可在起诉前就被扣留的涉嫌侵权货物向法院申请采取责令停止侵权行为的措施

14. 根据《保护工业产权巴黎公约》，各成员国应当对下列哪些证书的申请给予优先权？（　　）
A. 发明人
B. 实用新型或外观设计
C. 专利权
D. 商标

15. 根据《保护工业产权巴黎公约》所确立的临时保护制度，各成员国必须根据本国法律，对于在任何成员国内举办的官方或经官方承认的国际展览会上展出的

产品中包含的哪些工业产权提供临时保护？（ ）

A. 可以申请注册的商标

B. 可以获得登记的厂商名称

C. 可以申请专利的发明、实用新型或外观设计

D. 可以获得保护的产地标记

16. 根据《保护工业产权巴黎公约》，下列关于强制许可原则的说法中正确的有（ ）。

A. 管理机关颁发强制许可证后，专利权人则不能再向别人发许可证

B. 强制许可证不可转让

C. 专利权人在其专利被批准后 3 年内（或申请专利 4 年内——以最迟届满的期限为准）未实施专利，授予其专利的成员国有权对其专利实施强制许可

D. 强制许可证的被许可人无须向专利权人支付使用费

17. 下列各公约中，只对《巴黎公约》成员国开放的是（ ）。

A.《专利合作条约》

B.《商标国际注册马德里协定》

C.《商标注册条约》

D.《世界版权公约》

18.《伯尔尼公约》赋予作者的人身权利包括（ ）。

A. 保护作品完整权 B. 收回权

C. 发表权 D. 署名权

19. 下列有关《伯尔尼公约》的说法中正确的有（ ）。

A. 只保护作者的经济权利

B. 受保护的权利包括经济权利和精神权利

C. 适用自动保护原则

D. 适用有条件的自动保护原则

20.《伯尔尼公约》的基本原则包括（ ）。

A. 版权独立性原则

B. 优先权原则

C. 最惠国待遇原则

D. 国民待遇原则

21. A 国乙公司与 B 国甲公司（营业地在 B 国）订立货物买卖合同，乙公司交付货物以后，甲公司将该货物转售到 C 国。一些主体向甲公司就 A 国乙公司交付的货物提出的知识产权损害赔偿请求，乙公司应当承担责任的是（ ）。

A. B 国的甲公司依据 A 国法律提出的要求

B. A 国的乙公司依据 B 国法律提出的要求

C. B 国的甲公司依据 C 国法律提出的要求

D. C 国的丙公司依据 B 国法律提出的要求

22. 关于《伯尔尼公约》的保护客体，下列说法中正确的有（ ）。

A. 各成员国可以通过国内立法规定：所有作品或任何特定种类的作品如果未以某种物质形式固定下来则不受保护

B. 各成员国必须保护口述作品

C. 公约所说的“文学和艺术作品”指文学、艺术领域的一切智力创作的成果

D. 公约的保护不适用于日常新闻或纯属报刊消息性质的社会新闻

23.《世界版权公约》赋予作者的经济权利包括（ ）。

A. 广播权 B. 公演权

C. 翻译权 D. 复制权

24.《罗马公约》的保护对象包括（ ）。

A. 录像制品制作者 B. 表演者

C. 录音制品制作者 D. 广播组织

25. 根据《罗马公约》，表演者享受国民待遇的标准包括（ ）。

A. 国籍标准 B. 表演地标准

C. 录制标准 D. 广播标准

26. 国际技术转让的方式包括（ ）。

A. 国际技术咨询服务 B. 国际工程承包

C. 国际许可证贸易 D. 国际补偿贸易

27. 下列可以成为国际许可合同标的的选项有（ ）。

A. 专利技术使用权

B. 商标使用权

C. 成套设备使用权

D. 专有技术使用权

28. 关于版权保护，下列哪一选项体现了《与贸易有关的知识产权协议》对《伯尔尼公约》的补充？（　　）（司考.2010.1.41）

A. 明确了摄影作品的最低保护期限

B. 将计算机程序和有独创性的数据汇编列为版权保护的对象

C. 增加了对作者精神权利方面的保护

D. 无例外地实行国民待遇原则

29. 下列关于国际许可证协议的说法中错误的有（　　）。

A. 排他许可证协议是指被许可方在协议有效期间对所购进的技术或商标在协议约定区域内有使用权，许可方和任何第三方都不得在该区域内使用该项技术

B. 可转让许可证协议是指在协议有效期内许可方可以将被许可方购进的该项技术转让给第三方，而原许可证协议对第三方仍然有效

C. 普通许可证协议是指在协议有效期内被许可方不仅自己对所购进的技术在协议约定区域内有使用权，而且可以在该区域内将该项技术转让给任何第三方

D. 独占许可证协议是指被许可方在协议有效期间对所购进的技术或商标在协议约定区域内有使用权，除许可方外的任何第三方都不得在该协议约定区域内使用或转让该项技术

30. 关于《世界版权公约》，下列表述正确的有哪几项？（　　）

A. 适用版权自动保护原则

B. 适用版权非自动保护原则

C. 只保护作者的经济权利

D. 保护作者的精神权利和经济权利

31. 和《巴黎公约》相比，《与贸易有关的知识产权协议》在哪些方面提高了对驰名商标的特殊保护？（　　）

A. 规定驰名商标的认定不以注册为前提，使用亦可成为认定的依据

B. 规定驰名商标的特殊保护原则可以扩大适用于服务标记

C. 将驰名商标特殊保护的规定比照适用于与该商标核准使用的商品或服务不相类似的商品或服务

D. 规定对以不诚实手段取得注册或使用的商标提出取消注册或禁止使用的要求的，不应规定时间限制

32. 下列哪些属于实体性的知识产权国际公约？（　　）

A. 《保护工业产权巴黎公约》

B. 《专利合作条约》

C. 《商标国际注册马德里协定》

D. 《世界版权公约》

33. 下列哪几项可以成为国际许可证协议的标的？（　　）

A. 专利技术使用权

B. 商标使用权

C. 计算机软件使用权

D. 大型成套设备使用权

34. 在国际许可贸易中，国际许可协议包括哪些种类？（　　）

A. 专利许可

B. 专有技术许可

C. 商标许可

D. 土地使用权许可

35. 李某为惯常居所地在甲国的公民，满某为惯常居所地在乙国的公民。甲国不是《保护文学艺术作品伯尔尼公约》缔约国，乙国和中国是该公约的缔约国。关于作品在中国的国民待遇，下列哪些选项是正确的？（　　）（司考.2012.1.82）

A. 李某的文章在乙国首次发表，其作品在中国享有国民待遇

B. 李某的文章无论发表与否，其作品在中国享有国民待遇

C. 满某的文章无论在任何国家首次发表，其作品在中国享有国民待遇

D. 满某的文章无论发表与否，其作品在中国享有国民待遇

36. 甲国人柯里在甲国出版的小说流传到乙国后出现了利用其作品的情形，柯里认为侵犯了其版权，并诉诸乙国法院。尽

管甲、乙两国均为《伯尔尼公约》的缔约国，但依甲国法，此种利用作品不构成侵权，另外，甲国法要求作品履行一定的手续才能获得保护。根据相关规则，下列哪一选项是正确的？（　　）（司考.2014.1.43）

A. 柯里须履行甲国法要求的手续才能在乙国得到版权保护

B. 乙国法院可不受理该案，因作品来源国的法律不认为该行为是侵权

C. 如该小说在甲国因宗教原因被封杀，乙国仍可予以保护

D. 依国民待遇原则，乙国只能给予该作品与甲国相同水平的版权保护

37. 香槟是法国地名，中国某企业为了推广其葡萄酒产品，拟为该产品注册“香槟”商标。依《与贸易有关的知识产权协议》，下列哪些选项是正确的？（　　）（司考.2015.1.81）

A. 只要该企业有关“香槟”的商标注册申请在先，商标局就可以为其注册

B. 如该注册足以使公众对该产品的来源误认，则应拒绝注册

C. 如该企业是在利用香槟这一地理标志进行暗示，则应拒绝注册

D. 如允许来自法国香槟的酒产品注册“香槟”的商标，而不允许中国企业注册该商标，则违反了国民待遇原则

38. 中国甲公司与德国乙公司签订了一项新技术许可协议，规定在约定期间内，甲公司在亚太区独占使用乙公司的该项新技术。依相关规则，下列哪一选项是正确的？（　　）（司考.2016.1.43）

A. 在约定期间内，乙公司在亚太区不能再使用该项新技术

B. 乙公司在全球均不能再使用该项新技术

C. 乙公司不能再将该项新技术允许另一家公司在德国使用

D. 乙公司在德国也不能再使用该项新技术

39. 中国和德国都是《保护工业产权巴黎公约》的缔约国。德国甲公司为了扩大所发明技术的销售市场参加了位于中国境内的技术展销会，中国乙公司在展会上和德国甲公司达成购买该项技术的协议。协议许可在中国境内只有乙公司有权使用该项技术，但乙公司每年生产的产品不能超过100万件。根据《保护工业产权巴黎公约》和我国法律的规定，下列说法哪些是正确的？（　　）

A. 如甲公司欲为该产品申请专利，则该专利申请的优先权日为该技术公开展出之日

B. 甲公司和乙公司达成的许可协议在中国境内属于独占许可

C. 甲公司和乙公司达成的关于产品数量限制的协议违反我国法律的规定

D. 只要甲公司在德国成功获批专利，则所有《保护工业产权巴黎公约》的成员国都有义务对该专利进行保护

40. 甲国A公司研发的尾气净化器在甲国获得了发明专利权。B公司在乙国仿制A公司的尾气净化器，C公司生产装载了B公司尾气净化器的客车并在乙国销售。D公司购买了C公司生产的客车用于甲、乙两国之间的旅客运输，E公司将C公司生产的客车进口到甲国，但尚未销售。甲、乙两国都是《保护工业产权巴黎公约》和WTO的成员方，若上述行为均未经A公司许可，哪些行为侵犯了A公司的专利权？（　　）

A. B公司的行为

B. C公司的行为

C. D公司的行为

D. E公司的行为

三、名词解释

1. 技术

2. 著作权的邻接权

3. 专有技术

4. 跨越国境

5. 提成价格

6. 限制性商业条款

7. 优先权原则
8. 地理标志

四、简答题

1. 简要说明地理标志与原产地标记的区别。
2. 与《巴黎公约》相比，TRIPs 在哪些方面扩大了对驰名商标的特殊保护？
3. 简述按授权范围划分的许可协议的种类。
4. 国际许可证协议特征有哪些？
5. 简述国际许可合同的概念及其分类。
6. TRIPs 协议关于版权保护的主要规定。

五、论述题

1. 试述《保护工业产权巴黎公约》关于优先权原则的规定。
2. 试述发达国家和发展中国家关于限制性商业条款的分歧。
3. 试述关于《修改 TRIPs 的议定书》的修改原因、内容、意义和对中国的影响。（中国人民大学 2008 年考研真题）
4. 论国际技术贸易和国际货物贸易的区别。

参考答案

一、单项选择题

1. **答案**：C。《与贸易有关的知识产权协议》第 9 条规定："……二、版权的保护仅延伸至表达方式，而不延伸至思想、程序、操作方法或数学概念本身。"
2. **答案**：C。《与贸易有关的知识产权协议》要求成员方应按《集成电路知识产权条约》的有关规定对集成电路布图设计提供保护。
3. **答案**：A。选项 A 正确。优先权的获得并不是自动的，需要申请人于在后申请中提出优先权申请并提供有关证明文件。选项 B 错误。发明专利和实用新型专利为 12 个月，外观设计和商标为 6 个月。选项 CD 错误。《保护工业产权巴黎公约》第 4 条规定，如果后来提出申请时，在先的申请已被撤回、放弃或驳回，而没有提供公众审阅，也没有遗留任何未定的权利，并且如果在先的申请尚未成为请求优先权的根据，则应按照本款第 2 项规定在本同盟同一个国家内就在先的申请的同样主题所提出的后来申请应认为是第一次申请，其申请日应为优先权期限的开始日。此后，在先的申请就不得作为请求优先权的根据。据此可知，在先申请的撤回、放弃或驳回不一定影响该申请的优先权地位。
4. **答案**：B。《保护工业产权巴黎公约》是知识产权领域第一个世界性多边公约。
5. **答案**：A。《保护工业产权巴黎公约》（1980 年修订）第 4 条规定……上述优先权的期限，对于专利和实用新型为十二个月，对于工业品外观设计和商标为六个月。
6. **答案**：C。驰名商标的特殊保护是《巴黎公约》成员国应履行的义务。
7. **答案**：D。根据《伯尔尼公约》第 3 条规定……在首次发表后三十天内在两个或两个以上国家出版的任何作品视为同时在几国发表。所谓"同时出版"，是指一个作品在首次出版后 30 天内在两个或两个以上国家内出版。
8. **答案**：D。《伯尔尼公约》第 7 条规定，本公约给予保护的期限为作者终生及其死后五十年。
9. **答案**：A。A 对，《罗马公约》是《保护表演者、唱片制作者和广播组织国际公约》的简称，是第一个为著作邻接权提供保护的国际公约。
10. **答案**：C。《罗马公约》对唱片制作者规定了特别的保护。根据公约规定，唱片制作者有权授权或禁止直接或间接复制他们的唱片。
11. **答案**：C。保密条款是专有技术许可证协议的特色条款。
12. **答案**：B。根据《与贸易有关的知识产权协议》第 21 条规定，各成员可对商标的许可和转让确定条件，与此相关的理解是，不允许商标的强制许可，且注册商标的所有权人有权将商标与该商标所属业务同时或不同时转让。因此，正确答案是 B。
13. **答案**：A。

14. 答案：D。根据受让方获得权利的大小和权利的地域范围不同，可将国际许可证协议划分为独占许可协议、排他许可协议、普遍许可协议。

15. 答案：A。在各种许可证协议的分类中，受让方所获使用权范围最大的是独占许可证协议。

16. 答案：A。统包价格，是指在签订国际许可合同时，一次性算清各项技术项目所应支付的全部费用，由双方当事人确定一个固定的金额，并在合同中加以明确规定。

17. 答案：B。维持权利有效性条款是专利许可证协议的特有条款。

18. 答案：C。根据《巴黎公约》的规定，保护国按本国法律对外国国民提供保护，即根据成员国自己的法律规定来确定是否对外国国民提供保护。因此，本题的正确答案是C。

19. 答案：B。《保护文学和艺术作品伯尔尼公约》规定，一个作品在首次出版后30天内在两个或两个以上国家内出版，则该作品应视为同时在几个国家内出版。本题中，迈克的著作《希望之路》在甲国和乙国出版时间间隔25天，应视为同时出版。《保护文学和艺术作品伯尔尼公约》确立了文学艺术作品保护的基本原则：国民待遇原则、自动保护原则、独立保护原则和最低保护原则。国民待遇原则又称为“双国籍国民待遇”，即作者国籍是公约缔约国，或作者是在缔约国有惯常居所的非缔约国国民，或非公约缔约国国民的作品在任一个缔约国出版，或在一个缔约国和一个非缔约国同时出版，均在一切缔约国中享有国民待遇。本题中迈克的著作一经在乙国出版，便在缔约国中享有国民待遇。故A错误。自动保护原则是指享有和行使依成员国法律和公约所规定的权利，不需要履行任何手续，也不论作品在起源国是否受到保护。保护国法律对文学艺术作品自动保护。独立保护原则是指享有和行使文学艺术作品的权利，不依赖于在起源国是否受到保护。故CD错误。《保护文学和艺术作品伯尔尼公约》规定，在非缔约国和缔约国同时发表的作品，后者为作品国籍国。故B正确。（注：《保护文学和艺术作品伯尔尼公约》中的原文为起源国，起源国系其所使用的特有概念，《世界版权公约》则采用“首次出版”和“国籍”的说法）

20. 答案：B。由于专利权具有地域性特点，甲国某公司的发明只在甲国申请了专利，并且中国某公司的制造、销售行为也无须甲国某公司授权，A、C项错误。若中国某公司在中国获得了专利权，甲国某公司在中国未经甲国某公司许可的销售行为构成侵权，B项正确。自专利授权之日起，任何单位或者个人认为该专利权的授予不符合《专利法》相关规定的，可以请求国务院专利行政部门宣告该专利权无效。但基于专利的地域性特点和《保护工业产权巴黎公约》所确立的独立性原则，同一发明在其他国家的专利申请，并不必然导致专利被宣告无效，D项错误。

二、不定项选择题

1. 答案：CD。《与贸易有关的知识产权协议》的基本原则包括国民待遇原则、最惠国待遇原则。（1）国民待遇原则，是指各成员在知识产权保护上，对其他成员的国民提供的待遇，不得低于其本国国民。但《巴黎公约》《伯尔尼公约》《罗马公约》及《集成电路知识产权条约》允许在某些情况下以互惠原则代替国民待遇原则；对表演者、录音制品制作者及广播组织而言，国民待遇仅适用于本协议所规定的权利；一些司法和行政程序，如必须在一成员管辖范围内指定送达地址或委托代理人，也可以成为国民待遇的例外。（2）最惠国待遇原则，是指在知识产权保护上，某一成员提供给第三方国民的任何利益、优惠、特权或豁免，均应立即、无条件地适用于全体其他成员的国民。

2. 答案：BC。根据《与贸易有关的知识产权协议》第27条规定：“一、在遵守第二款和第三款规定的前提下，专利可授予所有技术领域的任何发明，无论是产品还是方法，只要它们具有新颖性、包含发明性步骤，并可供工业应用。在遵守第六十五条第四款、第七十条第八款和本条第三款规定的前提下，对于专利的获得和专利权的享有不因发明地点、技术领域、产品是进口的还是当地生产的而受到歧视。二、各成员可拒绝对某些发明授予专利权，如在其领土内阻止对这些发明的商业利用是维护公共秩序或道德，包括保护人类、动物或植物的生命或健康或避免对环境造成严重损害所必需的，只要此种拒绝授予并非仅因为此种利用为其法律所禁止。三、各成员可拒绝对下列内容授予专利权：(a) 人类或动物的诊断、治疗和外科手术方法；(b) 除微生物外的植物和动物，以及除非生物和微生物外的生产植物和动物的主要生物方法。但是，各成员应规定通过专利或一种有效的特殊制度或通过这两者的组合来保护植物品种。本项的规定应在《WTO协定》生效之日起4年后进行审议。”

3. **答案**：ABD。《与贸易有关的知识产权协议》第36条规定：“在遵守第三十七条第一款规定的前提下，如从事下列行为未经权利持有人授权，则应视为非法：为商业目的进口、销售或分销一受保护的布图设计、含有受保护的布图设计的集成电路、或含有此种集成电路的物品，只要该集成电路仍然包含非法复制的布图设计。”据此，各成员应禁止未经权利持有人许可的下列行为：(1) 为商业目的进口、销售或以其他方式发行受保护的布图设计。(2) 为商业目的进口、销售或以其他方式发行含有受保护的布图设计的集成电路。(3) 为商业目的进口、销售或以其他方式发行含有上述集成电路的物品。C项表述属于《与贸易有关的知识产权协议》规定的关于工业品外观设计的保护问题，不是关于集成电路布图设计的保护规定，故C项不选。

4. **答案**：AB。A对，《与贸易有关的知识产权协议》第15条第3款规定：“各成员可以将使用作为注册条件。但是，一商标的实际使用不得作为接受申请的一项条件。不得仅以自申请日起三年期满后商标未按原意使用为由拒绝该申请。”据此，各成员可以根据使用进行注册，但实际使用并非注册申请的条件。B对，《与贸易有关的知识产权协议》第15条第4款规定：“商标所适用的货物或服务的性质在任何情况下不得形成对商标注册的障碍。”C错，《与贸易有关的知识产权协议》第18条规定：“商标的首次注册及每次续展的期限均不得少于七年。商标的注册应可以无限续展。”D错，《与贸易有关的知识产权协议》第15条第1款规定，“任何标记或标记的组合，只要能够将一企业的货物和服务区别于其他企业的货物或服务，即能够构成商标。此类标记，特别是单词，包括人名、字母、数字、图案的成分和颜色的组合以及任何此类标记的组合，均应符合注册为商标的条件。如标记无固有的区别有关货物或服务的特征，则各成员可以由通过使用而获得的显著性作为注册的条件”。

5. **答案**：ACD。

6. **答案**：D。独占许可协议：指在协议规定的时间和地域范围内，受让方对受让的技术拥有独占的使用权，许可方不能将该技术使用权另行转让给第三方，同时许可方也不能在该时间和地域范围内使用该项出让的技术。

7. **答案**：B。

8. **答案**：C。我国《商标法》规定，注册商标有效期的起算之日是核准注册之日。

9. **答案**：B。

10. **答案**：B 。《与贸易有关的知识产权协议》第4条规定在知识产权保护上实行最惠国待遇，即授予国给予某外国的待遇不低于或者不少于已经给予或即将给予任何第三国的待遇。国民待遇又叫平等待遇，指内国给予外国的待遇和给予本国人的待遇相同。优惠待遇是指一国为了某种目的给予外国及其自然人和法人特定的优惠待遇。

11. **答案**：BCD。我国已加入的公约有：《保护工业产权巴黎公约》《世界版权公约》《保护唱片制作者禁止未经许可复制其录音制品公约》，我国未加入《罗马公约》。

12. **答案**：ABC。《保护工业产权巴黎公约》（简称《巴黎公约》）的基本原则包括国民待遇原则、优先权原则、独立性原则和强制许可原则等。(1) 国民待遇原则，是指任何成员国的国民，在其他成员国国内应享有各该国法律现在或今后给予该国国民的各种便利，不论他们在各该国有无永久住所或营业所。非成员国的国民如果在成员国领土内有永久住所或者有真实的正当的工商业营业所者，享有与成员国国民同样的待遇。(2) 独立性原则，是指成员国国民在任何成员国中提出的商标注册申请，不能以未在本国申请、注册或续展为理由而加以拒绝或使其注册失效。(3) 优先权原则，是指以某一申请人在一个巴黎联盟成员国为一项工业产权提出的正式申请为基础，在此后一定时期内（6 个月或 12 个月），同一申请人或者他的继承人在其他成员国就同一工业产权申请保护时，该后来的国家应当把该申请人第一次提出申请的日期视为在后来国家的申请日期。根据《巴黎公约》规定，即使作为优先权基础的第一个申请最终被驳回，优先权仍然有效。(4) 强制许可原则，是指根据《巴黎公约》第 5 条规定，各成员国可以采取立法措施，规定在一定条件下可以核准强制许可，以防止专利权人可能对专利权的滥用。强制许可的条件是：专利权人自提出专利权申请之日起满 4 年或者自批准专利权之日起满 3 年未实施专利且又提不出正当理由。D 错，自动保护原则是《伯尔尼公约》的基本原则，是指公约成员国的国民和在成员国有居所的人在作品完成时就自动享有著作权，无须履行任何手续；在成员国无居所的非成员国国民的作品首先在成员国出版的，也自动享有著作权。这样，一部作品只要符合公约规定的条件，就可以自动在公约的全体成员国获得著作权。

13. **答案**：ACD。权利人采取的措施：(1) 申请人：知识产权权利人请求海关采取知识产权保护措施或者向海关总署办理知识产权海关保护备案的，境内知识产权权利人可以直接或者委托境内代理人提出申请，境外知识产权权利人可以委托其在境内设立的办事机构或者境内代理人提出申请。委托境内代理人提出申请的，应当出具规定格式的授权委托书。(2) 备案期限：知识产权海关保护备案自海关总署准予备案之日起生效，有效期为 10 年，在上述有效期届满前 6 个月内，权利人向海关总署申请续展备案，每次续展备案的有效期为 10 年。(3) 申请法院措施：权利人在向海关提出采取保护措施的申请后，可依我国《商标法》《著作权法》《专利法》，在起诉前就被扣留的侵权嫌疑货物向人民法院申请采取责令停止侵权行为或者财产保全的措施。(4) 申请海关措施：权利人发现侵权嫌疑货物即将进出口的，可以向货物进出境地海关提出扣留侵权嫌疑货物的申请。海关应将扣留侵权嫌疑货物情况书面通知权利人，并将海关扣留凭单送达收货人或发货人。

14. **答案**：ABCD。《巴黎公约》对各成员国的专利权、实用新型、外观设计、商标和发明人证书的申请给予优先权。

15. **答案**：AC。根据《保护工业产权巴黎公约》所确立的临时保护制度，成员国应依照其本国法律，对在任何一个成员国举办的官方或经官方承认的国际展览会展出的商品中可以取得专利的发明、实用新型、外观设计和商标，给予临时保护。发明、实用新型的临时保护期一般为 12 个月，商标、外观设计的临时保护期一般为 6 个月。

16. **答案**：BC。《巴黎公约》第 5 条规定了强制许可原则，其内容是每一成员有权采取立法措施颁发强制许可证，以防止专利权人可能对专利权的滥用，主要指专利权人不实施或不充分实施专利。颁发强制许可证须符合一定条件：(1) 必须是专利权人在其专利被批准后 3 年内（或申请专利后 4 年内——以最迟届满的期限为准）未实施专利，才可以对其专利采用强制许可证。(2) 强制许可证只能是非独立许可证。即在管理机关颁发了强制许可证之后，专利权人自己仍旧有权向别人再发许可证。(3) 强制许可证是不可转让的。(4) 强制许可证的被许可人仍应向专利权人支付使用费。

17. 答案：AB。《专利合作条约》是在《巴黎公约》的原则指导下缔结的，《商标国际注册马德里协定》是《巴黎公约》中关于商标国际保护的补充。前述条约和协定都是非开放性的，只对《巴黎公约》成员国开放。

18. 答案：AD。作者的人身权利不受经济权利存在与否的影响，作者有要求表明其作品作者身份的权利（即署名权），并有权反对对其作品的任何有损其声誉的歪曲、割裂或其他更改、损害行为（即保护作品完整权）。

19. 答案：BC。A错B对，《伯尔尼公约》规定了最低保护限度原则，是指各成员国为享有国民待遇的外国国民提供的著作权保护不能低于公约所规定的专门的保护，这种最低限度保护包括精神权利和财产权利两方面内容。对这些内容可以在成员国直接生效适用，不允许附加任何条件。(1) 作者的人身权利不受经济权利存在与否的影响，作者有要求表明其作品作者身份的权利，并有权反对对其作品的任何有损其声誉的歪曲、割裂、更改或其他损害行为。(2) 作者的经济权利包括：翻译权、复制权、广播权、朗诵权、改编权、录制权、电影权、公演权。C对D错，《伯尔尼公约》规定了自动保护原则，是指公约成员国的国民和在成员国有居所的人在作品完成时就自动享有著作权，无须履行任何手续；在成员国无居所的非成员国国民的作品首先在成员国出版的，也自动享有著作权。这样，一部作品只要符合公约规定的条件，就可以自动在公约的全体成员国获得著作权。

20. 答案：AD。AD对，《伯尔尼公约》的基本原则包括国民待遇原则、自动保护原则、版权独立性原则、最低保护限度原则等。其中：国民待遇原则，是指各国在著作权保护上应给予下列人员不低于本国国民的待遇：其他成员国国民；非成员国国民，但其作品首次在成员国发表；非成员国国民，但在成员国有惯常居所。版权独立性原则，是指由于各国著作权保护的时间、保护的范围是由各国著作权法决定的，所以对作者权利的保护、行政或司法救济的方式等，都只能依据提供保护的国家的法律。即作者在其他成员国可以享有和行使的权利独立于在作品起源国所享有的权利。B错，优先权原则是《巴黎公约》的基本原则。C错，最惠国待遇原则既不是《伯尔尼公约》的基本原则，也不是《巴黎公约》的基本原则。

21. 答案：BD。《联合国国际货物销售合同公约》对卖方的知识产权担保义务进行了某些限制，主要表现在地域限制。公约虽然规定了卖方的知识产权担保义务，但并不是其出售的货物不得侵犯全世界任何一个知识产权人的权利，这是不现实的，对此公约第42条规定了限制标准：第一，依货物销售目的国的法律，即第三人的请求必须是依货物使用地或转售地国家的法律提出的。如果双方在订立合同时，没有规定货物的最终使用地或转卖地，则卖方对买方不承担知识产权的担保义务。第二，依买方营业地所在国法律，即第二人的请求必须是依买方营业地所在国的法律提出的。也就是说，如果双方没有确定货物的最终使用地或转卖地，则卖方只对那些依买方营业地所在国的法律提出的请求向买方负责。如果买方有一个以上的营业地，则依公约的规定，以与合同及合同的履行关系最密切的营业地为其营业地。如果没有营业地，则以其惯常居住地为准。此外该条还规定了时间限制。

22. 答案：AD。A对B错，《伯尔尼公约》第2条第2款规定："但本联盟各成员国法律有权规定仅保护表现于一定物质形式的文学艺术作品或其中之一种或数种。"据此，各成员国可以通过国内立法规定所有作品或任何特定种类的作品如果未以某种物质形式固定下来，则不受保护。各成员国对于口述作品并非必须保护。C错，《伯尔尼公约》第2条第1款规定：“‘文学艺术作品’一词包括科学和文学艺术领域内的一切作品，不论其表现方式或形式如何，诸如书籍、小册子及其他著作；讲课、演讲、讲道及其他同类性质作品；戏剧或音乐戏剧作品；舞蹈艺术作品及哑剧作品；配词或未配词的乐曲；电影作品或以与电影摄影术类似的方法创作的作品；图画、油画、建筑、雕塑、雕刻及版画；摄影作品以及与摄影术类似的方法创作的作品；实用美术作品；插图、地图；与地理、地形、建筑或科学有关的设计图、草图及造型作品。”据此，《伯尔尼公约》所保护的“文学和艺术作品”是指文学、科学和艺术领域内的一切成果。D对，《伯尔尼公约》第2条第8款规定：“本公约所提供的保护不得适用于日常新闻或纯属报刊消息性质的社会新闻。”

23. 答案：ABCD。《世界版权公约》赋予作者的经济权利包括翻译权、复制权、广播权、公演权。

24. 答案：BCD。《保护表演者、唱片制作者和广播组织国际公约》，简称《罗马公约》，是第一个为著作邻接权提供保护的国际公约。其保护对象为：表演者、唱片制作者和广播组织。

25. 答案：BCD。根据《罗马公约》，表演者享受国民待遇的标准包括：表演地标准、录制标准、广播标准。

26. 答案：ABCD。国际技术转让可以通过单纯的技术转让方式、补偿贸易方式、租赁方式、技术咨询服务方式、合作生产或合作研究方式、外商投资企业、交钥匙合同、工程承包、含有技术转让内容的商品买卖合同等方式进行转让。

27. 答案：ABD。国际许可证合同的标的是无形的知识产权的使用权，而不是知识产权的所有权，也不是有形的物。也就是说，专利技术使用权、商标使用权、专有技术使用权均可成为国际许可合同标的。

28. 答案：B。在版权保护方面，TRIPs对《伯尔尼公约》的补充表现在两个方面：在保护客体方面，将计算机程序和有独创性的数据汇编列为版权保护对象；在权利内容方面，增加了计算机程序和电影作品的出租权。故B选项正确。根据《伯尔尼公约》的规定，摄影作品和实用美术作品的最低保护期为作品完成后25年。可见，《伯尔尼公约》对摄影作品的最低保护期限已作出了明确规定，故A选项错误。根据《伯尔尼公约》的规定，作者的精神权利不受经济权利的影响，在上述经济权利转让之后，作者仍保有主张作品表明其作者身份的权利，并有权反对对其作品的有损声誉的歪曲、割裂或其他更改或损害行为。作者的精神权利，至少应与其经济权利的保护期相等。保护精神权利的方法由被要求给予保护的国家的法律规定。可见，《伯尔尼公约》对作者精神权利给予了保护，故C选项错误。国民待遇原则规定在TRIPs第3条，依该条规定，在知识产权保护方面，在遵守《巴黎公约》《伯尔尼公约》《罗马公约》或《集成电路知识产权条约》中各自规定的例外的前提下，每一成员给予其他成员国民的待遇不得低于给予本国国民的待遇。TRIPs在知识产权保护方面提供的国民待遇仍然是有例外的。故D选项错误。

29. 答案：ABCD。A项表述错误，排他许可证协议，许可方可在协议约定区域内保留使用权；B项表述错误，可转让许可证协议，被许可方可以将该项技术转让给第三方，转让时，被许可方须向许可方负责；C项表述错误，普通许可证协议，被许可方在协议约定区域内有使用权而无转让权；D项表述错误，独占许可证协议许可方在协议约定区域内也不得使用、转让该项技术。

30. 答案：BC。《世界版权公约》适用版权非自动保护原则而且只保护作者的经济权利。

31. 答案：BC。和《巴黎公约》相比《与贸易有关的知识产权协议》有以下特点：(1) 规定驰名商标的特殊保护原则可以适用于服务标记；(2) 将驰名商标特殊保护的规定比照适用于与该商标核准使用的商品或服务不相类似的商品或服务。

32. 答案：AD。保护知识产权的国际公约一般分为实体性和程序性的国际公约，《保护工业产权巴黎公约》《世界版权公约》《保护文学和艺术作品伯尔尼公约》和《与贸易有关的知识产权协议》属于实体性的知识产权公约。

33. 答案：ABC。国际许可证协议是指出让方将其技术的使用权在一定条件下让渡给受让方，而由受让方支付使用费的合同。它是知识产权领域的一个特有的协议，而D项不涉及知识产权领域，故不选。

34. 答案：ABC。本题考查国际知识产权法中的国际许可贸易合同的种类。ABC对，根据国际许可贸易合同的标的不同，可以将国际许可证贸易分为：专利许可、商标许可、专有技术许可和计算机软件许可四种。D错，土地使用权是对土地的使用权利，不是知识产权。

35. 答案：ACD。《伯尔尼公约》对文学艺术作品实行双国籍国民待遇原则，即：(1)作者国籍标准，公约缔约国国民或在成员国境内有惯常居所的非成员国国民，其作品无论是否出版，在一切成员国均享有国民待遇。满某在成员国乙国有惯常居所，其作品无论是否发表，在中国均享有国民待遇。所以CD正确。(2)作品国籍标准，即非缔约国国民，只要其作品首先在某一个成员国出版，或者在一个成员国或非成员国同时出版，在一切成员国也享有国民待遇。李某惯常居所在非成员国甲国，只有其作品在某一成员国如乙国境内首次发表出版，才能在其他成员国如中国享有国民待遇。所以，A正确，B错误。

36. 答案：C。根据《保护文学艺术作品伯尔尼公约》第5条规定，1. 根据本公约得到保护作品的作者，在除作品起源国外的本联盟各成员国，就其作品享受各该国法律现今给予或今后将给予其国民的权利，以及本公约特别授予的权利。2. 享受和行使这类权利不需履行任何手续，也不管作品起源国是否存在有关保护的规定。因此，除本公约条款外，只有向之提出保护要求的国家的法律方得规定保护范围及向作者提供的保护其权利的补救方法。3. 起源国的保护由该国本国法律作出规定。即使作者并非作品起源国的国民，但他就其作品根据本公约受到保护，他在该国仍享有同该国公民作者相同的权利。所以，AB选项错误。第10条之二规定，1. 对在报纸或期刊上已发表的经济、政治和宗教问题的时事性文章，或无线电已转播的同样性质的作品，本联盟成员国法律有权准许在报刊上转载，或向公众作无线或有线广播，如果对这种转载、广播或转播的权利未作直接保留的话。但任何时候均应明确指出出处；不履行该项义务的后果由向之提出保护要求的国家以法律规定。2. 本联盟成员国法律也有权规定，在何种条件下，对在时事事件过程中出现或公开的文学和艺术作品，在为报道目的正当需要范围内，可予以复制，或者以摄影或电影手段或通过无线电或有线广播向公众作时事新闻报道。所以，C选项正确。第19条规定，本公约的规定不妨碍要求本联盟某一成员国法律可能提供的更广泛的保护。第20条规定：本联盟各成员国政府有权在它们之间签订特别协议，以给予作者比本公约所规定的更多的权利，或者包括不违反本公约的其他条款。凡符合上述条件的现有协议的条款仍然适用。所以，D选项错误。

37. 答案：BC。《与贸易有关的知识产权协议》第22条规定，对地理标志的保护：1. 本协议所称的地理标志是识别一种原产于一成员方境内或境内某一区域或某一地区的商品的标志，而该商品特定的质量、声誉或其他特性基本上可归因于它的地理来源。2. 在地理标志方面，各成员方应向各利益方提供法律手段以阻止：(1)使用任何手段，在商品的设计和外观上，以在商品地理标志上误导公众的方式标志或暗示该商品原产于并非其真正原产地的某个地理区域；(2)作任何在1967年《巴黎公约》第10条之二范围内构成一种不公平竞争行为的使用。3. 若某种商品不产自某个地理标志所指的地域，而其商标又包含了该地理标志或由其组成，如果该商品商标中的该标志具有在商品原产地方面误导公众的性质，则成员方在其法律许可的条件下或应利益方之请求应拒绝或注销该商标的注册。4. 上述第 1、2、3 款规定的保护应适用于下述地理标志：该地理标志虽然所表示的商品原产地域、地区或所在地字面上无误，但却向公众错误地表明商品是原产于另一地域。第 23 条规定，对葡萄酒和烈性酒地理标志的额外保护：1. 每一成员方应为各利益方提供法律手段，以阻止不产自某一地理标志所指地方的葡萄酒或烈性酒使用该地理标志，即使在标明了商品真正原产地或在翻译中使用了该地理标志或伴以“种类”“类型”“风味”“仿制”等字样的情况下也不例外。2. 对于不产自由某一地理标志所指的原产地而又含有该产地地理标志的葡萄酒或烈性酒，如果一成员方的立法允许或应某一利益方之请求，应拒绝或注销其商标注册。3. 如果不同的葡萄酒使用了同名的地理标志，则根据上述第 22 条第 4 款规定，每一种标志均受到保护。每一成员方应确定使同名地理标志能够相互区别开来的现实条件，同时应考虑到确保有关的生产者受到公正待遇并不致使消费者产生误解混淆。4. 为了便于对葡萄酒地理标志进行保护，应在与贸易有关的知识产权理事会内就建立对参加体系的成员方有资格受到保护的葡萄酒地理标志进行通报与注册的多边体系进行谈判。因此，B 项和 C 项正确，A 项和 D 项错误。

38. 答案：A。独占专利许可合同，是指受让人在规定的范围内享有对合同规定的专利技术的使用权，让与人或任何第三方都不得同时在该范围内具有对该项专利技术的使用权。按照这一合同，专利权人允许被许可人在一定的期限和地域范围内享有独占使用其专利的权利，被许可人按照约定的数额支付给专利人使用费。这种合同要求专利权人在规定的时间和地域范围内，不但不能许可第三者使用该专利而且自己也不得使用。故 A 正确。

39. 答案：ABC。A 项正确，《保护工业产权巴黎公约》规定了对工业产权的临时性保护原则，要求缔约国应对在任何成员国内举办的或经官方承认的国际展览会上展出的商品中可取得专利的发明、实用新型、外观设计和可注册的商标给予临时保护。上述知识成果的优先权日是从展品公开展出之日起算。B 项正确，根据我国法律的规定，知识产权许可包括三种类型：独占许可（只有受让人可用）；排他许可（只有出让人和受让人可用）和普通许可（还可以继续许可他人使用）。本题中在中国只有乙公司有权使用，显然在中国境内属于独占许可。C 项正确，根据我国法律的规定，知识产权转让合同中禁止出现可能限制技术进步、限制竞争、限制经营和可能造成垄断的条款。本题中限制产品数量的条款属于限制经营的条款。D 项错误，知识产权具有很强的地域属性，尤其是专利。某个专利要想在其他国家得到保护，必须在该国也申请一个专利。不存在一国申请，全世界受保护的情况。

40. 答案：D。根据知识产权的地域性，A 公司仅在甲国获得了专利权，也就是其知识产权权利仅限于甲国，其余国家没有义务保护该专利。只有 E 公司的行为与甲国有关。D 公司进行的是两国之间的旅客运输，并不涉及甲国国内的产品。故 D 项正确，ABC 项错误。

三、名词解释

1. 答案：国际技术贸易中的“技术”在世界知识产权组织（WIPO）于 1977 年出版的《供发展中国家使用的许可证贸易手册》一书第 1 章第 78 条第 8 款中定义如下：“技术是一种制造一种产品的系统知识，所采用的一种工艺或提供的一项服务，不论这种知识是否反映在一项发明、一项外形设计、一项实用新型或者一种植物新品种，或者反映在技术情报或技能中，或者反映在专家为设计、安装、开办或维修一个工厂或为管理一个工商业企业或其活动而提供的服务或协助等方面。”这一定义是迄今为止国际知识产权学界有关“技术”的比较全面而完整的定义。根据该定义，它将技术分为如下三部分：制造产品的系统知识；一项工艺的系统知识；有关服务的系统知识。

2. 答案：作品传播者在传播作品时享有的权利称为版权或著作权的邻接权。具体包括表演者的权利、录音录像制作者的权利、广播电视组织者的权利、出版者的权利。邻接权作为与版权密切相关的权利，对其保护甚有必要，只有保护了邻接权才能实现对版权的全面保护。

3. 答案：专有技术（know-how）也称技术诀窍、技术秘密，指未公开的、未取得工业产权法律保护的制造某产品或者应用某项工艺以及产品设计、工艺流程、配方、质量控制和管理等方面的技术知识。“专有技术”一词是在英美法律实践中产生和发展的。各国对其含义解释不尽一致。

4. 答案：跨越国境是指转让技术作跨越国境的移动，而不是单纯看技术转让方和受让方的国籍是否为不同国家。尽管双方为不同国家的当事人，但如果其营业地在同一国家境内，其技术转让并没有跨越国境，因此不构成国际技术转让。

5. 答案：提成价格也称“滑动价格”。即在合同中规定，在项目建成投产后，按合同产品的产量、净销售额或利润提取一定百分比的费用作为使用费。其中的百分比叫作提成率。提成率与产品销售量成反比。根据联合国贸易和发展组织的统计数据，目前在许可证协议中提成率多为产品净销售价的5%至10%。取得专利权的专利技术的提成时间最长不能超过专利有效期，未取得专利权的技术提成时间不能超过合同有效期。以提成方式支付使用费对受让方较为有利。

6. 答案：限制性商业条款又称限制性商业惯例，是当今国际贸易与经济合作中经常出现的一种条款，由于各国经济发展水平的不同，对限制性商业条款的机构或内容有不同规定。有的甚至有很大差异。发达国家多认为，凡是构成或导致市场垄断，妨碍商业竞争的条款都是限制性商业条款。而发展中国家则认为凡是不利于或妨碍经济发展的条款即限制性商业条款。联合国第35届大会于1980年12月5日通过了《关于控制限制性贸易做法的多边协议的公平原则和规则》，该原则和规则明确规定：限制性贸易做法是指：“通过滥用或者谋取滥用市场力量的支配地位，限制进入市场或以其他方式不适当地限制竞争，对国际贸易特别是发展中国家的国际贸易及其经济发展造成或可能造成不利影响，或者是通过企业之间的正式或非正式的，书面的或非书面的协议以及其他安排造成了同样影响的一切行动或行为。”该原则和规则是就控制限制性贸易做法达成的第一个国际性文件，它为各国制定本国有关立法提供了参照标准。限制性商业条款在国际贸易中有各种各样的表现形式，如卡特尔协议；利用转移定价限制竞争；通过合并、接收、合营等形式垄断市场等。

7. 答案：《巴黎公约》的优先权原则是指已在一个成员国内正式提出申请发明专利权、实用新型、外观设计或商标注册的人或其权利合法继承人，在规定期限内享有在其他成员国内提出申请的优先权。所谓正式国内申请就是指能够确定在该国提交申请日期的一切申请，而不问该申请结果如何。就依照任何成员国国内法或成员国之间签订的双边或多边条约相当于正式国内申请的一切申请，都应认为产生优先权。

8. 答案：地理标志（geographical indication）是表明某一种商品来源于一成员方地域内，或此地域内的一地区并且该产品的特定品质、信誉或其他特征，主要与该地理来源相关联的标志。对地理标志，成员方应提供法律保护，以防止不正当竞争以及公众对原产地的误解。如果某一商标包括了不表明商品真实产地的地理标志，且这种地理标志的使用使得在此成员国导致公众对真实原产地的误解，那么成员方可根据该国法律或当事人的请求，有权拒绝或使该注册商标无效。

四、简答题

1. 答案：（1）地理标志指表明产品产于某地，

该产品的特性与产地有密切联系的标记；原产地标记是根据不同国家的规定，表明产品属于某个国家或地区生产的标记。

(2) 地理标志是TRIPs协议保护的知识产权之一，而原产地标记是各国判断实行何种贸易措施的依据。

2. **答案**：与《巴黎公约》相比，TRIPs扩大对驰名商标的特殊保护具体表现在两方面：一方面，《巴黎公约》第6条之二关于驰名商标的保护原则可以扩大适用于服务标记，确认某一商标是否驰名，要看相关公众对其的知晓程度，包括在该成员地域内因宣传而使公众知晓的程度；另一方面，将相对保护扩大为绝对保护，即驰名商标特殊保护的规定还应比照适用于与该商标注册的商品或服务不相类似的商品或服务。

3. **答案**：根据许可协议可使用地域范围以及使用权范围的大小，可将其分为：

(1) 独占许可协议：指在协议规定的时间和地域范围内，受让方对受让的技术拥有独占的使用权，许可方不能将该技术使用权另行转让给第三方，同时许可方也不能在该时间和地域范围内自行使用该项出让的技术。

(2) 排他许可协议：指在协议规定的时间和地域范围内，受让方对受让的技术拥有使用权，许可方不能将该项技术使用权另行转让给第三方，但许可方自己仍保留在该时间和地域范围内的使用权。

(3) 普通许可协议：指在协议规定的时间和地域范围内，受让方不仅可以使用某项技术，许可方也可使用或许可第三方使用某项技术。通常情况下，如果许可协议未明确性质，应视为普通许可协议。普通许可协议的转让费比独占许可协议和排他许可协议的转让费要低。

(4) 交叉许可协议：指技术许可方和受让方在协议中规定，将其各自的技术使用权相互交换，供对方使用。此种许可可以独占，也可以排他，可以有偿，也可以无偿。交叉许可通常发生在双方存在合作生产或开发研究关系、一方使用一项技术以另一方的技术互为前提、双方都有改进技术的情况。

(5) 分许可协议：指协议中的受让方可以将其受让的技术使用权再行转让给第三方。由于该类型的许可协议赋予受让方的权利较大，因此，转让费要高一些。

4. **答案**：国际许可证协议特征有：(1) 主体：分处不同国家；(2) 客体：知识产权的使用权，并作跨越国境的移动；(3) 内容：复杂，很多属于混合性协议；(4) 时空：具有较强的时间性和地域性；(5) 性质：有偿合同。

5. **答案**：国际许可合同，又称为国际许可证协议，是指营业地在不同国家的双方当事人，一方准许另一方取得自己所拥有的工业产权、无形财产权或专有技术的使用权，并收取使用费，而另一方获得该项使用权并支付使用费的书面协议。

国际许可合同根据不同的标准可以进行不同的分类：(1) 根据许可合同规定的提供方授予接受方的使用权的大小以及接受方在生产经营范围和地域上所受到的限制，可分为独占许可合同、排他许可合同和普通许可合同；(2) 根据许可合同对接受方是否有权把买受的技术再行转让的规定，国际许可合同可分为可转让许可合同和不可转让许可合同。

6. **答案**：(1) 各成员必须遵守1971年《伯尔尼公约》实质规定，《伯尔尼公约》所定义的文学作品都属于TRIPs协议保护范围。但协议排除了《伯尔尼公约》第6条关于作者精神权利的保护。

(2) 文学作品的保护期为作者有生之年加上死后50年。表演者、录音制作者的权利保护期为50年，自表演发生及录制完成之日起算（罗马公约规定保护期为20年）。广播权为20年，自播出之日历年底算起。

(3) 协议明确把计算机软件和数据编辑作品作为《伯尔尼公约》的文学作品来保护，弥补了《伯尔尼公约》的不足，也有助于打击这类盗版侵权活动。

(4) 协议允许计算机软件、电影作品、唱片作品的作者享有租借权，即允许或禁止他人向公众出租其原作品和复制品的权利，这是多边国际公约中首次承认租借权。

五、论述题

1. **答案**：《巴黎公约》的优先权原则体现在公约的第4条，其具体含义如下：

（1）优先权原则适用的范围：《巴黎公约》的优先权原则并不是对一切工业产权均适用，它只适用于发明专利、实用新型、外观设计和商品商标。

（2）优先权原则适用的条件：已在一个成员国正式提出申请发明专利权、实用新型、外观设计或商标注册的人或其权利的合法继受人（继承人和受让人），在规定的期限内（发明专利和实用新型专利为12个月，外观设计和商标为6个月）享有在其他成员国提出申请的优先权。当然，优先权的获得不是自动的，需要申请人在其申请中提出优先权申请并提供有关证明文件。

根据实用新型申请取得优先权而在一个国家申请外观设计时，其优先权期限应与对外观设计规定的优先权期限一样；在一国根据发明专利申请优先权提出实用新型申请也是允许的，反之亦然，优先权期限以后一申请的期限为准。

（3）优先权原则的效力。其具体包括两方面内容：其一，在优先权期限内每一个在后申请的申请日均为第一次申请的申请日（亦称为优先权日）。其二，在规定的申请优先权期限届满之前，任何后来在公约其他成员国内提出的申请，都不因在此期间内他人所作的任何行为而失效。

（4）多项优先权、部分优先权和分案申请。《巴黎公约》规定，在后申请可以要求享受一项优先权，但也可以要求享受多项优先权或部分优先权。

所谓多项优先权，是指在后申请中的发明含有几个权利要求，这几个权利要求分别以不同的在先申请中的技术方案为根据，要求各该申请的优先权，只要符合发明的单一性条件（即一发明一专利原则），是允许的。在这种情形下，在后申请的优先权期限，从最早的优先权日起算。但是，如果在后申请包含一个以上的发明，审批机关要求分案申请的，申请人可以将该申请分为若干申请，分案申请除可以保留原申请日外，享有优先权的，还可以保留优先权日。

所谓部分优先权，是指在后申请中加入了在先申请中所没有的、经过改进的技术内容，这些增加的新内容并不妨碍对在先申请中已有记载的内容要求享受优先权。这样，在后申请中，其权利要求的内容在在先申请的全文中已有明确记载的，应享有优先权，其余权利要求的内容在在先申请中没有明确记载的则不能享有优先权，所以这是部分优先权。

2. **答案**：国际许可证协议中的限制性条款是指在国际许可证协议中由技术许可方向被许可方施加的，法律所禁止的，造成不合理限制的合同条款。这些条款或者直接影响市场竞争，或者对国际技术贸易尤其是对发展中国家引进技术及其经济发展造成不利影响。

发达国家和发展中国家关于限制性商业条款的分歧。发达国家用以调整和管制国际许可证协议中限制性条款的法律主要是一般性法律，即这些国家的反垄断法。由于在发达国家，反垄断立法起步普遍较早，而国际许可证贸易却是后来才发展起来的一种新的贸易形式，因此，国际许可证协议中出现的限制性商业条款自然地被纳入反垄断法的调整范围。和一般的货物贸易中的限制性做法一样，这些条款被禁止与否的标准仍然是看它是否妨碍了竞争，限制了自由贸易，这也就形成了发达国家判断国际许可证协议中限制性商业条款的基本标准，即“竞争”标准。此外，由于技术贸易和货物贸易相比有它自己的特点，单纯适用“竞争”标准来判定限制性条款可能不合实际，因此，在发达国家中又形成了一种“合理规则”作为“竞争”标准的补充，即法律根据“竞争”标准规定一些不合理的限制性条款，但一项具体的合同条款是否“合理”，只有当纠纷发生时由法院或仲裁机构加以确认。这种“竞争”标准与“合理规则”的配套使用，从法理上来说虽然具有科学性，但同时也具备不确定性的缺点，这对保护合同当事人的权利是不利的。和发达国家不同，广大发展中国家主要是通过制定专门的技术转让法规，设立专门的行政机构对国际许可证协议进行登记批准来控制各种限制性商业条款。发展中国家大多是20世纪中叶获得民族解放，实现政治独立的国家。这些国家在殖民统治时期，是各殖民者抢夺的市场，因而根本不可能有反垄断法存在的可能。在获得民族解放和政治独立以后，这些国家为了迅速地发展经济，开始大量引进国外的资金和技术。但是，在大量引进后不久，它们发现相当多的技术许可方在收取高额的许可费并把许多不公平、不合理的条款强加于本国技术引进方后，提供的技术却并不是先进的，有的甚至已落后不适用或会引起严重的环境污染等恶果。鉴于这种原因，从20世纪70年代起，各发展中国家纷纷开始干预技术引进，其最主要的手段就是制定颁布专门的技术转让法（其中多为技术引进法）和成立专门机构对许可证协议进行管理。相应地，在判断什么是限制性商业条款上，发展中国家大多以“发展”为标准，即看这种条款是否会形成任何对许可方的依附关系，而限制了技术引进方的生产和技术发展。在立法技巧上，发展中国家多使用列举的方法明确每一个限制性条款，同时给予主管机关一定的取舍权，即主管机关有权保留一些实际损害不大或者利大于弊的限制性商业条款。

由于在对国际许可证协议限制性商业条款的调整上适用不同的标准，因此发达国家和发展中国家在限制性条款问题上存在很大的分歧，这种分歧也成为从1978年10月16日就开始进行的《联合国国际技术转让行动守则》谈判至今没有正式结果的一个重要原因。

3. **答案**：原因：为加强对医药产品专利权的保护，同时，对发展中国家的医药生产和购买给予相应的支持，通过在紧急情况下共同依照强制许可生产并出口较便宜的仿制药品对抗肺结核等其他传染性疾病。

增加内容：

(1) 强制许可：若一出口成员根据本条及本协定附件确立的体制，授予一项强制许可，则该成员须依据第31条（h）项支付适当报酬，同时考虑该出口成员授权之使用对于有关进口成员的经济价值。若该有资格进口的成员对同一产品授予一项强制许可，因其报酬根据本段第一句已在有关出口成员支付，该进口成员在第31条（h）项下之义务不适用于这些产品。

(2) 医药专利：为了利用规模经济以增强药品的购买力，并促进药品的本地生产，若一个发展中或者最不发达的WTO成员是GATT1994第24条以及1979年11月28日《关于发展中成员差别和更优惠待遇、互惠和更充分参与的决定》（L/4903）意义下的区域贸易协定的成员，且该区域贸易协定至少一半以上的现有成员属于联合国最不发达国家名单上的国家，则在确保该成员的一项强制许可项下生产或者进口的一种药品能够出口到有关区域贸易协定下其他遭受共同公共健康问题的发展中或者最不发达成员市场的必要限度内，该成员在第31条（f）项下的义务不再适用。各方理解此规定将不影响有关专利权的地域属性。

对我国影响：

为了更好地适应国际国内形势发展的需要，及时解决我国专利制度运作中存在的问题，现在正在进行专利法的第三次修改。

第一，允许专利平行进口。在不视为侵犯专利权的行为中加入了专利权人制造或者经专利权人许可而制造的专利产品或者依照专利方法直接获得的产品售出后，进口该产品的情况。

第二，增加了法定侵权赔偿额的规定。TRIPs协议第45条规定：各成员可以授权司法当局责令侵权人支付法定赔偿额。该征求意见稿在四个条款中具体体现了这一点。

第三，增加了有关诉前证据保全的条款。新增加规定：为制止专利侵权行为，在证据可能灭失或者在以后难以取得的情况下，专利权人或者利害关系人可以在起诉前向人民法院申请保全证据。

第四，完善了强制许可制度。该征求意见稿规定：国家知识产权局可以依照有关规定，在国家出现紧急状态或者非常情况时以及为了公共利益目的，给予强制许可，以解决我国可能出现的公共健康问题；在符合规定条件的情况下可以给予专利强制许可，允许我国制药企业制造有关专利药品并将其出口到这些国家；依照修订后的两个条款（征求意见稿第48条和第51条）规定请求给予强制许可的，应当提供以合理的条件与专利权人订立实施其专利的许可合同而未能在合理长的时间内获得许可的证明；依照修订后的专利法另外两个条款（征求意见稿第49条和第50条）的规定请求给予强制许可的，不必提供上述证明。

第五，增加了制止恶意诉讼的规定。征求意见稿中规定：专利权人明知其获得专利的技术或者设计是现有技术或者现有设计，却指控他人侵犯其专利权的，被控侵权人可以请求人民法院责令专利权人赔偿由此而给被控侵权人带来的损失。

4. 答案：(1) 国际技术贸易的标的往往是某种特定的、无形的技术知识和经验使用权。而国际货物贸易的标的则是买卖的货物，一般具有一定体积，占据一定空间，人们可以直接用感官感受它们的存在。

(2) 国际技术贸易的技术受让方所取得的只是技术知识的使用权，而不是所有权。在一项技术被转让之后，技术受让方、技术所有人均有权使用该技术，而其他人也有可能使用此技术。因此，在国际技术转让中，除非双方约定一次性买断或卖断技术，受让方一般只能在约定的范围内享有技术的使用权，而无权将此项技术擅自转让或赠送给任何第三方。对于国际货物贸易而言，货物一旦被转让，原所有人便失去了所有权，而受让方则享有该产品的所有权，他可以自由处理该产品，包括使用、转售、赠送或出租该产品。

(3) 国际技术贸易是一种长期的交易，而且交易的过程很复杂。国际技术贸易的交易过程复杂，一般而言，技术转让贸易的有效期为3~5年，甚至更长。而在国际货物贸易中，卖方只要按照合同规定的期限和方式交付货物和收取货款，而买方只要按照合同规定的期限和方式收取货物和交付货款，合同即告履行完毕，这个过程较短。

(4) 国际技术贸易与国际货物贸易适用的法律不同。许多国家，特别是发展中国家都制定有关法律和行政法规加强对国际技术贸易的管理。国际技术贸易除了适用民法、合同法的规定之外，还应该遵守工业产权法、技术转让法等有关规定，以及该国参加或缔结的有关国际技术贸易的双边条约或多边条约的有关规定。而国际货物贸易则主要适用民法、合同法、买卖法（或外贸法）、该国参加或缔结的有关国际货物贸易的双边或多边条约的有关规定，以及在国际货物贸易领域的大量惯例。

第七章　国际服务贸易法

基础知识图解

- 国际服务贸易的概念、特征
- 《服务贸易总协定》
  - 适用范围
    - 跨境服务
    - 过境消费
    - 商业存在
    - 自然人存在
  - 宗旨
  - 最惠国待遇、透明度、公平竞争
  - 一般例外
  - 具体承诺
    - 部门或分部门
    - 市场准入限制
    - 国民待遇限制
    - 额外承诺
  - 争端解决

配套测试

一、单项选择题

1. 《服务贸易总协定》不阻止任何成员方参加由双方或多个参加方为建立劳动力市场完全一体化的协议，但应通知（　　）。

A. 部长级会议

B. 贸易发展委员会

C. 秘书处

D. 服务贸易理事会

2. 根据《服务贸易总协定》对服务贸易范围的界定，哪一种提供服务的方式与投资有关？（　　）

A. 跨境交付　　B. 境外消费

C. 商业存在　　D. 自然人流动

3. 《服务贸易总协定》规定了服务贸易的方式，下列哪一选项不属于协定规定的服务贸易？（　　）（司考. 2012. 1. 40）

A. 中国某运动员应聘到德国担任体育教练

B. 中国某旅行公司组团到泰国旅游

C. 加拿大某银行在中国设立分支机构

D. 中国政府援助非洲某国一笔资金

4. 根据世界贸易组织《服务贸易总协定》，下列哪一选项是正确的？（　　）（司考. 2013. 1. 42）

A. 协定适用于成员方的政府服务采购

B. 中国公民接受国外某银行在中国分支机构的服务属于协定中的境外消费

C. 协定中的最惠国待遇只适用于服务产品而不适用于服务提供者

D. 协定中的国民待遇义务，仅限于列入承诺表的部门

二、多项选择题

1. 下列各项中，属于《服务贸易总协定》中所列举的国际服务贸易的是哪几项？（　　）

A. 德国留学生大卫在北京某小学讲授英语课程

B. 法国超市集团在中国各大城市设立

分店

C. 德国某保险公司在中国设立分支机构

D. 中国某旅游公司组团到澳大利亚 14 日游

2. 以下哪几项是关贸总协定乌拉圭回合谈判的新议题？（　　）

A. 反倾销

B. 服务贸易

C. 与贸易有关的投资措施

D. 与贸易有关的知识产权保护

3. 世界贸易组织的《服务贸易总协定》没有对服务贸易下一定义，而是规定了服务贸易几种方式，下列哪些属于《服务贸易总协定》规定的服务贸易方式？（　　）

A. 从一国境内直接向其他国境内提供服务

B. 在一国境内向其他国的服务消费者提供服务

C. 外国实体在另一国境内设立附属公司或分支机构并提供服务

D. 一国的服务提供商通过自然人到其他国境内提供服务

4.《服务贸易总协定》中所说的服务贸易是指（　　）。

A. 一成员的服务提供者通过在任何其他成员方境内的商业现场提供的服务

B. 从一成员方境内向任何其他成员方境内提供的服务

C. 一成员方的服务提供者通过在任何其他成员方境内的一成员方自然人的商业现场提供的服务

D. 在一成员方境内向任何其他成员方的服务消费者提供的服务

5. 根据《服务贸易总协定》的规定，成员方对下列哪些类型的机密资料有权不予披露？（　　）

A. 可能因披露而阻碍法律制定

B. 可能因披露而损害企业合法的商业利益

C. 可能因披露而阻碍法律实施

D. 可能因披露而有害于公众利益

6.《服务贸易总协定》正文的主要内容包括（　　）。

A. 最惠国待遇及例外

B. 透明度义务及例外

C. 国内法规合理性义务

D. 市场准入与国民待遇

7. 甲、乙、丙三国均为 WTO 成员方，甲国给予乙国进口丝束的配额，但没有给予丙国配额，而甲国又是国际上为数不多消费丝束产品的国家。为此，丙国诉诸 WTO 争端解决机制。依相关规则，下列哪些选项是正确的？（　　）（司考 . 2017. 1. 80）

A. 丙国生产丝束的企业可以甲国违反最惠国待遇为由起诉甲国

B. 甲、丙两国在成立专家组之前必须经过“充分性”的磋商

C. 除非争端解决机构一致不通过相关争端解决报告，该报告即可通过

D. 如甲国败诉且拒不执行裁决，丙国可向争端解决机构申请授权对甲国采取报复措施

三、名词解释

1. 国际服务贸易

2. 过境消费

3. 商业存在

4. 国际追加服务

5. 金融服务

四、简答题

1. 国际服务贸易与国际货物贸易相比有哪些主要特征？

2. 关于成员方的待遇，GATT 与 GATS 有何不同？

3. 简述《服务贸易总协定》最惠国待遇原则的含义和主要特点。

五、论述题

试论《服务贸易总协定》的宗旨、一般义务和原则。

参考答案

一、单项选择题

1. **答案**：D。《服务贸易总协定》不阻止任何成员方参加由双方或多个参加方为建立劳动力市场完全一体化的协议，但应通知服务贸易理事会。
2. **答案**：C。商业存在是指某一成员的服务提供者通过在另一成员境内设立商业或专业机构，为后者境内的服务消费者提供服务。这种提供服务的方式与投资有关。
3. **答案**：D。GATS协议规定的服务贸易类型有四种：(1) 跨境供应，从一国境内直接向其他国境内提供服务；(2) 境外消费，在一国境内向其他国的服务消费者提供服务，如B项即为此类，所以不当选；(3) 商业存在，外国实体在他国境内设立附属公司或分支机构提供服务，如C项即为此类，所以不当选；(4) 自然人存在，一国服务提供商通过自然人到他国境内提供服务，如A项即为此类，所以不当选。D项中中国政府对外援助并非提供服务，而是经济援助，所以D项当选。
4. **答案**：D。根据《服务贸易总协定》第1条的规定，协定适用于各成员影响服务贸易的措施，包括：(a) 从一成员境内向任何其他成员境内提供服务；(b) 在一成员境内向任何其他成员的服务消费者提供服务；(c) 一成员的服务提供者在任何其他成员境内以商业存在提供服务；(d) 一成员的服务提供者在任何其他成员境内以自然的存在提供服务。其中"服务"包括任何部门的任何服务，但在行使政府权限时提供的服务除外。所以A选项错误。境外消费（Consumption abroad）是指服务的提供者在一成员的领土内向来自另一成员的消费者提供服务。这种服务提供方式的主要特点是，消费者到境外去享用境外服务提供者提供的服务。所以，中国公民接受国外某银行在中国分支机构的服务不属于协定中的境外消费，B选项错误。第2条规定，最惠国待遇是在本协定项下的任何措施方面，各成员应立即和无条件地给予任何其他成员的服务和服务提供者以不低于其给予任何其他国家相同的服务和服务提供者的待遇。所以，无论是服务产品或服务提供者，都享有最惠国待遇，所以C选项错误。第17条规定的国民待遇是指在列入其承诺表的部门中，在遵照其中所列条件和资格的前提下，每个成员在所有影响服务提供的措施方面，给予任何其他成员的服务和服务提供者的待遇不得低于其给予本国相同服务和服务提供者的待遇。此外，本协定的规定不得解释为阻止任何成员赋予或给予其毗邻国家优惠，以便利毗邻的边境地区进行当地生产和消费的服务的交换。所以，D选项正确。

二、多项选择题

1. **答案**：ABCD。《服务贸易总协定》通过定义服务的4种方式，界定服务贸易的范围，即跨境交付、境外消费、在服务消费国的商业存在和自然人的临时流动。
2. **答案**：BCD。服务贸易、与贸易有关的投资措施和与贸易有关的知识产权保护是关贸总协定乌拉圭回合谈判的新议题。
3. **答案**：ABCD。《服务贸易总协定》中界定了服务贸易的范围，包括跨境交付、境外消费、在服务消费国的商业存在和自然人的临时流动。跨境交付是指服务的提供者在一个成员国的领土上向任何其他成员领土内的服务消费者提供服务。境外消费是指服务的提供者在一个成员国的境内向来自另一成员的服务消费者提供服务。商业存在，是指某一成员的服务提供者通过在另一成员境内设立商业或专业机构，为后者境内的服务消费者提供服务。自然人流动，是指一成员的服务提供者以自然人身份进入任何其他成员的领土提供服务。
4. **答案**：ABCD。根据《服务贸易总协定》规定，服务贸易是指提供以下服务：(1) 从一成员方境内向任何其他成员方境内提供的服务（又称跨境交付）；(2) 在一成员方境内向任何其他成员方的服务消费者提供的服务

（又称境外消费）；（3）一成员方的服务提供者通过在任何其他成员方境内的商业现场（即建立在一成员方境内向任何形式的业务或专业）提供的服务（又称商业存在）；（4）一成员方的服务提供者通过在任何其他成员方境内的一成员自然人的商业现场提供的服务（又称自然人的临时流动）。

5. **答案**：BCD。《服务贸易总协定》第3条之二规定了机密信息的披露：本协定的任何规定不得要求任何成员提供一经披露即妨碍执法或违背公共利益或损害特定公私企业合法商业利益的机密信息。据此，成员方对三类机密资料有权不予披露：可能因披露而阻碍法律实施的；可能因披露而有害于公众利益；可能因披露而损害企业合法的商业利益的。

6. **答案**：ABD。WTO体制下的国际投资规范中《服务贸易总协定》（GATS）的主要内容：①《服务贸易总协定》由三大部分组成：协定文本、附录（有关各具体服务部门的协定）、各国的市场准入承诺单；②协定主要有两方面的内容：A. WTO协定之下的一般性义务，即最惠国待遇和透明度；B. 承担具体承诺义务，即国民待遇和市场准入。

7. **答案**：CD。最惠国待遇是WTO多边贸易制度中最重要的基本原则和义务。WTO的任何成员，都可以享有其他成员给予任何国家的待遇。WTO争端解决机制的主体是国家。故A错误。磋商是争端解决的必经程序，提出磋商请求日起60天内没有解决争端时，申诉方才可以申请成立专家组。但磋商事项以及磋商的充分性，与设立专家组的申请及专家组将作出的裁定没有关系。故B错误。与关税与贸易总协定的争端解决机制相比，WTO争端解决机构在通过专家组和上诉机构报告的程序上有所突破，将《关税与贸易总协定》的“协商一致原则”改为“反向协商一致原则”，即除非争端解决机构一致不通过相关争端解决报告，该报告即得以通过。该通过实际上是一种一票通过制，是一种准自动通过方式。故C正确。被裁定违反了有关协议的一方，应当在合理时间内履行争端解决机构的裁定和建议。如果被诉方在合理期限内没有履行裁定和建议，原申诉方可以经争端解决机构授权交叉报复，对被诉方中止减让或中止其他义务。故D正确。

三、名词解释

1. **答案**：所谓国际服务贸易是指各种类型服务的跨国交易，它们既可以发生在不同国家国民之间，也可以发生在不同的国土之间。国际服务贸易法就是调整服务跨国交易的各种法律规范的总和。

2. **答案**：过境消费即在一成员境内向另一成员的消费者提供服务，如一成员的国民、商用运输工具到另一成员境内接受服务提供者提供服务。

3. **答案**：商业存在即一成员方的服务提供者在另一成员境内以商业存在形式提供服务。所谓商业存在，是指任何类型的商业或专业机构，包括为提供服务在一成员境内组建、取得或维持一个法人或创建或维持一个分支机构或代表处。如一国服务提供者在另一国建立商业实体或其银行或保险公司通过在国外建立的分支机构提供服务。

4. **答案**：国际追加服务是伴随着货物贸易而追加的一系列服务，包括产品初始阶段的研究开发、市场调研、可行性研究、资金筹措等服务；生产阶段的设备租赁、保养维修、质量和检测、控制、财务、保险、通信、安全、后勤服务以及职工的社会保障服务等；最后销售阶段的售后服务、广告、运输、货物的退赔及有关的诉讼服务。

5. **答案**：GATS附件明确了金融服务的概念，即由一成员方的金融服务者提供的一切金融方面的服务，包括保险、借贷、融资租赁、担保与委托、证券、资产管理及其辅助性金融性金融服务6类活动。

四、简答题

1. **答案**：（1）无形性，同步性。服务是一种无形的产品，以活动形式提供其使用价值。

（2）国际服务贸易主体的国际性。国际服务贸易是由来自不同国家的服务的提供者和服务的消费者之间发生的交易。而国际货物贸易则是交易客体，即货物的跨境流动，不考虑交易主体的国籍问题。

（3）政策问题多于法律问题。

（4）法律调整的国内倾向。

2. 答案：（1）GATS 第 17 条规定，各成员方在其承诺清单所列服务部门或者分部门以及条件和限制的范围之内，给予其他成员方的服务和服务提供者的待遇，就影响服务提供的所有措施来说，不应低于本国相同的服务和服务提供者。GATT 国民待遇原则是指各成员方在征收国内税，在有关国内销售、购买、运输、分配所适用的法令和法规方面，对进口产品应当一视同仁。

（2）GATS 将国民待遇作为成员方经过谈判而承担的具体义务，而不是必须遵守的一般义务。但是 GATT 规定的国民待遇是强制性的。

3. 答案：GATS 最惠国待遇原则的含义是：每一成员应立即无条件地给予另一成员的服务和服务提供者不低于它给予其他成员类似服务和服务提供者的待遇。

该原则的特点有：

（1）既适用于另一成员提供的服务，也适用于给另一成员的服务提供者的待遇；

（2）是适用于所有成员的一般性义务，对各成员具有约束力；

（3）允许各成员在协定生效起 10 年过渡期内保留与最惠国待遇不符的法律和措施，只要在 GATS 生效前将这些不符作为例外列入附件中；

（4）不适用于根据经济一体化协定所作出的优惠安排；

（5）不适用于政府采购服务以及相关的法律和要求。

五、论述题

答案：《服务贸易总协定》（GATS）的宗旨是在透明度和逐步自由化的前提下，建立一个有关服务贸易原则和规定的多边框架。在互利和权利义务总体平衡的基础上开展多边谈判，以促进所有贸易伙伴的经济增长和发展。

一般义务和原则包括：一是最惠国待遇原则。每一成员给予任何其他成员服务提供者的待遇，应立即无条件地给予其他任何成员的相同服务和服务提供者。也允许存在例外：提供给邻国的优惠；豁免清单作为附件从而享受为期不超过 10 年的豁免；成员方参与的经济一体化安排；政府采购服务的法律、条例和规定。二是透明度原则。每一成员应设立咨询点，以便于向其他成员方提供不妨碍其法律实施或不违反其公共利益或不损害其商业利益的各种信息，包括可能影响 GATS 实施的措施、国际协定、法律、条例、行政命令及修改，商业性惯例和补贴等。三是资格的认可，就服务提供者的资格成员方之间应通过国际协定或安排或自动许可方式予以认可，并逐步制定和推行认可的统一标准。四是公平竞争，成员境内的垄断和专营服务提供者不得滥用其垄断和专营的优势地位。五是发展中国家的更多参与，为使发展中国家和最不发达国家更多参与国际服务贸易，发达国家应承担以下义务：在 GATS 生效之日起 2 年内设立联络点，为发展中国家服务提供者提供各自市场有关服务的商业和技术信息，专业资格登记、认可和获得等方面的信息；通过关于具体承诺的谈判，增强发展中国家国内服务业能力、效率和竞争力，促进销售渠道和信息网络的改善以及对各部门市场准入的自由化和促进发展中国家服务出口；以上两项义务的履行对最不发达国家给予特别优惠的考虑。

【参考资料】余劲松、吴志攀主编：《国际经济法》，北京大学出版社 2014 年版。

第八章　政府管理贸易的法律与制度

基础知识图解

- 概述
- 关税制度
  - 种类
  - 保税制度
  - 关税税则
- 许可证制度
  - 种类
    - 自动与非自动许可证
    - 进口与出口许可证
  - 内容
- 配额制度
  - 进口配额
  - 出口配额
- 外汇管理、商品检验制度
- 两反一保制度
  - 《反倾销条例》
  - 《反补贴条例》
  - 《保障措施条例》

配套测试

一、单项选择题

1. 依我国对限制进口货物管理的规定，下列选项中不正确的是（　　）。

A. 对于限制进口的货物，可以采取关税配额的管理方式

B. 属于关税配额内进口的货物，按照配额内税率缴纳关税

C. 进口经营者凭关税配额证明，向外经贸部办理关税配额内货物的报关验放手续

D. 属于关税配额外进口的货物，按照配额外税率缴纳关税

2. 中国某化工产品的国内生产商向中国商务部提起对从甲国进口的该类化工产品的反补贴调查申请。依我国相关法律规定，下列哪一选项是正确的？（　　）（司考.2009.1.45）

A. 商务部认为必要时可以强制出口经营者作出价格承诺

B. 商务部认为有必要出境调查时，必须通过司法协助途径

C. 反补贴税税额不得超过终裁决定确定的补贴金额

D. 甲国该类化工产品的出口商是反补贴税的纳税人

3. 根据《反倾销条例》，反倾销税的纳税人为（　　）。

A. 倾销产品的出口经营者

B. 倾销产品的进口经营者

C. 倾销产品的生产者

D. 倾销产品的消费者

4. 在下列的贸易方式中，不适用我国《对外贸易法》进行管理的贸易方式是（　　）。

A. 进出口贸易　　B. 易货贸易

C. 边境贸易　　D. 服务贸易

5. 将出口货物在国内生产和流通过程中已经缴纳的间接税予以抵扣或退还，或者对其应征间接税予以免除，使出口货物以不含税价格进入国际市场的政府行为称

为（　）。

A. 出口退税　B. 出口补贴

C. 出口配额　D. 出口关税

6. 在我国，下列哪一机关享有关税的减免权？（　）

A. 国务院　B. 地方政府

C. 海关总署　D. 国家税务总局

7. 我国的进口关税设普通税率和优惠税率，对原产于与中国订有关税互惠协议的国家或者地区的货物，执行下列哪种税率征税？（　）

A. 优惠税率　B. 变通税率

C. 普通税率　D. 特别税率

8. 依我国的进出口商品检验检疫制度的有关规定，下列选项中不正确的是（　）。

A. 对国家指定范围内的商品实施强制性检验检疫，称为法定检验

B. 对法定检验之外的进出口商品，均由当事人自愿申请检验

C. 对于法定检验的进口商品，未经检验，不得销售、使用

D. 对于法定检验的出口商品，未经检验合格的，不准出口

9.《对外贸易法》是我国对外贸易法律体系中的母法，它对我国对外贸易关系的法律调整作了原则性的规定。下列有关该法的表述错误的是（　）。

A.《对外贸易法》不适用于边境贸易和单独关税区中国香港和澳门特别行政区

B. 我国的对外贸易经营主体只能是经国务院对外经济贸易主管部门许可可以从事对外贸易经营权活动的法人和其他组织

C. 没有对外贸易经营权的单位和个人，可以委托有外贸经营权的经营者在其经营范围内代理进口或出口

D. 对于限制进口或出口的货物，实行配额或许可证管理，对于限制进口或出口的技术，实行许可证管理

10. 依《反倾销条例》的规定，产品以低于下列何种价格进口，对我国国内已建立的相关产业造成实质损害或产生实质损害威胁，或者对建立相关产业造成实质阻碍时，我国可以采取反倾销措施？（　）

A. 低于正常价值的价格

B. 低于公平价值的价格

C. 低于合理价值的价格

D. 低于成本价值的价格

11. 我国海关在未能确定进口货物的到岸价格时，应依次以价格为基础估定完税价格，下列不属于海关采用的估定完税价格的选项是哪一项？（　）

A. 该项进口货物从同一出口国或地区购进的相同或者类似货物的成交价格

B. 该项进口货物的相同或类似货物在国际市场上的成交价格

C. 该项进口货物的相同或类似货物在国内市场上的批发价格，减去进口关税、进口环节其他税收以及进口后的运输、储存、营业费用及利润后的价格

D. 成交价格为基础的离岸价格为完税价格

12. 一国政府在一定时期内对某些进出口商品的进出口数量或金额规定一个最高限额的制度称为下列哪种制度？（　）

A. 进出口许可证制度

B. 进口押金制度

C. 进出口配额制度

D. 保障措施

13. 依我国法律的规定，在对货物的进出口管理上，下列选项中不正确的有哪项？（　）

A. 货物分为禁止进出口的货物、限制进出口的货物和自由进出口的货物

B. 对禁止进出口和限制进出口的货物实行目录管理

C. 我国对货物进出口实行分级的管理制度

D. 对实行自由进口许可管理的货物也实行目录管理

14. 甲、乙、丙中国企业代表国内某食品原料产业向商务部提出反倾销调查申请，

要求对原产于A国、B国、C国的该原料进行相关调查。经查，商务部终局裁定确定倾销成立，对国内产业造成损害，决定征收反倾销税。根据我国相关法律规定，下列哪一说法是正确的？（　　）（司考. 2011. 1. 42）

A. 反倾销税的纳税人是该原料的出口经营者

B. 在反倾销调查期间，商务部可以建议进口经营者作出价格承诺

C. 终裁决定确定的反倾销税额高于已付或应付临时反倾销税或担保金额的，差额部分不予征收

D. 终裁决定确定的反倾销税额低于已付或应付临时反倾销税或担保金额的，差额部分不予退还

15. 进口到中国的某种化工材料数量激增，其中来自甲国的该种化工材料数量最多，导致中国同类材料的生产企业遭受实质损害。根据我国相关法律规定，下列哪一选项是正确的？（　　）（司考. 2011. 1. 41）

A. 中国有关部门启动保障措施调查，应以国内有关生产者申请为条件

B. 中国有关部门可仅对已经进口的甲国材料采取保障措施

C. 如甲国企业同意进行价格承诺，则可避免被中国采取保障措施

D. 如采取保障措施，措施针对的材料范围应当与调查范围相一致

16. 部分中国企业向商务部提出反倾销调查申请，要求对原产于某国的某化工原材料进口产品进行相关调查。经查，商务部终局裁定确定倾销成立，决定征收反倾销税。根据我国相关法律规定，下列哪一说法是正确的？（　　）（司考. 2012. 1. 41）

A. 构成倾销的前提是进口产品对我国化工原材料产业造成了实质损害，或者产生实质损害威胁

B. 对不同出口经营者应该征收同一标准的反倾销税税额

C. 征收反倾销税，由国务院关税税则委员会做出决定，商务部予以执行

D. 与反倾销调查有关的对外磋商、通知和争端事宜由外交部负责

17. 2011年4月6日，张某在广交会上展示了其新发明的产品，4月15日，张某在中国就其产品申请发明专利（后获得批准）。6月8日，张某在向《巴黎公约》成员国甲国申请专利时，得知甲国公民已在6月6日向甲国就同样产品申请专利。下列哪一说法是正确的？（　　）（司考. 2013. 1. 41）

A. 如张某提出优先权申请并加以证明，其在甲国的申请日至少可以提前至2011年4月15日

B. 2011年4月6日这一时间点对张某在甲国以及《巴黎公约》其他成员国申请专利没有任何影响

C. 张某在中国申请专利已获得批准，甲国也应当批准他的专利申请

D. 甲国不得要求张某必须委派甲国本地代理人代为申请专利

18. 甲、乙、丙三国企业均向中国出口某化工产品，2010年中国生产同类化工产品的企业认为进口的这一化工产品价格过低，向商务部提出了反倾销调查申请。根据相关规则，下列哪一选项是正确的？（　　）（司考. 2014. 1. 42）

A. 反倾销税税额不应超过终裁决定确定的倾销幅度

B. 反倾销税的纳税人为倾销进口产品的甲、乙、丙三国企业

C. 商务部可要求甲、乙、丙三国企业作出价格承诺，否则不能进口

D. 倾销进口产品来自两个以上国家，即可就倾销进口产品对国内产业造成的影响进行累积评估

19. 进口中国的某类化工产品2015年占中国的市场份额比2014年有较大增加，经查，两年进口总量虽持平，但仍给生产同类产品的中国产业造成了严重损害。依我国相关法律，下列哪一选项是正确的？（　　）（司考. 2015. 1. 43）

A. 受损害的中国国内产业可向商务部申

请反倾销调查

B. 受损害的中国国内产业可向商务部提出采取保障措施的书面申请

C. 因为该类化工产品的进口数量并没有绝对增加，故不能采取保障措施

D. 该类化工产品的出口商可通过价格承诺避免保障措施的实施

20. 应国内化工产业的申请，中国商务部对来自甲国的某化工产品进行了反倾销调查。依《反倾销条例》，下列哪一选项是正确的？（　　）（司考. 2016. 1. 42）

A. 商务部的调查只能限于中国境内

B. 反倾销税税额不应超过终裁确定的倾销幅度

C. 甲国某化工产品的出口经营者必须接受商务部有关价格承诺的建议

D. 针对甲国某化工产品的反倾销税征收期限为5年，不得延长

21. 甲、乙、丙三国生产卷钢的企业以低于正常价值的价格向中国出口其产品，代表中国同类产业的8家企业拟向商务部申请反倾销调查。依我国《反倾销条例》，下列哪一选项是正确的？（　　）（司考. 2017. 1. 43）

A. 如支持申请的国内生产者的产量不足国内同类产品总产量25%的，不得启动反倾销调查

B. 如甲、乙、丙三国的出口经营者不接受商务部建议的价格承诺，则会妨碍反倾销案件的调查和确定

C. 反倾销税的履行期限是5年，不得延长

D. 终裁决定确定的反倾销税高于已付的临时反倾销税的，差额部分应予补交

22. 甲、乙、丙三国企业均向中国出口钢材，中国钢材产业认为进口钢材价格过低，向商务部提出了反倾销调查申请。根据我国《反倾销条例》，下列哪一选项是正确的？（　　）

A. 若申请人不提供真实信息，商务部应当终止审查

B. 商务部认为有必要出境调查时，必须通过司法协助途径

C. 商务部可以建议但不能强迫出口经营者作出价格承诺

D. 终裁决定确定的反倾销税额低于已付或应付临时反倾销税或担保金额的，差额部分不予退还

23. 中国轧钢产业向商务部申请对从甲国进口的轧钢进行反倾销调查，商务部终局裁定确定倾销成立，对国内轧钢产业造成损害，决定征收反倾销税。根据我国相关法律规定，下列哪一选项是正确的？（　　）

A. 反倾销税的纳税人应该是甲国轧钢出口商

B. 中国某公司认为其已缴纳的反倾销税款超过倾销幅度，可以向商务部申请退税

C. 针对商务部的终局裁定，甲国轧钢出口商必须先申请复审，对复审决定不服才能提起行政诉讼

D. 针对商务部的终局裁定，甲国轧钢出口商只能申请行政复议，无权向人民法院提起行政诉讼

24. 某国甲公司向中国低价出口的一批货物涉嫌倾销，商务部根据中国部分企业的申请对该批货物发起了反倾销调查。经过查明，申请反倾销调查的企业占总产量的55%。根据我国《反倾销条例》，下列说法正确的是？（　　）

A. 由于申请调查的企业份额超过了50%，商务部应该发起调查

B. 商务部可以命令某国甲公司作出价格承诺

C. 如果某国甲公司作出了价格承诺，商务部可以不接受，但需说明理由

D. 如果通过调查初步认定存在倾销，则商务部可以决定向某国甲公司征收临时反倾销税

二、多项选择题

1. 下列哪些是我国《对外贸易法》明文规定的对外贸易管理措施？（　　）

A. 进出口配额措施
B. 外汇管理措施
C. 进出口商品检验措施
D. 反不正当竞争

2. 当中国出口产品在国外被控倾销后，应诉人应为（　　）。
A. 在调查期间内向指控国或地区出口（包括转口）被控产品的企业
B. 中华人民共和国商务部
C. 生产被控出口（包括转口）产品的企业
D. 生产被控出口（包括转口）产品企业的上级主管部门

3. 关于普遍优惠制，下列说法中正确的是（　　）。
A. 普遍优惠制是一国给予另一国出口制成品和半制成品的一种普遍的、互惠的关税优惠制度
B. 普遍优惠制的税率一般高于最惠国税率
C. 普遍优惠制是所有发达国家给予发展中国家的一种优惠关税
D. 根据普惠制的基本原则，发达的给惠国在给予发展中国家优惠待遇时，可以要求受惠国给予反向优惠

4. 我国出口配额有偿招标主要采用以下哪几种方式？（　　）
A. 公开招标　　B. 协议招标
C. 邀请招标　　D. 定向招标

5. 在我国，下列哪些进出口商品不能申请免予法定检验检疫？（　　）
A. 粮油食品
B. 用于进出口危险货物的包装容器
C. 化妆品
D. 出版物

6. 关于我国的外汇管理制度，下列选项中正确的有哪几项？（　　）
A. 我国对经常项目外汇和资本项目外汇实行相同的管理制度
B. 境内机构的经常项目外汇收入，必须调回境内，不得违反国家有关规定擅自存在境外
C. 境内机构的资本项目外汇收入，除国务院另有规定外，应当调回境内
D. 境内机构向境外投资，须经外汇管理机关审查批准

7. 根据我国《对外贸易法》，国家基于下列哪些原因，可以限制国际服务贸易？（　　）
A. 为维护国家安全或者社会公共利益
B. 违反我国承担的国际义务的
C. 为建立或者加快建立国内特定的服务行业
D. 为保障国家外汇收支平衡

8. 根据我国的《反补贴条例》进行调查、采取反补贴措施的补贴，必须具有专向性。下列补贴中哪些属于具有专向性的补贴？（　　）
A. 由出口国政府明确确定的某些企业、产业获得的补贴
B. 由出口国法律、法规明确规定的某些企业、产业获得的补贴
C. 以出口实绩为条件获得的补贴，包括反补贴条例所附出口补贴清单列举的各项补贴
D. 以使用本国或本地区产品替代进口为条件获得的补贴

9. 依我国有关进出口商品检验法规的规定，下列哪几项属于法定检验的范围？（　　）
A. 出口食品的卫生检验
B. 出口危险货物包装容器的性能鉴定和使用鉴定
C. 对装运出口易腐烂变质食品、冷冻品的船舱、集装箱等运载工具的适载检验
D. 有关国际条约规定必须经商检机构检验的进出口商品的检验

10. 根据《反补贴条例》的规定，下列哪些补贴属于有专向性的补贴？（　　）（司考．2008. 1. 85）
A. 由出口国法律明确规定的某些企业获得的补贴
B. 环保组织以改善环保为条件对企业提供的赠款
C. 指定特定区域内的企业、产业获得的补贴
D. 世界银行对贫困地区提供的无息贷款

11. 根据《反倾销条例》的规定，在反倾销案件的调查过程中，出现何种情形时，应当由商务部发出公告，终止反倾销调查？（　）

A. 没有足够证据证明存在倾销、损害的
B. 倾销幅度低于2%的
C. 倾销进口产品实际或者潜在的进口量或者损害属于可忽略不计的
D. 申请人撤回申请的

12. 根据我国《反倾销条例》的规定，如果初裁决定确定倾销成立，并由此对国内产业造成损害的，可以采取下列哪些临时反倾销措施？（　）

A. 征收临时反倾销税
B. 要求提供现金保证金、保函或者其他形式的担保
C. 暂时禁止进口
D. 征收反倾销税

13. 在进口倾销对国内产业造成实质损害的情况下，反倾销税可以追溯征收。该反倾销税可适用于下列哪些产品？（　）（司考.2008.1.83）

A. 采取临时反倾销措施期间进口的产品
B. 发起反倾销调查前90天内进口的产品
C. 提起反倾销调查前90天进口的产品
D. 实施临时反倾销措施之日前90天内进口的产品

14. 根据《反补贴条例》，下列哪些选项属于补贴？（　）（司考.2014.1.82）

A. 出口国政府出资兴建通向口岸的高速公路
B. 出口国政府给予企业的免税优惠
C. 出口国政府提供的贷款
D. 出口国政府通过向筹资机构付款，转而向企业提供资金

15. 甲、乙两国均为WTO成员，甲国纳税居民马克是甲国保险公司的大股东，马克从该保险公司在乙国的分支机构获利35万美元。依《服务贸易总协定》及相关税法规则，下列哪些选项是正确的？（　）（司考.2016.1.82）

A. 甲国保险公司在乙国设立分支机构，属于商业存在的服务方式
B. 马克对甲国承担无限纳税义务
C. 两国均对马克的35万美元获利征税属于重叠征税
D. 35万美元获利属于甲国人马克的所得，乙国无权对其征税

16. 甲国某公司向中国出口某类商品，因价格过低涉嫌倾销被中国商务部调查，甲国某公司向商务部作出价格承诺，根据我国相关法律规定，下列哪些选项是正确的？（　）

A. 若甲国某公司违反其价格承诺，则商务部可以立即决定恢复反倾销调查
B. 若商务部拒绝甲国某公司的价格承诺，应当说明理由
C. 甲国某公司在针对商务部的反倾销终局裁定提起的行政诉讼中对主张事实负有举证责任
D. 甲国某公司不得就商务部的价格承诺复审决定提起行政诉讼

三、不定项选择题

甲国多家出口企业在乙国被终裁具有倾销行为，并征收了反倾销税，现这些出口企业欲进行相关法律救济，已知甲、乙两国均为WTO成员方，以下说法错误的有：（　）

A. 甲国出口企业可以在乙国提起对乙国政府征税行为的行政诉讼
B. 甲国政府可以直接向乙国政府提起外交保护
C. 甲国政府可以在WTO起诉乙国政府违反其承担的WTO的相关义务
D. 如果乙国政府在WTO被裁决败诉，WTO有权责令乙国修改其本国的法律或相应的反倾销措施

四、名词解释

1. 优惠关税
2. 从价税
3. 关税税则
4. 保税制度
5. 自动许可证

6. 关税配额

7. 可申诉的补贴

8. 原产地规则

9. 禁止性补贴（华东政法大学 2008 年考研真题）

五、简答题

1. 简述《补贴与反补贴措施协议》规定的不可诉补贴。

2. 简述 WTO 反倾销规则中规定的征收反倾销税的条件。

3. 简述我国现行法律规定的采取反倾销措施的前提条件。（华东政法大学 2010 年考研真题）

六、论述题

1. 试论关税措施与非关税措施的区别。

2. 试述我国的“两反一保”法律制度。

参考答案

一、单项选择题

1. **答案**：C。

2. **答案**：C。选项 A 错误。根据《反补贴条例》第 32 条的规定，商务部可以向出口经营者或者出口国（地区）政府提出有关价格承诺的建议。商务部不得强迫出口经营者作出承诺。选项 B 错误。根据《反补贴条例》第 20 条的规定，商务部认为必要时，可以派出工作人员赴有关国家（地区）进行调查；但是，有关国家（地区）提出异议的除外。选项 C 正确。《反补贴条例》第 43 条规定，反补贴税税额不得超过终裁决定确定的补贴金额。选项 D 错误。《反补贴条例》第 41 条规定，反补贴税的纳税人为补贴进口产品的进口经营者。

3. **答案**：B。根据《反倾销条例》，反倾销税的纳税人为倾销进口产品的进口经营者。

4. **答案**：C。C 项不适用，《对外贸易法》第 67 条规定：“国家对边境地区与接壤国家边境地区之间的贸易以及边民互市贸易，采取灵活措施，给予优惠和便利。具体办法由国务院规定。”据此，边境贸易是不适用《对外贸易法》进行管理的贸易方式。ABD 项适用，《对外贸易法》第 2 条第 1 款规定，本法适用于对外贸易以及与对外贸易有关的知识产权保护。

5. **答案**：A。出口退税，是指将出口货物在国内生产和流通过程中的已经缴纳的间接税予以抵扣或退还，对应征间接税予以免除，使出口货物以不含税价格进入国际市场的政府行为。出口补贴，是指一国政府或公共机构向本国的出口货物提供的现金补贴或财政上的优惠，以提高本国商品在国际市场上的竞争力。根据补贴的形式可将补贴分为直接补贴和间接补贴。直接补贴是指由政府或公共机构给本国出口商的现金补贴。间接补贴是指对本国出口商提供财政上的优惠或技术上的资助或赠与，如减免或退还国内税款、提供低息贷款或出口担保、外汇贬值等。出口配额，是指一国政府在一定时期内对某些出口商品的出口数量或金额所规定的限制。限额内商品可以出口，限额外商品则不准出口。

6. **答案**：A。《海关法》第 58 条规定：“本法第五十六条、第五十七条第一款规定范围以外的临时减征或者免征关税，由国务院决定。”

7. **答案**：A。

8. **答案**：B。

9. **答案**：B。A 项的依据是《对外贸易法》第 67、68 条。B 项与第 8 条规定不符合。C 项的依据在第 11 条。D 项的依据在第 18 条。参见以下条文：第 67 条：“国家对边境地区与接壤国家边境地区之间的贸易以及边民互市贸易，采取灵活措施，给予优惠和便利。具体办法由国务院规定。”第 68 条：“中华人民共和国的单独关税区不适用本法。”第 8 条：“本法所称对外贸易经营者，是指依法办理工商登记或者其他执业手续，依照本法和其他有关法律、行政法规的规定从事对外贸易经营活动的法人、其他组织或者个人。”第 11 条：“对外贸易经营者可以接受他人的委托，在经营范围内代为办理对外贸易业务。”第18条：“国家对限制进口或者出口的货物，实行配额、许可证等方式管理；对限制进口或者出口的技术，实行许可证管理。实行配额、许可证管理的货物、技术，应当按照国务院规定经国务院对外贸易主管部门或者经其会同国务院其他有关部门许可，方可进口或者出口。国家对部分进口货物可以实行关税配额管理。”

10. 答案：A。我国《反倾销条例》中规定，当产品以低于正常价值的价格进口时，对我国国内已建立的相关产业造成实质损害或产生实质损害威胁，或者对建立相关产业造成实质阻碍时，可以采取反倾销措施。

11. 答案：D。

12. 答案：C。进出口配额制度是指一国政府在一定时期内对某些进出口商品的进出口数量或金额规定一个最高限额的制度。

13. 答案：C。

14. 答案：C。反倾销税的纳税人是进口经营者，所以A错误。商务部可以向出口经营者提出价格承诺的建议，而非进口经营者，所以B错误。反倾销税对实施临时反倾销税的期间追溯征收的，采取“多退少不补”的原则。即终裁决定确定的反倾销税额高于已付或应付临时反倾销税或担保金额的，差额部分不予征收；低于已付或应付临时反倾销税或担保金额的，差额部分应予退还或重新计算。所以，C正确，D错误。

15. 答案：D。启动保障措施调查途径有二：第一，与国内产业有关的自然人、法人或者其他组织，可以依照保障措施条例，向商务部提出保障措施申请；第二，必要时，商务部在没有收到此类申请时，也可以立案调查。所以A错误。保障措施应针对正在进口的产品实施，不区分来源地。所以B错误。保障措施并不涉及价格问题，只是与数量有关系，所以甲国企业即使同意进行价格承诺，也会被中国采取保障措施。所以C错误。采取保障措施所针对的材料范围应与调查范围一致。D正确。

16. 答案：A。根据《反倾销条例》第2条规定，进口产品以倾销方式进入中华人民共和国市场，并对已经建立的国内产业造成实质损害或者产生实质损害威胁，或者对建立国内产业造成实质阻碍的，依照本条例的规定进行调查，采取反倾销措施，选项A正确。根据该条例第41条规定，反倾销税应当根据不同出口经营者的倾销幅度，分别确定，选项B错误。根据该条例第38条规定，征收反倾销税，由商务部提出建议，国务院关税税则委员会根据商务部的建议作出决定，由商务部予以公告。海关自公告规定实施之日起执行，并非商务部执行，故选项C错误。根据该条例第57条规定，商务部负责与反倾销有关的对外磋商、通知和争端解决事宜，选项D错误。

17. 答案：A。《保护工业产权巴黎公约》规定凡在一个缔约国申请注册的商标，可以享受自初次申请之日起为期6个月的优先权，即在这6个月的优先权期限内，如申请人再向其他成员国提出同样的申请，其后来申请的日期可视同首次申请的日期。优先权的作用在于保护首次申请人，使他在向其他成员国提出同样的注册申请时，不致由于两次申请日期的差异而被第三者钻空子抢先申请注册。发明、实用新型和工业品外观设计的专利申请人从首次向成员国之一提出申请之日起，可以在一定期限内（发明和实用新型为12个月，工业品外观设计为6个月）以同一发明向其他成员国提出申请，而以第一次申请的日期为以后提出申请的日期。其条件是，申请人必须在成员国之一完成了第一次合格的申请，而且第一次申请的内容与日后向其他成员国所提出的专利申请的内容必须完全相同。所以，张某提出优先权申请并加以证明，其在甲国的申请日至少可以提前至2011年4月15日，A选项正确。《专利法》第24条规定，申请专利的发明创造在申请日以前六个月内，有下列情形之一的，不丧失新颖性：（1）在中国政府主办或者承认的国际展览会上首次展出的；（2）在规定的学术会议或者技术会议上首次发表的；

(3) 他人未经申请人同意而泄露其内容的。所以，张某在广交会上的展示，可能会因为甲国和《巴黎公约》其他成员国对申请专利新颖性的要求不同而受到影响。所以，B选项错误。即使甲国也是《巴黎公约》成员国，但专利的申请与批准还是各国主权内部事项，中国批准，不代表甲国一定会批准。所以C选项错误。对外国人的专利申请，通常要由本国的专利代理人进行，所以D选项错误。

18. 答案：A。根据《反倾销条例》第42条规定，反倾销税税额不超过终裁决定确定的倾销幅度。所以，A选项正确。第40条规定，反倾销税的纳税人为倾销进口产品的进口经营者。所以，B选项错误。第31条规定，倾销进口产品的出口经营者在反倾销调查期间，可以向商务部作出改变价格或者停止以倾销价格出口的价格承诺。商务部可以向出口经营者提出价格承诺的建议。商务部不得强迫出口经营者作出价格承诺。所以，C选项错误。第9条规定，倾销进口产品来自两个以上国家（地区），并且同时满足下列条件的，可以就倾销进口产品对国内产业造成的影响进行累积评估：(1) 来自每一国家（地区）的倾销进口产品的倾销幅度不小于2%，并且其进口量不属于可忽略不计的；(2) 根据倾销进口产品之间以及倾销进口产品与国内同类产品之间的竞争条件，进行累积评估是适当的。可忽略不计，是指来自一个国家（地区）的倾销进口产品的数量占同类产品总进口量的比例低于3%；但是，低于3%的若干国家（地区）的总进口量超过同类产品总进口量7%的除外。所以，D选项错误。

19. 答案：B。根据《反倾销条例》第8条第1款第1项的规定，在确定倾销对国内产业造成的损害时，应当审查"倾销进口产品的数量，包括倾销进口产品的绝对数量或者相对于国内同类产品生产或者消费的数量是否大量增加，或者倾销进口产品大量增加的可能性"。两年进口总量持平，因此A项说法错误。《保障措施条例》第3条规定："与国内产业有关的自然人、法人或者其他组织（以下统称申请人），可以依照本条例的规定，向商务部提出采取保障措施的书面申请。商务部应当及时对申请人的申请进行审查，决定立案调查或者不立案调查。"第7条规定："进口产品数量增加，是指进口产品数量的绝对增加或者与国内生产相比的相对增加。"第8条第1款规定："在确定进口产品数量增加对国内产业造成的损害时，应当审查下列相关因素：(一) 进口产品的绝对和相对增长率与增长量；(二) 增加的进口产品在国内市场中所占的份额；(三) 进口产品对国内产业的影响，包括对国内产业在产量、销售水平、市场份额、生产率、设备利用率、利润与亏损、就业等方面的影响；(四) 造成国内产业损害的其他因素。"两年的进口数量虽然持平，但市场份额有较大增加，可以申请保障措施，故B正确、C错误。价格承诺不能避免保障措施，D错误。

20. 答案：B。《反倾销条例》第20条规定："商务部可以采用问卷、抽样、听证会、现场核查等方式向利害关系方了解情况，进行调查。商务部应当为有关利害关系方提供陈述意见和论据的机会。商务部认为必要时，可以派出工作人员赴有关国家（地区）进行调查；但是，有关国家（地区）提出异议的除外。"故A错误。第42条规定："反倾销税税额不超过终裁决定确定的倾销幅度。"故B正确。第31条规定："倾销进口产品的出口经营者在反倾销调查期间，可以向商务部作出改变价格或者停止以倾销价格出口的价格承诺。商务部可以向出口经营者提出价格承诺的建议。商务部不得强迫出口经营者作出价格承诺。"故C错误。第48条规定："反倾销税的征收期限和价格承诺的履行期限不超过5年；但是，经复审确定终止征收反倾销税有可能导致倾销和损害的继续或者再度发生的，反倾销税的征收期限可以适当延长。"故D错误。

21. 答案：A。《反倾销条例》第17条规定：

"在表示支持申请或者反对申请的国内产业中，支持者的产量占支持者和反对者的总产量的50%以上的，应当认定申请是由国内产业或者代表国内产业提出，可以启动反倾销调查；但是，表示支持申请的国内生产者的产量不足国内同类产品总产量的25%的，不得启动反倾销调查。"故A正确。《反倾销条例》第32条规定："出口经营者不作出价格承诺或者不接受价格承诺的建议的，不妨碍对反倾销案件的调查和确定。出口经营者继续倾销进口产品的，商务部有权确定损害威胁更有可能出现。"故B错误。《反倾销条例》第48条规定："反倾销税的征收期限和价格承诺的履行期限不超过5年；但是，经复审确定终止征收反倾销税有可能导致倾销和损害的继续或者再度发生的，反倾销税的征收期限可以适当延长。"故C错误。《反倾销条例》第43条第3款规定："终裁决定确定的反倾销税，高于已付或者应付的临时反倾销税或者为担保目的而估计的金额的，差额部分不予收取；低于已付或者应付的临时反倾销税或者为担保目的而估计的金额的，差额部分应当根据具体情况予以退还或者重新计算税额。"故D错误。

22. 答案：C。《反倾销条例》第21条规定，商务部进行调查时，利害关系方应当如实反映情况，提供有关资料。利害关系方不如实反映情况、提供有关资料的，或者没有在合理时间内提供必要信息的，或者以其他方式严重妨碍调查的，商务部可以根据已经获得的事实和可获得的最佳信息作出裁定。这里的利害关系方包含申请人，在申请人提供虚假材料的情况下，商务部可以根据已经获得的事实和可获得的最佳信息作出裁定，A项错误。两反一保调查属于行政程序，国际私法中所称的司法协助只适用于司法机关（法院）相互之间的协助，商务部作为行政机关不能适用，B项错误。反倾销调查中，作出价格承诺是出口经营者的权利而非义务，故商务部可以建议但不得强迫出口经营者作出价格承诺，C项正确。反倾销税追溯征收适用"多退少不补"的原则，终裁决定确定的反倾销税额低于已付或应付临时反倾销税或担保金额的，差额部分应予退还，D项错误。

23. 答案：B。反倾销税的纳税人为倾销进口产品的进口经营者，A项错误。倾销进口产品的进口经营者有证据证明其已缴纳的反倾销税税额超过倾销幅度的，可以向商务部提出退税申请，B项正确。反倾销调查程序中，复审不是行政诉讼的必经程序，C项错误。对商务部反倾销终局裁定或复审决定，利害关系人可以依法申请行政复议，也可以依法向人民法院提起诉讼，D项错误。

24. 答案：C。A项错误，根据我国《反倾销条例》第17条的规定，在表示支持申请或者反对申请的国内产业中，支持者的产量占支持者和反对者的总产量的50%以上的，应当认定申请是由国内产业或者代表国内产业提出，可以启动反倾销调查。是"可以"而非应该启动调查。B项错误，根据我国《反倾销条例》第31条的规定，商务部能够建议出口经营者作出价格承诺，但不能强迫。B项中的"命令"一词显然超越了建议的范畴。C项正确，根据我国《反倾销条例》第33条的规定，商务部可以自主决定是否接受出口经营者作出的价格承诺，但如果不接受则应说明理由。D项错误，根据我国《反倾销条例》第29条的规定，征收临时反倾销税，由商务部提出建议，国务院关税税则委员会根据商务部的建议作出决定，由商务部予以公告，海关实施。

二、多项选择题

1. 答案：ABC。反不正当竞争不属于我国《对外贸易法》明文规定的对外贸易管理措施。

2. 答案：AC。

3. 答案：ABCD。本题需要掌握普惠制的特点，普惠制是一国给予另一国出口制成品和半制成品的一种普遍的、互惠的关税优惠制度；

其税率一般高于最惠国税率；它是发达国家给予发展中国家的一种优惠关税。并且根据普惠制的基本原则，发达的给惠国在给予发展中国家优惠待遇时，可以要求受惠国给予反向优惠。

4. **答案**：ABCD。我国出口配额有偿招标主要采用公开招标、协议招标、邀请招标和定向招标这四种方式。

5. **答案**：ABC。

6. **答案**：BCD。我国对资本项目外汇和经常项目外汇实行不同的管理制度。

7. **答案**：ACD。

8. **答案**：ABCD。

9. **答案**：ABCD。该题考查法定检验的范围。

10. **答案**：AC。《反补贴条例》第 4 条规定，依照本条例进行调查、采取反补贴措施的补贴，必须具有专向性。具有下列情形之一的补贴，具有专向性：（1）由出口国（地区）政府明确确定的某些企业、产业获得的补贴；（2）由出口国（地区）法律、法规明确规定的某些企业、产业获得的补贴；（3）指定特定区域内的企业、产业获得的补贴；（4）以出口实绩为条件获得的补贴，包括本条例所附出口补贴清单列举的各项补贴；（5）以使用本国（地区）产品替代进口产品为条件获得的补贴。在确定补贴专向性时，还应当考虑受补贴企业的数量和企业受补贴的数额、比例、时间以及给与补贴的方式等因素。根据上述规定可知，本题的正确答案是 AC。

11. **答案**：ABCD。《反倾销条例》第 27 条规定，有下列情形之一的，反倾销调查应当终止，并由商务部予以公告：（1）申请人撤销申请的；（2）没有足够证据证明存在倾销、损害或者二者之间有因果关系的；（3）倾销幅度低于 2% 的；（4）倾销进口产品实际或者潜在的进口量或者损害属于可忽略不计的；（5）商务部认为不适宜继续进行反倾销调查的。来自一个或者部分国家（地区）的被调查产品有前款第（2）、（3）、（4）项所列情形之一的，针对所涉产品的反倾销调查应当终止。

12. **答案**：AB。AB 项正确，C 项错误，《反倾销条例》第 28 条第 1 款规定："初裁决定确定倾销成立，并由此对国内产业造成损害的，可以采取下列临时反倾销措施：（一）征收临时反倾销税；（二）要求提供保证金、保函或者其他形式的担保。" D 项错误，《反倾销条例》第 37 条规定，"终裁决定确定倾销成立，并由此对国内产业造成损害的，可以征收反倾销税"。据此，征收反倾销税应在终裁决定后，而不是在初裁后。

13. **答案**：AD。反倾销税对终局裁定公告之日后进口的产品适用，但在特殊情况下也可以追溯征收。终裁决定确定存在实质损害或实质损害威胁，并且在此前已经采取临时反倾销措施的，反倾销税可以对已经实施临时反倾销措施的期间追溯征收。对实施临时反倾销税的期间追溯征收的，采取多退少不补的原则。即终裁决定确定的反倾销税额高于已付或应付临时反倾销税或担保金额的，差额部分不予征收；低于已付或应付临时反倾销税或担保金额的，差额部分应予退还或重新计算。因此，A 项正确。《反倾销条例》第 36 条规定："出口经营者违反其价格承诺的，商务部依照本条例的规定，可以立即决定恢复反倾销调查；根据可获得的最佳信息，可以决定采取临时反倾销措施，并可以对实施临时反倾销措施前 90 天内进口的产品追溯征收反倾销税，但违反价格承诺前进口的产品除外。"所以 D 是正确的，BC 两项都是错误的。

14. **答案**：BCD。根据《反补贴条例》第 3 条规定：补贴，是指出口国（地区）政府或者其任何公共机构提供的并为接受者带来利益的财政资助以及任何形式的收入或者价格支持。出口国（地区）政府或者其任何公共机构，以下统称出口国（地区）政府。本条第 1 款所称财政资助，包括：（1）出口国（地区）政府以拨款、贷款、资本注入等形式直接提供资金，或者以贷款担保等形式潜在地直接转让资金或者债务；(2) 出口国（地区）政府放弃或者不收缴应收收入；(3) 出口国（地区）政府提供除一般基础设施以外的货物、服务，或者由出口国（地区）政府购买货物；(4) 出口国（地区）政府通过向筹资机构付款，或者委托、指令私营机构履行上述职能。所以，A 选项错误，BCD 正确。

15. 答案：AB。《服务贸易总协定》及相关税法规则规定：商业存在（Commercial Presence），是 GATS 中最重要的一种服务提供方式，一成员的服务提供者在任何其他成员境内建立商业机构（附属企业或分支机构），为所在国和其他成员的服务消费者提供服务，以获取报酬。包括通过设立分支机构或代理，提供服务等。故 A 正确。无限纳税义务亦称"全面纳税义务"，是"有限纳税义务"的对称。指纳税人就其来源于全球范围内的所得或财产对其所在国负有纳税义务。无限纳税义务只适用于本国居民（公民）。故 B 正确。国际重叠征税又称"国际双层征税"，是指两个以上的国家对不同的纳税人就同一课税对象或同一税源在同一期间内课征相同或类似性质的税收。故 CD 错误。

16. 答案：AB。《反倾销条例》第 33 条第 2 款规定，商务部不接受价格承诺的，应当向有关出口经营者说明理由，B 项正确。依据《反倾销条例》第 36 条规定，出口经营者违反其价格承诺的，商务部可以立即决定恢复反倾销调查，A 项正确。依据《行政诉讼法》规定，行政诉讼中被告对作出的行政行为负有举证责任，应当提供作出该行政行为的证据和所依据的规范性文件，C 项错误。依据《反倾销条例》第 53 条规定，利害关系人对商务部的终局裁定或复审决定不服的，可以依法申请行政复议，也可以依法向人民法院提起诉讼，D 项错误。

三、不定项选择题

答案：B。对于反倾销措施、反补贴措施或保障措施，除利害关系方通过进口国的程序申请行政复议或向法院提出诉讼外，还可以由产品的出口商或生产商所在国政府对这些贸易措施通过世界贸易组织的多边争端解决程序进行审查。这两种救济分别称为国内程序救济和多边程序救济。因此，本题中，甲国政府和出口企业有如下法律救济：(1) 甲国出口企业可以在乙国提起对乙国政府的反倾销行政诉讼；(2) 甲国政府可以在 WTO 起诉乙国政府违反其承担的 WTO 的相关义务。故 A、C 项正确。如果乙国政府在 WTO 被裁决败诉，则乙国政府应在合理时间内履行争端解决机构的裁定和建议，WTO 有权责令乙国修改其本国的法律或相应的反倾销措施。但争端解决机构只能建议进口成员政府使其措施与世界贸易组织规则相一致，而不能直接撤销或修改相关措施。故 D 项正确。外交保护指一国国民在外国受到不法侵害，且依该外国法律程序得不到救济时，其国籍国可以通过外交方式要求该外国进行救济或承担责任，以保护其国民或国家的权益。在提出外交保护之前，受害人必须用尽当地法律规定的一切救济办法，包括行政和司法救济手段。在手段用尽仍未得到合理救济时，才可以提出外交保护。很明显，本案情况不满足外交保护的条件，甲国政府不能直接向乙国政府提起外交保护，B 项错误。

四、名词解释

1. 答案：优惠关税又称特惠关税，是对来自某一国家和地区的商品，全部或部分给予特别优惠的低关税。优惠关税的给予可以是互惠的，如通过双边协定，相互给予优惠关税，也可以是非互惠的，即由一方给予另一方单方面的非反向的优惠关税，如发达国家给予发展中国家按照普惠制原则的优惠关税。还可以依照最惠国原则给予优惠关税。

2. 答案：从价税指以进出口货物的价格作为纳税税基计征的关税，常用的如出口货物以离岸价格（FOB 价格）和进口货物的到岸价格（CIF 价格）计征关税。

3. 答案：关税税则是一国制定并公布实施的按

商品类别排列的关税税率表，是海关凭以征收关税的依据和标准。其内容由三部分组成：税号、商品名称和税率。

4. 答案： 保税制度是一国海关对进入该国特定区域的货物，或用于加工制造出口的原材料、成品等免征关税的制度。按照该特定区域（保税区）的大小和功能可分为保税仓库、自由港和自由贸易区、出口加工区等。

5. 答案： 自动许可证又称作一般许可证，是指进出口商不需要逐笔申请与获得批准，即可自由从事进出口。实行自动许可证的目的在于提供海关统计并起一定的监督作用。适用自动许可证的通常是一些需求广泛、无数量或国别限制的商品。

6. 答案： 关税配额是将关税与配额结合起来实行进口限制的一种方法。对在配额内进口的商品征收较低关税，配额外的进口征收高关税。

7. 答案： 可申诉的补贴是指《反补贴协议》第1条所指补贴，如给有关成员带来不利影响或严重损害，受损害方可采取反补贴措施或按《反补贴协议》第三部分第7条的规定，采取协议给予的救济方法，但依《农产品协议》第13条给予农产品的补贴除外。

8. 答案： 原产地规则是指根据国家立法或国际协议确立的原则发展出来的，并由一国用于确定货物原产地的特别规定。商品的原产地在国际贸易中具有重要的作用，签发原产地证书是各国实行进出口贸易管制的一种手段，也是海关核定减免进口关税的证明。但各国制定的确定原产地的规则相差很大。原产地是产品的经济国籍，确定原产地最初是为消费者的选择提供便利，此外，便于一国海关统计。在国际贸易中，越来越多的人认识到原产地对产品的重要价值，原产地成为一项重要的知识产权受到各国法律的保护。

9. 答案： 禁止性补贴在贸易实践中又称“红箱补贴”，是指世贸组织《反补贴协议》规定禁止成员方给予或者予以维持的补贴行为。

五、简答题

1. 答案： 不可诉补贴又称“绿灯补贴”。《补贴与反补贴措施协议》第8条第1款规定了两大类不可诉补贴，即不具有专向性的补贴和符合特定要求的专向性补贴：(1) 不具有专向性的补贴。此种补贴不属于世贸组织限制的范围，不可申诉。(2) 符合特定要求的专向性补贴。符合特定要求的专向性补贴具有专向性，但是应符合下列条件：第一，对公司进行研究活动的援助，或对高等教育机构或研究机构与公司签约进行研究活动的援助。第二，依地区发展总体框架对一成员领土内落后地区的援助。第三，为使企业的现有设施适应法律实行的新的环境要求而提供的援助。此类补贴可概括为研发补贴、贫困地区补贴和环保补贴。

依《补贴与反补贴措施协议》第31条的规定，有关不可诉补贴的规定临时适用5年（自1995年1月1日至1999年12月31日）。即到1999年年底前，补贴委员会应该讨论决定该条款是否继续适用，但遗憾的是在此期间补贴委员会没有就延长事由作出决定，因为世贸成员在此问题上争论非常激烈，不能达成一致意见。这意味着《补贴与反补贴措施协议》中的“不可诉补贴”的规定现在没有效力。也就是说，实际上现在《补贴与反补贴措施协议》只有两类，一类是禁止性补贴，另一类是可诉性补贴，包括以前的不可诉补贴。不可诉补贴的分类已经没有了，但不排除在新一轮的谈判中再恢复这一条规定。

2. 答案： 由于倾销有可能是具有恶意的低价竞争，并损害进口国同类产品生产商的利益，因而被认为是一种不公正的竞争手段。许多国家都制定有本国的反倾销法，以征收反倾销税的形式对进口倾销实行制裁。按《反倾销守则》规定，对某进口商品征收反倾销税有三个必要条件：

（1）倾销存在；

（2）倾销对进口国国内已建立的某项工业造成重大损害或产生重大威胁，或者对某一国内工业的新建产生严重阻碍；

（3）倾销进口商品与所称损害之间存在因果关系。

进口国只有经充分调查，确定某进口商品符合上述征收反倾销税的条件，方可征收反倾销税。

3. **答案**：按照我国《反倾销条例》的规定，当进口产品采用倾销方式，并由此对国内已经建立的产业造成实质损害或者产生实质损害的威胁，或者对国内建立相关产业造成实质阻碍时，就有可能对该进口产品采取反倾销措施。但是，要采取反倾销措施，必须确认已经具备以下三个条件：必须存在倾销的事实；存在损害国内产业的事实；倾销与损害之间有因果关系。

六、论述题

1. **答案**：限制贸易的措施通常亦称为关税措施和非关税措施。由于关税，特别是进口关税常常作为各国限制他国产品进口的手段从而达到实施贸易保护主义的目的，因此关税措施又被称为关税壁垒。非关税措施指除关税措施外的其他一切直接或间接限制外国商品进口的法律及行政措施。非关税措施主要包括进出口配额措施、进出口许可证措施、外汇管辖措施、商品检验措施、原产地措施、政府采购措施、反倾销措施、反补贴措施、保障措施、技术性贸易壁垒措施等。两者的区别主要为：

（1）关税措施具有透明度，而非关税措施具有隐蔽性。关税具有透明度高、易衡量的特点，关税一经制定并公布，即为人所共知，无论是本国人还是外国人，其执行情况也被置于众目的监督下。而非关税措施则具有较强的隐蔽性，此类措施常常以履行正常的海关手续为借口，间接地达到保护的目的。且不论实际采用哪种方式，如许可证或配额，其实施过程的隐蔽性，容易造成贪污受贿的发生，实施监督的难度较大。

（2）关税措施具有公正性，而非关税措施具有歧视性。关税适用于一切进口货物，再配合最惠国待遇原则的适用，因此对于各进口方是平等的。在关税措施下，进口来源以及贸易额大小，均在一定条件下按供需状况和市场机制自动作出调整，进口货物会向物美价廉转化，贸易额也会适应国内消费需求而增减，因此，关税措施是一种市场的、优化的和公正的措施。而非关税措施本身固有的歧视性则很难用最惠国待遇原则或不歧视原则完全消除，而且限额一旦确定，即将贸易方位、进口来源以及贸易数额人为封死，产品质量、消费偏好等均不能起到应有的市场调节作用。所以对贸易的扭曲作用较大。

（3）关税措施具有稳定性，而非关税措施则具有随意性。关税措施一般要经立法机关以关税法及关税税则形式发布，并保持一定时期不变，具有相对稳定性。而非关税措施主要依靠行政措施和命令实施，是由行政部门酌情决定的，不受法律程序的约束，容易加入一些非经济因素，如利用贸易进行政治交易，脱离国际经济的市场轨道。对非关税措施也没有十分有效的国际监督和控制措施，因此，随意性较大。

2. **答案**：由于在国际贸易中存在不公平贸易行为或者严重损害进口国贸易利益的行为，关贸总协定和世贸组织为了维护公平、公正的国际贸易秩序和保护进口国利益而专门提供了贸易救济措施。一般的贸易救济措施是指对进口产品的反倾销、反补贴和保障措施，在我国简称为“两反一保”。

（1）反倾销

在国际贸易中，倾销是指产品以低于正常价值的方式进口，并由此对国内已建立的相关产业造成实质性损害或者产生实质损害的威胁，或者对国内建立相关产业造成实质阻碍。在这种情况发生时，进口国可以采取必要措施来消除或者减轻这种损害或者损害的威胁，称为反倾销措施。可以采取的反倾销救济措施有征收反倾销税或者出口商提供价格承诺。

倾销的构成有三个要件：①A国以低于国内正常贸易价值向B国出口产品；②该出口产品给B国同类产品产业造成严重损害或严重损害威胁；③B国同类产品产业的损害或损害威胁是因A国的低价出口造成的。

反倾销简便实用、效果明显，因此也是

三种贸易救济措施中使用频率最高的。我国二十多年来一直是反倾销的第一受害国。据估计，中国企业因此遭受的直接经济损失累计达到100亿美元以上，而丧失的市场份额和其他间接损失则难以计算，国外对我国产品频繁采取的反倾销措施已经成为中国企业在国际贸易中面临的一个巨大贸易障碍。

(2) 反补贴

补贴是指出口国（地区）政府或者其任何公共机构提供的，并为接受者带来利益的财政资助以及任何形式的收入或者价格支持。某些贸易活动中的补贴也是一种不公平贸易行为。当进口产品存在补贴，并对已经建立的国内产业造成实质损害或者产生实质损害威胁，或者对建立国内产业造成实质阻碍时，进口国可以采取的措施包括采取征收反补贴税、要求出口国政府停止补贴或要求出口商提供价格承诺。我国产品目前很少遭到反补贴调查，因为我国产品一般是反倾销措施的目标，而且我国目前也尚未对其他国家产品实施反补贴措施。

(3) 保障措施

保障措施是进口国对某些产品在公平竞争情况下因进口数量猛增而采取的紧急限制措施。当进口产品数量大量增加，并对生产同类产品或者直接竞争产品的国内产业造成严重损害或者严重损害威胁时，进口国可以采取保障措施来缓解这种严重损害或威胁。具体措施有提高关税、采取配额制等。

一国对其他国家实施保障措施须具备三个条件：①进口明显激增；②对国内相关产业造成实质损害或实质损害威胁；③进口增长与实质损害或损害威胁之间存在因果关系。为了保护我国产品免遭国外采取的救济措施打击，我国参照各国的成功经验加强了对重点行业、重点产品的产业损害预警机制建设，先后启动了汽车、钢铁、化肥等易受冲击行业的产业损害预警机制，以便于防患于未然。

第九章　国际投资法律概述

基础知识图解

- 国际投资概念和类型（直接、间接投资）
- 国际投资法体系、作用
- 国有化及补偿
- 投资争议解决与卡尔沃主义
- 特许协议

配套测试

一、单项选择题

国际投资法的调整对象是（　　）。

A. 政府与国际金融机构之间的投资关系

B. 政府间的投资关系

C. 国际金融机构之间的投资关系

D. 跨国私人直接投资关系

二、名词解释

1. 国际间接投资

2. 特许协议

3. 卡尔沃原则

三、简答题

简述国家与他国公民之间投资争议的特点。

参考答案

一、单项选择题

答案：D。国际投资法的调整对象是跨国私人直接投资关系。

二、名词解释

1. 答案：国际间接投资是指投资者不参加企业经营管理，也不享有企业的控制权或支配权，而仅以其持有的能提供收入的股票或证券进行的投资。其具体形式也有多种，如为获取股息或利息在证券市场上购买上市公司的股票或公司债券，一个国家的银行向处于另一个国家的企业提供贷款，等等。

2. 答案：特许协议是指一个国家（政府）同外国投资者个人或法人，约定在一定期间，在指定地区内，允许其在一定条件下享有专属于国家的某种权利，投资从事于公用事业建设或自然资源开发等特殊经济活动，基于一定程序，予以特别许可的法律协议。

3. 答案：为维护本国主权，南美著名法学家卡尔沃（Carlo Calvo）早在 1868 年就提出："属于一国领域内的外国人同该国国民有同等受到保护的权利，不应要求更大的保护。当受到任何侵害时，应依赖所在国政府解决，不应由外国人的本国出面要求任何金钱上的补偿。"卡尔沃原则后为拉美国家所坚持，它们除将这一原则规定在其宪法和法律中外，还在与外国人的投资契约中订有卡尔沃条款，规定由契约引起的争议由所在国法院依其国内法解决，外国人不得要求本国政府行使外交保护权，本国政府也无权行使外交保护。

三、简答题

答案：(1) 争议主体的特点：一方为东道国或者其机构，另一方为外国投资者，两者的法律地位不同；国家拥有主权，是国际法主体，而投资者则不是国际法主体，也不享有只有国家才能具有的主权以及相关的权利和豁免。

（2）争议事项的特点可以分为两大类：一是基于契约而产生的争议；二是非基于契约而产生的争议。

第十章　国际投资的法律形式

基础知识图解

- 合资经营企业
  - 概念、特征、法律性质
  - 组织形式
- 合作经营企业
  - 概念、特征
  - 法律性质
- 外资企业：概念、特征
- 《外商投资法》
- BOT
  - 概念、特征
  - 当事人
    - 政府
    - 项目公司
    - 其他参与人
  - 合同安排的权利义务

配套测试

一、单项选择题

1. 国家或者地方政府部门通过特许权协议，授予签约方承担公共性基础设施项目的融资、建造、经营和维护。在协议规定的特许期限内，项目公司拥有投资建造设施的所有权，可以向设施使用者收取适当的费用，由此回收项目的投资、经营和维护成本并获得合理的回报。特许期满后，项目公司将设施无偿地移交给签约方的政府部门。这种投资方式被称为（　　）。

A. BOT 方式　　B. 特许经营

C. 直接投资　　D. 间接投资

2. 甲、乙两国均为世界贸易组织成员方和《关于解决国家和他国国民间投资争端的公约》缔约国。甲国 A 公司在乙国设立独资企业 B 公司从事汽车制造。由于乙国汽车工业处于起步阶段，遂要求 B 公司产量 80%用于国内销售。一段时间以后，A 公司向解决国际投资争端中心提起仲裁请求，指责乙国政府定价远低于国际市场价格造成企业严重亏损，该中心受理了该案。对此，下列说法错误的是？（　　）

A. 乙国政府的销售限制违反了 GATT 国民待遇原则

B. 乙国政府的销售限制违反了 GATT 一般禁止数量限制原则

C. 根据《关于解决国家和他国国民间投资争端的公约》，甲国承担不向 WTO 争端解决机制起诉乙国的义务

D. 如乙国在该中心仲裁中败诉，它可以向 WTO 上诉机构请求撤销裁决

二、多项选择题

1. 我国某大型国有公司发出招标邀请，进行某大型项目的承建与经营。经过资格预审、正式投标、评标、开标，最后法国某公司中标，经过多次谈判后，与我方签了协议，在报国家计委并经国务院批准后，双方正式签署了特许权协议，特许期为 18 年（包括 3 年建设期）。依照有关法律规定该特许权协议实质是（　　）。

A. 国际私人直接投资的一种方式

B. 国际间接投资的一种方式
C. BOT 方式
D. 合作开发方式

2. 下列属于国际直接投资的有（　　）。
A. 在国外设立独资企业
B. 与东道国企业建立合资经营企业
C. 与东道国企业合作开发某种新产品
D. 购买外国公司债券

3. 国际直接投资包括（　　）。
A. 一美国股民购买中国公司在美国上市的股票
B. 英荷消费品集团收购美国食品公司
C. 中国石油天然气公司与美国石油公司签订合资经营加油站的协议
D. 美国公司在中国北京、上海、广州成立办事处，并建立了行销及技术支持中心

4. 关于国际投资法相关条约，下列哪些表述是正确的？（　　）（司考.2013.1.80）
A. 依《关于解决国家和他国国民间投资争端的公约》，投资争端应由双方书面同意提交给投资争端国际中心，当双方表示同意后，任何一方不得单方面撤销
B. 依《多边投资担保机构公约》，多边投资担保机构只对向发展中国家领土内的投资予以担保
C. 依《与贸易有关的投资措施协议》，要求企业购买或使用最低比例的当地产品属于协议禁止使用的措施
D. 依《与贸易有关的投资措施协议》，限制外国投资者投资国内公司的投资比例属于协议禁止使用的措施

5. 甲国某公司要到乙国投资建设一个垃圾处理厂，并与乙国政府签订了垃圾处理合同，后乙国因为环境政策的改变增加了环境保护税。乙国政府遂以该合同履行不再具有经济意义为由拒绝履行该合同。现该公司寻求相关的法律救济措施，以下说法正确的有：（　　）
A. 乙国政府的做法属于政府违约行为
B. 乙国政府的行为属于征收或类似措施行为
C. 如果该公司寻求多边投资担保机构进行理赔，应以用尽乙国当地救济为前提条件
D. 多边投资担保机构进行理赔后，可以直接向乙国政府主张代位求偿

6. 甲国A公司在乙国投资设立B公司，并就该投资项目向多边投资担保机构投保货币汇兑险。A公司的某项产品发明在甲国首次申请专利后，又在乙国提出同一主题的专利申请，同时要求获得优先权保护。甲、乙两国都是《多边投资担保机构公约》和《保护工业产权巴黎公约》的缔约国，下列哪些判断是正确的？（　　）
A. 乙国应为发展中国家
B. 乙国的外汇管制是商业风险，不属于货币汇兑险的承保范围
C. 乙国有权要求A公司委派乙国境内的本地专利代理机构申请专利
D. 即使A公司在甲国的专利申请被驳回，也不影响其在乙国申请的优先权

7. 外国人马克计划在中国投资，根据《外商投资法》规定，关于负面清单，下列说法正确的是？（　　）
A. 外商投资准入负面清单规定禁止投资的领域，马克不得投资
B. 外商投资准入负面清单规定限制投资的领域，马克不得投资
C. 外商投资准入负面清单规定限制投资的领域，马克进行投资应当符合负面清单规定的条件
D. 外商投资准入负面清单以外的领域，按照外资优先的原则实施管理

三、名词解释

1. 股份式合营企业
2. 外资企业
3. BOT（建设—经营—转让）
4. 项目公司

参考答案

一、单项选择题

1. **答案**：A。国际私人直接投资方式主要有：(1) 设立新企业，主要是指投资者根据东道国的法律，在东道国设立独资经营的企业或与东道国的经营者共同投资设立合资经营、合作经营的企业。(2) 收购现有企业，主要是指国际投资者收购或兼并资本输入国原有的企业或其他经济实体，或在原有的经济实体内取得股份，参与经营。(3) 设立分支机构，是指国际投资者在东道国，根据当地法律设立分公司或其他分支机构。(4) 合作开发，是指投资者根据东道国的特许，参与陆上和海上自然资源的合作勘探开发。(5) BOT 方式。BOT (Build-Operate-Transfer)，意思为建设—经营—转让方式，是一种特殊的项目投资方式，是指东道国政府通过特许权协议，在协议规定的特许期限内，将某一项目授予某一外国投资者为特许项目成立的项目公司，由项目公司进行融资、建造、经营和维护。特许期满后，项目公司将设施无偿地移交给签约方的政府部门。BOT 融资方式实质上是政府与承包商合作经营基础设施项目的一种特殊运作模式。

2. **答案**：A。根据 WTO《与贸易有关的投资措施协议》（TRIMs）第 2 条规定，成员不得实施与第 3 条国民待遇或第 11 条数量限制的一般取消不一致的投资措施。明确属于违反该条义务的措施，TRIMs 列举了 5 种。其中，限制企业产品出口的数量，如国家要求外资企业以低于国际市场价格将本应出口的产品在当地销售，即“出口限制”或“国内销售要求”，就属于违反 GATT 一般禁止数量限制原则的情形。因此 A 项错误，B 项正确。尽管乙国涉嫌违反 TRIMs，甲国可据此通过 WTO 争端解决机制解决有关纠纷，但是，由于“中心”受理了 A 公司提起的仲裁请求，根据《关于解决国家和他国国民间投资争端的公约》（ICSID）第 27 条规定，缔约国对于其国民和另一缔约国根据本公约已同意交付或已交付仲裁的争端，不得给予外交保护或提出国际要求，也就是说，根据 ICSID 公约，甲国承担不向 WTO 争端解决机制起诉乙国的义务。因此 C 项正确。WTO 争端解决机制只解决国与国之间的争议，其上诉机构也只受理经过专家小组审理后提交的案件。况且，根据 ICSID 公约第 52 条和第 53 条规定，裁决具有终局效力，即使根据公约列举的程序性问题提出撤销裁决，也只能通过主席任命的专门委员会解决。因此 D 项正确。

二、多项选择题

1. **答案**：AC。BOT 方式是国际私人直接投资的主要方式之一，外国投资者一般通过特许协议，取得东道国政府的某一基础设施项目的建设与经营，协议期满后向政府移交该项设施的所有权。

2. **答案**：ABC。根据资本的国际流动，可以将国际投资划分为直接投资和间接投资。(1) 国际直接投资，是指一国投资者将资本投入另一国的经济实体，参与和控制该经济实体的经营管理，并根据该经济实体的经营状况取得相应投资收益的活动。(2) 国际间接投资，是指一国投资者将资本投入另一国，由另一国经营者接受并运用该资本，投资者不参与或控制该资本的经营管理的一种投资活动。国际直接投资与间接投资的区别主要在于：投资者是否参与投资的经济实体的经营管理；是否对该经济实体的经营拥有一定的控制权。ABC 三项皆为投资者在海外经营企业的投资，对投资企业有一定的支配和控制权，属于国际直接投资。D 错，D 项属于间接投资。

3. **答案**：BCD。国际投资分为国际直接投资和国际间接投资。直接投资的主要方式是设立新企业和并购东道国的现有企业。间接投资的主要方式是包括贷款、证券（债券和股票）投资和融资租赁。

4. **答案**：ABC。《解决国家与他国国民间投资争端公约》第 25 条规定，中心的管辖适用于缔约国（或缔约国向中心指定的该国的任何组成部分或机构）和另一缔约国国民之间直接因投资而产生并经双方书面同意提交给中心的任何法律争端。当双方表示同意后，任何一方不得单方面撤销其同意。所以，A选项正确。《多边投资担保机构公约》规定，机构的目标应该是鼓励在其会员国之间，尤其是向发展中国家会员国融通生产性投资，以补充国际复兴开发银行（以下简称银行）、国际金融公司和其他国际开发金融机构的活动。为达到这些目标，机构应：(1) 在一会员国从其他会员国得到投资时，对投资的非商业性风险予以担保，包括再保和分保；(2) 开展合适的辅助性活动，以促进向发展中国家会员国和在发展中国家会员国之间的投资流动；并且 (3) 为推进其目标，行使其他必要和适宜的附带权利。所以，多边投资担保机构是针对发展中国家领土内的投资。B选项正确。《与贸易有关的投资措施协议》第2条规定，成员不得实施与GATT第3条国民待遇或第11条数量限制的一般取消不一致的投资措施。为此，各成员专门就禁止的投资措施制定了一份“解释性清单”，表明了被禁止的投资措施的多种表现形式，这些措施可表现为法律和法规形式，也可表现为政府的行政指令或裁决，还可表现为某种优惠政策。其中，包括违反国民待遇规定的投资措施——“当地成分要求”或“国产化要求”，即要求企业，无论是本国投资企业，还是外商投资企业，在生产过程中必须购买或使用一定数量金额或最低比例的当地产品。这种投资措施对贸易的扭曲作用主要是阻止或限制进口产品的使用，如规定购买与使用当地产品的数量或价值的比重等。所以，C选项正确。另外，贸易（外汇）平衡要求，规定外商投资企业为进口而支出的外汇，不得超过该企业出口额的一定比例。其中不符合1994年关贸总协定第11条一般取消进口数量限制原则的投资措施，包括国内法律或行政条例规定的强制性执行的措施，或者为了获得一项利益必须与之相符合的投资措施。具体包括：贸易（外汇）平衡要求，对外商投资企业的进口作出一般的限定，或规定不得超过该企业出口量或出口值的一定比例；进口用汇限制，规定外商投资企业用于生产所需的进口额应限制在该企业所占有的外汇的一定比例内；国内销售要求，规定外商投资企业要有一定数量的产品在东道国销售。协议中属于禁止使用的投资措施主要有4项，即当地成分要求、贸易平衡要求、进口用汇限制和国内销售要求。但协议并未要求成员不得实施出口实绩，技术转让和外资比例等投资措施。所以，D选项错误。

5. **答案**：AD。根据《多边投资担保机构公约》相关规定，多边投资担保机构（MIGA）主要承保下列四项非商业风险（政治风险）：货币汇兑险、战争和内乱险、政府违约险、征收和类似措施险。但应由投资者和东道国联合申请并经机构董事会特别多数通过，承保范围还可扩大到上述险别以外的其他非商业风险。其中，政府违约险承保东道国政府对外国投资者（也称担保权人）的违约，且司法或仲裁部门对投资者的索赔无法作出裁决，或司法或仲裁部门未能在合理期限内作出裁决，或有裁决而不能实施。而征收及类似措施险承保因东道国政府的责任而采取的任何立法或措施，使担保人对其投资的所有权或控制权被剥夺，或其投资中产生的大量效益被剥夺的风险。这里的征收既包括东道国进行的正式征收或类似征收措施，也包括隐蔽性征收。题中，乙国政府拒绝履行合同，B项错误。根据公约规定，机构承保的政府违约险，要求东道国政府不但违反其与投资者间的合同，而且要拒绝司法。用尽当地救济指受害人必须用尽当地法律规定的一切可以利用的救济办法，包括行政和司法救济手段。拒绝司法不同于用尽当地救济，两者要求的程度不同，后者更为严格，故C项错误。多边投资担保机构一经向投保人支付或同意支付赔偿，即代位取得投保人对东道国或其他债务人所拥有的有关承保投资的各种权利或索赔权。各成员国都应承认多边投资担保机构的此项权利。东道国对机构代位权的承认意味着对东道国主权豁免的一种限制，D 项正确。

6. **答案**：ACD。多边投资担保机构要求合格东道国必须是发展中国家，甲国 A 公司在乙国的投资能在多边投资担保机构投保，说明乙国一定是发展中国家，A 项正确。乙国的外汇管制若导致 A 公司在乙国的投资本金或利润无法或拖延汇兑或汇出，属于政治风险，构成货币汇兑险的承保范围，B 项错误。《保护工业产权巴黎公约》的国民待遇原则允许存在程序方面的例外，如要求外国专利申请人必须委派当地国家的代理人代理申请专利，C 项正确。根据《保护工业产权巴黎公约》的优先权原则，在先申请被驳回不影响该申请的优先权地位，D 项正确。

7. **答案**：AC。《外商投资法》第 28 条第 1 款规定："外商投资准入负面清单规定禁止投资的领域，外国投资者不得投资。"因此 A 项正确。第 28 条第 2 款规定："外商投资准入负面清单规定限制投资的领域，外国投资者进行投资应当符合负面清单规定的条件。"因此 B 项错误，C 项正确。第 28 条第 3 款规定："外商投资准入负面清单以外的领域，按照内外资一致的原则实施管理。"因此 D 项错误。

三、名词解释

1. **答案**：股份式合营企业是指由合营者相互协商为经营共同事业而组成的法律实体。这种类型的合营企业，具有独立的法律人格；合营者的出资分成股份，各方按照自己出资的比例对企业行使一定的权利，承担一定的义务；企业有一定的管理机构，作为法人的代表。

2. **答案**：外资企业是相对合资经营企业、合作经营企业而言的一种国际投资企业形式。目前，国际上对外资企业尚无统一的称谓和定义。一般认为，外资企业主要是指根据东道国法律在东道国境内设立的全部或大部分资本由外国投资者投资的企业。不过，现时各国法律对一个企业中外资构成比例达到多少才视为外资企业有不同的规定。有的国家法律规定，凡外资占大部分的企业，均是外资企业。有的国家的法律则严格限定其全部资本为外国投资者所有的企业才为外资企业。

3. **答案**：BOT（建设—经营—转让）是指政府（通过契约）授予私营企业（包括外国企业）以一定期限的特许专营权，许可其融资建设和经营特定的公用基础设施，并准许其通过向用户收取费用或出售产品以清偿贷款、回收投资并赚取利润。特许权期限届满时，该基础设施无偿移交给政府。

4. **答案**：项目公司是项目发起人为建设、经营某特定基础设施项目而设立的公司或合营企业。

第十一章　外国投资的管理与保护制度

基础知识图解

- 外资法的概念和体系
- 我国的外资政策与立法
- 外资进入条件
  - 投资范围与比例
  - 审查与批准
- 对外资的保护与鼓励
  - 资金汇出保证
  - 税收优惠
  - 经济特区的鼓励与优惠

配套测试

一、多项选择题

根据外商投资企业法律制度规定，下列各项中，属于禁止外商投资项目的有（　　）。

A. 技术水平落后的

B. 占用大量耕地，不利于保护、开发土地资源的

C. 运用我国特有工艺或者技术生产产品的

D. 不利于节约资源和改善生态环境的

二、名词解释

1. 外资法
2. 外国投资的审查和批准
3. 税收优惠
4. 经济特区

参考答案

一、多项选择题

答案：ABD。C 项属于禁止外购投资的项目。

二、名词解释

1. **答案**：外资法是指资本输入国制定的关于调整外国私人直接投资关系的法律规范。其内容各国规定不尽一致，但主要包括关于外国投资的范围、形式、条件，投资者的权利和义务，对外交的保护、鼓励和管制等方面的法律内容。
2. **答案**：外国投资的审查和批准是指资本输入国政府依据一定的程序、标准，对进入本国的外国投资进行鉴定、甄别、评价，并决定是否给予许可的一种制度。审批制度是资本输入国管制外国投资进入的重要手段。
3. **答案**：税收优惠是一国依法给予的税收减免和从低税率征税。世界各国均把税收优惠作为吸引外资以及实现特定的发展目标的重要工具。
4. **答案**：经济特区是一个国家或地区所划出的一定范围的区域，对该区域的对外经济活动采取更为开放的特殊政策，提供更为优惠的措施，实行特殊的管理办法，以吸引外资和技术，扩大外贸、促进本地区和本国的经济发展。

第十二章　对外投资的管理和保护制度

基础知识图解

- 对外投资鼓励措施
- 对外投资管理措施
- 海外投资保险制度
  - 概念、特征
  - 保险人、投保人
  - 保险范围
    - 征收险
    - 外汇险
    - 战争与内乱险
  - 保险对象
  - 赔偿与救济
- 我国对对外投资的管理与保护

配套测试

一、单项选择题

1. 海外投资保险制度与一般商业保险制度相比，其承保的险别限于（　　）。

A. 商业风险　　B. 自然灾害

C. 政治风险　　D. 人身伤害险

2. 下列关于海外投资保险制度与一般保险制度的比较说法正确的是（　　）。

A. 海外投资保险承保的风险除一般保险承保的风险外，还包括政治风险

B. 海外投资保险与一般保险一样，都是以营利为目的

C. 海外投资保险是由国家通过法律提供的一种政府保证，一般保险则是由商业实体提供的对于遭受承保风险而造成损害的保险标的给予补偿的保证

D. 海外投资保险的保险对象是一国的海外投资，而一般保险的保险标的通常是当事人之间买卖的货物

3. 海外私人投资公司是（　　）性质的海外投资保险机构。

A. 属于政府机构

B. 具有政府职能的公司法人

C. 私人保险公司

D. 国有公司

4. 目前，在各国的海外投资保险制度中，只有少数国家的保险机构担保下列政治风险中的（　　）。

A. 外汇禁兑险　　B. 财产征用险

C. 战争内乱险　　D. 政府违约险

二、不定项选择题

1. 海外投资保证制度是资本输出国对本国的私人海外投资依据国内法所实施的一种对该投资所可能产生的政治风险进行保险的制度。下列关于海外投资保证制度的哪一项表述不正确？（　　）

A. 海外投资保证只承保政治风险

B. 任何保险公司均可参与海外投资保险业务

C. 海外投资保证机构具有国家特设机构的性质

D. 海外投资保证机构在向投资者支付赔偿后将取得代位求偿权

2. 甲乙两国均为《多边投资担保机构公约》

和《关于解决国家和他国国民间投资争端的公约》的缔约国。A公司是甲国投资者在乙国依乙国法设立的一家外商独资企业。乙国政府对A公司采取了征收措施。根据前述两公约，下列说法哪些是正确的？（　　）

A. 遵循一定的程序，A公司有资格事先向多边投资担保机构申请投保征收或类似措施险

B. 如甲国投资者、A公司和乙国政府同意，A公司可以请求“解决投资争端的国际中心”解决该争端

C. 甲国投资者本人不可以请求“解决投资争端的国际中心”解决该争端

D. 多边投资担保机构在向投保人赔付后，可以向甲国政府代位求偿

3. 甲国公司在乙国投资建成地热公司，并向多边投资担保机构投了保。1993年，乙国因外汇大量外流采取了一系列的措施，使地热公司虽取得了收入汇出批准书，但仍无法进行货币汇兑并汇出，甲公司认为已发生了禁兑风险，并向投资担保机构要求赔偿。根据相关规则，下列选项正确的是：（　　）（司考.2014.1.99）

A. 乙国中央银行已批准了货币汇兑，不能认为发生了禁兑风险

B. 消极限制货币汇兑也属于货币汇兑险的范畴

C. 乙国应为发展中国家

D. 担保机构一经向甲公司赔付，即代位取得向东道国的索赔权

三、名词解释

1. 海外投资保险制度
2. 征收行为
3. 禁兑险
4. 投保资本合格

四、简答题

简述海外投资保险制度的特征。

五、论述题

论建立中国的海外投资担保制度。

参考答案

一、单项选择题

1. 答案：C。海外投资保险制度，是指资本输出国政府为了鼓励本国资本向海外投资，增强本国的国际竞争地位，而依据国内法对本国海外私人投资的政治风险进行保险的制度。海外投资保证制度与一般商业保险制度不同，其承保的险别只限政治风险，如征用与国有化（即征收险）、禁止或限制汇兑（即外汇险）、战争（即战乱险）等，不包括一般商业风险。

2. 答案：C。海外投资保险区别于一般保险制度的特征在于：（1）海外投资保险是由国家通过法律提供的一种政府保证；一般保险制度则是由商业实体提供的对于遭受承保风险而造成损害的保险标的给予补偿的保证。据此，C项正确。（2）海外投资保险的范围只限于政治风险，如征用与国有化（即征收险）、禁止或限制汇兑（即外汇险）、战争（即战乱险）等，不包括一般商业风险。据此，A项错误。（3）海外投资保险的对象仅限于海外私人直接投资，也就是投资者以支配和直接参与海外企业的经营管理为目的所进行的投资，不包括在海外证券市场上进行的股票或证券买卖即证券投资，不包括间接投资。据此，D项错误。（4）海外投资保险的主体只限于实行保险国的本国国民。特殊情况下，在保险国的外国企业进行的海外投资有利于保险国时也予以承保。（5）海外投资保险的目的是保护海外投资，使海外投资者的财产利益不受损失，以促进本国经济发展，而不是以营利为目的。据此，B项错误。（6）海外投资保险的作用不仅在于赔偿投资者的损失，更多的是为了保护海外投资者的财产利益不受损失，防止风险事故的发生。（7）海外投资保险机构为国家特设机构。（8）海外投资保险的期限较长，各国大多规定保险期限最长为15年，可延长到20年。

3. 答案：B。海外私人投资公司是具有政府职能的公司法人性质的海外投资保险机构。

4. 答案：D。

二、不定项选择题

1. 答案：B。海外投资保证也称海外投资保险，是资本输出国政府对本国海外投资可能遇到的政治风险提供保证或保险，投资者向本国投资保险机构申请保险后，若承保的政治风险发生，致投资者遭受损失，则由国内保险机构赔偿其损失，在为投资者支付赔偿后将取得对资本输入国的代位求偿权（故D正确）。海外投资保险是一种政府保证，具有与一般民间保证不同的特征：(1) 海外投资保险是由政府机构承保的（不是所有的保险公司都可以，所以B错误），不以营利为目的，而是以保护投资为目的；(2) 海外投资保险的对象仅限于私人海外投资，并且这种私人海外直接投资须经东道国批准，对资本输出国有利；(3) 海外投资保险的范围仅包括政治风险，如战争险、征用险、外汇险等，不包括一切商业风险（故A正确）；(4) 海外投资保险期限较长，可达15年甚至20年。海外投资保险制度是为了救济因私人与主权国家地位上不平等而出现的私人利益可能受到的侵犯而设置的，海外投资保险机构是国家的特设机构，是用国家力量来保护本国投资者海外投资利益的一件工具。

2. 答案：AB。《多边投资担保机构公约》于1985年10月11日缔结于韩国首都，1988年4月12日生效，依此公约成立的多边投资担保机构是世界银行集团的第五个新增成员，直接承保成员国私人投资者在向发展中国家成员投资时可能遭遇的各种政治风险。多边投资担保机构承保四种政治风险：货币汇兑险、征收和类似措施险、战争内乱险和政府违约险。对于前来投保的跨国投资者，多边投资担保机构要求必须是具备东道国以外的会员国国籍的自然人，或在东道国以外一会员国注册并设有主要营业点的法人，或其多数股东为东道国以外一个或几个会员国所有或其国民所有的法人。此外，只要东道国同意，且用于投资的资本来自东道国境外，则根据投资者和东道国的联合申请，经多边投资担保机构董事会特别多数票通过，还可将合格投资者扩大到东道国的自然人、在东道国注册的法人以及其多数资本为东道国国民所有的法人。据此，A项正确。《多边投资担保机构公约》规定，多边投资担保机构一经向投保人支付或同意支付赔偿，即代位取得投保人对东道国或其他债务人所拥有的有关承保投资的各种权利或索赔权。《解决国家和他国国民之间投资争端公约》于1965年3月18日通过，1966年10月4日生效，因在美国华盛顿通过，故也称为华盛顿公约。《解决国家和他国国民间投资争端公约》的目的是成立一个“解决投资争端的国际中心”，作为世界银行的一个下属独立机构，为各缔约国和其他国国民之间的投资争端的解决提供调解或仲裁的便利。中心管辖的条件有三：(1) 主体方面：受理的争端限于一缔约国政府（东道国）与另一缔约国国民（外国投资者）的争端；但是，在争端双方均同意的情况下，也受理东道国和受外国投资者控制的东道国法人之间的争端；(2) 争端性质方面：受理的争端必须是直接因国际投资而引起的法律争端；(3) 主观条件方面：需要争端双方出具同意中心管辖的书面文件。而D项仅说明在向投保人赔付后，可以向甲国政府代位求偿，故D不正确。

3. 答案：BCD。根据《多边投资担保机构公约》第11条关于货币汇兑的规定，东道国政府采取新的措施，限制其货币兑换成可自由使用货币或被保险人可接受的另一种货币及汇出东道国境外，包括东道国政府未能在合理的时间内对该被保险人提出的此类汇兑申请作出行动。所以，A选项错误，B选项正确。第14条规定，机构只对在发展中国家会员国境内所作的投资予以担保。所以，C选项正确。机构享有代位求偿权，即一经投保人支付或同意支付赔偿，即代位取得投保人对东道国或其他债务人所拥有的有关已投保投资的各种权利或索赔权。所以，D选项正确。

三、名词解释

1. **答案**：海外投资保险制度是资本输出国保护与鼓励本国私人海外投资的国内法制度，是国际投资保护的重要法律制度之一。是资本输出国政府对本国海外投资者在国外可能遇到的政治风险，提供保证或保险。投资者向本国投资保险机构申请保险后，若承保的政治风险发生，致使投资者遭受损失，则由国内保险机构补偿其损失的制度。

2. **答案**：关于征收行为，各国规定不尽相同。从有关国家的规定来看，征收行为主要包括以下内容：(1) 征收是东道国政府采取的行为，包括政府采取、授权、批准或纵容的行为，且不论是否给予补偿。(2) 征收包括直接征收和间接征收。直接征收一般指直接剥夺财产所有权，而间接征收则一般指对财产所有人使用、占有和处置财产进行无理干涉，从而使所有权人在合理期限内不能使用、占有和处置该财产。德国的征收险包括限制行使所有权造成的效果等同征收的损失。英国的投资担保合同中也规定了间接征收。(3) 征收的对象，一般包括投资者的投资和贷款，以及投资的利润和贷款的利息，不仅包括财产权以及由此产权产生的其他债权，而且包括契约权。(4) 构成征收险的征收行为一般应持续一年以上。

3. **答案**：禁兑险是指作为被批准投资项目的利润或其他收益，或因投资回收或处分投资财产而获得的当地货币或其他货币，在东道国禁止兑换成美元。禁兑风险发生的原因有多种，如东道国实行外汇管制、停止或限制外汇，或由于其他突发事变，如革命、战争、内乱等，致使投资者无法在一定期间内进行外汇业务等。海外私人投资公司在批准这种政治风险保证前，必须从东道国获得关于原本与利润等自由汇出的保证，投保者则须确切证明东道国政府原已同意并允许自由汇出的事实。至于投资因汇价变动所受的影响，或在订立保险合同时，东道国已实行或可能实行外汇管制者，则不在禁兑险之列。

4. **答案**：投保资本合格是指投资要符合法律或保险合同规定的条件或标准，这些条件和标准在各国不尽相同，但概括起来，合格的投资应符合投资者本国和东道国的利益。

四、简答题

答案：(1) 海外投资保险制度是资本输出国政府对本国海外私人直接投资者在国外可能遇到的政治风险提供保证或者保险，投资者向本国投资保险机构申请保险之后，如果承保的政治风险发生，致使投资者遭受到损失，则由国内保险机构负责补偿其损失的制度。

(2) 特征：海外投资保险制度是由政府机构或者公营公司承保的，它不是以营利为目的，而是以保护私人投资为目的。海外投资保险的对象，仅限于海外私人直接投资，而且被保险人的私人直接投资必须符合特定的条件。海外投资保险制度只承保政治风险。

【参考资料】余劲松、吴志攀主编：《国际经济法》，北京大学出版社 2014 年版。

五、论述题

答案：(1) 所谓海外投资担保制度，又称海外私人投资保险制度，是指资本输出国政府对本国海外投资者在海外可能遇到的政治风险提供保证或保险，投资者向本国投资保险机构申请保险后，若承保的政治风险发生，致投资者遭受损失，则由国内保险机构补偿其损失的制度。海外私人投资担保制度的内容主要有：保险机构、保险范围、合格的保险对象、投保程序、保险费、保险期限、代位权等。海外私人投资保证制度主要通过以下机制来实现其宗旨：一方面投保人向承保机构投保，风险发生后，能及时从保险人处得到赔偿，将向东道国索赔的权利转让给承保机构，使自己及时从投资纠纷中摆脱出来，从而有足够的资金和精力去发展事业；另一方面承保人取得代位权后，可凭借外交保护权威双边投资协定迅速有效地从东道国索取赔偿，从而使保险制度得以正常运转。在国际上，海外投资担保制度大体分为两种类型，一种是双边保证制度，另一种是单边保证制度。

(2) 面对蓬勃发展的海外私人投资，我国建立海外私人投资保证制度已势在必行，但采用何种制度，有讨论的必要。如前所述，目前国际上存在两种担保制度。这两种担保制度的内容基本一致，特点基本相同，不同之处主要表现为保险人行使代位权的依据不同。在双边保证制度中，保险人依双边条约行使代位权；在单边保证制度中，保险人依外交保护权行使代位权。但二者在保险人行使代位权上的差异导致了整个保证制度在保护投资者力度上的差异。虽然这两种担保制度各有优缺点，但是，考虑综合情况，我国在建立海外投资担保制度时，宜采双边投资担保制度。这是因为：

首先，在整个担保制度中，代位权是最核心、最关键的部分，从某种意义上说，保险人能否及时有效地行使代位权，直接关系到建立担保制度的目的能否实现，关系到担保制度的存续，因为投资担保制度从总体上并未减少风险，只是将风险转移给了保险人，保险人支付了赔偿后要向东道国索赔，而只有双边保证制度才能很好地解决代位权问题。第一，在单边担保制度下，保险人只有依外交保护权行使代位权，而外交保护的行使受到用尽当地救济原则、国籍继续原则的限制，有时还包括卡尔沃条款的限制，保险人的索赔难以达到及时和有效。在双边担保制度下，保险人可依据双边投资保护或保证协定索赔，实际上是将资本输出国国民与东道国的投资争议从国内法的水平提高到了国际法的保护水平，从而使保险人的索赔处于更加有利的地位。第二，在单边投资担保制度下，由于受到国籍继续原则和卡尔沃条款的限制，会出现保险人无法行使代位权的情况，而在双边投资担保制度下，则不会出现这种情况。第三，我国的海外私人投资大部分集中在发展中国家，而发展中国家往往竭力反对和抵制外交保护权的行使，如果采用单边担保制度，也会给行使代位权造成很大的障碍。

其次，从实际效果上看，双边投资担保制度更能有效地保护投资者，因为虽然在单边担保制度下，投资者投保不以本国与东道国订有投资保证协定为前提，可以就其所有海外投资投保，但是，投资者在得到补偿后，还得用尽当地救济，而用尽当地救济耗费时间长，消耗精力多，使投资者卷入漫长的投资纠纷中。而在双边投资担保制度中，一旦投保人获得补偿后，保险人就依双边投资保证协定取得了代位权，至于保险人如何索赔、索赔结果如何，都与投资者没有关系，这样投资者就不仅获得了赔偿，而且及时摆脱了纠纷。就保护的对象而言，由于受国籍连续原则的限制，也会使部分投资者得不到保护。

最后，采用双边投资担保制度更能防患于未然，减少投资者风险。因为在双边担保制度下，两国间订有条约，相互承担条约义务，东道国在采取非商业性风险措施时就会考虑此行为所引起的后果有可能导致承担国家责任，从而不会贸然行使，在一定程度上减少了投资者的风险。而在单边担保制度下，东道国并不承担条约义务，东道国在采取非商业性风险措施就无后顾之忧，加大了投资者的风险。

第十三章　促进与保护投资的国际法制

基础知识图解

- 双边投资条约
  - 友好通商航海条约
  - 投资保证协定
  - 促进与保护投资协定
- 区域性自由贸易协定
- 多边投资担保机构
  - 宗旨、法律地位
  - 业务
    - 承保险别
    - 合格投资
    - 合格投资者
    - 代位权
  - 作用
- 《TRIMs》协议
  - 适用范围
  - 国民待遇原则
  - 取消数量限制原则
  - 例外规定
- 《服务贸易总协定》第三部分对国际投资的规范

配套测试

一、单项选择题

1. 《与贸易有关的投资措施协议》要求其发展中国家成员必须自《建立世界贸易组织协议》生效后多长时间内，取消协议所规定的、与国民待遇普遍取消数量限制原则不相符合的 TRIMs？（　　）

A. 90 天　　B. 2 年

C. 5 年　　D. 7 年

2. 多边投资担保机构是依据 1988 年生效的《多边投资担保机构公约》设立的国际金融机构。关于该机构，下列哪一选项是正确的？（　　）（司考 . 2008. 1. 45）

A. 该机构只承保货币汇兑险、征收险、战争内乱险和政府违约险

B. 任何投资均可列入该机构的投保范围，但间接投资除外

C. 该机构具有完全法律人格，有权缔结契约，取得并处理不动产和动产

D. 在任何情况下，该机构都不得接受东道国自然人、法人的投保

3. 以下有关《外国直接投资待遇指南》的观点不正确的是（　　）。

A. 是由世界银行主持制定的

B. 是一种指导性文件

C. 对各国当然不具有约束力

D. 对缔约国有当然的约束力，除非对某条款作出了有效保留

4. 多边投资担保机构（MIGA）只担保（　　）。

A. 加入多边投资担保机构以后的投资

B. 1988 年以后的投资

C. 担保申请注册之后才开始执行的投资

D. 1985 年以后的投资

5. 下列各险别中，不属于多边投资担保机构

担保范围的有（　　）。

A. 征收或战争险

B. 货币兑换险和转移险

C. 违约险

D. 其他商业风险

6.《解决国家与他国国民间投资争端公约》的主要目的是成立（　　）。

A. 解决投资争端国际中心

B. 欧洲联盟

C. 多边投资担保机构

D. 世界贸易组织

7. 根据《服务贸易总协定》，属于最惠国待遇义务例外的是（　　）。

A. 空运服务　　B. 金融服务

C. 电信服务　　D. 政府采购

8. 作为多边投资担保机构合格的投资者的法人，必须在东道国以外任何一会员国（　　）。

A. 注册

B. 设有主要营业点

C. 注册或设有主要营业点

D. 注册并设有主要营业点

9. 根据《多边投资担保机构公约》，关于多边投资担保机构（MIGA）的下列哪一说法是正确的？（　　）（司考.2011.1.44）

A. MIGA 承保的险别包括征收和类似措施险、战争和内乱险、货币汇兑险和投资方违约险

B. 作为 MIGA 合格投资者（投保人）的法人，只能是具有东道国以外任何一个缔约国国籍的法人

C. 不管是发展中国家的投资者，还是发达国家的投资者，都可向 MIGA 申请投保

D. MIGA 承保的前提条件是投资者母国和东道国之间有双边投资保护协定

10. 为了促进本国汽车产业，甲国出台规定，如生产的汽车使用了 30%国产零部件，即可享受税收减免的优惠。依世界贸易组织的相关规则，关于该规定，下列哪一选项是正确的？（　　）（司考.2015.1.44）

A. 违反了国民待遇原则，属于禁止使用的与贸易有关的投资措施

B. 因含有国内销售的要求，是扭曲贸易的措施

C. 有贸易平衡的要求，属于禁止的数量限制措施

D. 有外汇平衡的要求，属于禁止的投资措施

11. 甲国 T 公司与乙国政府签约在乙国建设自来水厂，并向多边投资担保机构投保。依相关规则，下列哪一选项是正确的？（　　）（司考.2016.1.44）

A. 乙国货币大幅贬值造成 T 公司损失，属货币汇兑险的范畴

B. 工人罢工影响了自来水厂的正常营运，属战争内乱险的范畴

C. 乙国新所得税法致 T 公司所得税增加，属征收和类似措施险的范畴

D. 乙国政府不履行与 T 公司签订的合同，乙国法院又拒绝受理相关诉讼，属政府违约险的范畴

12. 甲国某项投资法律要求外商投资企业必须购买东道国原材料作为生产投入，乙国认为该项措施违反了 WTO 的《与贸易有关的投资措施协议》，诉诸 WTO 争端解决机制。根据 WTO 相关规则，下列哪一选项是正确的？（　　）

A. 甲国投资法的该项规定属于进口用汇限制

B.《与贸易有关的投资措施协议》适用于与货物贸易、服务贸易和知识产权贸易有关的投资措施

C. 磋商是成立专家组之前的必经程序

D. WTO 争端解决机制涉及的范围限于货物贸易和服务贸易，不包括与贸易有关的投资措施等争端

二、多项选择题

1.《与贸易有关的投资措施协议》要求各缔约方在不损害 GATT1994 项的前提下，不得实施与世界贸易组织哪些基本原则不相符合的任何与贸易有关的投资措施？（　　）

A. 关税减让原则

B. 最惠国待遇原则
C. 普遍取消数量限制原则
D. 国民待遇原则

2. 甲、乙两国均为《多边投资担保机构公约》缔约国，甲国公民帕克在乙国投资时向多边投资担保机构进行了投资保险。对此，下列说法正确的是（　　）。（司考.2009.1.100）
A. 如乙国并未拒绝帕克的汇兑申请，而只是消极拖延则不属于货币汇兑险的范围
B. 乙国应当是发展中国家
C. 如发生在乙国邻国的战争影响了帕克在乙国投资的正常营运，也属于战争内乱险承保的范畴
D. 乙国政府对帕克的违约属于政府违约险承保的范畴

3. 下列属于多边性、全球性、专门性国际投资公约的有（　　）。
A.《解决国家与他国国民间投资争端公约》
B.《国际货币基金协定》
C.《关税与贸易总协定》
D.《多边投资担保机构公约》

4. 多边投资担保机构内设下列哪些机构？（　　）
A. 总裁　　B. 理事会
C. 董事会　　D. 监事会

5. 根据《多边投资担保机构公约》，下列属于合格投资者的是（　　）。
A. 在东道国以外的成员国注册登记并设有主要事务所的合伙、非法人社团和分支机构
B. 在东道国注册登记，但多数资本为东道国以外的一个或多个成员国的自然人或法人所拥有
C. 东道国以外的其他成员国的国民
D. 在东道国以外的成员国登记并在该国设有主要事务所的法人

6. 下列投资东道国政府所采取的措施或要求，是《TRIMs 协议》所禁止的有（　　）。
A. 贸易平衡要求　　B. 进口用汇要求
C. 当地含量要求　　D. 国内销售要求

7. 根据双边投资保护协定，受保护的投资者通常包括缔约双方国家的自然人、法人或不具有法人资格的其他经济实体。缔约一方一般对下列（　　）投资者给予条约保护。
A. 具有缔约国国籍或在缔约国境内有住所的自然人
B. 依缔约国法律设立或在该缔约国国内有住所的法人或非法人经济实体
C. 由缔约国公民或法人控制的第三国或对方缔约国的公司
D. 与缔约一方无重要联系，由第三国国民所控制的实体

8. 双边投资协定中涉及的争议类型有（　　）。
A. 外国投资者与东道国境内私人投资者之间的争议
B. 缔约国之间关于条约的解释、履行而产生的争议
C. 东道国政府与外国投资者之间因投资而产生的争议
D. 东道国政府与国际组织之间的争议

9. 根据《服务贸易总协定》（CATS），下列属于国际服务贸易的是（　　）。
A. 德国会计师在德国以电子邮件方式为法国客户提供专业服务
B. 法国超市集团在中国设立分店
C. 中国某旅游团欧洲 8 日游
D. 英国某保险公司在中国设立分公司

10. WTO《服务贸易总协定》及附件调整的金融服务范围有（　　）。
A. 保险及与保险有关的服务
B. 中央银行提供的职能服务
C. 商业银行的各类贷款支付业务
D. 证券发行服务

三、名词解释

1. 友好通商航海条约
2. 投资保证协定
3. 汇兑与转移
4. 代位权
5.《多边投资担保机构公约》
6. 货币汇兑险

7. “拒绝司法”

8. 数量限制

四、简答题

1. MIGA公约对适格性国际投资的规定。

2. 简述双边投资条约的类型。

3. 根据《TRIMs协议》，与GATT1994规定的国民待遇和一般取消数量限制原则不相符的与贸易有关的投资措施。

五、论述题

试评述TRIMs协议的意义和中国相应的外资法改革。

六、案例分析题

植物公司是一家在中国设立的中外合资经营企业。它由来自美国、日本和中国的三家公司共同投资建立，主要经营各种优良农作物的开发、育种、销售和技术咨询。其中，美方公司以专利技术和现金出资，其出资额占公司注册资本的30%；中方以土地使用权和厂房作价出资，其出资额占公司注册资本的25%；日方以设备出资，其出资额占公司注册资本的45%。在该合营企业成立之初，日方公司作为投保人向MIGA申请投保，为其在合营企业的出资额投保外汇险及战争动乱险，投保金额为500万美元。问：日方公司能否向MIGA投保（日本为MIGA公约的成员国）？为什么？

提示：MIGA公约对承保的对象合格的投资及合格的投资者进行了明确规定，因此判断日方公司能否向MIGA投保，主要应依照合格的投资及合格投资者标准进行判断。

参考答案

一、单项选择题

1. 答案：C。

2. 答案：C。多边投资担保机构主要承保四项非商业风险：货币汇兑险；征收和类似措施险；战争内乱险；政府违约险。而A项只说多边投资担保机构承保征收险，因此，A项错误。此外，多边投资担保机构承保的是非商业风险，所以B项表述的“任何投资均可列入该机构的投保范围”的说法是错误的。多边投资担保机构虽然是世界银行集团的成员，但在法律地位上，多边投资担保机构具有完全法律人格，有权缔结契约，取得并处理不动产和动产。所以C是正确的。只要东道国同意，且用于投资的资本来自东道国境外，则根据投资者和东道国的联合申请，经多边投资担保机构董事会特别多数票通过，还可将合格投资者扩大到东道国的自然人、在东道国注册的法人以及其多数资本为东道国国民所有的法人。据此，D项错误。

3. 答案：D。《外国直接投资待遇指南》对各国不具有约束力。

4. 答案：C。多边投资担保机构（MIGA）所担保的投资项目，必须符合以下三个方面的要求，即合格的投资、合格的投资者和合格的东道国。其中，合格的投资是指：（1）在投资类型方面，原则上限于股权式投资和担保机构董事会确定的其他形式的直接投资。（2）在投资时间方面，多边投资担保机构只担保新投资，即投资是在担保机构收到提供担保的申请后才开始进行的投资。如果投资在此之前已转移到东道国，则不再为新投资。这类投资主要是指：为更新、扩大或发展现有投资所汇入的外汇；现有投资产生的、本可汇出东道国的收益。

5. 答案：D。多边投资担保机构的担保范围包括：①货币转移险，具体有：兑换险、转移险、歧视性汇率险；②征收和类似措施险；③违约险；④战争和内乱险；⑤其他非商业风险。

6. 答案：A。《解决国家与他国国民间投资争端公约》，简称《华盛顿公约》。该公约订立的主要目的是成立“解决投资争端的国际中心”（ICSID）。ICSID作为世界银行的一个下属独立机构，为各缔约国和其他缔约国国民之间的投资争议提供调停或仲裁的便利，尽量排除投资者本国政府的介入，避免投资争议的政治化，从而促进国际私人资本的流动。我国于 1990 年签署了公约，并于 1993 年递交了批准文件。

7. 答案：D。

8. 答案：D。作为多边投资担保机构合格的投资者的法人，必须在东道国以外任何一会员国注册并设有主要营业点。

9. 答案：C。MIGA 承保的险别包括：货币汇兑险、战争和内乱险、征收和类似措施险、政府违约险。所以 A 项中投资方违约险不符合要求，A 错误。合格投资者的法人也可以是外国人掌握多数股份的东道国法人，或经 MIGA 董事会特别多数票通过，也可以是在东道国注册的法人以及多数资本为东道国国民所有的法人。所以 B 错误。无论发展中国家的投资者还是发达国家的投资者都可以向 MIGA 申请投保，C 正确。MIGA 并不要求以东道国与投资者母国签订双边投资保护协定为承保前提，只是要求东道国承认 MIGA 的代位权。所以 D 错误。

10. 答案：A。《与贸易有关的投资措施协议》附件 1 解释性清单规定，与 1994 年关贸总协定第 3 条第 4 款规定的国际待遇义务不相符的投资措施包括那些在国内法或行政命令下强制或可强制执行的措施，或为取得优势地位而必须服从的措施，以及有下列要求的措施：（1）企业购买或使用国内原产品或来源于国内任何渠道的产品，无论对特定产品、产品的数量或价值，或其数量或价值在当地生产中所占的比重是否有具体说明；（2）将企业购买或使用进口产品将限制在与该企业出口当地产品的数量或价值相关的数量上。由此可知 A 项说法正确。

11. 答案：D。《多边投资担保机构公约》第 11 条规定："承保险别：一、本机构在不违反下列第二款和第三款规定的前提下，可为合格的投资就因以下一种或几种风险而产生的损失作担保：(一) 货币汇兑。东道国政府采取新的措施，限制其货币兑换成可自由使用货币或被保险人可接受的另一种货币，及汇出东道国境外，包括东道国政府未能在合理的时间内对该被保险人提出的此类汇兑申请作出行动……" 故 A 错误。"（二）征收和类似的措施。东道国政府采取立法或行政措施，或懈怠行为，实际上剥夺了被保险人对其投资的所有权或控制权，或其应从该投资中得到的大量收益。但政府为管理其境内的经济活动而通常采取的普遍适用的非歧视性措施不在此列……" 故 C 错误。"（三）违约。东道国政府不履行或违反与被保险人签订的合同，并且 1. 被保险人无法求助于司法或仲裁机关对其提出的有关诉讼作出裁决，或 2. 该司法或仲裁机关未能在担保合同根据机构的条例规定的合理期限内作出裁决，或 3. 虽有这样的裁决但未能执行……" 故 D 正确。"（四）战争和内乱。依照第六十六条本公约适用的东道国境内任何地区的任何军事行动或内乱。" 故 B 错误。"二、应投资者与东道国的联合申请，董事会经特别多数票通过，可将本公约的担保范围扩大到上述第一款中提及的风险以外的其他的非商业性风险。但在任何情况下都不包括货币的贬值或降值。" 也可得出 A 错误。

12. 答案：C。甲国的该项投资法规定构成当地成分要求，A 项错误。《与贸易有关的投资措施协议》要求各成员国不得实施与《1994 年关税与贸易总协定》国民待遇原则或一般性取消数量限制原则不一致的投资措施。《1994 年关税与贸易总协定》是调整货物贸易的协定，目的是维护货物贸易的公平和自由，因此，"与贸易有关的投资措施" 指的是 "与货物贸易有关的投资措施"，B 项错误。磋商是 WTO 解决争端机制的必经程序，是申请设立专家组的前提，C 项正确。世界贸易组织争端解决机制具有统一性的特点，该机制适用于任何成员间因 WTO 任何协议产生的争端，D 项错误。

二、多项选择题

1. 答案：CD。根据《与贸易有关的投资措施协议》第 2 条规定，要求各缔约方在遵守其他权利和义务的前提下，不得实施与世界贸易组织国民待遇原则、普遍取消数量不相符合的与贸易有关的投资措施。

2. **答案**：BCD。选项A错误。导致货币汇兑风险的行为可以是东道国采取的积极行为，如明确以法律等手段禁止货币的兑换和转移，也可以是消极地限制货币兑换或汇出，如负责业务的政府机构长期拖延协助投资人兑换或汇出货币。选项B正确。多边投资担保机构直接承保成员国私人投资者在向发展中国家成员投资时可能遭遇的政治风险。选项C正确。战争和内乱险的发生不以东道国是否为一方或是否发生在东道国领土内为前提。如战争发生在投资东道国的邻国，但影响投资项目的正常营运或造成了某些破坏，则投资人仍可从多边投资担保机构取得赔偿。选项D正确。东道国的违约行为包括东道国作为主权者的违约行为和作为一般商业伙伴的违约行为。

3. **答案**：AD。目前，多边性、全球性、专门性国际投资公约只有《多边投资担保机构公约》和《解决国家与他国国民间投资争端公约》。

4. **答案**：ABC。《多边投资担保机构公约》第30条规定了机构的结构："机构设理事会、董事会、总裁和职员，以履行机构所确定的职责。"

5. **答案**：BCD。《多边投资担保机构公约》第13条规定了合格的投资者："(a) 在下列条件下，任何自然人和法人都有资格取得机构的担保：(1) 该自然人是东道国以外一会员国国民；(2) 该法人在一会员国注册并在该会员国设有主要业务点，或其多数资本为一会员国或几个会员国或这些会员国国民所有，在上述任何情况下，该会员国必须不是东道国。(3) 该法人无论是否是私营，均按商业规范经营。(b) 如果投资者有一个以上的国籍，就上述 (a) 款而言，会员国国籍应优先于非会员国国籍，东道国国籍应优先于任何其他会员国国籍。(c) 根据投资者和东道国的联合申请，董事会经特别多数票通过，可将合格的投资者扩大到东道国的自然人，或在东道国注册的法人，或其多数资本为东道国国民所有的法人。但是，所投资产应来自东道国境外。"

6. **答案**：ABCD。国民待遇原则是《TRIMs 协议》的主要原则，根据该原则以上措施不得被东道国政府用于限制外国投资。

7. **答案**：ABC。

8. **答案**：BC。外国投资者与东道国境内私人投资者之间的争议和东道国政府与国际组织之间的争议不属于双边投资协议争议的范围。

9. **答案**：ABCD。

10. **答案**：ACD。中央银行提供的职能服务不属于WTO《服务贸易总协定》及附件调整的金融服务范围。故B项错误。

三、名词解释

1. **答案**：友好通商航海条约是在相互友好的政治前提下，针对通商航海等事宜全面规定两国间经济、贸易关系的一种贸易条约。签订这类双边条约，以确立两国间的友好关系和商务交往关系，消除缔约国间有关国际商品和资本流通的种种限制性规定和对外国人的歧视性待遇。因而，它所涉及的范围相当广泛，如包括外国人的出入境、居留、诉讼、财产的取得和使用、公司的设立与经营、外汇与关税及行政管理、船舶和航运待遇等内容，规定也较抽象与原则，其重点在于保护商人，而不是投资者。所以，从严格意义上讲，友好通商航海条约不属于专门性的双边投资协定。20世纪60年代以来，随着国际投资的迅猛发展，一些发达国家为适应其日益增长的海外私人投资的需要，逐渐在友好通商航海条约中增加了有关保护国际投资的原则性规定。

2. **答案**：投资保证协定，由美国创立其模式，后被某些建立有海外投资保险制度的国家所仿效，故也称为美国式双边投资协定。其特点在于重在对国际投资活动中的政治风险提供保证，特别是与国内的海外投资保险制度相结合，为其提供国际法上的前提与保障。所以，这类协定主要规定代位求偿权、争端的解决等程序性问题，其内容主要是：(1) 承保范围，即规定能够获得政府保证的政治风险的类别。通常是指与缔约国一方国内法所批准的投资活动相关的、由缔约国他方的海外投资保险机构所承保的政治风险。(2) 代位求偿权。缔约一方的海外投资保险机构根据承保合同向投资者支付政治风险损失赔偿后，有权取代该投资者的地位并获得相应的所有权和请求权，实行代位求偿。(3) 争端的解决。规定缔约国之间因条约的解释、履行产生争议的解决途径与程序。

3. **答案**：汇兑与转移是指外国投资者的投资本金、利润和其他合法收益可自由地兑换为自由兑换的货币并可自由地转移出东道国境外。

4. **答案**：代位权是指投资者母国对其投资者在东道国因政治风险遭受的损失予以赔偿后，母国政府将取得投资者在东道国的有关权益和追偿权。协定通常规定，投资者母国的投资保险机构或母国政府在一定条件下代位取得投资者的一切权利和义务。缔约一方代位取得的权利和承担的义务，不能超过原投资者所享有的权益。但投资者母国政府可以依照国际法向东道国提出该限度以外的其他要求。同时，代位权的行使必须受东道国法律的制约，但在某些情况下也允许投资者与母国投资保险机构在东道国法律许可的范围内作出适当安排。

5. **答案**：《多边投资担保机构公约》(简称 MIGA 公约) 是于 1985 年 10 月在汉城召开的世界银行年会正式通过的，并向世界银行各成员国和瑞士开放签字。至 1988 年 4 月 12 日，该公约的批准国达 29 个，其认缴资本总额为 53.38%，世界银行行长宣布该公约生效。至此，多边投资担保机构正式宣告成立。中国于 1988 年 4 月 30 日批准了该公约，为多边投资担保机构的创始会员国。截至 1999 年 12 月 2 日，MIGA 公约共有 151 个成员国，其中发达国家 22 个，发展中国家 129 个，成为国际社会普遍接受的一个重要公约。

6. **答案**：货币汇兑险是指东道国政府采取任何措施，限制投保人将其货币兑换成可自由使用货币或投保人可接受的另一种货币，并转移出东道国境外，包括东道国政府未能在合理的时间内对该投保人提出的汇兑申请作出行动。

7. **答案**：所谓“拒绝司法”，在这里主要是指以下三种情况：(1) 投保人无法求助于司法或仲裁机关对毁约或违约的索赔作出裁决。在这里，“司法或仲裁机关”应是指独立于东道国行政部门之外、依法从事司法行为的，且有权作出终局性的和具有约束力的裁决的任何管辖权的法院或仲裁庭；“无法求助于”则包括投保人因东道国政府设置了不合理的程序障碍而使其不能寻求司法或仲裁救济。(2) 该司法或仲裁机关未能在担保合同规定的合理期限内作出裁决。这个合理期限自投保人提起诉讼之时起至该司法或仲裁机关作出最终裁决之时止，不应少于两年。(3) 终局裁决尚不能执行。这是指投保人为执行这类终局的和有拘束力的决定或裁决业已采取所有可行的措施，但历经 90 日或在担保合同规定的其他期限之后仍未能使该裁决或决定得到执行。

8. **答案**：所谓数量限制，是各国对外贸易管制中的一种非关税措施，通常是指一国政府通过法令规定在特定时期内对某一类产品只能进口一定数量或价值。依 (TRIMs 协议) 附录的解释性清单，与一般取消数量限制义务不相符的 TRIMs，不仅包括国内法或行政命令项下的强制性或可予强制执行的措施，而且包括为取得好处所必需的措施以及下列限制：(1) 一般性地或依企业出口当地产品的数量或价值量，限制企业进口用于当地生产或与当地生产相关的产品；(2) 通过依企业所创外汇收入数量来限制其获得外汇的手段，限制企业进口用于当地生产或与当地生产相关的产品；(3) 限制企业出口或为出口销售产品，不论这种限制是规定特定产品、产品数量或价值，或是规定其在当地生产的数量或价值的比重。

四、简答题

1. **答案**：MIGA 公约对承保的对象——合格投

资作了明确要求。

（1）公约将担保对象仅限于良好的投资，具体而言应具备以下四项标准：①投资的经济合理性；②投资的发展性质，即拟担保的投资必须对东道国的经济和社会发展有所贡献；③投资的合法性，即拟担保的投资必须符合东道国的法律和条例；④投资与东道国的发展目标和重点相一致。

（2）东道国的适格性也是认定一项投资为合格投资的一个重要方面。合格东道国必须满足一定的条件，首先，它必须是一个发展中会员国；其次，它必须是一个同意担保特定投资风险的国家；最后，它必须是一个其投资条件被认为合格的国家。

【参考资料】余劲松、吴志攀主编：《国际经济法》，北京大学出版社、高等教育出版社 2009 年版。

2. **答案**：在国际实践中，广义上的双边投资条约主要有三种类型：

（1）友好通商航海条约是缔约国间就商业活动和航海自由事宜而签订的双边条约，这类条约的最初含义是全面建立和发展国家间商人往来及经济合作的协议，并非保护投资的专门性条约。

（2）投资保证协定，因是美国首创并推行，故也称美国式的投资保证协定，以担保缔约国投资者在另一缔约国境内投资的政治风险。除美国外，加拿大也采取这种形式。这种投资保证协定只涉及在投资者母国根据其投资保险制度给予投资者赔偿后，对投资者母国的救济，因而其保护的对象只是单方面的投资，而不是相互的投资。

（3）促进与保护投资协定是欧洲一些发达国家与发展中国家签订的双边投资保护协定，其中以前联邦德国最为典型，因而又称为德国型的促进与保护投资协定。这种协定的特点是：①程序正式，即须通过正式的立法程序，以政府的名义签订，由最高权力机构批准；②适用广泛，这种投资侧重于对相互投资的保护，是双向的保护；③内容具体，通常由序言、正文和结尾三部分组成；④规范全面，其既包含有实体法，又有关于程序法的规范。

3. **答案**：关于国民待遇和取消数量限制的问题是《TRIMs 协议》的核心内容，规定凡产生贸易扭曲效果的投资措施，即违背 GATT1994 第 3 条国民待遇义务或第 11 条一般取消数量限制义务者，都应禁止。在《TRIMs 协议》附录的解释性清单中规定了 5 种目前明确禁止的履行要求，其中包括两种违反国民待遇原则的与贸易有关的投资措施形式：（1）当地含量要求，即要求企业购买或使用最低限度的国内产品或任何国内来源的产品。具体表现为，规定有关国产品的具体名称，规定企业购买或使用国产品的数量或金额，规定企业在生产中必须使用的有关国产品的最低比例。（2）贸易平衡要求，即要求企业购买或使用的进口产品数量或金额，以企业出口当地产品的数量或金额为限。另外三种是违反一般取消数量限制原则的与贸易有关的投资措施形式：（1）贸易平衡要求，即总体上限制企业当地生产所需或与当地生产相关的产品的进口，或要求企业进口产品的数量或金额以出口当地产品的数量或金额为限。（2）进口用汇限制，即将企业可使用的外汇限制在与该企业外汇流入相关的水平，以此限制该企业当地生产所需或与当地生产相关的产品的进口。（3）国内销售要求，即限制企业出口或供出口的产品销售。

五、论述题

答案：TRIMs 是世界上第一个专门规范贸易与投资关系的国际性协议，因而在国际投资法中具有重要的地位，它将投资问题纳入世界贸易组织的多边贸易体制，并以多边协议的形式将国民待遇和一般取消数量限制原则和透明度原则引入国际投资领域，对于国际投资法的发展无疑具有十分重要的意义，它的实施会有力促进世界贸易的扩展和逐步自由化，并在便利跨国投资以确保自由竞争的同时，促进全球经济，尤其是发展中国家的经济增长。

随着中国加入 WTO，该协议也将会对我

国适用，但我国现行外资立法存在某些与TRIMs不一致的地方，应加以改革。综观我国外资立法，不难发现有以下五个特点：一是没有统一的外资法；二是立法层次及机构多；三是采取内外资分别立法的双轨制模式；四是依据不同的企业形态分别适用不同的法律规范；五是外资待遇标准上实行的是优惠多同时限制也多的差别待遇标准。按照TRIMs的有关规则审查我国现行的外资立法，仍存在很多明显的不协调之处，具体表现为：

第一，不符合国民待遇原则，我国对外资一般给予公平合理待遇和最惠国待遇，导致实践中出现以下两种情况：一是给予外资超国民待遇，二是在某些方面对外资又实行有所歧视的次国民待遇。第二，对外资有一定程度的数量限制，包括替代进口的要求、外汇限制和出口限制。第三，法律的透明度，长期以来我国在行政体制上存在行政规章不公开、行政决定不解释和行政执法没有标准的现象，近年来有提高但仍需加强，目前法规清理工作正在进行中。

建议我国应将投资与贸易结合起来，采取灵活的应变措施，注意维护本国的经济主权，充分利用WTO对发展中国家的例外及优惠措施的规定，对外资法分期分步骤进行深层次改革，具体措施包括规范立法权限，统一内外资立法模式，在外资法中确立国民待遇原则，进行统一外资法的编撰等。

【参考资料】 安丽：《WTO规则与中国外资法重构》，载《法商研究》2002年第3期。

六、案例分析题

答案： (1) 对于合格的投资的判断，该投资必须在投资的形式、投资的时间、投资资产和投资的东道国等方面符合一定的条件和标准。①投资类型。MIGA承保的合格投资既包括股权投资，也包括非股权投资，在本案中，日方公司的投资属于股权投资。②投资资产。MIGA规定的合格投资资产形式既包括货币形式，也包括有形或无形资产，而在本案中日方公司的设备出资符合公约规定的资产形式。③投资时间。MIGA承保的投资限于新的投资，而在本案中日方公司在合营企业成立之初申请投保，符合投资时间的规定。④合格投资的标准。MIGA在承保投资时，需要考虑该投资是否具有经济合理性、对东道国发展的贡献、合法性、与东道国的发展目标是否一致等因素。而在本案中，日方公司所参与的合营企业主要经营各种优良农作物的开发、育种、销售和技术咨询，符合上述合格投资的诸项标准。⑤合格投资的东道国。MIGA只对发展中国家会员国境内所作的投资予以担保，因此本案中日方公司就其向中国的投资申请担保，符合合格投资东道国的要求。

(2) 合格的投资者。根据MIGA公约第13条的规定，符合下列条件的自然人和法人都有资格取得机构的担保：该自然人是东道国以外一会员国国民；或该法人在一会员国注册并在该会员国设有主要业务点，或其多数资本为一会员国或其国民所有，在上述情况下，该会员国必须不是东道国；且该法人不论是否私人所有，均在商业基础上经营。在本案中，日方公司作为东道国（中国）以外的法人实体，其属于日本法人（日本属于MIGA会员国），因此，日方公司就其在中国合营企业的出资额申请担保，符合MIGA公约规定的合格的投资者的标准。

(3) 另外，在本案中，日方公司就其出资申请投保外汇险及战争动乱险，也在MIGA的承保险别范围之内。

综上，在该案中，日方公司可以向MIGA投保。

【参考资料】 余劲松主编：《国际投资法》，法律出版社2007年版。

第十四章　国际金融法概述

基础知识图解

概念、特点
布雷顿森林体系的瓦解
国际金融新秩序建立
国际金融新秩序理论
- 汇率的目标区控制理论
- 托宾外汇交易税理论

国际金融法与国际金融新秩序

配套测试

一、单项选择题

1. 布雷顿森林体系的基本特征是确立（　　）的国际中心货币地位。

A. 特别提款权　　B. 美元

C. 英镑　　D. 德国马克

2.（　　）确立了战后国际货币法律体系。

A.《国际复兴开发银行协定》

B.《国际货币基金协定》

C.《牙买加协定》

D.《华盛顿公约》

3. 1978 年 4 月，修改原《国际货币基金协定》的（　　）生效，从法律上正式宣告了布雷顿森林体系的终结。

A. 洛美协定　　B. 牙买加协定

C. 巴塞尔建议　　D. 汉堡规则

4. 于 2002 年元旦正式引入了单一货币制，从而创立了一个全新的区域性货币法律体系的是（　　）。

A. 欧盟

B. 国际货币金融委员会

C. 亚太经济合作区

D. 北美自由贸易区

二、多项选择题

1. 国际金融法上的资金融通形式主要包括（　　）。

A. 国际贷款　　B. 国际直接投资

C. 国际证券投资　　D. 国际租赁

2. 国际货币基金组织的资金来源有（　　）。

A. 各会员国认缴的份额

B. 基金组织向各国中央银行的借款

C. 会员国的捐款

D. 基金组织其他收入

3. 在长期的国际货币金融实践中，形成了许多国际惯例，比如（　　）。

A.《合同担保统一规则》

B.《国际货币基金协定》

C.《贷款协定和担保协定通则》

D.《约克安特卫普规则》

4. 新的国际金融秩序发展的阶段有（　　）。

A. 1972～1999 年欧洲联合汇率体系和美元浮动汇率，以及其他发展中国家与欧洲货币篮子或美元间接挂钩

B. 2000～2004 年以欧元为新的国际货币阵营，以美元为传统国际货币阵营，新兴市场经济国家与欧元和美元挂钩

C. 在今后较长的时间内，国际金融体系中仍然要维持美元、欧元和其他的主要货币。美元已经不再作为唯一的国际货币统领国际金融市场

D. 支持货币信心和信用的不再是有形工业产业，支撑产业发展为知识产业、科技产业、文化产业、生命产业和“内容产业”

三、名词解释

1. 国际金融法
2. 汇率的目标区控制理论
3. 托宾外汇交易税理论（也称托宾税理论）

四、简答题

简述布雷顿体系以及影响。

参考答案

一、单项选择题

1. **答案**：B。布雷顿森林体系的基本特征是确立美元的国际中心货币地位。
2. **答案**：B。《国际货币基金协定》确立了战后国际货币法律体系。
3. **答案**：B。1978年4月，修改原《国际货币基金协定》的牙买加协定生效，从法律上正式宣告了布雷顿森林体系的终结。
4. **答案**：A。只有欧盟实现了货币一体化。

二、多项选择题

1. **答案**：ACD。国际金融法上的资金融通形式主要包括：国际贷款、国际证券投资和国际租赁。
2. **答案**：ABCD。国际货币基金组织的资金来源有：各会员国认缴的份额；基金组织向各国中央银行的借款；会员国的捐款；基金组织其他收入。
3. **答案**：AC。
4. **答案**：ABCD。

三、名词解释

1. **答案**：国际金融法是关于国际金融交易的法律规范总称，同时它也是一个法学与国际金融学共同研究领域交叉的课题。它涉及金融资产跨国流动、国际交易过程中产生的有关法律问题。这些法律问题涉及有关国家国内的法律，涉及国际公法，还涉及国际金融市场的惯例或称市场接受的“游戏规则”或“国际商人法”等。
2. **答案**：汇率的目标区控制理论是一种最常用的方法，该理论提出将主要国家汇率政策进行协调，确定一个中心汇率，在这个汇率轴线的上下一定限度内允许汇率浮动，如10%～15%上下限范围内，当汇率超过浮动控制范围时，主要国家中央银行就要出面干预。这种方法是布雷顿森林体系的一个变形，实际上汇率目标的中心还是以美元为基础，其他主要货币控制在与美元的一定浮动幅度内。中国香港地区的联系汇率和亚洲其他发展速度较快的国家和地区的钉住汇率，如泰国、韩国、马来西亚、印度尼西亚，都是直接或间接采取了汇率目标区控制理论的。我国国内也间接采用钉住美元的汇率政策。亚洲金融危机爆发后，发达国家的私人金融机构在亚洲金融市场上的炒作活动，冲垮了这种理论。特别是包括美国联邦储备银行在内也支持国际炒家对汇率目标区控制理论的摧毁。
3. **答案**：诺贝尔经济学奖获得者托宾提出另一种降低汇率波动的理论，他建议对外汇交易收取一定比例的交易税。外汇交易由于税收成本增加将降低汇率的敏感性，因而减低波动。托宾外汇交易税理论是1978年提出来的，但是没有引起人们的注意，到了1988年的时候，汇率危机不断出现，人们才开始研究托宾外汇交易税理论。

四、简答题

答案：（1）基于尽快恢复国际金融秩序的考虑，美、英两国自1941年起就开始了一系列的双边对话和谈判，最终达成一致并于1944年7月在美国新罕布什尔州的布雷顿森林召开由44个国家派代表参加的国际金融会议。会议通过了《国际货币基金协定》和《国际复兴开发银行协定》，从而形成了新的国际货币体系，即通常所说的布雷顿森林体系。布雷顿森林体系的主要内容包括以下3个方面：首先，确定美元与黄金的固定比价，实行自由兑换。《国际货币基金协定》规定，“各会员国货币的平价应以黄金作为共同单位，或以1944年7月1日所含黄金重量与成色的美元”来表示。由于当时1盎司黄金等于35美元，因而布雷顿森林体系将美元与黄金的比价固定在每盎司35美元。各国的中央银行可随时用美元按此官价向美国兑换黄金。其次，各国货币对美元实行可调整的固定汇率制。《国际货币基金协定》还规定，除发生“根本性国际收支不平衡”外，会员国不得提议改变其货币平价；如需调整货币平价，必须经所在国提议，与基金组织协商并获同意后才能调整；各会员国货币对美元的汇率，一般只能在法定汇率上下各1%的范围内波动；各国政府有义务干预外汇市场以保持汇率的稳定。最后，建立国际货币基金组织。该组织的职能一是监督各会员国遵守《国际货币基金协定》的各项条款，以维护国际金融和外汇交易秩序；二是与会员国就有关国际货币事项进行磋商；三是对国际收支逆差国提供贷款等融资援助，以稳定汇率和促进国际贸易和经济的发展。

（2）布雷顿森林体系的建立，对战后世界经济的恢复与发展起到积极的推动作用，具体体现在以下三个方面：第一，恢复了国际货币体系的正常秩序。布雷顿森林体系结束了国际金融的混乱局面，保证了国际货币体系的正常运转，促进了战后国际贸易的发展。第二，由于实行美元与黄金挂钩、各国货币与美元实行可调整的固定汇率制，稳定了各成员国的汇率，推动了国际贸易的发展。第三，缓解了国际收支危机。由于战争和石油提价等影响，一些成员国先后出现巨额国际收支逆差。在国际货币基金组织采取多种贷款融资的帮助下，使逆差国逐步改善国际收支状况，摆脱危机困扰。

（3）布雷顿森林体系的缺陷：首先，美元与黄金的可兑换性难以持久。美元作为国际货币，其供应量必须随着世界经济和国际贸易的增长而不断增加。但是，黄金作为一种稀有金属，其产量增长缓慢，不能适应世界经济和贸易快速发展的需要。事实上，从20世纪60年代起，美元的发行量开始逐步超过美国拥有的黄金储备量。也就是说，美元与黄金的可兑换性已出现危机。其次，各国货币与美元的固定汇率制难以维持。美元在充当国际货币角色的同时，又是某一个国家的货币，这就决定了美元必然要受美国的经济实力变化及其国际收支状况的影响。

【参考资料】余劲松、吴志攀主编：《国际经济法》，北京大学出版社、高等教育出版社2009年版。

第十五章　国际商业银行贷款与法律

基础知识图解

- 国际商业银行定期贷款
  - 概念
  - 利率与贷款方式
  - 期限和收费
  - 贷款合同相关问题
- 国际银团贷款
  - 概念
  - 代理银行
  - 银团成员的权利义务
    - 分担贷款
    - 加速还款
  - 参加银团的方法
  - 法律文件

配套测试

一、不定项选择题

1. 关于特别提款权，下列哪些选项是正确的？（　　）（司考 . 2009. 1. 85）

A. 甲国可以用特别提款权偿还国际货币基金组织为其渡过金融危机提供的贷款

B. 甲乙两国的贸易公司可将特别提款权用于两公司之间国际货物买卖的支付

C. 甲乙两国可将特别提款权用于两国政府之间结算

D. 甲国可以将特别提款权用于国际储备

2. 国际货币基金组织提供给会员国的贷款只能用于解决该会员国（　　）。

A. 对外贸易的不平衡

B. 建设资金的不足

C. 国际收支失调

D. 建设公共工程时资金的短缺

3. 依与借款人直接签订国际借贷协议的贷款人的不同，可将银团贷款分为下列哪种贷款？（　　）

A. 直接银团贷款和间接银团贷款

B. 浮动利率贷款和固定利率贷款

C. 政府贷款和国际金融机构贷款

D. 有担保的贷款和无担保的贷款

4. 银团贷款中，由牵头银行与借款人共同拟定，并由牵头银行分发给可能有兴趣参加银团贷款的银行的、邀请其参加贷款的法律文件被称为（　　）。

A. 信息备忘录　　B. 国际借贷协议

C. 授权委托书　　D. 义务承担书

5. 牵头银行将参加贷款权转售给其他银行的方式中，通过（　　）方式参与贷款的参与银行不能取得要求借款人偿还贷款的直接请求权。

A. 更新　　B. 转贷款

C. 转让　　D. 匿名代理

6. 作为世界最大的多边开发援助机构，同时也是各国最大的国外借款机构的是（　　）。

A. 国际货币基金组织

B. 国际贸易组织

C. 世界银行集团

D. 多边投资担保机构

7. 国际定期贷款协议一般都规定（　　）为贷款货币提取地国。

A. 贷款合同签订地国
B. 贷款人所在地国
C. 借款人所在地国
D. 贷款货币发行国

8. 在国际定期贷款交易中，除预提税外，其他税收一般（　）。
A. 由借款人承担
B. 由贷款人承担
C. 由借款人承担大部分，贷款人承担小部分
D. 由贷款人承担大部分，借款人承担小部分

二、名词解释

1. 国际商业银行定期贷款
2. 先决条件
3. 国际银团贷款

三、简答题

1. 依据巴塞尔委员会有关国际银行监管的"核心原则"，银行有效监管应当具备哪些条件？

2. 在直接参与式银团贷款方式下，各贷款行与借款人之间的合同关系是怎样的？间接参与方式下有哪种形式，其主要含义是什么？

四、论述题

试析国际借贷合同违约救济条款的内容及作用。

五、案例分析题

1. A 公司需要一笔 2 亿美元的中期贷款进行工程建设，遂委托 B 银行为牵头银行组织贷款，并向 B 银行提交了委托书，委托书载明了贷款金额、利息率以及适用法律和法院管辖权等内容。B 银行则向 A 公司出具了一份义务承担书，表示愿意承担为借款人组织国际银团贷款的义务。此后，B 银行与 A 公司就借款协议的各项条款进行了谈判，签订了一项借款协议，协议除规定一般借贷协议的内容外，还规定 B 银行可以通过转售参与贷款权给其他愿意提供贷款的银行筹集资金，并统一由 B 银行将贷款提供给 A 公司，最后，B 银行通过订立出售参与协议，将参与贷款权转让给十家各国银行，筹集到 1.5 亿美元，连同自有资金 5000 万美元，共 2 亿美元贷给了 A 公司。后 B 银行因受金融危机影响而破产，致使参与银行的贷款无法按期收回，遂发生纠纷。请问：国际银行贷款中的牵头银行破产，参与银行是否可以直接要求借款人偿还贷款？

2. 借款人纸品公司系一家中外合资企业，由中方两个公司与菲律宾 GM 机械厂合资经营。公司成立于 1985 年，2007 年与中国香港地区某银行签订了借款协议，由银行向该纸品公司陆续发放了 188 万美元贷款。按规定，纸品公司于 2010 年 3 月开始还本付息，双方另外签订了抵押担保合同，以纸品公司全部财产作为借款的抵押担保。至 2008 年，由于纸品公司内部合作三方矛盾激化，无法继续合作，2008 年 1 月 25 日经董事会决议通过，公司宣布停产，公司面临重组甚至解散清算的局面。公司的状况引起银行的高度重视。如果矛盾不能解决，必然会影响贷款的及时收回。为此，银行于 3 月及 4 月多次与纸品公司及合营各方联系，指出合营各方都有责任立即组织恢复生产，防止财产损失，并鼓励各方依法解决好争端，处理好对内对外关系，避免合资企业的解散。银行表示根据借款合同和抵押合同，目前公司欲进行的任何解散或重组计划，均应事先征得作为公司最大债权人银行的同意，由于合营各方矛盾过深而无法调和，纸品公司不可能重新恢复生产，银行所做的调解没有见效。银行遂根据合同于 5 月 13 日正式向纸品公司发出书面违约通知，要求纸品公司在 7 日内纠正违约行为，由于后者没有作出任何答复或采取任何纠正违约行为的措施，银行根据借款合同于 6 月 14 日发出通知，宣布全部贷款立即到期，要求纸品公司归还全部贷款本息。纸品公司对此

作出非正式答复：合资企业不久将向有关部门申请企业清算，银行债权可届时与其清算委员会交涉。7月7日，银行向纸品公司所在市中级人民法院起诉，要求判令纸品公司偿还所欠全部贷款本息，同时还要求对纸品公司的财产进行保全。法院据此于2009年11月正式判决，限令纸品公司自判决之日起10日内偿还拖欠银行的贷款本息。由于纸品公司已无力执行判决，在期满后由法院执行庭执行，委托拍卖行对纸品公司的财产进行估价后拍卖出售，在扣减有关费用之后优先归还纸品公司所欠的银行贷款。请问：（1）在国际借贷协议中，借款人的违约形式有哪些？（2）在借款人违约时，贷款人可采取哪些救济措施？

3. 青年旅行社与贸易公司举办的合作经营企业花园酒店，1985年筹建期间，欲向银行贷款1300万美元。1985年11月5日，花园酒店向投资公司提交《花园酒店贷款保函申请书》，请投资公司作担保人。投资公司于同年12月4日复函同意出保，其前提条件是：花园酒店以酒店的全部房产作为抵押。投资公司于1986年8月27日向贷款方银行出具《保证书》，保证当借款人到期不按借款合同规定偿付借款人所借1300万美元及利息时，投资公司在收到贷款方书面通知后10天内，以同种货币偿付。同日花园酒店便与以银行为代理行的几家银行（简称贷款银团）签订了为期八年半的《借贷合同》，并于1986年10月至1987年11月，分19次从贷款银行提取了全部贷款1300万美元。按照《借款合同》规定，花园酒店应于1987年10月9日支付贷款银团第一期贷款利息，但该酒店直至同年11月9日才偿付，构成第一次违约。1988年元月11日花园酒店应付第二期贷款利息，但未予支付，构成第二次违约。1988年4月17日，花园酒店向投资公司请求代为偿付，投资公司于1988年4月19日支付花园酒店的第二期贷款利息及罚息给贷款银团，并将该款转作花园酒店向投资公司的短期借款。1988年5月27日，花园酒店应向银团偿付第一期到期本金及到期利息，由于无力偿付贷款，构成第三次违约。贷款银团根据合同规定，于1988年7月23日宣布全部贷款本金、利息和其他费用提前到期，要求花园酒店立即付清。酒店无力偿付，贷款银团遂要求投资公司履行保证义务，投资公司于1989年2月22日代花园酒店向贷款银团清偿了所欠本金及利息等共14534904.65美元。投资公司履行了担保义务后，便向花园酒店追索。因酒店未予偿付，投资公司遂于1989年3月17日向桂林市中级人民法院提起诉讼。5月12日，法院作出判决：花园酒店偿付投资公司代其偿付的第二期贷款利息、全部贷款本金及利息、罚息，偿付所欠投资公司担保费及利息、罚息，赔偿投资公司经济损失，诉讼费由花园酒店负担。花园酒店不服一审判决，提起上诉。二审法院判决除变更一审因担保费计算有误外，均维持原判。请问：（1）投资公司所作的担保性质如何？它与传统的保证有何区别？（2）何谓贷款的加速到期？（3）投资公司履行担保义务后，能否取得代位求偿权？

参考答案

一、不定项选择题

1. 答案：ACD。各会员国可以凭特别提款权向基金组织提用资金，因此特别提款权可与黄金、外汇一起作为国际储备。成员国在基金组织开设特别提款权账户，作为一种账面资产或记账货币，可用于办理政府间结算，可偿付政府间结算逆差，还可以用以偿还基金组织的贷款，或作为偿还债务的担保等。特别提款权在创设时是一种以黄金定值的记账单位。

2. 答案：C。国际货币基金组织提供给会员国的贷款只能用于解决该会员国国际收支失调。

3. **答案**：A。根据与借款人直接签订国际借贷协议的贷款人的不同，可将银团贷款分为直接银团贷款和间接银团贷款。(1) 直接银团贷款，是指在牵头银行的组织下，银团内参与贷款的银行按照牵头银行与借款人谈判达成的条件，分别与借款人直接签订国际借贷协议，分别按各自签订的协议承担贷款义务。其贷款债务仅限于其在与借款人所签协议中承诺的部分，对其他参与银行对借款人承担的责任概不负责。(2) 间接银团贷款，是指由牵头银行直接与借款人签订国际借贷协议，之后再将参与贷款权分别转让给其他银行（也就是参与银行）。

4. **答案**：A。一笔国际银团贷款中主要涉及的法律文件有：信息备忘录、国际借贷协议、授权委托书、义务承担书。A对，信息备忘录，又称推销备忘录，是指牵头银行与借款人共同拟定，并由牵头银行分发给可能有兴趣参加银团贷款的银行的邀请参加贷款的法律文件。信息备忘录主要规定以下内容：借款人的法律地位、财务及商务状况、借款的主要条件以及该文件的法律效力。B错，国际借贷协议，是指明确借款人与牵头银行、参与贷款银行之间借贷关系的最终法律文件，一切借贷条件均以该协议为准，因此，国际借贷协议是国际借贷中的核心，是不可缺少的法律文件。其主要内容与一般国际借贷协议大致相同。C错，授权委托书，是指借款人出具给牵头银行，授权牵头银行为其安排银团贷款的法律文件。授权委托书一般含有下列内容：借款的金额、利率、借款人愿意承担的基本条件、授权委托书的法律效力。D错，义务承担书，是指牵头银行提供给借款人的表示将按照义务承担书中规定的条件为借款人组织银团贷款的法律文件。义务承担书一般含有以下内容：借贷的主要条件、牵头银行的承诺以及该文件的法律效力。

5. **答案**：B。

6. **答案**：C。世界银行集团是世界上最大的多边开发援助机构，对各成员国而言，也是最大的国外借贷机构。宗旨是通过提供资金、经济和技术咨询、鼓励国际投资等方式，帮助成员国，特别是发展中国家提高生产力，促进经济发展和社会进步，改善和提高人民生活水平。

7. **答案**：D。国际定期贷款协议一般都规定贷款货币发行国为贷款货币提取地国。

8. **答案**：A。在国际定期贷款交易中，除预提税外，其他税收一般由借款人承担。

二、名词解释

1. **答案**：国际商业银行定期贷款是指世界上的大中型商业银行跨国性的商业贷款中的一种，这种贷款是一个国家的商业银行贷款给另一个国家的借款人，贷款期限是事先约定好的，一般为3年或5年，到期借款人向外国的商业银行还本付息。这种贷款形式涉及的数额比较多，期限和提取款项的数额等方面具有一定的灵活性，同时风险也比较大。由于这种贷款方式有比较长的历史，在国际惯例与操作方式上都有许多约定俗成的内容。定期贷款合同是传统的跨国贷款方式。

2. **答案**："先决条件"是指为了减少贷款的风险而必要的法律条件，主要包括：贷款的担保书、董事会授权借款书、授权签字书、政府外汇主管部门的批准书、借款人公司章程与细则、操作代理机构的指定、借款人国家律师提供的法律意见书等，这些先决条件的法律文件齐备，并且符合合同条款的要求时，就是具备了先决条件。

3. **答案**：国际银团贷款是国际商业银行组合在一起，向另一国的借款人提供贷款的一种形式。它可以由2家或5家银行组成，也可以由几十家甚至上百家银行组成。无论有多少家银行参加银团，都是按照一个银团贷款合同来履行的。国际银团贷款的做法是由一家银行作为"牵头银行"，有的也称为"领导银行"，由它联络若干其他商业银行参加，共同组成一个银行团，再由参加银团的成员银行分别承担贷款总额的一定比例的贷款数额，共同贷给借款人。国际银团贷款参加银行之间的关系不是合伙，银团成员之间也不构成有限责任公司，而是为此项贷款专门临时组成的契约联系，成员银行分别地、各自独立地按一定比例承担一部分贷款数额。借款人通过代理机构或其他事先约定的安排获得所有的贷款。

三、简答题

1. **答案**：(1) 需要有统一和明确的监管责任与目标，以及相关的法律体系；(2) 要有实现目标的充分手段；(3) 具有完善的银行法律体系；(4) 赋予监管者保护与实际权利；(5) 各国监管部门的合作与信息交换。

   【参考资料】余劲松、吴志攀主编：《国际经济法》，高等教育出版社、北京大学出版社2009年版。

2. **答案**：在直接参与式银团贷款方式下，各贷款行与借款人之间形成直接的债权债务关系。

   在间接参与方式下，主要有分贷款、隐名代理、让与、更新（或替代）几种方式。

   分贷款，或称从属贷款或转贷款。在这种方式下，参与银行直接向牵头银行提供一笔贷款，其条件是牵头银行向借款人提供的贷款收回后，牵头银行就向参与银行偿还贷款。这意味着参与银行不得要求牵头银行以来源于借款人偿还款以外的其他资金向其偿还贷款。如果借款人未向牵头银行偿还贷款本息，则参与银行不得要求牵头银行向其偿还贷款；如果借款人仅向牵头银行偿还部分贷款，则牵头银行也仅按参与银行的贷款资金在提供给借款人的贷款总额中占的比例向参与银行还款。

   隐名代理，在这种方式下，牵头银行受银团其他成员之托，代表它们同借款人签订借贷协议，但不披露其代理人的身份，这样，在借款人看来，它就是贷款人本人而不是代理人，它就要按签订的借贷协议对借款人承担提供贷款的义务。

   让与，在间接式银团贷款中是指牵头银行将其根据借贷协议应获得的收益或可以行使的请求权部分或全部让与愿意购买的参与银行。

   更新或替代，牵头银行在征得借款人的同意之后，把自己的部分甚或全部贷款义务连同其相应的权益转让给其他银行，使借贷协议的贷款主体有所增加或变更，实际上等于原来的借贷协议由牵头银行、参与银行和借款人三方达成的一个新的协议所取代。这种安排，大陆法称为债的更新，英美法称为替代。

四、论述题

答案：(1) 国际借贷合同违约救济条款是规定出现任一类违约事件时贷款人拥有的内部和外部救济方法。内部借贷合同规定的救济方法有：中止借款人提取贷款；解除借款人尚未提取的贷款；宣布贷款加速到期并且立即偿还。这三种方法可以选择采用或者一并采用。外部（有关国家法律规定）的救济方法可以包括：解除借贷合同；要求赔偿损失；要求履行借贷合同，支付已经到期的本息。这三种方法不能一并采用，因不能既要求解除合同又要求履行合同，要求赔偿损失并不比要求履行合同支付已经到期的本息所获更多，只有解除合同与要求赔偿损失这两种方法得以并用，借贷合同中的违约救济条款，都是把内部救济方法与外部救济方法累加订立，以防止借款人把内部救济方法解释为唯一救济方法而排除诉诸法院解决的可能性。

(2) 国际借贷合同所涉及的款项一般都比较大，风险很高。在这种情况之下，一旦发生违约行为，被违约方受到的损失往往是很大的。因此，为了尽可能地减少损失，保护当事人的合法权益，在订立国际借贷合同的时候，一定要对违约救济条款作出详细的规定。无论是对内部借款合同规定的救济方法，还是有关国际法律规定的救济方法，都要作出明确规定。这里要说明的是，当事人在国际借款合同中，最好规定法律适用与管辖条款，一旦将来发生纠纷，不至于在法律适用与管辖问题上浪费时间，国际借贷协议，贷款人通常都不愿意提及仲裁，而是直接诉诸法院解决。这是由于：首先，仲裁是排除法院解决的，中国对涉外仲裁也持有这一主张，仲裁裁决如果不能够自动执行，就要申请法院强制执行，因此不如一开始就去起诉；其次，仲裁具有不公开性，贷款人总是希望将借款人违约公开化，使得其处于诉讼威胁之中，迫使其屈服于贷款人的要求；最后，仲裁裁决在某些程度上带有妥协性。但是，各国法律规定又各不相同，这对当事人的权益影响极大，因此，签订这个条款的时候，要和违约救济条款结合起来，以最大限度地减少风险，维护自己的合法权益。

五、案例分析题

1. **答案**：这一案例涉及的是国际银团贷款中各方当事人之间的关系问题。国际银团贷款可分为直接式银团贷款和间接式银团贷款两种方式。在直接式银团贷款方式下，各参与银行同借款人签订借贷协议，按协议分别（或共同）承担提供贷款的义务，与借款人形成直接的权利义务关系。而在间接式银团贷款方式下，各当事人之间的关系在很大程度上取决于转让贷款参与权的方式。在本案中，牵头银行通过订立出售参与贷款权协议的方式，将参与贷款权转让给参与银行。根据国际惯例，以这种方法提供的国际银团贷款，各当事人之间的关系应为：牵头银行与借款人之间的关系是由借贷协议规定的债权人与债务人之间的关系，参与银行与借款人之间不存在直接的借贷关系。参与银行直接向牵头银行提供一笔贷款，其条件是牵头银行向借款人提供的贷款收回以后，牵头银行就向参与银行偿还贷款。这意味着，参与银行不得要求牵头银行以来源于借款人偿还款以外的其他资金向其偿还贷款。如果借款人未向牵头银行偿还贷款本息，则参与银行不得要求牵头银行向其偿还贷款；如果借款人仅向牵头银行偿还部分贷款，则牵头银行也仅按参与银行的贷款资金在提供给借款人的借款总额中所占的比例向参与银行还款。由于参与银行与借款人之间不存在直接的借贷关系，参与银行对借款人没有还款请求权，而对牵头银行的还款请求权也仅以借款人已向牵头银行偿还借款为行使条件，因此，分贷款中的参与银行面临双重风险：一重风险是借款人如果丧失清偿能力，如破产，则参与银行将不能充分受偿或者不能完全受偿；另一重风险是牵头银行如果破产，那么参与银行只能作为牵头银行的一个无担保权益的债权人按债权比例参加对借款人偿还款的分配，而不享有优先受偿权。

   在本案中，作为牵头银行的 B 银行破产，使得参与银行面临了后一重风险，参与银行并不能直接对借款人 A 公司行使追偿权，只能以牵头银行无担保权益的债权人身份接受破产清偿。

2. **答案**：（1）在国际借贷协议中，借款人的违约可分为实际违约和预期违约两大类。实际违约包括：借款人到期不支付或不如数支付贷款的本金、利息或有关费用；借款人违反在协议中所作的说明与保证；借款人违反约定事项；借款人没有履行借贷协议规定的其他义务。预期违约主要有：借款人丧失清偿能力；借款人公司被征用或被国有化；借款人的状况发生重大不利变化；借款人出现交叉违约情形。

   （2）在借款人违约时，贷款人可采用合同约定的救济措施，如暂时中止或者取消本应向借款人提供的贷款；宣布贷款加速到期；借款人支付违约利息；用借款人的存款抵销其尚未偿还的欠款。贷款人也可以采用法律上规定的救济措施，常见的如解除贷款协议；要求损害赔偿；要求借款人支付已到期的本金或利息；在借款人破产时贷款人可申报其全部债权金额，要求进行清算等。

   借款合同的基本内容是贷款人依合同规定提供贷款，借款人在约定的期限内偿还贷款本金及利息。在贷款协议中，违约条款是贷款协议的一个重要组成部分，是贷款协议的核心部分。为了确保贷款本息的收回，维护贷款人的利益，在贷款协议中通常详细规定了借款人应履行的各项义务，同时以专门的“违约事件”条款列举了构成违约的各种行为以及贷款人可以采取的相应救济措施。贷款协议中所规定的违约事件大致可分为两类：一类是违反贷款协议本身规定的实际违约行为，如借款人到期不还款付息，不履行约定的其他义务；另一类是预期违约事件（又称先兆性违约事件），是指借款人目前虽然没有发生违反协议的实际违约行为，但因这类事件的发生，借款人不能履行贷款协议所规定的义务的实际违约行为是迟早要发生的。

在本案中，借款人的还款时间是2010年3月，但借款人纸品公司自2008年起因内部矛盾激化至2009年年初停产，合资各方决意终止合营合同，解散合资企业，纸品公司的财务状况发生严重恶化，已不可能实现自行还贷，借款人的财务状况极大地影响到贷款人安全、及时地收回贷款本息，已构成预期违约。

由于贷款的还款期限未到，银行并未随意宣布贷款到期，而是根据贷款合同发出违约通知，要求纸品公司立即纠正违约行为。在纸品公司不能及时纠正违约行为的情况下，银行才宣布依合同全部贷款立即到期，要求纸品公司偿还全部贷款本息。由于纸品公司仍无意还款，银行立即向法院起诉，在诉讼中，银行还充分利用了我国《民事诉讼法》中关于财产保全的规定，以最大限度地维护自身的合法利益。

3. **答案**：（1）投资公司所作的担保承担的是第一位的、独立的责任。它与传统保证的最大区别是不具有补充性。补充性是指保证关系中债务人仍然是第一债务人，保证人是第二债务人或从债务人，只有当主债务人不履行其债务时，保证人才负履行的责任，据此，传统保证合同保证人有权要求债权人首先向主债务人要求清偿，只有在主债务人的财产强制执行后仍不足以清偿债务时，才能要求担保人清偿，担保人的此项权利称为先诉抗辩权。然而在国际借贷中，贷款人往往要求保证人放弃先诉抗辩权，和借款人一起对其贷款作为连带债务人承担清偿责任，即要求保证人充当第一债务人或主债务人，而不仅作为保证人。在这种情况下，贷款人既有权要求借款人清偿，也有权要求保证人清偿。但在具体的融资活动中，保证人是否有先诉抗辩权，则取决于保证合同的规定。

（2）加速到期是指借款人违约以后，贷款人可以将偿还期提前，要求借款人立即偿还贷款，是贷款人特有的一种救济措施。

（3）投资公司履行担保义务后，在清偿范围内取得代位求偿权。随着国际金融业的迅速发展，担保在国际融资活动中成为必不可少的环节，无论是政府或国际金融机构的贷款，还是国际商业贷款，都常以担保为前提条件，它是债权人保障自己权益的法律措施。通过订立担保合同，贷款人可获得备用的还款来源，使自己贷出的款项有更为可靠的受偿保证。国际融资担保基本分为两种类型：国际融资的信用担保和国际融资的物权担保。另外，实践中还衍生出其他一些担保形式，如消极担保条款、准担保交易、从属之债等，在具体融资活动中产生不同效果。在诸多担保形式中，信用担保形式最为常见，本案投资公司对花园酒店的国际借贷担保即属于这一形式。

本案借贷关系中债务人（借款方）为花园酒店，债权人（贷款方）为银行，担保人为投资公司。担保人向债权人出具的《保证书》是国际商业借贷担保合同。按其《保证书》规定来看，本担保合同是担保人（投资公司）以自己的资信向贷款人（银行）所作的保证还款的承诺，属于国际融资担保的信用担保。本案债务人花园酒店在贷款人银行提供全部贷款之后，三次不履行还款义务而违约，贷款人则有权根据担保合同约定，即“当借款人到期不按借款合同规定偿付时，投资公司在收到贷款方书面通知后10天内，以同种货币代为偿付”，请求担保人投资公司替被担保人（即借款人花园酒店）履行还款义务。该借贷合同担保最大特点就是无传统保证合同的补充性，即无先诉抗辩权，担保人实际上已成为第一债务人或主债务人，因为其承担的是无条件付款义务，只要债权人按合同提出付款要求便需给付。因此，担保人未要求贷款方对债务人的财产强制执行就履行了其担保义务，于1989年2月22日代花园酒店向贷款银行清偿了本金及利息等共 14534904.65 美元。担保人履行了担保义务后就对借款方具有代位权和求偿权，即保证人在清偿贷款债务之后，在清偿范围内取代贷款方的地位而行使贷款方对借款方的所有权利，本案担保人代债务人付款之后即取得代位权，对债务人进行追索和提起诉讼。由于花园酒店无力偿付贷款方的本金及利息，也未必能偿付判决书中的金额给投资公司，根据双方签订的反担保协议，投资公司取得花园酒店的房地产。

第十六章　国际项目融资与国际债券的法律问题

基础知识图解

- 国际项目融资
  - 概念
  - 特点
  - 形式
    - BOT
    - 融资租赁
  - 风险
  - 特许权与债权人协议
- 国际债券
  - 概念、特点
  - 市场发行
    - 国际债券发行方法
    - 欧洲债券发行方法
  - 国际债券信托
  - 相关法律问题

配套测试

一、单项选择题

1. 1995 年，中国某合作经营企业，欲向某国商业银行贷款 1300 万美元，为此，该企业向该省国际信托投资公司提交贷款保全申请书，请该投资公司作担保，投资公司随即复函同意出保。根据有关国际融资信用担保的惯例，该投资公司作为保证人，下列对其保证责任表述错误的是（　　）。

A. 保证人不能享有先诉抗辩权

B. 保证人必须承担第一付款责任

C. 保证人必须无条件地承担赔付责任

D. 保证人在基础合同变更或无效时，相应地变更、解除其承担的保证责任

2. 国际项目贷款中偿还贷款的主要资金来源是（　　）。

A. 贷款项目所产生的收益

B. 项目主办人的自有资金

C. 项目承包人的自有资金

D. 项目公司所在国政府的财政拨款

3. 在国际项目贷款中，由项目公司与贷款人拥有全部股权的金融公司签订的，约定由金融公司向项目公司预付项目产品的款项，该项目建成投产后，由项目公司向金融公司交付项目产品，金融公司再将该产品转售他人，以获得偿还贷款所需资金的协议称为（　　）。

A. 提货或付款协议　　B. 远期购买协议

C. 完工担保协议　　D. 投资协议

4. 在各种类型的国际融资担保中，因不具有法律效力而在法律上难以执行的是（　　）。

A. 保证　　B. 备用信用证

C. 意愿书　　D. 物权担保

5. 出租人提供租赁物并负责租赁物的维修和保养服务的租赁方式是（　　）。

A. 融资性租赁　　B. 杠杆租赁

C. 维修租赁　　D. 经营性租赁

二、多项选择题

1. 国际融资担保中的信用担保包括（　　）。

A. 动产物权担保　　B. 保证

C. 备用信用证　　D. 意愿书

2. 从法律的角度看，无论国际融资双方是否

在协议中约定贷款的用途，贷款都不能用于（　）。

A. 资助侵权行为

B. 兼并公司

C. 超出借款人经营范围的营业活动

D. 援助友好国家的军事行动

3. 在国际融资协议中，贷款人可以通过（　）等使其与借款人的其他债权人处于平等的清偿地位。

A. 反对处置财产条款　B. 消极担保条款

C. 平等位次条款　D. 财产约定条款

4. 实践中，国际融资担保存在多种不同的形式，如银行保函、备用信用证、浮动担保等，中国法律对其中一些担保形式没有相应的规定。根据国际惯例，关于各类融资担保，下列哪些选项是正确的？（　）

A. 备用信用证项下的付款义务只有在开证行对借款人的违约事实进行实质审查后才产生

B. 大公司出具的担保意愿书具有很强的法律效力

C. 见索即付保函独立于基础合同

D. 浮动担保中用于担保的财产的价值是变化的

5. 我国A公司从甲国B公司进口一批服装，双方约定以信用证方式结算。A公司向我国C银行申请开立了信用证。货到后，A公司发现集装箱装的全部是工业废料。根据我国相关司法解释，下列说法正确的是？（　）

A. A公司应向人民法院申请中止支付信用证项下的款项

B. A公司应向C银行申请中止支付信用证项下的款项

C. 即使信用证具有独立性，必要时人民法院也可将A、B两公司之间的信用证纠纷与货物买卖纠纷一并审理

D. 如果C银行仅对信用证项下票据作出承兑而未实际付款，则可判决终止支付信用证项下款项

三、名词解释

1. 国际项目融资
2. 有限追索权
3. 特许权
4. 国际债券
5. BOT

四、简答题

1. 国际项目融资的特点。（中国人民大学2008年考研真题）
2. 简述国际融资活动中的见索即付担保的含义和法律特征。
3. 国际项目融资的风险。
4. 分析国际借贷中项目融资与一般商业贷款的区别。

五、案例分析题

2004年9月1日和同年12月25日，中国租赁公司与某省电子工业局签订了两份融资租赁合同，按照两份租赁合同约定和承租人电子局的要求，出租人租赁公司从国外购进年产五百万只充气塑料打火机全套设备和生产技术及一台气罐车和生产零配件，租赁给电子工业局。第一份租赁合同的租赁期从2006年1月1日至2009年1月1日；第二份租赁合同租赁期从2006年3月1日至2009年3月1日，签订两份合同租赁总额共约4亿日元，约定分六次还清，每六个月还一次，未能支付到期租金，应付迟延利息。合同还约定，如电子局不支付租金，租赁公司可要求即时付清租金的一部或全部，或径行终止合同，收回租赁物件，并由电子局赔偿损失。合同订立后，租赁公司从日本购入设备，经检验设备质量合格。设备投产后，因生产原料需从国外进口，成本高，加之产品销路不好，致使设备开工不久就停产，承租人自约定偿还第一期租金起，就未能按合同约定如数支付租金，前后两次仅支付租金约4000万日元，付息约5万日元。尚欠租金3.5亿日元及逾期利息。原告多次催要未果，遂向法院起诉，要求被告按合同规定偿付租金及利息。请问：在融资租赁合同期内，承租人称经营情况不好，已无力偿还全部租金和利息的情况下，承租人是否可以要求退回租赁物件？

租赁公司未收回租赁物件，是否应承担责任？

参考答案

一、单项选择题

1. **答案**：D。国际融资信用保证与一般保证不同，具有独立性和无条件性两大特点，即保证人与基础合同无关，基础合同的修改、变更或无效，均不影响保证人在独立合同项下应承担的保证责任。
2. **答案**：A。国际项目贷款对象是那些专为建设项目工程而组成的项目公司，也称项目承办人。国际项目贷款中偿还贷款的主要资金来源是贷款项目所产生的收益。
3. **答案**：B。国际项目贷款涉及的法律文件包括：完工担保协议、投资协议、购买协议、提货或付款协议、远期购买协议。题中所述为远期购买协议。
4. **答案**：C。国际融资担保是指借款人或第三人以自己的信用和资产向外国贷款人所作的还款担保。其主要有以下两种方式：信用担保和物权担保。第一，国际信用担保，是指借款人或第三方以自己的信用向外国贷款人所作的偿还贷款的担保。其主要方式有：保证、备用信用证、意愿书。(1) 保证，是指由借款人以外的第三人以自己的信用作为借款人的还款保证，当借款人不履行债务偿还责任时，由保证人承担还款责任。保证是信用担保中最为普遍的担保方式，因主债务而产生，并因主债务的消灭而消灭，因主债务的转让而转让。(2) 备用信用证，是指保证人（开证行）应借款人（开证人）要求向贷款人开出的以贷款人为受益人的付款凭证。当受益人出示信用证所规定的违约证明时，保证人即向受益人付款。应当注意：备用信用证与保证的区别在于：①备用信用证是银行应借款人要求开具的，保证人是银行。②贷款人出具信用证要求的违约证明时，保证人即向贷款人付款，无须对违约的事实进行审查。③开证行作为保证人承担第一位付款责任，而不是次位债务人。④在借贷协议无效时，开证行仍须承担保证责任。(3) 意愿书，是指政府或母公司为其下属机构或子公司的贷款人出具的愿意为其还款的书面文件。该书面文件一般不具有法律效力，在法律上难以执行。第二，物权担保，是指借款人或第三方以其拥有的物和权利，向外国贷款人所作的偿还贷款的担保。根据担保物的性质，可以将物权担保划分为：不动产物权担保和动产物权担保。
5. **答案**：D。经营性租赁是指出租人提供租赁物并负责租赁物的维修和保养服务的租赁方式。

二、多项选择题

1. **答案**：BCD。国际融资担保包括信用担保和物权担保。其中，信用担保包括保证、备用信用证和意愿书。
2. **答案**：ABCD。国际融资双方是否在协议中约定贷款的用途，贷款都不能用于：资助侵权行为、兼并公司、超出借款人经营范围的营业活动和援助友好国家的军事行动。
3. **答案**：BC。在国际融资协议中，贷款人可以通过消极担保和平等位次条款使其与借款人的其他债权人处于平等的清偿地位。
4. **答案**：CD。备用信用证是指担保人（开证银行）应借款人的要求，向贷款人开出备用信用证，当贷款人向担保人出示备用信用证和借款人违约证明时，担保人须按该信用证的规定支付款项。和传统意义上的保证相比，备用信用证有如下特点：(1) 备用信用证的保证人是银行；(2) 贷款人出具信用证要求的违约证明时，保证人即向贷款人付款，并不需要对违约的事实进行审查；(3) 开证行作为保证人承担第一位付款责任，而不是次位债务人；(4) 在借贷协议无效时，开证行仍须承担保证责任，也就是说，备用信用证独立于国际借贷协议这一基础交易。因此，A 项说法错误。安慰信，又称担保意愿书，是指由一国政府或母公司根据其下属企业（借款人）的要求，向贷款人出具的表示愿意帮助该借款人偿还贷款的书面文件。其最大的特点是一般不具有法律效力，对担保人只具有道义上的约束力。通常仅适用于信誉良好的大型公司或政府组织。因此，B项说法错误。国际融资担保中使用最普遍的是见索即付保证，它是指担保人（通常是银行）应申请人要求或指示，对收益人承担付款义务，只要收益人要求付款，担保人即应向其支付约定金额。法律特征：（1）独立性。担保人所承担的义务是独立于基础合同的，担保人不能以基础合同对抗收益人。（2）绝对性。这种担保是绝对的和无条件的，担保人仅凭收益人提出的要求即应付款，而不问付款要求是否有合理依据，不问它所担保的主债务事实上是否履行。（3）单一性。担保人所承担的义务是付款义务，而不是实际履行本应由申请人（借款人）履行的义务。因此，C项说法正确。浮动抵押源于英国，是一种很特殊的物权担保方式，是借款人以现有的和将来取得的全部资产，为贷款人设定的一种担保物权。浮动抵押不同于传统物权担保，其担保物固化前一直处于浮动状态，能给贷款人尽可能大的保护。因此，D项说法正确。

5. **答案**：AC。《最高人民法院关于审理信用证纠纷案件若干问题的规定》第9条规定："开证申请人、开证行或者其他利害关系人发现有本规定第八条的情形，并认为将会给其造成难以弥补的损害时，可以向有管辖权的人民法院申请中止支付信用证项下的款项。"由此可知，A公司应当向人民法院而不是开证行申请中止支付信用证项下的款项，故A项正确，B项错误。该解释第14条第1款规定："人民法院在审理信用证欺诈案件过程中，必要时可以将信用证纠纷与基础交易纠纷一并审理。"因此C项正确。该解释第10条规定："人民法院认定存在信用证欺诈的，应当裁定中止支付或者判决终止支付信用证项下款项，但有下列情形之一的除外……（二）开证行或者其指定人、授权人已对信用证项下票据善意地作出了承兑……"可见，如果C银行已对信用证项下票据作出承兑，人民法院即不得判决终止支付信用证项下款项，故D项错误。

三、名词解释

1. **答案**：国际项目融资是投资者对一个大型工程项目贷款或投资，该工程项目建成后，再用项目生产的产品销售收入来偿还融资者的投资或贷款，或用该项目经营收入，来偿还该项目的投资。从财务会计的角度来看待项目融资，就是为了一个特定的经济项目所安排的融资，其贷款人满足使用该项目的现金流量和收益作为偿还贷款的资金来源。从法律的角度来看项目融资，就是采用无追索权或有限追索权条件下的贷款人对特点工程项目的融资。总之，项目融资是一个财务与契约安排的系统，将项目本身的经济收益、项目的风险和各种担保联系起来，用于完成风险比较大、投资回收期长、操作过程复杂的大型工程项目。

2. **答案**：融资合同中的追索权多数是有限的，所谓有限是指限于工程项目本身的收入范围内，或者限于项目形成的产品收入范围内等。由于工程项目的特殊性，采用有限追索权有利于工程最后的完工和形成生产能力。如果项目合同中规定了有限追索权，就意味着贷款银行也为此承担了一定的风险，即贷款银行不是无条件可以向借款人追债，而是在符合有限追索权条款的情况下，才可以追索贷款，而且追索权只限于项目投产后形成的现金收入，或限于对项目不动产的抵押的处分，而不能够直接向项目公司或发起人单位追索。有限追索权的风险在于市场风险、政策风险、资源风险和不可抗力的风险。

3. **答案**：项目融资中的特许权是指获得项目开发或建设的特别批准的权利。由于项目融资进行的工程不是一般项目，而是一个国家基础建设工程。例如，高速公路、水电站、火力发电厂、移动通信项目等。这些项目的发展建设不是任意的，而是由国家政府主管部门批准的。正是由于项目是特许的，才具有了融资的市场保障，才具有融资的吸引力，获得特许权也是具有市场价值的融资谈判优势。

4. **答案**：国际债券是指发行人、购买人分别处于两个或两个以上国家的情况下，采用发行地国家的货币或第三国货币标价的债券。国际债券又可以分为“外国债券”和“欧洲债券”。外国债券是指发行人在外国资本市场上发行，以该国货币标价的债券。欧洲债券是指在几个国家的资本市场同时发行，采用国际承销团承销，以第三国货币计价，不要求登记或过多披露其他信息的债券。这种债券由于首先在欧洲几个国家市场被发明和推广，所以称“欧洲债券”。

5. **答案**：BOT（Build-Operate-Transfer）即建设—经营—转让，是指政府通过契约授予私营企业（包括外国企业）以一定期限的特许专营权，许可其融资建设和经营特定的公用基础设施，并准许其通过向用户收取费用或出售产品以清偿贷款，回收投资并赚取利润；特许权期限届满时，该基础设施无偿移交给政府。具有以下特征：(1) 私营企业基于许可取得通常由政府部门承担的建设和经营特定基础设施的专营权（由招标方式进行）；(2) 由获得专营权的私营企业在特许权期限内负责项目的建设、经营、管理，并用取得的收益偿还贷款；(3) 特许权期限届满时，项目公司须无偿将该基础设施移交给政府。

四、简答题

1. **答案**：(1) 具有商品信贷和资金信贷相结合的双重性质；

(2) 租赁设备的所有权和使用权相分离；

(3) 国际融资租赁是自成一类的三边贸易；

(4) 国际融资租赁在税收和会计处理上具有独特性。

【参考资料】余劲松、吴志攀主编：《国际经济法》，高等教育出版社、北京大学出版社2009年版。

2. **答案**：(1) 见索即付是20世纪50年代在国外银行界兴起的一种新型信用担保。它是担保人应借款人请求而与贷款人订立的一项独立合同，由担保人向贷款人承担见索即付的义务。

(2) 见索即付担保，最大的特点就是担保行承担第一付款责任，只要受益人索赔即须付款，不管申请人是否同意付款，也不需要调查商务合同履行的事实。

3. **答案**：国际项目融资是投资者和东道国项目发展商共同建设某个基础建设项目，通常周期比较长，需要资金的数额较大，合同关系复杂，所以项目融资的风险非常大。风险的种类包括：完工的风险、资源的风险、操作的风险、市场风险、外汇兑换与汇率的风险、政治风险等。(1) 完工风险与原料供应的风险。项目完工形成生产能力之后，才能获得投资的回报。由于项目建设的周期比较长，在建设期间原材料价格可能发生变化，技术方面可能出现问题，员工与管理人员可能发生纠纷等，这些因素都可能导致项目工期的延误。由于工期延误使资金压在项目上不能及时形成生产能力，又不产生利润，对于投资者来说是一种损失。(2) 操作管理风险与市场风险。资金与物资不能自动组合，必须依靠管理人员和员工的技术性操作才能有效组合。管理人员的素质，员工的技术素质，管理人员与员工的有效配合等都属于操作管理的风险。市场的风险是指项目投产后产出的产品的市场风险，市场可能发生较大的需求变化，价格变化或该类产品税收的变化等。(3) 外汇风险与政策风险。外汇风险在有外汇管制的国家和地区是非常敏感的，包括外汇政策的改变，限制本币与外币的自由兑换或兑换率的管制等。即便是没有外汇管制的国家和地区，外汇市场也有汇率的波动。国际投资者是用外币投资的，投入项目后变为本币，在项目形成生产能力后再转换为外币还给投资者或贷款银行。由于项目的周期长，投资者对货币兑换率的变化非常关注，外汇的风险也较大。

4. **答案**：国际借贷中的项目融资，即项目贷款，主要是指向特定的工程项目提供贷款、以项目的预期收益为偿还贷款的主要来源、以项目的资产包括各种项目合约上的权利为附随担保的一种国际中长期贷款形式。与一般的商业贷款相比，国际借贷中的项目融资主要具有以下区别：

(1) 国际项目贷款具有项目导向性，其贷款的发放是以项目为导向的。与一般商业贷款相比，其贷款的发放不是以借款人的资信或资产作为首要的考虑因素，而是以借款人所投资项目的资产价值和预期现金流量作为首要的考虑因素。而且，贷款人的贷款意图、贷款条件、融资结构设计等均以项目为导向。

(2) 国际项目贷款具有有限追索性，贷款人对借款人的追索范围仅限于项目的资产价值和现金流量，以及借款人依约承担的其他义务项下的财产。而一般的商业贷款则具有完全追索性，即贷款人可以要求借款人用其全部资产清偿债务。

(3) 国际项目贷款的风险较大，因此其信用结构也较为多样化，项目贷款一般都伴有一系列的信用支持，通过组织各项目利益方参与项目融资并提供各种担保，从而分散了项目风险。而一般的商业贷款通常则不具备如此复杂的信用结构。

五、案例分析题

答案：本案中，双方争议的焦点涉及融资租赁合同的一个重要特征——不可解约性。融资租赁合同通常规定合同一经生效，承租人就不能单方面提出解除合同，这是因为：融资租赁的特性是融通资金，当承租人筹借资金添置设备时，出租人并不是直接向其提供贷款，而是根据企业的选择购入设备，出租给企业使用，以租赁物的形式达到融资的目的，可见，出租人的目的在于通过一次租赁收取全部租金以获利，而非通过收回租赁物件继续租赁或转卖以获利。并且，融资租赁中的租赁物是由承租人自己选择，专为承租人所需而购买的，一般不具有通用性，即使返还给出租人，也难以通过转售和出租租赁物获得预定的经济效益。因此，承租人不得中途退回租赁物件或要求出租人收回租赁物件以免除其支付剩余租金的义务，否则，一方面违反了融资租赁合同的本质与特征，另一方面也将给出租人造成重大损失。在本案中，租赁公司和电子局签订的融资租赁合同作了如下约定：如乙方不支付租金，甲方可要求即时付清租金的一部或全部，或径行终止合同，收回租赁物件。虽然双方当事人约定的合同里面显示出租人可选择要求承租人支付租金的一部或全部，也可选择终止合同收回租赁物件，但选择权在于出租人。本案中租赁公司的合同目的在于收取租金以获取利润，而收回租赁物件，显然不能达到其合同目的，基于法律保护当事人的合同利益，故应当尊重出租人为追求合同目的选择要求承租人支付租金。

综上所述，承租人不得在法定的租赁期限内退租，收回租赁物件不是租赁公司的法定义务，租赁公司有权选择要求承租人支付租金或收回租赁物件，故本案中租赁公司不应对未收回租赁物件承担责任。

第十七章　国际股票法律制度

基础知识图解

- 概念
- 发行审核制度
- 发行的注册及其豁免
- 发行的信息披露
- 上市条件及交易规则
- 禁止内幕交易制度
  - 内幕人员
  - 内幕信息
  - 法律责任
- 国际股票收购制度

配套测试

一、单项选择题

有组织、有规模的国际证券流通场所称为（　　）。

A. 场外交易市场　　B. 交易柜台
C. 证券交易所　　D. 证券公司

二、多项选择题

国际证券是在国际证券市场上发行并销售流通的、以某种可兑换货币为面值的、证明或设立财产所有权的书面凭证，其特征为（　　）。

A. 证券持有人享有证券项下财产的权利
B. 在国际证券市场上发行并销售
C. 其转让不必经债务人同意
D. 只能在国内市场上发行并销售

三、名词解释

1. 国际股票
2. 国际股票发行的注册制
3. 内幕交易行为
4. 国际股票收购

参考答案

一、单项选择题

答案：C。国际证券是在国际证券市场上发行并流通的、以某种可兑换货币为面值、证明和设立财产所有权的书面凭证。国际证券的流通场所有两种：有组织、有规模的买卖场所，即证券交易所；无组织的小规模交易市场，也称场外交易市场。

二、多项选择题

答案：ABC。国际证券的特征为：证券持有人享有证券项下财产的权利；在国际证券市场上发行并销售；转让无须经债务人同意。

三、名词解释

1. 答案：股票本来是本土化的，但是本地的公司可以到境外发行与上市交易股票，或者海外股票市场允许任何外国机构投资者和个人投资者参与交易。这类股票同本地股票相比，有两点不同：第一，股票面值表示的货币多数情况下不是本地货币。第二，股票交易不受本地法律管辖，而受境外市场地法律管辖。所以，将这种股票称为“国际股票”。

2. 答案：注册制也称为申报制，是发行人在公开发行证券时，依法定要求将应公开的所有信息向证券主管机关申报注册，并对该信息的真实性、完整性承担法律责任的一种证券发行审核制度。按照这种制度，发行公司向证券主管机关申报并公开有关资料，经一段时间后主管机关未提出异议的，则可以发行证券而无须主管机关的批准。实行注册制的国家有英国等英美法系国家和日本等部分大陆法系国家。

3. 答案：内幕交易行为五花八门，归纳起来主要有以下三类：(1) 内幕人员利用内幕信息买卖证券；(2) 内幕人员根据内幕信息建议他人买卖证券；(3) 内幕人员向他人泄露内幕信息，使他人利用该信息买卖证券。

4. 答案：国际股票收购是指一家公司用现金、债券或股票购买另一家公司的股票，以获得对该公司的实际控制权。股票收购是现代公司制度的产物，是公司扩大生产经营规模、获取新技术、开发新市场的重要手段，对促进资源优化配置起到重要作用。

第十八章　国际支付与结算法律制度

基础知识图解

- 票据支付
  - 票据种类
    - 汇票
    - 本票
    - 支票
  - 支付方式
    - 汇付
    - 托收
      - 光票托收
      - 跟单托收
- 信用证
  - 概念、作用
  - 操作流程
  - 种类
  - UCP600 的主要内容：开证行、保兑行、议付行、通知行义务；审单标准；修改通知等

配套测试

一、单项选择题

1. 在国际贸易的支付中，以一般的商业信用为基础，收款人以自己的名义开出的汇票为凭证，委托第三者（银行）代为向在外国的付款人收款的支付方式是下列哪种支付方式？（　　）

A. 信用证　　B. 电汇
C. 托收　　D. 票汇

2. 国际贸易如采用信用证方式支付货款，汇票上的付款人应该注明下列哪个名称？（　　）

A. 买方名称　　B. 开证行名称
C. 买方往来银行名称　　D. 议付行名称

3. 付款人表示接受出票人的付款指示，同意承担付款义务而将此意思记载于汇票上的行为是下列哪种票据行为？（　　）

A. 付款　　B. 提示
C. 承兑　　D. 追索

4. 支票是以银行为付款人的见票即付的书面凭证，从性质上讲，支票属于下列哪种特殊的票据？（　　）

A. 本票　　B. 汇票
C. 期票　　D. 信用证

5. 委托人开立附货运单据的汇票，凭跟单汇票委托银行向付款人收款，代收行在买方付清货款后才将货运单据交给买方的付款方式是下列哪一种付款方式？（　　）

A. 付款交单　　B. 承兑交单
C. 光票托收　　D. 票汇

6. 某汇票上载明的付款时间是“出票后 3 个月付款”，该汇票属于下列哪种类型的票据？（　　）

A. 即期汇票　　B. 远期汇票
C. 期票　　D. 支票

7. 持票人在汇票背面签名并将汇票交付受让人的行为是下列哪种行为？（　　）

A. 出票　　B. 背书
C. 提示　　D. 承兑

8. 信用证是银行依开证申请人的请求，开给（　　）的一种保证银行在满足信用证要求的条件下承担付款责任的书面凭证。

A. 付款人　　B. 议付行
C. 买方　　D. 受益人

9. 汇票的提示行为是指下列哪种人将汇票提

交付款人，要求付款或承兑的行为？（　）
A. 指定银行　B. 付款人
C. 汇票持有人　D. 出票人

10. 由卖方开具远期汇票，通过银行向买方作承兑提示，买方承兑后于汇票到期日再付款交单的方式叫作（　）。
A. 信汇　B. 远期付款交单
C. 承兑交单　D. 承兑付款交单

11. 开证行开出的信用证又经另一家银行保证兑付的信用证属于下列哪种信用证？（　）
A. 可转让信用证
B. 光票信用证
C. 保兑信用证
D. 可撤销的信用证

12. 汇出行受汇款人的委托，开立以汇入行为付款人的银行即期汇票，由汇款人自行寄交收款人凭以向汇入行收取汇款的国际贸易支付方式称为（　）。
A. 信汇　B. 电汇
C. 票汇　D. 银行信用证

13. 采用信用证支付方式的前提条件是下列哪项？（　）
A. 国际货物买卖合同的双方在买卖合同中明确规定采用信用证方式付款
B. 国际货物买卖合同中的卖方已经采用托收的支付方式，但未能取得约定款项
C. 国际货物买卖合同中的买方已向开证行支付了约定的货款
D. 国际货物买卖合同中的卖方已经将货物发运

14. 在下列哪种支付方式下，信用工具的传递与资金的转移方向相反，因此俗称为逆汇法？（　）
A. 托收　B. 买方直接付款
C. 票汇　D. 电汇

15. 在托收这种支付方式中，委托人与托收行以及托收行与代收行之间均为下列哪种关系？（　）
A. 买卖合同关系　B. 债权债务关系
C. 委托代理关系　D. 雇佣合同关系

16. 托收方式中的委托人又称出票人，是开立汇票委托银行收款的债权人，在国际贸易中通常为下列哪一当事人？（　）
A. 买方　B. 承运人
C. 卖方　D. 议付货款的银行

17. 信用证支付方式中的受益人在国际货物贸易中，通常是下列哪一当事人？（　）
A. 买方　B. 提单的受让人
C. 收货人　D. 卖方

18. 国际货物买卖中规定的支付货币必须是（　）。
A. 进口国货币
B. 出口国货币
C. 第三国货币
D. 可以自由兑换的货币

19. 出票人于见票时或某一确定的将来时间，无条件支付确定的金额给收款人或者持票人的书面承诺称为（　）。
A. 汇票　B. 本票
C. 支票　D. 光票

20. 在国际支付结算中，使用最为广泛的是下列哪种票据？（　）
A. 支票　B. 期票
C. 汇票　D. 本票

21. 下列关于日内瓦票据法体系和《国际汇票和国际本票公约》的比较中说法正确的有？（　）
A. 两者都规定汇票上必须记载出票日期且不得出具来人式抬头的汇票
B. 二者都只是国际票据的统一立法，而不是票据的国际统一法，因为它们只适用于国际票据而不适用于国内票据
C. 参加日内瓦票据体系的多为英美法系国家，《国际汇票和国际本票公约》因得不到欧洲大陆法系国家的认可而至今尚未生效
D. 以上说法均不正确

22. 在国际贸易的支付中，以一般商业信用为基础，收款人以自己开出的汇票为凭证，委托第三者（银行）代为向在外国的付款人收款的支付方式是下列哪一种

支付方式？（　　）

A. 托收　　B. 信汇

C. 信用证　　D. 票汇

23. 汇付中的汇款人一般是国际贸易中的（　　）。

A. 承运人　　B. 保险人

C. 买方　　D. 卖方

24. 在信用证的支付方式中，开证申请人和开证行之间是以开证申请书及其他法律文件确定的（　　）。

A. 委托合同关系　　B. 劳动合同关系

C. 买卖合同关系　　D. 债权债务关系

25. 2021 年，甲国 X 公司（卖方）与中国 Y 公司（买方）订立货物买卖合同。Y 公司向中国某银行申请开出了不可撤销信用证。在合同履行过程中，Y 公司派驻甲国的业务人员了解到，该批货物很可能与合同严重不符且没有价值，于是紧急通知 Y 公司总部。Y 公司随即向有管辖权的中国法院提出申请，要求裁定止付信用证项下的款项。依照 2020 年《最高人民法院关于审理信用证纠纷案件若干问题的规定》，下列哪一表述是错误的？（　　）

A. Y 公司须证明存在 X 公司交付的货物无价值或有其他信用证欺诈行为的事实，其要求才可能得到支持

B. 开证行如发现有信用证欺诈事实并认为将会给其造成难以弥补的损害时，也可以向法院申请中止支付信用证项下的款项

C. 只有在法院确认国外议付行尚未善意地履行付款义务的情况下，才能裁定止付信用证项下的款项

D. 法院接受中止支付信用证项下款项的申请后，须在 48 小时内作出裁定

26. 凭跟单汇票或只凭单据付款的信用证称为（　　）。

A. 跟单信用证　　B. 光票信用证

C. 即期信用证　　D. 远期信用证

27. 下列选项中哪种信用证和一般信用证不同，其并非一种支付方式，而是一种银行担保？（　　）

A. 备用信用证　　B. 保兑信用证

C. 不可撤销信用证　　D. 不可转让信用证

28. 信用证欺诈产生的最主要原因是（　　）。

A. 信用证支付中卖方只向银行提交单据，而不要求银行检查货物是否真的与买卖合同相符

B. 国际货物买卖合同中双方当事人的营业地分处不同国家所致

C. 信用证支付中银行责任的局限性，即银行只负责审查单据表面相符，对单据的真实性不承担调查责任

D. 信用证支付中各当事人分处不同国家所致

29. 为了促进各国票据法的统一，联合国国际贸易法委员会自 1971 年起就开始起草国际结算的统一票据法，并在 1988 年联合国第 43 次大会上正式通过了下列哪项公约？（　　）

A. 《汇票和本票统一法公约》

B. 《统一支票法公约》

C. 《解决汇票本票法律冲突公约》

D. 《国际汇票和国际本票公约》

30. 即期汇票的付款时间为（　　）。

A. 出票即付

B. 先承兑后付款

C. 见票即付

D. 背书转让时付款

31. 我国《票据法》规定，在汇票被拒付后，持票人行使其追索权的期限为 6 个月，此期间的起算日为（　　）。

A. 汇票被拒付之日

B. 拒绝证书作成之日

C. 出票之日

D. 汇票的到期日

32. 甲公司依运输合同承运一批从某国进口中国的食品，当正本提单持有人乙公司持正本提单提货时，发现货物已由丙公司以副本提单加保函提走。依我国相关法律规定，下列哪一选项是正确的？（　　）（司考 . 2009. 1. 41）

A. 无正本提单交付货物的民事责任应适

用交货地法律

B. 乙公司可以要求甲公司承担违约责任或侵权责任

C. 甲公司对因无正本提单交货造成的损失按货物的成本赔偿

D. 丙公司提走了货物，不能要求甲公司承担责任

33. 中国甲公司（买方）与某国乙公司签订仪器买卖合同，付款方式为信用证，中国丙银行为开证行，中国丁银行为甲公司申请开证的保证人，担保合同未约定法律适用。乙公司向信用证指定行提交单据后，指定行善意支付了信用证项下的款项。后甲公司以乙公司伪造单据为由，向中国某法院申请禁止支付令。依我国相关法律规定，下列哪一选项是正确的？（　　）（司考 . 2009. 1. 46）

A. 中国法院可以诈欺为由禁止开证行对外支付

B. 因指定行已善意支付了信用证项下的款项，中国法院不应禁止中国丙银行对外付款

C. 如确有证据证明单据为乙公司伪造，中国法院可判决终止支付

D. 丁银行与甲公司之间的担保关系应适用《跟单信用证统一惯例》规定

34. 甲公司与乙公司签订了出口 200 吨农产品的合同，付款采用托收方式。船长签发了清洁提单。货到目的港后经检验发现货物质量与合同规定不符，乙公司拒绝付款提货，并要求减价。后该批农产品全部变质。根据国际商会《托收统一规则》，下列哪一选项是正确的？（　　）

A. 如代收行未执行托收行的指示，托收行应对因此造成的损失对甲公司承担责任

B. 当乙公司拒付时，代收行应当主动制作拒绝证书，以便收款人追索

C. 代收行应无延误地向托收行通知乙公司拒绝付款的情况

D. 当乙公司拒绝提货时，代收行应当主动提货以减少损失

35. 甲银行应中国某进出口公司的申请，开出以某国某公司为受益人的信用证，同时请求某国乙银行予以保兑。根据《跟单信用证统一惯例》（UCP600）的规定，下列哪一选项是正确的？（　　）（司考 . 2008. 1. 46）

A. 乙银行同意保兑使中国银行免除了付款义务

B. 乙银行同意保兑使中国银行成为担保行

C. 乙银行的付款责任独立于中国银行的付款责任

D. 甲银行仅在大通银行履行了保兑责任后承担付款责任

36. 在国际货物买卖中，当事人所采取的支付方式与国内货物买卖中的当事人所采取的支付方式有很大的不同，下列支付方式中，不属于国际货物买卖当事人常用的是（　　）。

A. 汇付　　B. 即时付款

C. 托收　　D. 信用证付款

37. 依《最高人民法院关于审理信用证纠纷案件若干问题的规定》，出现下列哪一情况时，不能再通过司法手段干预信用证项下的付款行为？（　　）

A. 开证行的授权人已对信用证项下票据善意地作出了承兑

B. 受益人交付的货物无价值

C. 受益人和开证申请人串通提交假单据

D. 受益人提交记载内容虚假的单据

38. 中国某公司进口了一批皮制品，信用证方式支付，以海运方式运输并投保了一切险。中国收货人持正本提单提货时发现货物已被他人提走。依相关司法解释和国际惯例，下列哪一选项是正确的？（　　）（司考 . 2017. 1. 42）

A. 承运人应赔偿收货人因其无单放货造成的货物成本加利润损失

B. 因该批货物已投保一切险，故保险人应对货主赔偿无单放货造成的损失

C. 因货物已放予他人，收货人不再需要向卖方支付信用证项下的货款

D. 如交单人提交的单证符合信用证的要求，银行即应付款

39. 中国某公司在甲国承包了一项工程，中国某银行对甲国的发包方出具了见索即付的保函，后甲国发包方以中国某公司违约为由向中国某银行要求支付保函上的款项遭到拒绝，遂诉至法院。关于本案，根据相关法律和司法解释，以下说法正确的是哪一项？(　　)

A. 如果中国某公司是我国政府独资的国有企业，则中国某银行可以以此为由拒绝向受益人付款

B. 中国某银行可以主张保函受益人先向中国某公司主张求偿，待其拒绝后再履行保函义务

C. 中国某银行应对施工合同进行实质性审查后，方可决定是否履行保函义务

D. 如甲国发包方提交的书面文件与保函要求相符，中国某银行应承担付款责任

二、多项选择题

1. 下列属于国际银团借贷协议特点的有（　　）。

A. 可以分散贷款风险

B. 提供贷款的银行有两家以上，而借款人是共同的

C. 由一家贷款方向借款人提供贷款

D. 主要适用于数额较大的贷款

2. 国际银团贷款的特点包括（　　）。

A. 贷款条件优惠，具有经济援助性质，通常为无息或低息贷款

B. 贷款目的大多是为解决发展中国家在国际收支上的困难

C. 提供贷款银行由两家以上组成，而借款人是共同的

D. 大多由一家或数家银行牵头，联合其他多家银行，按照共同的贷款条件向借款人提供贷款

3. 世界银行的贷款对象包括（　　）。

A. 成员国政府

B. 成员国的政府机构

C. 其他国际经济组织

D. 能够获得政府及世界银行认可机构的担保并有偿还能力的公私企业

4. 常见的政府借贷协议不同于普通国际商业借贷协议的特征为（　　）。

A. 贷款方对贷款的使用目的控制比较严格

B. 借款人必须专款专用，不得挪用

C. 贷款对象一般限于成员国政府、政府机构及其能够获得政府和世界银行认可机构担保并有偿还能力的公私企业

D. 争议的解决上以协商和仲裁为主，很少采用诉讼方式

5. 在信用证付款中，通知行负有下列哪些责任？(　　)

A. 如不接受委托，必须不迟疑地告知开证行

B. 对双方当事人交易的货物的质量负责

C. 合理谨慎地审核信用证的表面真实性

D. 合理谨慎地审核信用证的实质真实性

6. 关于托收，下列选项中哪些是正确的？(　　)

A. 从信用性质上看，托收属于银行信用

B. 从信用性质上看，托收属于商业信用

C. 付款交单和承兑交单相比，承兑交单对卖方来说风险更大

D. 付款交单和承兑交单相比，付款交单对卖方来说风险更大

7. 依国际商会 2007 年修订的《跟单信用证统一惯例》（UCP600）的规定，下列哪些选项是正确的？(　　)

A. 银行应对单据的真实性作实质上的审查

B. 银行对单据中货物的描述和价值不负责任

C. 当事人对买卖合同的变更，除非通知银行，否则银行不予考虑

D. 银行只依信用证条款审核单据，对买卖双方的诚信或履约情况不负责任

8. 关于汇票的背书，下列选项中正确的有哪些？(　　)

A. 背书分为记名背书和空白背书，前者

背书持票人须在汇票背面写上被背书人的姓名，后者背书持票人只在汇票背面签上自己的姓名，而不填写被背书人的姓名

B. 对于背书人来说，除限制性背书和免受追索背书外，合法有效的背书将使其成为票据的主债务人，须对该汇票承担首先承兑或付款的义务

C. 对于背书人来说，除限制性背书和免受追索背书外，合法有效的背书将使其成为票据的从债务人，须对包括被背书人在内的所有后手保证该汇票将得到承兑或付款

D. 对于被背书人来说，合法有效的背书使其取得了背书人对票据的一切权利

9. 下列汇票中，属于远期汇票的是哪几项？（ ）

A. 见票即付的汇票

B. 载明付款的具体日期的汇票

C. 出票后定期付款的汇票

D. 见票后定期付款的汇票

10. 关于信用证欺诈例外原则，下列说法中正确的有哪些？（ ）

A. 信用证欺诈例外原则是在否认信用证独立于买卖合同原则的基础上提出来的

B. 信用证欺诈例外原则是在承认信用证独立于买卖合同原则的同时，针对国际贸易中不断发生的信用证欺诈提出的一项例外原则

C. 信用证欺诈例外原则指的是如果在银行对卖方提交的单据付款或承兑以前，发现或获得确凿证据，证明卖方确有欺诈行为，买方可以请求法院向银行颁布禁止令，禁止银行付款

D. 信用证欺诈例外原则首先是在英国法院的判例中提出来的

11. 关于托收支付方式，下列表述中哪些是正确的？（ ）

A. 托收行通常直接向买方收款

B. 代收行与托收行之间是委托关系

C. 由于代收行的原因致使收款不成功的，收款人可以起诉代收行

D. 当付款人不付款赎单时，代收行没有义务提货

12. 依《托收统一规则》的规定，托收银行不承担下列哪些责任？（ ）

A. 收到的款项在扣除必要的手续费和其他费用后必须按照指示书的规定无迟延地解交本人

B. 对承兑人签名的真实性需负责任

C. 除非事先征得银行同意，否则银行无义务提取货物

D. 对由于任何通知、信件或单据在寄送途中发生延误或失落所造成的一切后果需负责任

13. 国际保理业务集现代信息技术和国际金融业务于一身，已经发展成为国际贸易结算中一种有效的竞争手段。其特点可以概括为以下哪几点？（ ）

A. 由保理公司负责进口商的资信调查

B. 由保理公司负责出口商的资信调查

C. 转让应收账款使出口商获得资金融通

D. 转让应收账款使出口商规避了坏账风险

14. 在国际货物买卖中，买方及议付银行一般只愿意接受下列哪几种提单？（ ）

A. 已装船提单 B. 不清洁提单

C. 备运提单 D. 清洁提单

15. 付款人承兑远期汇票的法律意义在于下列哪几项？（ ）

A. 付款人承兑远期汇票以后就成为汇票的从债务人，须在出票人不付款的情况下承担付款义务

B. 付款人承兑远期汇票以后就成为汇票的主债务人，而出票人和背书人为从债务人

C. 如承兑人到期不付款，持票人可以直接对其起诉

D. 如承兑人到期不付款，持票人不能直接对其起诉，而只能向所有的前手追索

16. 就信用证当事人之间的关系而言，下列选项中有哪些是正确的？（ ）

A. 在任何情况下，开证行与受益人之间都是以信用证确定的合同关系
B. 当开立的是可撤销的信用证时，开证行与受益人之间并不存在对双方有约束力的合同关系
C. 在开立不可撤销的信用证的情况下，当信用证送达受益人时，在开证行和受益人之间即形成了对双方有约束力的独立合同关系
D. 通知行和受益人之间也存在以信用证为基础的合同关系

17. 国际贸易中的支付工具主要是（　　）。
A. 货币　　B. 票据
C. 托收　　D. 信用证

18. 甲公司向某国乙开证行发出通知，说明汇票上存在欺诈，而乙开证行兑付了汇票。乙开证行的行为应如何认定？（　　）
A. 乙开证行应对甲公司承担损害赔偿的责任，因甲公司已通知了乙开证行汇票上存在欺诈
B. 只要单证表面相符，并构成善意行为，乙开证行不负任何责任
C. 乙开证行接到甲公司的通知后应立即禁止款项的兑付
D. 乙开证行无权禁止款项的兑付，只有有管辖权的法院可以禁止款项的兑付

19. 中国的甲公司与日本的乙公司订立买卖合同。甲公司为乙公司开出一张汇票，付款人为中国的某银行。后乙公司将该汇票背书转让给中国的丙公司。下列说法中错误的有（　　）。
A. 如果乙公司是为清偿与丙公司之间合同之债务而向丙公司背书转让该汇票，则在乙、丙公司之间合同无效的情况下，丙公司无权要求付款人付款
B. 如果丙公司要求付款人付款时，付款人以汇票过期为由拒付，则丙公司可以向乙公司或甲公司追索
C. 该汇票不再是一张国际票据
D. 如果甲、乙公司之间的合同无效，则丙公司无权要求付款人付款

20. 下列汇票中，属于远期汇票的是（　　）。
A. 出票后定期付款的汇票
B. 见票后定期付款的汇票
C. 见票即付的汇票
D. 载明付款的具体日期的汇票

21. 根据出票人不同，可将汇票分为（　　）。
A. 银行汇票　　B. 跟单汇票
C. 光票　　D. 商业汇票

22. 汇票的基本当事人包括（　　）。
A. 背书人　　B. 出票人
C. 付款人　　D. 受款人

23. 依使用信用工具的不同，可将汇付划分为（　　）。
A. 信汇　　B. 电汇
C. 汇票　　D. 票汇

24. 在下列哪种支付方式下，信用工具的传递与资金的转移方向相反，因此俗称为逆汇法？（　　）
A. 汇付　　B. 托收
C. 银行信用证　　D. 买方直接付款

25. 信用证的当事人有（　　）。
A. 通知行　　B. 代收行
C. 开证行　　D. 开证申请人

26. 下列说法中正确的有（　　）。
A. 银行开出备用信用证后，即成为开证申请人的担保人
B. 根据预支信用证，受益人在交单前即可预支全部或部分货款，对于受益人日后能否按信用证交单、交货的风险及银行发生的利息或费用全部由申请人承担
C. 在对开信用证中，买方和卖方相互开立的信用证必须金额相等且同时生效
D. 按其兑现方式，信用证可分为付款信用证、保兑信用证和议付信用证

27. 信用证欺诈的种类包括（　　）。
A. 伪造单据
B. 以保函换取与信用证相符的提单
C. 开立假信用证
D. “软条款”信用证

28. 下列信用证条款中，属于信用证“软条

款”的有（ ）。

A. 信用证项下的付款要在货物清关后才支付

B. 出口货须经开证申请人派员检验，合格后出具检验认可的证书

C. 受益人须在某日之前提交信用证规定的单据，否则银行不再承担付款、承兑或议付义务

D. 本证暂不生效，待进口许可证签发通知后生效

29. 根据国际商会《跟单信用证统一惯例》（UCP600）的规定，如果受益人按照信用证的要求完成对指定银行的交单义务，出现下列哪些情形时，开证行应予承付？（ ）（司考.2008.1.87）

A. 信用证规定指定银行议付但其未议付

B. 信用证规定指定银行延期付款但其未承诺延期付款

C. 信用证规定指定银行承兑，指定行承兑但到期不付款

D. 信用证规定指定银行即期付款但其未付款

30. 2006年国际商会巴黎会议上通过的经修改的《跟单信用证统一惯例》（UCP600）于2007年7月1日实施。下列哪些选项属于UCP600修改或规定的内容？（ ）（司考.2007.1.85）

A. 直接规定信用证是不可撤销的

B. 关于议付的新定义明确了议付是对票据及单据的一种售出行为

C. 规定当开证行确定单证不符时，可以自行决定联系申请人放弃不符点

D. 规定银行收到单据后的处理时间为“合理时间”，不超过收单翌日起的5个工作日

31. 中国甲公司（卖方）与某国乙公司签订了国际货物买卖合同，规定采用信用证方式付款，由设在中国境内的丙银行通知并保兑。信用证开立之后，甲公司在货物已经装运，并准备将有关单据交银行议付时，接到丙银行通知，称开证行已宣告破产，丙银行将不承担对该信用证的议付或付款责任。据此，下列选项正确的是：（ ）。（司考.2010.1.100）

A. 乙公司应为信用证项下汇票上的付款人

B. 丙银行的保兑义务并不因开证行的破产而免除

C. 因开证行已破产，甲公司应直接向乙公司收取货款

D. 虽然开证行破产，甲公司仍可依信用证向丙银行交单并要求付款

32. 中国甲公司与德国乙公司签订了出口红枣的合同，约定品质为二级，信用证方式支付。后因库存二级红枣缺货，甲公司自行改装一级红枣，虽发票注明品质为一级，货价仍以二级计收，但在银行办理结汇时遭拒付。根据相关公约和惯例，下列哪些选项是正确的？（ ）（司考.2014.1.80）

A. 甲公司应承担交货不符的责任

B. 银行应在审查货物的真实等级后再决定是否收单付款

C. 银行可以发票与信用证不符为由拒绝收单付款

D. 银行应对单据记载的发货人甲公司的诚信负责

33. 根据《最高人民法院关于审理信用证纠纷案件若干问题的规定》，中国法院认定存在信用证欺诈的，应当裁定中止支付或者判决终止支付信用证项下款项，但存在除外情形。关于除外情形，下列哪些表述是正确的？（ ）

A. 开证行的指定人、授权人已按照开证行的指令善意地进行了付款

B. 开证行或者其指定人、授权人已对信用证项下票据善意地作出了承兑

C. 保兑行善意地履行了付款义务

D. 议付行善意地进行了议付

34. 在一国际贷款中，甲银行向贷款银行乙出具了备用信用证，后借款人丙公司称贷款协议无效，拒绝履约。乙银行向甲银行出示了丙公司的违约证明，要求甲银行付款。依相关规则，下列哪些选项

是正确的？（　　）（司考．2016.1.81）

A. 甲银行必须对违约的事实进行审查后才能向乙银行付款

B. 备用信用证与商业跟单信用证适用相同的国际惯例

C. 备用信用证独立于乙银行与丙公司的国际贷款协议

D. 即使该国际贷款协议无效，甲银行仍须承担保证责任

35. 甲国公司承担乙国某工程，与其签订工程建设合同。丙银行为该工程出具见索即付的保函。后乙国发生内战，工程无法如期完工。对此，下列哪些选项是正确的？（　　）（司考．2011.1.82）

A. 丙银行对该合同因战乱而违约的事实进行实质审查后，方履行保函义务

B. 因该合同违约原因是乙国内战，丙银行可以此为由不履行保函义务

C. 丙银行出具的见索即付保函独立于该合同，只要违约事实出现即须履行保函义务

D. 保函被担保人无须对甲国公司采取各种救济方法，便可直接要求丙银行履行保函义务

36. 中国甲公司和非洲乙公司订立了出口一批机电产品的合同。因目的港无直达航线，需要转船运输，合同约定了信用证支付方式。关于申请开立的信用证，下列哪些情形属于“软条款”信用证？（　　）

A. 信用证要求保兑

B. 信用证要求提单为已装船提单

C. 信用证规定“开证行须在货物经检验合格后方可支付”

D. 信用证规定“禁止转船”

37. 中国甲公司与某国乙公司签订天然气供应合同，合同约定争议以仲裁方式解决。中国甲公司根据天然气供应合同的要求，委托中国银行为履行合同开立了独立保函。现某国乙公司与中国银行因独立保函的履行发生纠纷，根据我国相关法律规定，下列哪些判断是正确的？（　　）

A. 因天然气供应合同中有仲裁条款，法院对独立保函纠纷没有管辖权

B. 中国银行住所地法院有权管辖独立保函纠纷

C. 若我国法院受理本案，中国银行主张保函性质为一般保证的，法院不予支持

D. 如果存在保函欺诈，中国银行住所地法院有权管辖保函欺诈纠纷

三、不定项选择题

1. 我国某外贸公司因向某国一家贸易商行出口一批货物，收到该贸易商行开出的以外贸公司为受益人的不可撤销的即期信用证，该信用证上载明：“数量共计3000箱，1月至3月分3批装运，每次装运1000箱，”其后，外贸公司于1月和2月，每月装运1000箱，银行亦分批议付了货款。第三批货物原定于3月25日装船运出，但由于台风登陆，该批货物延迟至4月1日才装船，当该外贸公司凭4月1日的装船提单向银行交单议付货款时，遭到银行的拒付，外贸公司以遇到台风、不可抗力为由提出抗辩。银行应如何处理？（　　）

A. 银行完全有权拒收单据和拒绝付款

B. 银行可以付款，但要求外贸公司须提交有关“不可抗力”的证明

C. 银行可以付款，但条件是外贸公司提交有关“不可抗力”的证明并通知开证申请人某国贸易商行

D. 银行可以付款，但条件是必须经开证申请人的同意修改信用证并通知银行办理

2. 中国某进出口A公司与西班牙B公司签订了一批货物的进口合同，以信用证方式付款，价格条件为FOB，C公司承运，该批货物投保了一切险。货到目的港后，中国A公司发现这批货物的内在质量与合同的质量要求不符，遂请求银行不要议付，而B公司提交的议付单据则与信用证的要求一致。下列哪些选项是正确的？（　　）

A. 银行可以不向 B 公司议付，因为 B 公司提供的货物的内在质量与合同要求不符

B. A 公司可以向 C 公司索赔

C. A 公司可以向保险公司索赔

D. 只要单据与信用证一致，银行就应付款，A 公司可以向 B 公司索赔

3. 中国甲公司（卖方）与法国乙公司（买方）签订了一份国际货物买卖合同，合同规定采用信用证方式付款。后甲公司收到乙公司开来的不可撤销信用证，由设在中国境内的甲外资银行通知并保兑。甲公司在货物装运后，正准备将有关单据交银行议付时，接到保兑银行通知，由于开证银行已宣告破产，该行不承担对该信用证的议付或付款责任，但可接受甲公司委托向乙公司直接收取货款的业务。下列说法中正确的有（　　）。

A. 甲公司应当直接向保兑行交单并请求付款。因为保兑行对信用证进行保兑后，其承担的责任就相当于本身开证，不论开证行发生什么变故，保兑行都不能片面撤销其保兑

B. 由于开证行已经破产，保兑行的保兑义务业已免除，因此甲公司应当将有关单据直接寄交乙公司，同时要求其采用汇付的支付方式付款

C. 甲公司应直接向乙公司收取货款，因为开证行已经破产，通过信用证的支付方式已不可能获得货款

D. 因为开证行已经破产，所以信用证的保兑行也可免除其承担的保兑义务

4. 某国 A 公司（卖方）与中国 B 公司（买方）订立了一份向中国进口化肥的合同。合同规定：1 月 30 日前开立信用证，2 月 5 日前装船。1 月 28 日买方开立信用证，有效期至 2 月 10 日。由于卖方按期装货发生困难，故电请买方将装船期限延至 2 月 15 日并将信用证有效期延长至 2 月 20 日，买方回电表示同意，但未通知开证银行。2 月 14 日货物装船后，卖方到银行议付时，遭到拒绝。关于本案，下列选项中正确的是？（　）

A. 银行不能拒付，因为信用证的装船期限已经延至 2 月 15 日，实际装船日与之相符

B. 银行有权拒付，因为单证不符，买卖双方修改买卖合同并未通知银行

C. 对信用证的修改只要买卖双方同意即可

D. 本案开证申请人应为中国 B 公司

5. 中国 A 公司与某国 B 公司签订了向某国出口农产品的合同，付款方式为 DAT 付款交单。提单由中国外轮代理公司签发，签发后提单交发货人。按 DAT 付款方式，发货人把提单交到中国银行（托收行），中国银行委托某国某商业银行（代收行）代收，由该商业银行通知收货人，收货人拿到钱到该银行赎单。现假设出现 B 公司未付款赎单即将货物提走。请问下列选项中哪些是正确的？（　）

A. 某国商业银行在本案中有过错，应对未付款赎单承担责任

B. 承运人在本案中有过错，应对无单放货承担责任

C. 依付款交单方式，银行只有在付款人承诺付款的情况下才能交单

D. 代收行在本案中无过错

6. 5 月，德国 A 公司与中国 B 公司订立了向中国进口 200 台电子计算机的合同，每台 CIF 上海 1200 美元，以不可撤销的信用证支付，11 月汉堡港装船。10 月 10 日，中国银行根据买方指示向卖方开出了金额为 24 万美元的不可撤销的信用证，委托一家德国银行通知并议付此信用证。12 月 20 日，卖方将 200 台计算机装船并获得信用证要求的提单、保险单、商业发票等单据后，即到德国议付行议付。经审查，单证相符，银行即将 24 万美元支付给 A 公司。载货船离开汉堡港 10 天后，由于在航行途中遇上特大暴雨和暗礁，货船及货物全部沉入大海，此时开证行已收到了议付行寄来的全套单据，买方业已得知所购货物全部灭失的消息。中国银行拟拒绝偿付议付行已议付的 24 万美元的货

款，理由是其客户不能得到所期待的货物。关于本案，下列选项中正确的是（　　）。

A. 开证行不应拒绝偿付议付行

B. 中国B公司应向保险公司提出索赔

C. 本案开证行在议付前不能随意修改或撤销其开立的信用证

D. 开证行可以由于这批货物全部灭失而免除其所承担的付款义务

7. 中国甲公司与加拿大乙公司订立一份从中国出口食品450公吨的合同，规定4月至9月每月平均交货50公吨，即期信用证支付，来证规定货物装运前由出口口岸商品检验局出具船边测温证书作为议付不可缺少的单据之一。4月至6月交货正常，并顺利结汇。7月因船期延误，拖延至8月5日才实际装船，在托运人出具保函的情况下，承运人签发了装船日期为7月31日的提单，但送银行议付的商检证书中填写的船边测温日期为8月5日。开证行收到单据后来电表示对这批货物拒付货款。关于本案，下列哪些选项是正确的？（　　）

A. 银行拒付没有道理，银行只负表面责任，单证相符就应付款

B. 本案承运人倒签了提单，是对收货人的欺诈行为

C. 银行拒付货款有道理，因为商检证书写明船边测温日期与装船日期不符

D. 本案的开证申请人应为加拿大乙公司

8. 中国甲公司与某国乙公司签订了一出口红枣的合同，合同约定货物品质为三级，信用证支付。交货时甲公司因库存三级红枣缺货，便改装二级货，并在发票上注明货品二级，货款仍按原定三级货价格计收。在办理议付时，银行认为发票注明该批货物的品级与信用证规定的三级品质不符，因而拒绝收单付款。乙公司认为该货有特殊用途，因而不能接受甲公司所交的二级货，并主张甲公司应承担未按合同规定交货的责任。下列表述哪些是正确的？（　　）

A. 银行可以发票与信用证不符为由拒绝收单付款

B. 甲公司所交货物品级比合同规定的高，甲公司不应承担任何责任

C. 银行不应拒绝收单付款

D. 本案信用证的受益人为中国甲公司

9. 中国甲公司从某国乙公司进口一批货物，委托中国丙银行出具一份不可撤销信用证。乙公司发货后持单据向丙银行指定的丁银行请求付款，银行审单时发现单据上记载内容和信用证不完全一致。乙公司称甲公司接受此不符点，丙银行经与甲公司沟通，证实了该说法，即指示丁银行付款。后甲公司得知乙公司所发货物无价值，遂向有管辖权的中国法院申请中止支付信用证项下的款项。下列说法正确的是：（　　）。（司考.2013.1.100）

A. 甲公司已接受不符点，丙银行必须承担付款责任

B. 乙公司行为构成信用证欺诈

C. 即使丁银行已付款，法院仍应裁定丙银行中止支付

D. 丙银行发现单证存在不符点，有义务联系甲公司征询是否接受不符点

四、名词解释

1. 本票

2. 汇付

3. 跟单托收（武汉大学2011年考研真题）

4. 远期付款交单（D/P AFTER SIGHT）

5. 涉外票据

6. 信用证

五、简答题

1. 简述信用证支付方式中的严格相符原则。

2. 简述票据的法律特性。

3. 简述本票与汇票的区别。

4. 简述备用信用证与跟单信用证的区别。

5. 票据的签发、背书能否附条件？为什么？（华东政法大学2009年考研真题）

六、论述题

试述国际贸易中信用证的性质和作用。

七、案例分析题

1. 甲国A公司与乙国B公司签订了从B公司进口1000台电视机的合同，合同选用了《国际贸易术语解释通则》的CIF术语，并约定付款方式为不可撤销的即期信用证。A公司按合同要求向X银行申请开证。X银行开出了以B公司为受益人的不可撤销的即期信用证。B公司与承运人C订立了运输合同并将货物装船，运输合同适用《海牙规则》。由于电视机包装不牢且包装业已渗水，承运人拒绝签发清洁提单。由于信用证要求B公司提供清洁的指示提单，B公司于是向承运人提供了保函，换取了承运人签发的清洁提单。此事被收货人A公司的代理在装货港监装时发现并告知了收货人。请问收货人应如何处理此问题？

2. 山东一家进出口公司和某外国公司订立了进口尿素5000吨合同，依合同规定我方开出以该外国公司为受益人的不可撤销的跟单信用证，总金额为148万美元。双方约定如发生争议则提请北京中国国际经济贸易仲裁委员会仲裁。1990年10月货物装船后，该外国公司持提单在银行支付了货款。货到青岛后，我公司发现尿素有严重的质量问题，立即请商检机关进行了检验，证实该批尿素是毫无使用价值的废品，我公司持商检证明要求银行追回已付款项，否则将拒绝向银行支付货款。问：

   （1）银行是否应追回已付货款，为什么？

   （2）我公司是否有权拒绝向银行付款？为什么？

3. 2010年3月5日，中国某出口公司电告某国某商贸公司，欲以FOB条件向某国出口一批大蒜，总价款为100万美元，用不可撤销的跟单信用证支付价款。3月11日收到某国商贸公司复电，同意购买。但要求降价至90万美元，中国出口公司于3月15日电告对方同意其要求，某国商贸公司3月17日收到此电报。随后，出口公司将货物运至上海港，交由中国某远洋运输公司承运，整批货物分装在三个集装箱内。4月5日承运船舶在公海航行时，由于船员的疏忽，船上发生火灾。出口公司托运的一个集装箱被火焚毁，其余两个则完好无损。4月11日货物运至纽约港，但某国公司拒绝接收货物，并向中国出口公司提出索赔，双方诉至法院。问：

   （1）双方的合同争议是否可以适用《联合国国际货物销售合同公约》解决？

   （2）根据有关法律规定，该合同于何时成立？为什么？

   （3）中国出口公司是否应办理该批大蒜的运输保险？

   （4）根据FOB交货条件，货物的风险在何时由卖方移转至买方？

   （5）货物在海上受到损毁，某国商贸公司能否要求中国出口公司给予赔偿？

   （6）假设中国出口公司向银行提交了信用证规定的提单证，在收到货款后，又欲将正在运输途中的货物卖给其他公司，此时出口公司是否有权向承运人发出指示，要求将货物运回或交给其他收货人？

   （7）谁是信用证的受益人？

4. 4月，中国甲公司与某国乙公司签订钢材销售合同。根据合同的规定，乙公司在某国的丙银行申请开出了不可撤销即期信用证，信用证规定采用多式联运方式运输，对装运标志没有特殊要求。通知行为某国丁银行在华的分行。根据信用证条款的规定，由丁银行在华分行保兑并指定该行议付，议付可以用电传向丙银行索赔。8月25日，甲公司将货物以多式联运方式运出，并由当地外运公司签订了陆海联运提单。8月27日，甲公司将全套单据寄交丁银行在华分行议付，9月1日，丁银行在华分行向甲公司发出了“银行付款通知单”。9月12日，丁银行在华分行通知甲公司，全套单据遭丙银行拒付，理由为存在下列不符点：(1) 提单未显示“已装船”字样；(2) 装运标志上表示的是整批货物的总数量而不是每一纸箱中的数量。鉴于上述原因，丙银行要求丁银行退回货款。9月26日，丁银行将丙银行的第二份通知传真给甲公司，通知中称，如果甲公司降价25%，开证申请人可接受所提交的有不符点的单据。甲公司传真答复：（1）本公司提供的单证并无任何不符，不同意退单；（2）信用证系独立于合同之外的法律文件，客户的降价要求不应在信用证项下予以解决；（3）丁银行在华分行作为保兑行应按照国际惯例履行付款责任。12月1日，丁银行在华分行致函甲公司："我行已经向开证行交涉多次，所提不符点纯属故意挑剔，我行已要求其立即付款，并已通知其不同意降价，请你公司速指示是否同意退单？"12月5日，甲公司回函丁银行表示："我公司不同意降价，也不同意退单，作为保兑行和议付行，你行负有及时付款的责任。"第二年1月10日，丁银行函复甲公司称："尽管我行已经对上述信用证予以保兑，但并不意味着我们必须对此单付款。只有当开证行倒闭，其所交单据完全符合信用证的情况下，保兑行才负有付款责任。现根据你公司上述单据，开证行提出与信用证要求不符并拒绝付款，我行没有代开证行付款的责任。关于单证是否相符问题，我行已与丙银行交涉，但双方因为标准不一，无法达成共识。开证行丙银行坚持有不符点而拒付。"之后，丁银行将全套单据退回给甲公司，甲公司则向丙银行投诉，要求保兑行履行支付货款的责任。

问：（1）甲公司提交的单据与信用证规定是否相符？丙银行是否应该付款？

（2）丁银行作为保兑行应承担什么责任？

参考答案

一、单项选择题

1. **答案**：C。托收，是指由收款人（出口方，债权人）向付款人（进口方，债务人）开立商业汇票，委托银行通过向付款人取得承兑并收取货款的一种结算方式。
2. **答案**：B。国际贸易如采用信用证方式支付货款，汇票上的付款人应该注明开证行名称。
3. **答案**：C。承兑，是指汇票的付款人承诺承担汇票到期时对汇票的票面金额予以付款，并在汇票的正面写"承兑"的行为。
4. **答案**：B。支票，是以银行为付款人的见票即付的汇票，支票实际上是一种特殊的汇票。
5. **答案**：A。
6. **答案**：B。远期汇票，是指付款人于将来一定日期或特定的日期付款的汇票。
7. **答案**：B。背书，是指持票人在汇票背面签名并将汇票转让给他人的行为。
8. **答案**：D。信用证，是指开证行依开证申请人的请求，开给受益人的一种保证银行在满足信用证要求的条件下承担付款责任的书面凭证。
9. **答案**：C。汇票的提示，是指持票人向付款人出示汇票并要求其承兑或付款的行为。
10. **答案**：B。
11. **答案**：C。保兑信用证，是指一家银行开立信用证，而由另一家银行加以保证付款的信用证。
12. **答案**：C。票汇，是指由进口方向本地银行购买银行汇票，自行寄给出口方，由出口方或其指定的持该银行汇票向出口地银行要求付款。
13. **答案**：A。采用信用证支付方式的前提条件是国际货物买卖合同的双方在买卖合同中明确规定采用信用证方式付款。
14. **答案**：A。
15. **答案**：C。
16. **答案**：C。托收方式中的委托人又称出票人，是开立汇票委托银行收款的债权人，在国际贸易中通常为卖方。
17. **答案**：D。信用证支付方式中的受益人在国际货物贸易中，通常是卖方。
18. **答案**：D。国际货物买卖中规定的支付货币必须是可以自由兑换的货币。
19. **答案**：B。本票又称期票，是指出票人签发的，承诺自己在见票时或某一确定的将来时间，无条件支付确定的金额给收款人或者持票人的票据。故 B 项正确。A 项错误，汇票，是指由出票人签发的，委托付款人在见票时或者在指定日期无条件支付确定的金额给收款人或者持票人的票据。C 项错误，支票是以银行为付款人的见票即付的书面凭证，从性质上讲，支票属于特殊的汇票。

20. 答案：C。A 错，对于支票，因支票的收款人须到出票人的存款银行支取货款，而要一个身处异国的人来取款，是很困难的，因此支票在国际贸易支付中很少使用。C 对，在国际支付结算中，使用最为广泛的是汇票。BD 项错误，本票和期票是同一概念，因本票的信用是建立在收款人对出票人的信任的基础上，没有第三者的任何担保，因此，在国际贸易中，卖方为了避免商业风险，一般不接受本票。

21. 答案：A。《国际汇票和国际本票公约》只适用于载有"国际汇票"和"国际本票"，而不适用于国内汇票和本票。其只是国际票据的统一法，而不是票据的国际统一法，体现出国内票据和国际票据立法的分离。日内瓦公约体系虽未得到英美法体系的认可，但由于这些公约既适用于国际汇票、国际本票和国际支票，又适用于国内汇票、国内本票和国内支票，故从此种意义上说它们是真正的关于票据的国际统一法。

22. 答案：A。国际贸易的支付方式主要包括汇付、银行托收和银行信用证。BD 错，信汇、票汇均属于汇付方式，是付款人直接付款，而不是委托银行代为向付款人收款的支付方式。A 对 C 错，托收和信用证支付方式属逆汇方式，即由卖方（债权人）通过银行主动向买方（债务人）索取款项。其中，使用最多的是银行信用证方式。

23. 答案：C。汇付一般涉及四个当事人，即汇出行、汇入行、汇款人和收款人。（1）汇出行，一般是指接受汇款人申请，代其汇款的银行，汇出行一般是进口地银行。（2）汇入行，也称解付行，一般是指接受汇出行委托，对收款人付款的银行，一般汇入行是出口地银行。（3）汇款人，一般是指国际贸易中的买方，即进口方。（4）收款人，一般是指国际贸易中的卖方，即出口方。

24. 答案：A。开证行与开证申请人之间的法律关系是以开证申请书及其他文件确定的委托合同关系。开证申请书中主要规定了开证银行应开立的信用证的具体内容，同时还规定了开证银行的权利和义务。开证银行对开证申请人的义务和责任主要为：①根据开证申请人的指示开证，即开出的信用证内容必须与开证申请书相符；②以合理的谨慎审核受益人提交的单据。银行审单的责任仅限于核对单据的表面符合信用证条款，对单据的格式、完整性、真实性、伪造或其法律效力以及单据所代表的货物的品质、数量、签发人的情况或清偿能力等一律不承担责任。

25. 答案：C。《最高人民法院关于审理信用证纠纷案件若干问题的规定》第 8 条规定："凡有下列情形之一的，应当认定存在信用证欺诈：(一) 受益人伪造单据或者提交记载内容虚假的单据；（二）受益人恶意不交付货物或者交付的货物无价值；（三）受益人和开证申请人或者其他第三方串通提交假单据，而没有真实的基础交易；（四）其他进行信用证欺诈的情形。"第 9 条规定："开证申请人、开证行或者其他利害关系人发现有本规定第八条的情形，并认为将会给其造成难以弥补的损害时，可以向有管辖权的人民法院申请中止支付信用证项下的款项。"故 B 正确。第 12 条第 1 款规定："人民法院接受中止支付信用证项下款项申请后，必须在四十八小时内作出裁定；裁定中止支付的，应当立即开始执行。"故 D 正确。根据第 11 条第 2 项规定，当事人在起诉前申请中止支付信用证项下款项，需提供证据材料证明存在本规定第 8 条的情形。故 A 正确。第 10 条规定："人民法院认定存在信用证欺诈的，应当裁定中止支付或者判决终止支付信用证项下款项，但有下列情形之一的除外：(一) 开证行的指定人、授权人已按照开证行的指令善意地进行了付款；(二) 开证行或者其指定人、授权人已对信用证项下票据善意地作出了承兑；(三) 保兑行善意地履行了付款义务；(四) 议付行善意地进行了议付。”故C错误。所以本题答案为C。

26. 答案：A。跟单信用证与光票信用证相对应。跟单信用证，是指凭跟单汇票或只凭单据付款的信用证。单据是指代表货物所有权或证明货物已经发运的单据。信用证有时规定卖方可不必开立汇票，银行可只凭单据付款。光票信用证，是指凭不附单据的汇票付款的信用证。光票信用证主要用于贸易从属费或非贸易结算。

27. 答案：A。备用信用证，又称保证信用证、履约信用证，是指开立备用信用证的银行向受益人担保，如申请人不履行债务，则由开证行给予补偿。备用信用证并不是一种支付方式，而是一种银行担保。

28. 答案：C。信用证欺诈产生的最主要原因是：信用证支付中银行责任的局限性，即银行只负责审查单据表面相符，不负责采取进一步的行动调查单据的真实性。

29. 答案：D。

30. 答案：C。即期汇票，是指当持票人提示时或付款人见票时应立即付款的汇票。

31. 答案：B。我国《票据法》规定的追索权行使的时间是从拒绝证书作成之日起6个月。

32. 答案：B。选项A错误。《最高人民法院关于审理无正本提单交付货物案件适用法律若干问题的规定》第3条第1款规定，承运人因无正本提单交付货物造成正本提单持有人损失的，正本提单持有人可以要求承运人承担违约责任，或者承担侵权责任。据此可知，正本提单持有人可以要求承运人承担违约责任或者承担侵权责任。可见，具体法律适用，首先要看要求承运人承担何种责任，然后再进行确定。选项B正确，选项D错误。承运人因无正本提单交付货物造成正本提单持有人损失的，正本提单持有人可以要求承运人承担违约责任，或者承担侵权责任。选项C错误。《最高人民法院关于审理无正本提单交付货物案件适用法律若干问题的规定》第6条规定，承运人因无正本提单交付货物造成正本提单持有人损失的赔偿额，按照货物装船时的价值加运费和保险费计算。

33. 答案：B。选项AC错误。根据《最高人民法院关于审理信用证纠纷案件若干问题的规定》第9条规定，开证申请人、开证行或者其他利害关系人发现有本规定第8条的情形，并认为将会给其造成难以弥补的损害时，可以向有管辖权的人民法院申请中止支付信用证项下的款项。第15条规定，人民法院通过实体审理，认定构成信用证欺诈并且不存在本规定第10条的情形的，应当判决终止支付信用证项下的款项。所以，这两个选项表述都不完整。选项B正确。根据《最高人民法院关于审理信用证纠纷案件若干问题的规定》第10条规定，人民法院认定存在信用证欺诈的，应当裁定中止支付或者判决终止支付信用证项下款项，但有下列情形之一的除外：(1) 开证行的指定人、授权人已按照开证行的指令善意地进行了付款；(2) 开证行或者其指定人、授权人已对信用证项下票据善意地作出了承兑；(3) 保兑行善意地履行了付款义务；(4) 议付行善意地进行了议付。选项D错误。《跟单信用证统一惯例》没有规范担保问题。

34. 答案：C。《托收统一规则》第26条(3)a.规定：“代收行必须无延误地对向其发出托收指示的银行寄送付款通知，列明金额或收妥金额、扣减的手续费和(或)支付款和(或)费用额以及资金的处理方式。”所以C是正确的。

35. 答案：C。《跟单信用证统一惯例》(UCP600)规定，其他指定银行承付或议付相符交单并将单据转往保兑行之后，保兑行即承担偿付该指定银行的责任。对承兑或延期付款信用证下相符交单金额的偿付应在到期日办理，无论指定银行是否在到期日之前预付或购买了单据。保兑行偿付指定银行的责任独立于保兑行对受益人的责任。因此，C项正确。

36. 答案：B。即时付款由于风险比较大，所以在国际贸易中一般不常用。

37. 答案：A。《最高人民法院关于审理信用证纠纷案件若干问题的规定》第10条规定："人民法院认定存在信用证欺诈的，应当裁定中止支付或者判决终止支付信用证项下款项，但有下列情形之一的除外：（一）开证行的指定人、授权人已按照开证行的指令善意地进行了付款；（二）开证行或者其指定人、授权人已对信用证项下票据善意地作出了承兑；（三）保兑行善意地履行了付款义务；（四）议付行善意地进行了议付。"因此A项说法正确。

38. 答案：D。《最高人民法院关于审理无正本提单交付货物案件适用法律若干问题的规定》第6条："承运人因无正本提单交付货物造成正本提单持有人损失的赔偿额，按照货物装船时的价值加运费和保险费计算。"赔偿额不包含利润损失，故A错误。一切险的保险范围不包括承运人无单放货造成的损失。故B错误。根据《最高人民法院关于审理信用证纠纷案件若干问题的规定》第5条的规定，开证行在作出付款、承兑或者履行信用证项下其他义务的承诺后，只要单据与信用证条款、单据与单据之间在表面上相符，开证行应当履行在信用证规定的期限内付款的义务。当事人以开证申请人与受益人之间的基础交易提出抗辩的，人民法院不予支持。存在信用证欺诈的除外。故C错误，D正确。

39. 答案：D。根据《最高人民法院关于审理独立保函纠纷案件若干问题的规定》第6条规定，受益人提交的单据与独立保函条款之间、单据与单据之间表面相符，受益人请求开立人依据独立保函承担付款责任的，人民法院应予支持。开立人以基础交易关系或独立保函申请关系对付款义务提出抗辩的，人民法院不予支持，但有独立保函欺诈情形的除外。故A、B项错误。独立保函是指银行或非银行金融机构作为开立人，以书面形式向受益人出具的，同意在受益人请求付款并提交符合保函要求的单据时，向其支付特定款项或在保函最高金额内付款的承诺。受益人提交的单据与独立保函条款之间、单据与单据之间表面相符，开立人应该付款。而独立保函的审单标准是表面相符标准，《最高人民法院关于审理独立保函纠纷案件若干问题的规定》第7条第2款规定，单据与独立保函条款之间、单据与单据之间表面上不完全一致，但并不导致相互之间产生歧义的，人民法院应当认定构成表面相符。据此，C项错误。

二、多项选择题

1. 答案：ABD。国际借贷协议，是指跨越国境的当事人之间为借贷一定数额的货币而将相互之间的权利义务关系确认下来的书面文件。根据贷款方数量的不同，可以将国际借贷划分为：独家借贷协议和国际银团借贷协议。ABD对，国际银团借贷协议则是指由数家国际性银行组成一个银行集团，按一定贷款条件向同一借款人提供贷款所签订的协议。其特征为：(1) 提供贷款银行由两家以上组成，而借款人是共同的。两家以上国际商业性银行共同提供的贷款称"国际辛迪加贷款"。(2) 国际银团贷款可以分散贷款风险。(3) 利用国际银团贷款方式可以避开有关国家法律规定的某些借贷方面的限制。(4) 国际银团贷款大多由一家或数家银行牵头，联合其他多家银行，按照共同的贷款条件向借款人提供贷款。C错，独家借贷协议，是指由一家贷款方向借款人提供贷款所签订的协议。

2. 答案：CD。国际银团贷款的特点是：提供贷款银行由两家以上组成，而借款人是共同的；大多由一家或数家银行牵头，联合其他多家银行，按照共同的贷款条件向借款人提供贷款。

3. 答案：ABD。世界银行的贷款对象限于成员国政府、政府机构及其能够获得政府及世界银行认可机构担保并有偿还能力的公私企业。

4. 答案：ABCD。常见的政府借贷协议与普通国际商业借贷协议相比，其特点为：其贷款对象一般为能提供担保的公私企业；其贷款期限较长，一般为10年至30年；其对贷款用途控制严格，必须专款专用；争议解决以协商和仲裁方式为主，很少采用诉讼方式。

5. 答案：AC。通知行，是指接受开证行的委托，向受益人通知信用证的银行。通常是受益人所在地的银行。通知行是开证银行的代理人，应合理谨慎地审查信用证的表面真实性，而无其他法律责任。

6. 答案：BC。托收，是指由收款人向付款人开立商业汇票，委托银行通过向付款人取得承兑并收取货款的一种结算方式。从性质上讲，托收属于一种商业信用，银行所起的作用仅是一种代理收款作用，银行对付款人是否付款不承担责任。

7. 答案：BCD。银行应对单据的真实性作形式上的审查。

8. 答案：ACD。汇票的背书，是指持票人在汇票背面签名并将汇票转让给他人的行为。对于背书人来说，除限制性背书和免受追索背书外，合法有效的背书将使其成为票据的从债务人，须对包括被背书人在内的所有后手保证该汇票将得到承兑或付款。

9. 答案：BCD。见票即付的汇票，属于即期汇票。

10. 答案：BC。信用证欺诈例外原则在美国《统一商法典》中有涉及。

11. 答案：BD。代收行向买方收款，而不是托收行。代收行与收款人之间没有直接的合同关系。

12. 答案：BCD。托收行的义务之一就是收到的款项在扣除必要的手续费和其他费用后必须按照指示书的规定无迟延地解交本人。

13. 答案：ACD。国际保理，又称保付代理或承购应收账款。它是指在国际贸易结算中用托收的承兑交单和付款交单等方式结算贷款时，保理商从出口商那里买了所有应收账款，并向客户提供资信调查、风险担保、催收追债、财务管理和融通资金等综合服务，其特点包括ACD三项，但B项错误。

14. 答案：AD。在国际货物买卖中，买方及议付银行一般不愿意接受备运提单和不清洁提单。

15. 答案：BC。

16. 答案：BC。当开立的是可撤销的信用证时，开证行和受益人之间并不存在对双方有约束力的合同关系。

17. 答案：AB。国际贸易中的支付工具主要是货币和票据。在国际贸易支付结算中常用的支付工具是票据。

18. 答案：BD。银行对信用证具有审单的义务，审单时只需坚持单证相符、单单相符的原则即可。D项实际上是信用证欺诈例外原则的表述，即在承认信用证独立于买卖合同原则的同时，也应当承认有例外情况。如果在银行对卖方提交的单据付款或承兑以前，发现或获得确凿证据，证明卖方确有欺诈行为，买方可请求法院向银行颁发禁止令，禁止银行付款。信用证欺诈例外原则首先是在美国法院的判例中提出来的。美国的《统一商法典》也有对信用证欺诈及补救办法的成文法规定。此外，在英国、加拿大、新加坡、法国等国的法院判例也表明承认信用证欺诈例外原则。

19. 答案：ABCD。AD项应选，票据是指由一国出票人签发的由自己或他人无条件支付一定金额的书面凭证。汇票的内容应包括“无条件支付一定金额的命令”，即付款人的付款不得附带任何条件，只有见票即付或见票后定期付款的汇票才允许记载利息及利率。C项应选，当票据跨越国境流通或当出票人与受票人或背书人或付款人分处不同国家时，该票据则被视为一张国际票据。国际汇票，是指在5个地点（出票地点；出票人签名旁所示地点；受票人姓名旁所示地点；受款人姓名旁所示地点；付款地点）中，至少有两处地点是分处不同国家且汇票签发地或付款地位于缔约国内。B项应选，汇票遭拒付，持票人向出票人或背书人或承兑人要求偿还汇票金额的行为称为追索。当汇票过了期限遭拒付时，持票人不仅对背书人，而且对出票人均丧失追索权。应注意，这里丧失的仅是“追索权”，其实体求偿权利并未丧失。本题中的中国甲公司为出票人，日本乙公司为受票人也是背书人，中国丙公司为持票人。

20. 答案：ABD。根据受票人是否在见票时付款，可将汇票划分为即期汇票和远期汇票。即期汇票，是指当持票人提示时或付款人见票时应立即付款的汇票。远期汇票，是指付款人于将来一定日期或特定的日期付款的汇票。在远期汇票中，依汇票承兑人的不同又可分为银行承兑汇票和商业承兑汇票：银行承兑汇票，是指出票人以银行为付款人的远期汇票，经付款银行承兑后的汇票；商业承兑汇票，是指工商企业出票以另一工商企业为付款人的远期汇票，经付款人承兑后的汇票。

21. 答案：AD。根据出票人的不同，可将汇票划分为银行汇票和商业汇票。银行汇票，是指由银行作为出票人的汇票。商业汇票，是指由工商企业或个人作为出票人的汇票。

22. 答案：BCD。汇票的基本当事人包括：出票人、付款人和受款人。出票人，是出具汇票并交付汇票的人，商业汇票的出票人通常是卖方。银行汇票的出票人是银行。付款人，又称为受票人，是指接受支付命令的人，商业汇票的受票人通常是买方或其指定银行，银行汇票的受票人通常是银行。受款人，又称收款人，是指受领汇票金额的人，通常是卖方或其指定的人或任何持有票据的人。

23. 答案：ABD。依使用信用工具的不同，可将汇付划分为票汇、信汇、电汇。

24. 答案：BC。国际贸易的支付方式主要包括汇付、银行托收和银行信用证。(1) 汇付，是一种顺汇方式，即由买方（债务人）将款项通过本国银行汇付给卖方（债权人）。(2) 托收和信用证支付方式属逆汇方式，即由卖方（债权人）通过银行主动向买方（债务人）索取款项。其中，使用最多的是银行信用证方式。

25. 答案：ACD。ACD 对，信用证的当事人包括：开证申请人、开证行、通知行、受益人、付款行、议付行、保兑行。B 错，代收行属于托收的基本当事人。托收方式一般涉及四个当事人，即债权人（即托收业务中的委托人）、债务人（即付款人）、托收行（即债权人所在地银行）、代收行（即债务人所在地银行）。

26. 答案：AB。A 对，备用信用证是指开立备用信用证的银行向受益人担保，如申请人不履行债务，则由开证行给予补偿。备用信用证并不是一种支付方式，而是一种银行担保。开立备用信用证的银行向受益人担保，如申请人不履行债务，则由开证行给予补偿，即开证行成为开证申请人的担保人。B 对，预支信用证，是指授权开证行或保兑行或授权其他银行在受益人交单前可预支货款。又可分为全部预支和部分预支两种。在这种信用证中，受益人日后能否按信用证交单、交货的风险及银行发生的利息或费用全部由申请人承担。C 错，对开信用证，是指交易双方同时作为买方和卖方相互为对方开出两张金额相等的信用证，两证可同时生效也可分别生效。该类信用证一般用于补偿贸易或来料加工的业务结算。D 错，依信用证兑现方式，信用证可分为付款信用证、承兑信用证和议付信用证。

27. 答案：ABCD。信用证欺诈的种类包括：开立假信用证；“软条款”信用证；伪造单据；以保函换取与信用证相符的单据。

28. 答案：ABCD。信用证中的“软条款”是指信用证中规定一些限制性条款，或信用证的条款不清，责任不明，使信用证的不可撤销性大大降低，因而对受益人非常不利。信用证中常见的“软条款”有：(1) 信用证中载有暂不生效条款。例如，在信用证中注明“本证暂不生效，待进口许可证签发通期后生效”；或注明“等货物经开证人确认后再通知信用证方能生效”。(2) 限制性付款条款。例如，在信用证中规定：“信用证项下的付款要在货物清关后才支付”“开证行须在货物经检验合格后方可支付”“在货物到达时没有接到海关禁止进口通知，开证行才付款”等。(3) 加列各种限制。信用证中对受益人的交货和提交的各种单据附加各种限制，如“出口货须经开证申请人派员检验，合格后出具检验认可的证书”“货物样品先寄开证申请人认可”等。(4) 对装运的限制。信用证中对受益人的交货装运附加各种限制，如“货物装运日期、装运港、目的港须待开证人同意，由开证行以修改书的形式另行通知”信用证规定禁止转船，但实际上装运港至目的港无直达船只等。

29. 答案：ABCD。《跟单信用证统一惯例》(UCP600) 第7条规定，开证行责任：a. 只要规定的单据提交给指定银行或开证方，并且构成相符交单，则开证行必须承付，如果信用证为以下情形之一：i. 信用证规定由开证行即期付款，延期付款或承兑；ii. 信用证规定由指定银行即期付款但其未付款；iii. 信用证规定由指定银行延期付款但其未承诺延期付款，或虽已承诺延期付款，但未在到期日付款；iv. 信用证规定由指定银行承兑，但其未承兑以其为付款人的汇票，或虽然承兑了汇票，但未在到期日付款；v. 信用证规定由指定银行议付但其未议付。b. 开证行自开立信用证之时起即不可撤销地承担承付责任。c. 指定银行承付或议付相符交单并将单据转给开证行之后，开证行即承担偿付该指定银行的责任。对承兑或延期付款信用证下相符交单金额的偿付应在到期日办理，无论指定银行是否在到期日之前预付或购买了单据，开证行偿付指定银行的责任独立于开证行对受益人的责任。根据上述规定可知，本题的正确答案是ABCD。

30. 答案：ACD。UCP600 第2条规定，信用证是不可撤销的。所以A项正确。UCP600关于议付的新的定义明确了议付是对票据及单据的一种买入行为，并明确是对受益人的融资，即预付或承诺预付。所以B项错误。对于单据处理天数的规定，UCP500号规定开证行、保兑行、指定行在收到单据后的处理时间为“合理时间，不超过收单翌日起第7个工作日”，UCP600号中改为“最多为收单翌日起第5个工作日”。所以D项正确。UCP600 第16条关于不符单据及不符点的放弃与通知规定，当开证行确定提示不符时，可以依据其独立的判断联系申请人放弃有关不符点。所以C项正确。

31. 答案：BD。乙公司作为买方是开证申请人，不是信用证项下汇票上的付款人，A选项错误。丙的保兑义务并不因开证行破产而免责，甲仍可向丙交单和要求付款。C选项错误。

32. 答案：AC。根据《联合国国际货物销售合同公约》，货物买卖中，卖方的基本义务是按照合同和公约的规定交付货物，移交一切与货物有关的单据，并移转货物的所有权。在甲公司自行改装一级红枣后，应及时通知乙公司，否则，要承担交货不符责任。所以，A选项正确。要做到单证一致，银行必须合理小心地审核一切单据，保证受益人提交的单据的种类、内容和份数，甚至文字措辞等都必须与信用证的规定完全一致，即使实际装运的货物或者合同和确认函电内容与信用证规定矛盾，也必须以信用证为准，因此，如果银行议付的单据表面上与信用证相符而货物不符，因银行无从知悉故不承担任何责任；反之，实际货物无误而单据表面上与信用证规定不符，银行就需承担责任，开证申请人即可据此拒绝赎单付款。在通过信用证方式付款时，银行仅审查单据，并不看货物的真实等级，所以，B选项错误。单证一致出口方所提供的所有单据要严格符合进口方开证银行所开信用证的要求，或者说出口方制作和提供的所有与本项货物买卖有关的单据，与进口方申请开立的信用证对单据的要求完全吻合，没有矛盾。如果发票跟信用证不符，银行可以拒绝收单付款。所以，C选项正确。银行本身对单据记载的发货人并不负有责任，所以，D选项错误。

33. 答案：ABCD。《最高人民法院关于审理信用证纠纷案件若干问题的规定》第10条规定，人民法院认定存在信用证欺诈的，应当裁定中止支付或者判决终止支付信用证项下款项，但有下列情形之一的除外：(1) 开证行的指定人、授权人已按照开证行的指令善意地进行了付款；(2) 开证行或者其指定人、授权人已对信用证项下票据善意地作出了承兑；(3) 保兑行善意地履行了付款义务；(4) 议付行善意地进行了议付。故选项ABCD正确。

34. 答案：CD。备用信用证，简称SBLC（stand-by letters of credit）。又称担保信用证，是指不以清偿商品交易的价款为目的，而以贷款融资，或担保债务偿还为目的所开立的信用证。开证行保证在开证申请人未能履行其应履行的义务时，受益人只要凭备用信用证的规定向开证行开具汇票，并随附开证申请人未履行义务的声明或证明文件，即可得到开证行的偿付。备用信用证目前只适用《跟单信用证统一惯例》（UCP600）的部分条款。故B错误。备用信用证具有：(1) 不可撤销性。除非在备用证中另有规定，或经对方当事人同意，开证人不得修改或撤销其在该备用证下之义务。故A错误。(2) 独立性。备用证下开证人义务的履行并不取决于：①开证人从申请人那里获得偿付的权利和能力。②受益人从申请人那里获得付款的权利。③备用证中对任何偿付协议或基础交易的援引。④开证人对任何偿付协议或基础交易的履约或违约的了解与否。故C正确。(3) 跟单性。开证人的义务要取决于单据的提示，以及对所要求单据的表面审查。(4) 强制性。备用证在开立后即具有约束力，无论申请人是否授权开立，开证人是否收取了费用，或受益人是否收到或因信赖备用证或修改而采取了行动，它对开证行都是有强制性的。故D正确。

35. 答案：CD。“见索即付保函”指一旦主债务人违约，贷款人无须先向主债务人追索，即可无条件要求保证人承担第一偿付责任的保证。其特点是：(1) 无条件性。担保人仅凭收益人提出的要求即应付款，只需符合合同规定的手续即可，而不问付款要求是否有合理依据。索赔提供的证明文件只有书面形式的要求，保证人无须核实借款是否违约。一旦借款人不履约，贷款人事先无须对借款人采取各种救济方法，便可直接要求保证人承担还款责任。所以A错误，D正确。(2) 单一性，指担保人所承担的只是付款义务，而非实际履行本应由借款人履行的义务。担保人的付款义务是独立的、非从属性的。所以C正确。(3) 独立性，见索即付保证是独立的，即担保人所承担的义务独立于基础合同，担保人不得以基础合同的履行、修改或无效等对抗收益人。所以B错误。

36. 答案：CD。所谓信用证“软条款”就是在信用证中列入一些限制信用证生效的条件、限制开证行付款的条件或卖方难以实现的装运限制等，目的是使开证行在“单证、单单表面相符”下也无法履行付款义务，最终由开证申请人控制整笔交易。信用证一经保兑，即意味着开证行和保兑行对受益人承担“单证、单单表面相符”的连带付款责任，增强了信用证的偿付效力，当然不属于软条款，A项错误。要求受益人提交已装船提单属于信用证中对单据的正常要求，也不属于软条款，B项错误。C项属于限制开证行付款的条件，D项属于卖方难以实现的装运限制，C、D项共同的特点是使开证行在“单证、单单表面相符”下也无法履行付款义务，属于信用证“软条款”，C、D项正确。

37. 答案：BCD。独立保函独立于基础交易关系，作为基础协议的天然气供应合同中的仲裁条款，不能约束独立保函纠纷的解决方式，A项错误。保函本质上属于合同，合同纠纷由合同履行地或被告住所地法院管辖，中国银行为保函开立人，其住所地法院当然有权管辖保函履行纠纷，B项正确。独立保函具有连带保证的性质，C项正确。独立保函欺诈纠纷案件由被请求支付的独立保函开立人住所地或被告住所地人民法院管辖，D 项正确。

三、不定项选择题

1. **答案**：AD。
2. **答案**：D。信用证支付方式下，只要“单证相符”银行就应付款。
3. **答案**：A。保兑信用证，是指一家银行开立信用证，而由另一家银行加以保证付款的信用证。保兑行，指依开证行的请求对信用证保证兑付的银行。保兑行一般由出口人所在地的银行，且多数是由通知行负责保兑，但有时也可由其他银行保兑。经过保兑的信用证，开证行和保兑行共同对受益人承担付款责任。如果开证行倒闭，保兑行也应负兑付责任。保兑行所负担的责任相当于其本身开立信用证，不论开证行发生什么变故，保兑行都不能片面撤销其保兑。因此，本题中的甲公司应当直接向保兑行交单并请求付款。
4. **答案**：BD。
5. **答案**：BD。
6. **答案**：ABC。由于该信用证是不可撤销的信用证，在信用证的有效期内，不经开证行、保兑行和受益人的同意就不得修改或撤销信用证。
7. **答案**：BCD。银行只负表面责任没错，但在该题中由于商检证书写明的船边测温日期与装船日期不符，所以银行拒付货款有理。
8. **答案**：AD。单证与信用证不符的银行可以拒付。所以，A 对 C 错。银行必须合理小心地审核信用证上规定的一切单据，以便确定这些单据表面是否与信用证条款相符合。B 错，本题中合同约定货物品质为三级，无论甲公司所交货物品级比合同规定的高还是低，均与合同约定不符。虽然本案中卖方提交了高于合同约定品质的货物，但是仍与合同不符，甲公司均应承担违约责任。D 对，根据 UCP600 的规定，信用证是指一项约定，不论其名称或描述如何，由一家银行（开证行）依照客户（申请人，通常是进口商）的要求和指示或以自身名义，在符合信用条款的条件下，凭规定单据由自己或授权另一家银行向第三者（受益人，通常是出口商）或其指定人付款或承兑并支付受益人出具的汇票或授权另一家银行议付。也就是说，在信用证关系中，买方是申请开证人，而卖方是受益人。据此，本题中的中国甲公司是卖方，是该信用证的受益人。
9. **答案**：B。不可撤销信用证有如下特征：第一，有开证行确定的付款承诺。对于不可撤销跟单信用证而言，在其规定的单据全部提交给指定银行或开证行，符合信用证条款和条件时，即构成开证行按照信用证固定的时间付款的确定承诺。开证行确定的付款承诺是：（1）对即期付款的信用证——即期付款。（2）对延期付款的信用证——按信用证规定所确定的到期日付款。（3）对承兑信用证——①凡由开证行承兑者，承兑受益人出具的以开证行为付款人的汇票，并于到期日支付票款；②凡由另一受票银行承兑者，如信用证内规定的受票银行对于以其为付款人的汇票不予承兑，应由开证行承兑并在到期日支付受益人出具的以开证行为付款人的汇票；或者如受票银行对汇票已承兑，但到期日不付，则开证行应予支付。（4）对议付信用证——根据受益人依照信用证出具的汇票及/或提交的单据向出票人或善意持票人履行付款，不得追索。第二，具有不可撤销性。这是指自开立信用证之日起，开证行就受到其条款和承诺的约束。如遇要撤销或修改，在受益人向通知修改的银行表示接受该修改之前，原信用证的条款对受益人依然有效。当然，在征得开证行、保兑行和信用证受益人同意的情况下，即使是不可撤销信用证也是可以撤销和修改的。所以，丙银行只需根据不可撤销信用证进行付款，不用管甲公司是否接受不符点，不是必须承担付款责任，A 选项错误。信用证欺诈中的一种情况是受益人欺诈，指受益人或他人以受益人身份，用伪造的单据或具有欺骗性陈述的单据欺骗开证行和开证申请人，以获取信用证项下的银行付款。乙公司就是利用欺骗性陈述欺骗丙银行和甲公司，构成信用证欺诈的，所以，B 选项正确，C 选项错误。丙银行发现单证不符，可以拒绝付款，不需联系甲公司征询其是否接受不符点，所以，D选项错误。

四、名词解释

1. 答案：本票是指由出票人签发的，承诺自己在见票时无条件支付确定金额给收款人或者持票人的票据。

2. 答案：汇付是指国际贸易的买方按照贸易合同约定的金额和时间，将货款通过银行汇给卖方的付款方式。

3. 答案：跟单托收是指卖方将汇票附上提单、保险单、发票等转运单据一并交给银行，委托银行向买方收取货款。由于附有了有关物权单据，使得汇票具有了较强的信用作用和流通作用，所以在国际贸易中使用较普遍。

4. 答案：远期付款交单是由卖方开出远期汇票，通过银行向买方作承兑提示，买方见票后仅需承兑该汇票，汇票到期后，买方再向代收银行支付货款，然后才能取得货物单据。

5. 答案：涉外票据是指出票、背书、承兑、保证、付款等行为中，既有发生在我国境内的票据，又有发生在我国境外的票据。

6. 答案：信用证是指由一家银行依照客户要求和指示或以自身名义，在符合信用证条款的情况下，凭规定单据由自己或授权另一家银行向第三者或其指定人付款或承兑并支付受益人出具的汇票。

五、简答题

1. 答案：（1）信用证的一项重要的原则就是单证一致的原则。这在《跟单信用证统一惯例》中得到了明确的体现。单证一致是指，受益人提交的单据必须在表面上符合信用证的规定。单据之间应当互相一致，否则银行有权拒绝接受受益人提交的单据，并且拒绝付款、承兑或者议付。付款、承兑或者议付银行不得接受单证之间、单单之间不符的单据，否则开证银行有权拒绝偿付上述银行。如果开证行接受不符的单据，开证申请人有权拒绝补偿开证行。如果受益人或者付款、承兑、议付行提供的单据符合信用证的规定，那么银行无权拒绝付款、承兑、议付，开证行无权拒绝偿付付款行、承兑行或者议付行。

（2）根据国际惯例，单证一致是非常严格的，单据必须在一切方面都要符合信用证的要求，如单据的种类、份数、对货物的描述等。稍有差异，单据就有可能被开证申请人、开证行或者付款行、议付行拒绝。银行之所以在信用证交易中坚持单证一致的原则，第一是因为违反这个原则将给银行，特别是开证行带来严重的后果，在行市下跌、质量不符合买卖规定、交货延迟或者其他情况中，买方往往以单证不符合为理由拒绝付款赎单从而使开证行受到损失；第二，通过信用证方式付款的买卖合同成千上万，从事的交易种类繁多，银行从事的是金融业务，对买卖和其他交易的习惯、术语等所知无几，如果买方在开证指示中要求单据必须载明什么内容，银行并不知道这些内容对买方的重要性或者实际意义、含义，所以银行不应当自作主张允许单证不符合或者有所不符。

2. 答案：票据是出票人依法签发的由自己或指示他人无条件支付一定金额给收款人或持票人的有价证券，即某些可以代替现金流通的有价证券。在国际贸易结算业务中，通常都是使用某种票据（主要是汇票）作为支付工具，通过银行进行非现金结算。票据的法律特性如下：（1）票据的流通性。票据是流通证券，票据可以通过交付或背书转让。票据上的权利是一种债权，但其转让与民法上的债权转让不同，票据具有较强的流通性，票据的转让属于商法上的转让。票据的流通性主要表现在：其一，票据可以自由转让，让与人或受让人不必通知债务人就可以使受让人能以自己的名义对债务人行使权利。而民法上的债权虽然一般也可转让，但以通知债务人为转让生效的条件。其二，票据一经转让，正当的受让人即享有优于前手的权利，而民法上的受让人则不受此种保护，合同的无效会导致受让人合同权利的无效或终止。（2）票据的无因性。票据是无因证券。票据是出票人作出的支付命令或承诺。所谓无因，是指在非基本法律关系当事人的票据当事人之间，其权利义务关系不受基本法律关系的影响，基本法律关系的履行情况不影响票据的权利义务关系，票据关系完全以票据上的文字记载为准，票据的善意受让人不必证明其取得票据的原因即可主张票据上的权利。(3) 票据的要式性。要式指票据必须以书面作成，票据必须以法律规定的格式作成才能生效。因为票据作为一种流通证券，其权利和义务完全依票据上的文义来确定，如票据上的记载事项不符合法律的规定，则当事人的权利义务就难以确定，票据的流通性也会因而受到影响。

3. **答案**：本票与汇票的区别主要包括：(1) 本票是无条件的支付承诺；而汇票是无条件的支付命令。(2) 本票的票面有两方当事人：即出票人和收款人；而汇票有三方当事人，即出票人、付款人和收款人。(3) 本票的出票人即付款人，远期本票无须办理提示承兑手续；而远期汇票则要办理承兑手续。(4) 本票在任何情况下，出票人都是主债务人；而汇票在承兑前，出票人是主债务人，在承兑后，承兑人是主债务人。

4. **答案**：(1) 备用信用证是一种保证方式，而跟单信用证是一种支付方式。

(2) 备用信用证的开证人不限于银行，还包括非银行金融机构，而跟单信用证的开证人必须是银行。

(3) 在跟单信用证情况下，银行持有的单据构成了其付款受偿的担保，而备用信用证的开证人不一定享有受偿担保。

(4) 跟单信用证必须跟有与货物有关的单据，而备用信用证则不一定需要。

5. **答案**：票据的签发和背书都不可以附条件。票据行为具有要式性、无因性、文义性和独立性的特点。要式性主要体现在以下几个方面：

(1) 行为人必须在票据文本上相应的栏目中签章。

(2) 行为人意思表示须以书面方式表达于票据上。

(3) 行为人意思表示内容的严格格式化要求。根据各国票据法的规定，票据欠缺绝对必要事项，票据无效；缺乏相对必要事项的，法律推定其应记载事项的内容；记载票据法规定以外的非有害记载事项的，不影响票据效力，也不具有票据效力；记载有害记载事项，会导致所记载事项的无效。

六、论述题

答案：(1) 信用证是指银行根据进口人（买方）的请求开给出口人的一种保证承担付款责任的书面凭证。在信用证内，银行授权出口人在符合信用证规定的条件下，以该行或者指定的银行为付款人，开具不超过规定金额的汇票，并且随付信用证规定的装运单据，按时在指定的地点收取货款。

(2) 信用证的作用：第一，担保付款。由于一国的卖方不了解另一国买方的信用和支付能力，只有在先付货款，或者有银行信用证担保的条件下才会发货。第二，融资作用。卖方在信用证到期前急需用款的时候，可以将该信用证质押从第三人处（或者银行）取得货款。买方也可以申请银行垫付货款。第三，便利作用。双方的资信调查、担保登记或者质押办理、付款的安排等被信用证简化了。

【参考资料】余劲松、吴志攀主编：《国际经济法》，高等教育出版社、北京大学出版社 2009 年版。

七、案例分析题

1. **答案**：本案是信用证方式付款，其特点是只要单单相符，单证相符银行即应付款。而本案承运人明知货物表面有瑕疵还接受托运人的保函签发清洁提单，这属于托运人和承运人对收货人的欺诈行为。既然收货人已知此事，即应争取采用信用证欺诈例外原则，收货人应收集确凿证据，证明卖方及承运人确有欺诈行为，并可请求法院向银行颁发禁止令，禁止银行付款。

2. 答案：（1）银行不能追回货款，因为卖方提交的单据与信用证相符。

（2）我进出口公司无权拒绝向银行付款赎单，因为信用证独立原则。

3. 答案：（1）可以适用。本案属于《联合国国际货物销售合同公约》的适用范围。

（2）合同于2010年3月17日成立。根据公约的规定，合同于发价的接受生效时订立，买方3月15日承诺，卖方3月17日收到，此时合同成立。

（3）根据FOB条款，卖方中国出口公司无义务办理运输保险，也无义务承担保险费。

（4）根据FOB条款，卖方中国出口公司承担货物灭失或损害的一切风险，直至货物在指定装运港装上船时为止。

（5）某国商贸公司无权要求中国出口公司赔偿货物损失。

（6）出口公司无权向承运人发出指示，要求将货物运回交给其他收货人。

（7）中国出口公司为受益人。

4. 答案：（1）甲公司提交的单据与信用证规定是相符的。丙银行认为甲公司提交的单据存在不符点的理由是不成立的，因为：信用证规定将货物以多式联运方式运输，甲公司将货物以多式联运方式运出，并由当地外运公司签发了陆海联运提单，由于是陆海联运，提单上就不可能显示“已装船”字样，也是不允许有此字样，如有此样就违反信用证的规定。装运标志上标示的是整批货物的总数量而不是每一纸箱中的数量，这也不违反信用证的规定，因为信用证对装运标志没有特殊要求，提单装运标志上没有必要一定要标示每一纸箱的数量。

丙银行应该付款。因为丙银行是信用证的开证行，并且甲公司提交的单据与信用证规定完全相符，根据《跟单信用证统一惯例》的规定，开证行对受益人提交的单据与信用证规定一致的情况下，应该付款。本案中甲公司提交的单据符合这些规定，因此，丙银行作为开证行必须付款。

（2）丁银行作为保兑行应该承担首先付款或承兑和付款的责任。因为丁银行是保兑行，保兑行是在开证行开出的不可撤销的信用证上加上自己保证兑付的责任的银行。信用证一经保兑，保兑行则取代开证行承担首先付款或承兑和付款的责任；保兑行对信用证独立负责，即使开证行倒闭或拒付，保兑行也无权向出口商追索票款。在本案中，丙银行开出的是不可撤销即期信用证，并且甲公司提交的单据与信用证规定内容一致。在此种情况下，丁银行作为保兑行应该向甲公司承兑付款，即使丙银行拒付，丁银行也应该履行付款的责任。

第十九章　国际金融监管

基础知识图解

- 国际银行资本充足率原则
- 巴塞尔委员会对资本充足率的监管
- 信用管理原则
  - 信用风险管理
  - 大额贷款披露制度
  - 利率风险监管
- 监管的核心原则
- 国际金融交易中的外汇管理（《国际货币基金组织协定》第 8 条规定）

配套测试

一、单项选择题

（　　）是目前国际上协调各国银行管制活动的最主要机构。

A. 国际货币基金组织

B. 国际清算银行

C. 巴塞尔委员会

D. 国际复兴开发银行

二、多项选择题

东道国增加跨国银行营业成本的管制措施有（　　）。

A. 限制跨国银行在东道国吸收存款业务

B. 限制跨国银行在东道国设立分支机构

C. 要求跨国银行向东道国中央银行缴纳较高比例的存款准备金

D. 限制跨国银行的业务范围

三、不定项选择题

1995 年 2 月 26 日，由于一名交易员在衍生金融交易中投机失败，使得有 233 年历史的英国巴林银行宣布倒闭，在全球金融市场掀起了一场轩然大波。就如何加强跨国银行业务的监管，巴塞尔委员会在强调资本充足率最低标准的基础上，于 1992 年提出了“巴塞尔建议”，并于 1997 年发布了“银行业有效监管核心原则”。该核心原则强调的事项是（　　）。

A. 强调监管的全过程，推行全面风险管理

B. 强调建立银行业监管的规范化系统

C. 强调对银行业的监管必须是持续监管

D. 强调母国统一监管

四、名词解释

1. 大额贷款
2. 国际银行监管的“核心原则”
3. 保护投资者
4. 发行人原则
5. 二级市场原则
6. 不可强制执行
7. 骗汇行为

五、简答题

简述《国际货币基金协定》第 8 条会员国的含义。

六、论述题

1. 试析《外汇管理条例》关于经常项目和资本项目外汇管理的内容。
2. 试述东道国对跨国银行经营的法律管制。

参考答案

一、单项选择题

答案：C。巴塞尔委员会是目前国际上协调各国银行管制活动的最主要机构。

二、多项选择题

答案：AC。

三、不定项选择题

答案：ABC。

四、名词解释

1. **答案**：国际银行贷款业务中的"大额贷款"是指贷款给同一借款人（单一借款人或关联借款人）的贷款数额接近银行资本一定比例限制的贷款。明确银行能够承受利率风险的程度。相对应的具体措施是要建立衡量利率风险的标准、风险限额标准、风险测试标准和风险预报制度等。

2. **答案**：1997 年 9 月，巴塞尔委员会与国际货币基金组织以及世界银行联合在中国香港地区召开会议，巴塞尔委员会公布了一份新的文件《有效银行监管的核心原则》，简称为"核心原则"。这份文件包括一份正文《有效银行监管的核心原则》和两个附件。附件一是《政府所有银行的特殊问题》，附件二是《存款保护》。这个文件的制定过程，不但有经济合作与发展组织国家，还有包括我国在内的发展中国家的参与。所以，同资本充足率文件相比，这个文件更具有国际普遍接受的意义。

3. **答案**：所谓"保护投资者"，就是要使投资者避免因为误导、操纵市场或内幕交易、挪用客户资金等违法行为遭受损失。在证券市场上，保护投资者最关键的是上市公司完全披露影响投资者投资决定的重要信息。这样，投资者会有效保护自己。披露的标准应该具备统一的会计和审计制度，达到国际认可的水平。市场中介机构也要达到统一的水平。投资者特别应该有权依靠法院取得联系，对损害投资者造成的损失要求补偿。

4. **答案**：发行人是市场上的重要角色，对发行人的监管应该是：全面、准确、及时地披露发行人对于投资者决策有重大影响的财务报告和其他信息；发行人公司的证券持有人应享有公平、平等的待遇；发行人的会计和审计标准应确保高质量，并且得到国际的认可。

5. **答案**：二级市场是证券交易的场所，该市场的交易系统的建立应获得监管机构的批准与监管；对交易所及交易系统进行持续监管，目的在于通过公平、公正的规则建立不同的市场参与者需求的适当平衡，并确保交易的健全；监管应促进交易的透明度，监管者应察觉、阻止操纵市场及其他违反公平交易的行为；监管者应着眼于确保妥善控制大额风险、违规风险和市场崩溃；证券交易的清算、结算系统应接受监管机构的监管，该系统的设计应确保其公平、有效并且减少系统风险。

6. **答案**：如果成员国的外汇融资合同符合了《基金协定》第 8 条的内容，就不能在任何成员国强制执行。不能强制执行的含义有两个方面：一方面，任何成员国的法院不能强制执行，但是该合同对当事人有道义上的约束力。另一方面，该合同无效。大陆法系的国家法院认为合同不能被强制执行，就意味着该合同无效，可见此观点属于后一种解释。但是，英美法系的法院认为，合同的各个条款是可以分割的，当合同的一个条款无效时，去掉该条款后，合同的其他条款仍然有效，这种观点属于前一种解释。

7. **答案**：骗汇行为是指：①使用伪造、变造的海关签发的报关单、进口证明、外汇管理部门核准文件等凭证和单据的行为；②重复使用海关签发的报关单、进口证明、外汇管理部门核准文件等凭证和单据的行为；③以其他方式骗汇，认定是骗购外汇行为的。

五、简答题

答案：《国际货币基金协定》第 8 条规定：

(1) 未经基金组织同意，不得限制经常性交易的支付；(2) 未经基金组织核准，不得实行歧视性的复汇率制度等措施；(3) 对各成员国因经常性交易所持有的其他成员国的货币，该货币发行国应以特别提款权或持有国的货币给予兑换。

成员国履行上述第8条义务后，就成为“第8条会员国”，其货币即被基金组织承认为“可自由兑换货币”，可用于偿还基金组织向其提供的贷款。

六、论述题

1. 答案：(1) 经常项目下外汇管理。经常项目是指国际收支中经常发生的交易项目，包括国际贸易收支、劳务收支、单方面转移等。根据《外汇管理条例》规定：第一，经常项目外汇收支应当具有真实、合法的交易基础。经营结汇、售汇业务的金融机构应当对交易单证的真实性及其与外汇收支的一致性进行合理审查。外汇管理机关有权对前款规定事项进行监督检查。第二，经常项目外汇收入，可以保留或者卖给经营结汇、售汇业务的金融机构。第三，经常项目外汇支出，应当凭有效单证以自有外汇支付或者向经营结汇、售汇业务的金融机构购汇支付。

(2) 资本项目下外汇管理。资本项目是指国际收支中因为资本输出和输入而产生的资产与负债的增减项目，包括直接投资、各类贷款、债券投资等。第一，境外机构、境外个人在境内直接投资，从事有价证券或者衍生产品发行、交易，经有关主管部门批准后，应当到外汇管理机关办理登记。第二，国家对外债实行规模管理。借用外债应当按照国家有关规定办理，并到外汇管理机关办理外债登记。国务院外汇管理部门负责全国的外债统计与监测，并定期公布外债情况。第三，资本项目外汇收入保留或者卖给经营结汇、售汇业务的金融机构，应当经外汇管理机关批准，但国家规定无须批准的除外。第四，资本项目外汇支出，应当按照国务院外汇管理部门关于付汇与购汇的管理规定，凭有效单证以自有外汇支付或者向经营结汇、售汇业务的金融机构购汇支付。国家规定应当经外汇管理机关批准的，应当在外汇支付前办理批准手续。依法终止的外商投资企业，按照国家有关规定进行清算、纳税后，属于外方投资者所有的人民币，可以向经营结汇、售汇业务的金融机构购汇汇出。第五，资本项目外汇及结汇资金，应当按照有关主管部门及外汇管理机关批准的用途使用。外汇管理机关有权对资本项目外汇及结汇资金使用和账户变动情况进行监督检查。

2. 答案：东道国对外资银行监管的主要内容包括：

(1) 进入管制，包括是否允许设立外国银行机构，如果允许，何种形式的银行机构可以存在，进入需满足哪些条件等。具体来说，各国主要是从进入的形式和进入的条件作出规定。在进入的形式上，绝大多数国家都允许跨国银行在本国开展业务活动，但进入形式的宽严程度各国有所不同。关于进入的条件，各国一般规定，外资银行进入本国必须符合一定的条件，如已在东道国设立代表处达一定年限；拥有足够的资产，能有效开展业务，具有经营国际银行业务的经验，有一定的合格的专门管理人员等。

(2) 业务经营，包括经营的网点和经营的业务范围。对经营的网点作一定的限制，主要是为了避免外资银行的进入对国内金融业冲击过大。这种限制既包括对开设分支机构数量的限制，也包括对营业区域的限制。关于经营的业务范围，外资银行相对于国内银行而言，一是集中于银行同业拆借市场；二是集中于批发性业务而较少涉及零售性银行业务。除此以外，不同的国家对外资银行业务管制的宽严程度不一。

(3) 资本充足性管制，银行资本是否充足，是衡量银行经营是否稳健的重要标志。通过规定资本与资产或负债保持一定的比率，可以限制银行的业务规模，如果这一比率过低，银行就应增加资本或减少业务。1992年以来，各国大都按1988年《巴塞尔协议》的要求，把银行资本对加权风险资产的比率保持在8%及以上。

（4）风险管理，为避免外资银行在本国经营不善而破产倒闭或面临更大风险以致引起不良反应，发达国家对外资银行都进行预防性和保护性的风险管理，一般包括以下内容：资产流动性要求；单一贷款规则；存款保险制度；最后贷款人的应急措施等。

第二十章　国际税法概述

基础知识图解

- 概念
- 国际税收法律关系特征
  - 主体
  - 客体
  - 内容
- 宗旨
- 原则
  - 税收管辖权独立自主原则
  - 避免国际重复征税原则
  - 消除税收歧视原则
  - 防止国际逃税和避税原则
- 国际税法的发展

配套测试

一、单项选择题

下列哪项纳税人的所得为国际税收法律关系的客体？（　　）

A. 国内所得　　B. 国外所得

C. 跨国所得　　D. 国外财产与所得

二、多项选择题

1. 国际税法的法律渊源目前包括（　　）。

A. 国际税收公约

B. 国际税收双边条约

C. 各国涉外税收立法

D. 国际税收多边条约

2. 国际税法的调整范围包括（　　）。

A. 国家与国家之间的税收关系

B. 国内纳税人与外国纳税人之间的税收关系

C. 国家与跨国纳税人之间的税收关系

D. 国内纳税人与跨国纳税人之间的税收关系

三、不定项选择题

国际税法是随着世界经济的发展而逐渐产生和发展起来的，有关国际税法的表述正确的有（　　）。

A. 国际税收协定是主权国家和国际组织之间签订的法律文件

B. 我国承认国际税法的效力优于国内税法

C. 国际税法的重要渊源是国内税法

D. 国际税收协定最典型的形式是 OECD 范本和联合国范本

E. 税收管辖权具有明显的独立性和排他性

四、名词解释

1. 国际税法

2. 国际税收关系

五、简答题

国际税法的发展趋势有哪些表现？

六、论述题

与国内税收关系相比，国际税法所调整的国际税收关系有哪些特点？

参考答案

一、单项选择题

答案：C。国际税收法律关系的客体是纳税人的跨国所得。

二、多项选择题

1. **答案**：BCD。国际税法的法律渊源目前包括国际税收双边条约、国际税收多边条约、各国涉外税收立法。
2. **答案**：AC。国际税法的调整范围包括国家与国家之间的税收关系、国家与跨国纳税人之间的税收关系。

三、不定项选择题

答案：BDE。国际税收协定，是指两个或两个以上的主权国家或地区，为了协调相互之间的税收分配关系，本着对等的原则，在有关税收事务方面通过谈判所签订的一种书面协议。国际税法的重要渊源是国际税收协定。所以，AC 为错误选项。

四、名词解释

1. **答案**：国际税法是适用于调整在跨国征税对象（即跨国所得和跨国财产价值）上存在的国际税收分配关系的各种法律规范的总称。与国际经济的其他分支部门一样，国际税法也是一个由有关的国内法和国际法规范共同组成的综合性的法律体系。
2. **答案**：国际税收关系是两个或两个以上的主权国家与纳税人相互间在跨国征税对象上产生的经济权益分配关系，是有关国家之间的财权利益分配关系和它们各自与纳税人之间的税收征纳关系的统一体。

五、简答题

答案：首先，在国际贸易、金融和投资自由化不断发展的趋势下，为吸引国际流动资本，保护本国税基，各国尤其是发达国家纷纷减少对资本和利息的课税，各国所得税，尤其是公司所得税税率普遍降低，从而进一步加剧了国际间的税收竞争。其次，各国为保护本国税收利益，纷纷加强了对跨国公司的国际逃税和避税行为的打击。再次，各国税制的国际协调和国际税务行政协助有了更大规模和更高层次的发展。最后，各国政府和有关国际组织正在加紧对电子商务国际税收法律问题的对策研究，新的适应未来信息经济技术时代的国际税法概念和规则正在形成。

六、论述题

答案：与国内税收关系相比，国际税法所调整的国际税收关系具有如下特点：①就税收关系的主体而言，国际税收关系中的征税主体是两个或两个以上的国家，它们均有权对纳税人的跨国征税对象课税。与作为国内税收关系的征税主体的国家只享有征税权不负担义务不同，作为国际税收关系中征税主体的国家享有征税权利的同时也负有相应的义务。国际税收关系中的纳税主体往往要就同一笔跨国征税对象向两个或两个以上的国家纳税，而国内税收关系中的纳税主体仅向一个国家纳税。②就税收关系的客体而言，国际税收关系的客体是纳税人的跨国所得或跨国财产价值，通常是受两个以上国家税收管辖权支配。而国内税收关系中的征税对象，则完全地处于一国税收管辖权范围内。③就税收关系的内容而言，国际税收关系是国家间的税收利益分配关系和国家与跨国纳税人之间的税收征纳关系的总合，主体之间的权利义务并非仅具有国内税收关系中强制、无偿的特点，还有对等互惠的内容。

第二十一章　税收管辖权与所得税法律制度

基础知识图解

- 居民税收管辖权
  - 概念
  - 居民身份确定
    - 自然人
      - 住所标准
      - 居所标准
      - 居住时间标准
    - 法人
      - 实际管理和控制中心所在地
      - 总机构所在地
- 来源地税收管辖权
  - 概念
  - 确定标准
    - 营业所得来源地的确定
    - 劳务所得来源地的确定
    - 投资所得来源地的确定
    - 财产收益来源地的确定
- 个人所得税
  - 纳税人
  - 纳税范围
  - 计算与征收
- 企业所得税
  - 纳税人
  - 纳税范围
  - 计算与征收

配套测试

一、单项选择题

1. 一国有权对纳税人来源于世界范围内的所得进行征税的权力被称为（　　）。

A. 来源地税收管辖权

B. 地域税收管辖权

C. 国家税收管辖权

D. 居民税收管辖权

2. 在国际税法上，下列哪项优先的原则已经得到广泛的承认？（　　）

A. 公民税收管辖权

B. 居民税收管辖权

C. 收入来源地税收管辖权

D. 国家领域管辖权

3. 为行使居民税收管辖权，我国以下列哪项作为确立法人居民身份的标准？（　　）

A. 法人总机构所在地

B. 法人注册成立地

C. 实际控制和管理中心所在地

D. 常设机构原则

4. 按照居民税收管辖权的国际惯例，自然人居民身份的一般判定标准不包括（　　）。

A. 住所标准　　　B. 时间标准

C. 意愿标准　　　D. 籍贯标准

5. 关于国际税收合作上的 CRS（共同申报准则）体系，下列哪一说法是正确的？（　　）

A. 纳入信息交换的资产账户持有人应为外国国籍

B. 需要交换的资产信息包括所有保险合同

C. 个人投资海外的贵金属不需要申报

D. 个人金融账户金额在 25 万美元以下的无须进行信息交换

二、多项选择题

1. 一国税收管辖权包括哪几个组成部分？(　　)
   A. 来源地税收管辖权
   B. 居民税收管辖权
   C. 非居民税收管辖权
   D. 国民税收管辖权
2. 在国际税法中，对于法人居民身份的认定各国有不同标准。下列哪些属于判断法人纳税居民身份的标准？(　　)（司考．2009.1.87）
   A. 依法人的注册成立地判断
   B. 依法人的股东在征税国境内停留的时间判断
   C. 依法人的总机构所在地判断
   D. 依法人的实际控制与管理中心所在地判断
3. 各国税法上确定自然人居民身份的标准主要有哪些？(　　)
   A. 住所标准
   B. 实际管理和控制中心所在地标准
   C. 居所标准
   D. 居住时间标准
4. 一国对非居民征税，仅限于来源于征税国（收入来源国）境内的所得，而对非居民的境外所得无权征税。非居民在收入来源国的所得，一般包括以下哪几项？(　　)
   A. 营业所得　　B. 投资所得
   C. 个人劳务所得　　D. 财产所得
5. 为了完成会计师事务所交办的涉及中国某项目的财务会计报告，永居甲国的甲国人里德来到中国工作半年多，完成报告并获得了相应的报酬。依相关法律规则，下列哪些选项是正确的？(　　)（司考．2015.1.82）
   A. 里德是甲国人，中国不能对其征税
   B. 因里德在中国停留超过了 183 天，中国对其可从源征税
   C. 如中国已对里德征税，则甲国在任何情况下均不得对里德征税
   D. 如里德被甲国认定为纳税居民，则应对甲国承担无限纳税义务
6. 中国和新加坡都接受了《金融账户信息自动交换标准》标准中的“共同申报准则”（CRS），定居在中国的王某在新加坡银行和保险机构均有账户，同时还在新加坡拥有房产和收藏品等，下列哪些判断是正确的？(　　)
   A. 王某可以自己持有巴拿马护照，要求新加坡不向中国报送其在新加坡的金融账户信息
   B. 如中国未提供正当理由，新加坡无须向中国报送王某的金融账户信息
   C. 新加坡应向中国报送王某在特定保险机构的账户信息
   D. 新加坡可不向中国报送王某在新加坡的房产和收藏品信息

三、名词解释

1. 税收来源地管辖权（中国人民大学 2008 年考研真题）
2. 居民税收管辖权
3. 个人所得税
4. 企业所得税

四、简答题

各国税法实践中关于法人居民身份确认的标准主要有哪些？

五、论述题

1. 个人所得税的税基为什么需要进一步扩大？
2. 各国税法实践中关于自然人居民身份确认的标准主要有哪些？

参考答案

一、单项选择题

1. **答案**：D。AB 错，来源地税收管辖权，也称地域税收管辖权，是指征税国对跨国纳税人在其国境内的所得行使征税的权力，是属

地原则在国际税法上的体现。C错，国家税收管辖权是指国家在主权范围内对一定的人和一定的对象行使的征税权力。D对，居民税收管辖权是根据属人原则确立的管辖权，是指一国对其本国居民在世界范围内的所得进行征税的权力。

2. **答案**：C。在国际税法上，收入来源地税收管辖权已经得到广泛承认。

3. **答案**：A。我国以法人总机构所在地来作为确立法人居民身份的标准。

4. **答案**：D。自然人居民身份的一般判定标准包括住所标准、时间标准、意愿标准。

5. **答案**：C。CRS要求金融机构向所在国的税务管理机构收集上报非税收居民（non-residents）或非税收居民控制的金融账户信息。确定信息是否需要交换取决于账户持有人及受益人是哪国的税收居民，而税收居民身份不取决于国籍，每个国家对于自己国家的税收居民都有严格的界定，A项说法错误。CRS要求申报的内容是非居民金融账户中的金融资产，包括存款账户、托管账户、某些投资实体中的股权权益或债权权益、具有现金价值的保险合同和年金合同。但不包括不产生现金流的资产，如不动产、艺术品、珠宝、贵金属等，B项说法错误，C项说法正确。已有的个人账户，无论金额多少均在情报交换的范围。已有的公司账户，金额在25万美元以下的可以不在情报交换的范围之内。对于新开设的个人或者公司账户，无论金额大小均需进行情报交换，D项说法错误。

二、多项选择题

1. **答案**：AB。一国税收管辖权由居民税收管辖权和来源地税收管辖权两部分组成。

2. **答案**：ACD。对于法人居民身份的认定各国有不同的标准：（1）法人登记注册地标准，即依法人在何国注册成立来判断法人纳税居民的身份；（2）实际控制与管理中心所在地标准，即法人的实际控制与管理中心所在地设在哪个国家，该法人即为哪个国家的纳税居民，董事会或股东大会所在地往往是判断实际管理中心所在地的标志；（3）总机构所在地标准，即法人的总机构设在哪个国家，该法人即为哪个国家的纳税居民，总机构通常指负责管理和控制企业日常营业活动的中心机构。一些国家在确定居民身份时是采取两个以上的标准。依我国《企业所得税法》第2条的规定，我国实际采用了法人注册地和总机构所在地两个标准。

3. **答案**：ACD。各国税法上确定自然人居民身份的标准有：（1）住所标准，即以自然人在征税国境内是否拥有住所这一法律事实，决定其居民或非居民纳税人身份。（2）居所标准，即在各国税法上的含义可能不尽相同，但一般是指一个人在某个时期内经常居住的场所，并不具有永久居住的性质。（3）居住时间标准，即以一个人在征税国境内居留是否达到和超过一定期限，作为划分其居民或非居民的标准，并不考虑个人在境内是否拥有财产或住宅等因素。

4. **答案**：ABCD。非居民在收入来源国的所得一般包括营业所得、投资所得、个人劳务所得和财产所得。

5. **答案**：BD。《个人所得税法实施条例》第3条规定："除国务院财政、税务主管部门另有规定外，下列所得，不论支付地点是否在中国境内，均为来源于中国境内的所得：（一）因任职、受雇、履约等在中国境内提供劳务取得的所得；（二）将财产出租给承租人在中国境内使用而取得的所得；（三）许可各种特许权在中国境内使用而取得的所得；（四）转让中国境内的不动产等财产或者在中国境内转让其他财产取得的所得；（五）从中国境内企业、事业单位、其他组织以及居民个人取得的利息、股息、红利所得。"故A错误。个人非居民劳务所得包括个人独立劳务所得和非个人独立劳务所得。（1）个人独立劳务所得指个人独立从事独立性的专业活动所取得的收入。如医生、律师、会计师、工程师等从事独立活动取得的所得。确定独立劳务所得来源地的方式一般采用"固定基地原则"和"183天规则"。固定基地指个人从事专业性活动的场所，如诊所、事务所等。后者指在境内停留的时间，即应以提供劳务的非居民某一会计年度在境内连续或累计停留达 183 天或在境内设有经营从事独立活动的固定基地为征税的前提条件。对独立的个人劳务所得，应仅由居住国行使征税权。但如取得独立劳务所得的个人在来源国设有固定基地或者连续或累计停留超过 183 天者，则应由来源国征税。(2) 非个人独立劳务所得，即非居民受雇于他人的所得，一般由收入来源国一方从源征税。因此 B 正确。无限纳税义务亦称“全面纳税义务”，是“有限纳税义务”的对称。指纳税人就其来源于全球范围内的所得或财产对其所在国负有纳税义务。无限纳税义务只适用于本国居民（公民）。因此 C 错误，D 正确。

6. **答案**：CD。根据我国《个人所得税法》规定，我国自然人纳税居民身份兼采住所和居留时间标准，王某定居在我国为我国纳税居民。根据 CRS 标准的税收情报交换以纳税居民而非国籍为识别依据，故 A 项错误。根据 CRS 标准交换税收情报是自动进行的，无须经申请，B 项错误。根据 CRS 标准交换的金融账户信息是指广义的金融账户，包括银行、信托、券商、提供各种金融投资产品的投资实体、特定的保险机构的账户等，C 项正确。根据 CRS 标准交换的仅为金融账户信息，不包括投资海外房地产、艺术品、珠宝等信息，D 项正确。

三、名词解释

1. **答案**：税收来源地管辖权是指征税国基于作为课税对象的所得或财产来源于或存在于本国境内的实施而主张行使的征税权。它是属地原则在国际税法上的体现，它以征税对象的非居民所得来源于征税国领土作为连接因素。各国税法对各类所得的来源地识别通常采用的认定标准如下：营业所得来源地的确认标准、劳务所得来源地的确定标准、投资所得来源地的确定标准、财产收益来源地的确定标准。
2. **答案**：居民税收管辖权是征税国基于纳税人与征税国存在居民身份关系的法律事实而主张行使的征税权。这种居民身份关系事实，是指征税国税法上规定的居民纳税人身份构成标准要件。符合税法规定的居民身份构成条件的人（包括自然人和企业法人），即属于该征税国税法意义上的居民纳税人；而这个征税国也相应地称作该纳税人的居住国。凡不具备某个征税国税法规定的居民身份构成条件的人，则为该征税国税法意义上的非居民；而这个征税国相对于非居民而言则是他的非居住国。由于居民纳税人与居住国存在居民身份这样的人身隶属关系，居住国政府基于主权的属人性，可以主张对居民纳税人来源于或存在于居住国境内和境外的各种所得或财产价值征收所得税或一般财产税。因此，在征税国的居民税收管辖权下，纳税人承担的是无限纳税义务，即纳税人不仅要就来源于或存在于居住国境内的所得和财产承担纳税义务，而且还要就来源于或存在于居住国境外的所得和财产向居住国履行有关所得税或财产税的纳税义务。
3. **答案**：个人所得税是以自然人的各种所得或收益为课税对象的一种税收，在实行所得税的各国，它都是一种主要的所得税种。
4. **答案**：企业所得税，在许多国家称为公司所得税，是以公司或企业组织为纳税人，对其在一定期间的所得课征的一种税收。

四、简答题

答案：对于法人居民身份的确定，各国税法实践中主要采用的标准有以下两种：(1) 实际控制和管理中心所在地标准。按照这一标准，法人的实际管理和控制中心处在哪一国，便为该国的居民纳税人。而所谓法人的实际控制和管理中心所在地，指的是作出和形成法人的经营管理重要决定和决策的地点，通常就是董事会或股东会经常召集开会的地点。英国、印度、新西兰等国，都采用这种标准；(2) 总机构所在地标准。按此标准，法人的居民身份决定于它的总机构所在地，而所谓总机构，一般是指负责管理和控制法人的日常经营业务活动的中心机构，如总公司、总部经理或主要事务所等。中国和日本均采用此种标准。

五、论述题

1. **答案：**（1）个人所得税的税基，从广义上讲包括三个层次：①经济税基。在所得税中是指国民经济所得，也可称为税本。②课税所得范围意义上的税基。它是由立法从国民所得项目中经选择而定，可采取税目正列举法或反列举法。③应纳税所得额意义上的税基，它是按照税法对应项目汇总的毛所得进行各种扣除、豁免后确定的计税依据。

（2）扩大税基，实际上就是开辟新税源，从而增加财政收入。这是20世纪80年代以来各国所得税制改革中所普遍采用的一项重要措施，特别是在降低税率导致税收收入减少的情况下，这些措施的重要性更加明显。拓宽税基应成为个人所得税税基改革的基本要求。各国的改革实践表明，“简税制、宽税基、低税率”是个人所得税发展的国际趋势。

2. **答案：**在各国税法实践中，关于自然人的居民身份的确认，采用的标准主要有以下几种：①住所标准，即以自然人在征税国境内是否拥有住所这一法律事实，决定其居民或非居民纳税人的身份，采用这种标准的主要有中国、日本、法国等；②居所标准，即以自然人在征税国是否有经常居住场所这一法律事实，决定其居民或非居民纳税人的身份，采用这一标准的主要有英国、加拿大、澳大利亚等国；③居住时间标准，即以自然人在征税国境内居留是否达到和超过一定期限，作为划分其居民或非居民的标准。采用这种标准的国家很多，但不同的国家税法上对居住期限的规定很不一致。

第二十二章　国际重复征税与国际税法协定

基础知识图解

- 概念（与国际重叠征税的区别）
- 产生原因：税收管辖权的冲突
- 分类
  - 法律意义上
  - 经济意义上
- 国际税收协定
  - 双重征税协定历史发展
  - 双重征税协定内容
  - 与国内税法的关系

配套测试

一、单项选择题

1. 国际重复征税与国际重叠征税的区别主要体现在（　　）。

A. 征税主体不同　　B. 纳税主体不同

C. 征税期间不同　　D. 征税对象不同

2. 两个或两个以上的国家对同一笔所得在具有某种经济联系的不同纳税人手中各征一次税的现象称为（　　）。

A. 国际逃税　　B. 国际避税

C. 国际重复征税　　D. 国际重叠征税

3. 国际重复征税产生的根本原因在于有关国家税收管辖权的重叠冲突。而导致国际重复征税普遍存在的最主要的原因是下列哪项？（　　）

A. 居民税收管辖权与居民税收管辖权之间的冲突

B. 来源地税收管辖权与来源地税收管辖权之间的冲突

C. 居民税收管辖权和来源地税收管辖权之间的冲突

D. 居民税收管辖权与公民税收管辖权之间的冲突

二、多项选择题

1. 下列关于避免国际重复征税方法的说法中，正确的是哪几项？（　　）

A. 累进免税法是指居住国虽然对居民纳税人来源于境外的所得免予征税，但在对居民纳税人来源于境内的所得确定应适用的累进税率时，要将免予征税的境外所得考虑在内

B. 当跨国纳税人在高税率国和低税率国均有盈利时，居住国实行综合限额抵免对纳税人较为有利

C. 在跨国纳税人在各个非居住国的分支机构有盈有亏的情形下，居住国采用分国限额抵免对纳税人较为有利

D. 间接抵免法是适用于解决跨国母子公司之间股息分配存在的经济性重复征税的方法

2. 国际税收协定的内容主要包括（　　）。

A. 协定的适用范围

B. 避免国际重复征税的措施

C. 对各项所得的课税安排

D. 防止国际逃避税的措施

3. 国际税法的重要渊源是国际税收协定，下列有关国际税收协定表达正确的有（　　）。

A. 国际税收协定最典型的形式是“OECD范本”和“联合国范本”

B. 一旦得到一国政府和立法机关的法律承认，国际税收协定的效力便高于国内税法

C. 国际税收协定直接制约主权国家调整修改税法

D. 实行税收无差别待遇是国际税收协定的基本内容之一

E. 国际税收协定是指仅有两个主权国家签订的税收条约

三、名词解释

1. 国际重复征税
2. 国际税收协定

四、简答题

1. 简述国际重复征税与国际重叠征税的区别。
2. 简述根据经合范本和联合国范本，各国是如何协调跨国营业所得征税权方面的冲突的。
3. 简述双重征税协定的主要内容。

参考答案

一、单项选择题

1. **答案**：B。国际重复征税与国际重叠征税的区别主要体现在纳税主体不同：(1) 国际重复征税，是指两个或两个以上国家对同一跨国纳税人就同一征税对象在同一时期同时课税。国际税法上所说的国际双重征税一般是指国际重复征税。(2) 国际重叠征税，是指对两个不同的纳税人就同一项所得或财产征收两次或两次以上的税收的现象。

2. **答案**：D。AB 错，国际逃税是指跨国纳税人故意违反国家税法和国际税收协定的规定，采取各种隐蔽的非法手段，以减少本应承担的国际纳税义务的行为。国际避税是指跨国纳税人利用各国税法上的差别或漏洞，采取变更经营地点或经营方式等各种公开的合法手段，以减轻或不承担国际纳税义务的行为。从性质上讲，国际逃税行为是非法行为，而国际避税则是一种不道德行为，并不违反法律。C 错 D 对，国际重复征税和国际重叠征税的区别主要在于：国际重叠征税是在不同纳税人手中各征一次税，而国际重复征税是对同一纳税人征多次税。

3. **答案**：C。本题考查国际重复征税的原因。导致国际重复征税普遍存在的最主要的原因是居民税收管辖权和来源地税收管辖权之间的冲突。

二、多项选择题

1. **答案**：ABCD。
2. **答案**：ABCD。国际税收协定的主要内容包括：协定的适用范围、有关定义的解释、对各项所得的课税安排、避免国际双重征税的措施、防止国际逃税避税的措施、避免税收歧视的规定等。
3. **答案**：ABD。

三、名词解释

1. **答案**：国际重复征税是指有关国家所主张的税收管辖权在纳税人的跨国所得或财产价值上发生重叠冲突而导致两国或者两个以上的国家就同一征税对象或同一税源在同一期间内征收相同或者类似性质的税收。国际重复征税，包括法律意义的国际重复征税和经济意义的国际重复征税。前者是指两个或者两个以上的国家对同一纳税人就同一征税对象在同一时期内征收相同或者类似性质的税收。后者又称国际重叠征税或者国际双层征税，是指两个或者两个以上的国家对不同的纳税人就同一征税对象或同一税源在同一期间内征收相同或者类似性质的税收。

2. **答案**：从广义上讲，国际税收协定是有关主权国家之间签订的旨在协调彼此间税收权益分配关系和实现国际税务行政协助的书面协议。按签订和参加协定的国家数量，国际税收协定可分为双边税收协定和多边税收协定；按协定适用的税种的不同，则有关税协定、增值税协定、所得税协定和财产税协定等种类的区别；根据协定涉及的内容范围的大小，国际税收协定又可分为一般或综合性

税收协定和特别或专项性税收协定。专项性税收协定通常是缔约国双方为协调处理某特定项目的税收分配关系或税务事项所签订的协定，如两国间签订的关于互免海运或空运企业运输收入税收的协定、关于税务情报交换方面的协定等。综合性税收协定则是指缔约各方签订的广泛协调各种所得税和财产税的权益分配关系和有关税务合作事项的协定。如各国间普遍签订的双边性的关于避免对所得和财产的双重征税协定（简称双重征税协定）。

四、简答题

1. 答案：（1）产生原因不同。前者是由于国家间税收管辖权冲突，后者产生的前提条件有二：一是跨国所得的存在；二是公司所在国和股东所在国分别依据各自所得税法进行征税。

（2）后果和影响不同。前者违背了税负公平原则，造成国家对外经济政策的非正常实施，为国际避税和逃税敞开了方便之门，对国际经济的发展负面影响很大。后者影响相对小一些，加重了投资者的负担，不利于国际投资。

（3）避免方法不同，前者的国内法方法有免税方法、扣除方法、抵免方法等；国际上的方法也是最有效、最方便的方法是通过国家间的税收协定加以解决。避免国际重叠征税可由股息收入国和股息付出国分别采取若干方法。股息收入国的方法主要有三种，对来自国外的股息减免所得税、准许母子公司合并报税和间接抵免。股息付出公司所在国的方法有双税率制和折算制。

2. 答案：1963 年经合组织下设的国际税务委员会起草了《关于对所得和财产避免双重征税协定范本》，1977 年联合国拟定了《发达国家与发展中国家关于双重征税的协定范本》，这两个范本标志着双重税收协定到发展开始进入模式化阶段，推定双重征税协定的规范化和统一化。各国主要通过双重征税协定协调跨国营业所得征税权方面的冲突。采取的方式是针对不同种类型之道跨国所得，运用不同的冲突规则，明确哪些所得应由来源地国和居住国一方独占征税，哪些应由来源地国和居住地国双方分享征税权，哪些所得项目来源地国一方在一定条件和范围内可以优先行使征税权，从而在一定程度上避免或减缓了缔约国双方在这些跨国征税对象上的征税冲突。协调跨国营业所得征税权冲突的基本原则是常设机构原则。

【参考资料】余劲松、吴志攀主编：《国际经济法》，高等教育出版社、北京大学出版社 2009 年版。

3. 答案：主要内容有：协定的适用范围，包括协定在空间和时间上的效力范围、协定适用的税种范围、协定对人的适用范围；对各类跨国所得和财产价值的征税权划分；避免和消除国际重复征税的方法；税收无差别待遇，包括国籍无差别、常设机构无差别、费用扣除无差别、资本构成无差别；相互协商程序与情报交换程序。

第二十三章　跨国所得和财产价值课税冲突协调

基础知识图解

- 跨国营业所得征税权冲突
  - 协调原则：常设机构原则
  - 常设机构概念、范围
  - 可归于常设机构利润范围的确定
    - 引力原则
    - 有实际联系原则
- 跨国劳务所得征税权冲突
  - 协调原则：固定基地原则
  - 对有关特定人员跨国劳务所得征税规定
- 跨国投资所得征税权冲突协调
- 跨国不动产所得、财产收益及价值征税协调

配套测试

一、不定项选择题

1. 经合组织范本和联合国范本建议用以协调法人双重居民身份冲突的标准是（　　）。

A. 法人总机构所在国

B. 法人实际管理机构所在国

C. 法人注册地所在国

D. 法人的国籍所属国

2. 下列哪项是目前大多数税收协定中确定常设机构利润范围的原则？（　　）

A. 固定基地原则

B. 引力原则

C. 实际联系原则

D. 成本费用合理分摊原则

3. 在跨国独立劳务所得征税问题上，国际上普遍遵守的原则为（　　）。

A. 固定基地原则

B. 引力原则

C. 实际联系原则

D. 成本费用合理分摊原则

4. 目前各国对非居民营业所得的纳税普遍采用常设机构原则。关于该原则，下列哪些表述是正确的？（　　）（司考.2010.1.84）

A. 仅对非居民纳税人通过在境内的常设机构获得的工商营业利润实行征税

B. 常设机构原则同样适用于有关居民的税收

C. 管理场所、分支机构、办事处、工厂、油井、采石场等属于常设机构

D. 常设机构必须满足公司实体的要求

二、名词解释

1. 常设机构

2. 有实际联系原则

3. 跨国劳务所得

4. 不动产所得

参考答案

一、不定项选择题

1. **答案**：B。根据经合组织范本和联合国范本的规定，确定法人居住国的标准是法人实际管理机构所在国原则。

2. **答案**：C。实际联系原则，是指来源地国仅

对非居民纳税人的设在本国境内的常设机构有实际联系的所得，即与常设机构本身的经济活动有关的营业利润以及其在来源国的投资利润、贷款利息和特许权使用费等可以归属于常设机构的所得进行征税。它是大多数税收协定中确定常设机构利润范围的原则。

3. 答案：A。固定基地原则的内容，反映在联合国范本和经合组织范本第 14 条第 1 款的相关规定中。

4. 答案：AC。常设机构原则不适用于关于居民的税收，因此 B 项说法错误；常设机构无须满足公司实体的要求，因此 D 项错误。

二、名词解释

1. 答案：常设机构首先是指一个企业进行其全部或部分营业的固定场所，特别包括：管理场所、分支机构、办事处、工厂、车间或作业场所、矿场、油井或气井、采石场或者任何其他开采自然资源的场所。

2. 答案：根据“有实际联系原则”，只有那些通过常设机构进行的营业活动产生的利润收益和与常设机构有实际联系的各种所得，才应确定为可归属于该常设机构的利润范围由来源地国征税。对于未通过常设机构实施的营业活动实现的收益和与常设机构并无实际联系的其他所得，应排除在常设机构的利润范围之外，适用协定其他有关条款处理。“有实际联系原则”是大多数国家的双边税收协定在确认常设机构利润范围问题上采用的原则，这一原则在具体适用中的关键问题，在于如何解释和应依何种标准判定缔约国一方企业来源于缔约国另一方境内一笔具体所得，与该企业设在另一方境内的某个常设机构是否存在实际联系。由于各国签订的协定中通常本身未就“有实际联系”一语作出进一步的解释规定，这也是在协定适用实践中容易引起争议的一个问题。

3. 答案：跨国劳务所得系指缔约国一方居民个人取得的来源于缔约国另一方境内的劳务所得。劳务所得分为独立劳务所得和非独立劳务所得两类。在各国税收协定实践中，通常针对这两类不同的跨国劳务所得，分别规定了不同的协调缔约双方征税权冲突的一般原则，另外还就某些特定人员的劳务报酬和所得，单独作出一些特别规定。

4. 答案：国际税收协定意义上的不动产所得指的是纳税人在不转移不动产的所有权情况下，运用不动产，包括使用或出租等形式，而取得的所得。例如，利用土地开办农场或开发山区种植林木果树获得收益。

第二十四章　避免国际重复征税的方法

基础知识图解

- 免税方法：概念、优点、缺点
- 抵免法
  - 直接抵免法
    - 分国限额抵免
    - 综合限额抵免
    - 专项限额抵免
  - 间接抵免法
- 税收饶让抵免：概念、意义

配套测试

一、单项选择题

1. 在消除或缓解国际重复征税诸措施中，对跨国纳税人最有利的是（　　）。

A. 免税法　　B. 抵免法

C. 扣除法　　D. 减税法

2. 甲国A公司在某纳税年度内来自本国的应税所得为100万元，来自乙国的应税所得为50万元，甲、乙两国税率分别为20%和40%，如甲国实行全额抵免制，A公司向甲国应缴纳的所得税额是（　　）。

A. 10万元

B. 30万元

C. 20万元

D. 15万元

3. 居住国对本国居民纳税人已向来源国实际缴纳的税额以及对来源国为鼓励外国投资者而减免的那部分税额予以抵免，这被称为（　　）。

A. 外国税收歧视

B. 外国税收饶让

C. 外国税收抵免

D. 外国税收优惠

4. 国际税收中，彻底消除国际重复征税的办法是（　　）。

A. 免税法

B. 税收饶让

C. 直接抵免法

D. 间接抵免法

5. 股息收入国解决国际重叠征税的主要措施是采用（　　）。

A. 母子公司合并报税和间接抵免制

B. 双税率制和折算制

C. 间接抵免制和双税制

D. 母子公司合并报税和折算制

6. 适用于解决母子公司以下各层公司的重复征税的抵免方法称为（　　）。

A. 直接抵免方法

B. 间接抵免方法

C. 多层间接抵免方法

D. 单层间接抵免方法

二、多项选择题

1. 下列说法中正确的有（　　）。

A. 从维护国家主权的角度考虑，免税法是解决国际重复征税的最佳办法

B. 扣除法，是指居住国对居民纳税人征税时，允许从跨国所得额中扣除已向来源国缴纳的税款；其余额适用居住

国所得税税率

C. 直接抵免法适用于解决国际重复征税，间接抵免法适用于解决国际重叠征税

D. 限额抵免法，是指居住国对居民纳税人在所得来源国已缴纳的税款所允许抵免的数额，仅限于取自来源国的所得按居住国的税法规定的税率计算的应纳税额

2. 避免或缓解国际重复征税的方法主要有下列哪几项？（　）

A. 免税法　　B. 抵免法

C. 扣除法　　D. 减税法

3. 下列关于税收饶让抵免的说法中，正确的是下列哪几项？（　）

A. 税收饶让抵免有利于发展中国家实施对外资的税收优惠政策

B. 税收饶让抵免不影响纳税人居住国原有的税收权益

C. 税收饶让抵免是消除国际重复征税的有效方法之一

D. 税收饶让抵免增加了所得来源国的税收权益

4. 根据居住国采用抵免法允许纳税人抵免的已缴来源国税额是否有一定的限额限制，抵免法可分为（　）。

A. 全额抵免法

B. 直接抵免法

C. 间接抵免法

D. 限额抵免法

E. 综合限额抵免法

三、名词解释

1. 免税方法

2. 抵免法

3. 税收饶让抵免

四、简答题

免税法作为避免双重征税方法的优点和缺点。

参考答案

一、单项选择题

1. 答案：A。

2. 答案：A。全额抵免，是指不管纳税人在收入来源国纳税多少，居住国都给予抵免。(1) A公司在甲国应纳所得税额为：（100万元+50万元）×20%＝30万元；(2) A公司已向乙国交纳所得税额为：50万元×40%＝20万元；(3) 本题中，甲国实行全额抵免制，则A公司向甲国应纳所得税额为30万元−20万元＝10万元。

3. 答案：B。税收饶让，是指居住国对本国居民纳税人已经向来源国实际缴纳的税额，以及对来源国为吸引和鼓励外国投资者而减免的那部分税额予以抵免。

4. 答案：A。免税法避免了在跨国所得上居民税收管辖权与所得来源地国的来源地税收管辖权的冲突，有效防止了国际重复征税的发生。

5. 答案：A。股息收入国解决国际重叠征税的主要措施是采用母子公司合并报税和间接抵免制。

6. 答案：A。居住国的母公司通过设在来源地国的子公司缴纳的来源地国税额适用间接抵免法。子公司则适用直接抵免法。

二、多项选择题

1. 答案：BCD。A错，国际重复征税，是指两个或两个以上国家对同一跨国纳税人就同一征税对象在同一时期同时课税。国际税法上所说的国际双重征税一般是指国际重复征税。

免税法，也称豁免法，是指征税国政府对本国居民来源于境外的所得或财产免予征税。居住国允许其居民纳税人将来源于或在境外的已向来源国纳税的那部分跨国所得或财产的价值从其应约税所得额中扣除而免予征税。在消除或缓解国际重复征税诸措施中，对跨国纳税人最有利的是免税法。B

对，扣除法，是指居住国对居民纳税人征税时，允许从应约税所得（跨国所得）额中扣除已向来源国缴纳的税款，其余额适用居住国所得税税率。C对，直接抵免法，是指对跨国纳税人已向收入来源地国直接缴纳的所得税税款的抵免。直接抵免适用于解决国际重复征税，包括：跨国自然人所得方面的外国税收，分公司或分支机构的外国税收和预提税等。D对，限额抵免法适用于解决国际重叠征税，是适用于跨国公司母公司与子公司之间的一种抵免方法，是指居住国对居民纳税人在所得来源国已缴纳的税款所允许抵免的数额，仅限于取自来源国的所得按居住国的税法规定的税率计算的应纳税额。

2. **答案**：ABCD。免税法，是指居住国一方对本国居民来源于来源地国的已向来源地国纳税了的跨国所得，在一定条件下放弃居民税收管辖权，允许不计入该居民纳税人的应税所得额内免予征税的方法。抵免法，就是居住国按照居民纳税人的境内外所得或一般财产价值的全额为基数计算其应纳税额，但对居民纳税人已在来源地国缴纳的所得税或财产税额，允许从向居住国应纳税额中扣除。扣除法是指居住国在对居民纳税人的境内外所得征税时，允许居民纳税人从应税所得额中扣除在来源地国已缴纳的外国所得税额，就扣除后的余额计算征收所得税的方法。减税法则是指居住国对本国居民来源于国外的所得，适用较低的税率或按境外所得额的一定比例计税给予减征税款的照顾，以缓解跨国所得的税负重叠现象。

3. **答案**：AB。税收饶让抵免即居住国对其居民因来源地国实行减免税优惠而未实际缴纳的那部分税额，应视同已经缴纳同样给予抵免。税收饶让的主要意义并不在于避免和消除国际重复征税，而是为了配合所得来源地国吸引外资的税收优惠政策的实施，鼓励对来源地国的投资。

4. **答案**：AD。根据居住国采用抵免法允许纳税人抵免的已缴来源国税额是否有一定的限额限制，抵免法可分为全额抵免法和限额抵免法。全额抵免法，是指居住国允许纳税人已缴的来源国税额可以全部用来充抵其居住国应纳税额，没有限额的限制。限额抵免法是指纳税人从居住国应纳税额中抵扣的已缴来源地国税额，有一定限额的限制，即不得超过纳税人的境外来源所得按居住国税法规定税率计算出的应纳税额，此即所谓的抵免限额。

三、名词解释

1. **答案**：免税方法，亦称豁免法，是指居住国一方对本国居民来源于来源地国的已向来源地国纳税了的跨国所得，在一定条件下放弃居民税收管辖权，允许不计入该居民纳税人的应税所得额内免予征税的方法。免税法的主要优点在于能够有效地避免国际双重征税。缺陷也是显而易见，未能在消除国际重复征税问题上同时兼顾居住国、来源地国和跨国纳税人这三方主体的利益。

2. **答案**：抵免法是指居住国一方对本国居民的国外所得或者财产价值征税时，允许本国居民将其已在来源地国实际缴纳的税款从应向居住国缴纳的税款中扣除。抵免法是居住国为消除国际重复征税而采取的措施之一。在抵免法中，居民纳税人可以从应纳的居住国税款中抵扣的已缴来源地国税款的最高限额，称抵免限额。该限额的具体数额为纳税人的境外所得额按照居住国税法规定的税率计算出的应纳税额。居民纳税人已缴来源地国税款如要超过抵免限额，超过的部分不能从向居住国应纳的税额中抵扣，只能由纳税人自行承担。可见，在抵免法中，居住国并没有放弃对其居民纳税人来源于境外的那部分所得的征税权，而是仅承认来源地国的来源地税收管辖权的优先地位，即以纳税人已在来源地国实际缴纳的税款来冲抵其应纳的居住国税款。抵免法有直接抵免和间接抵免的区分。

3. **答案**：税收饶让抵免，即居住国对其居民因来源地国实行减免税优惠而未实际缴纳的那部分税额，应视同已经缴纳同样给予抵免。由于在税收饶让抵免方法下，居住国给予抵免的是居民纳税人并未实际缴纳的来源地国税收，所以又称为“虚拟抵免”或“影子税收抵免”。

税收饶让抵免的主要意义是为了配合所得来源地国吸引外资的税收优惠政策的实施。

四、简答题

答案：(1) 免税法的优点。作为一种消除双重征税的措施，免税法的主要优点在于能够有效地避免国际双重征税。在来源地国税率低于居住国税率的情况下，居住国采用免税法，能使居民纳税人实际享受到来源地国政府给予的低税负或减免税优惠，从而有利于鼓励促进跨国投资。另外，免税法在计算征收管理上较为简便，居住国税务机关无须对居民纳税人在来源地国的经营收支状况和纳税情况进行困难和费时的调查核实工作。

(2) 免税法的缺点。首先，这种方法是建立在居住国放弃其对居民境外所得或财产价值的征税权益基础上，未能消除国际重复征税问题上同时兼顾居住国、来源地国和跨国纳税人这三方主体的利益。其次，居住国采用免税法对本国居民的境外所得或财产价值免予征税，在来源地国税率水平低于居住国税率水平的情况下，将造成有境外收入和财产的纳税人税负轻于仅有境内收入和财产的纳税人的结果，违反税负公平的原则，容易为跨国纳税人提供利用各国税负差异进行逃税和避税的机会。

【参考资料】余劲松、吴志攀主编：《国际经济法》，北京大学出版社、高等教育出版社2009年版。

第二十五章　国际逃税与避税

基础知识图解

- 概念
- 国际逃税手段
  - 不报送纳税资料
  - 谎报所得和虚构扣除
  - 伪造账册和收付凭证
- 国际避税手段
  - 主体跨国移动
  - 征税对象跨国移动
  - 弱化股份投资
  - 滥用税收协定
- 国际逃税与避税区别
- 管制措施
  - 国内措施
  - 加强国际合作

配套测试

一、单项选择题

1. 各国针对转移定价所采用的反避税措施主要有（　　）。

A. 常设机构原则　　B. 正常交易原则

C. 最密切联系原则　　D. 引力原则

2. 下列有关国际避税与反避税的表述中，错误的是（　　）。

A. 税收情报交换是进行国际反避税合作的主要内容

B. 不转移纳税主体的避税，是国际避税的基本方法之一

C. 转让定价税制的管辖对象是关联交易

D. 确认关联交易是整个转让定价税制的核心内容

3. 跨国纳税人利用避税港进行国际避税主要是通过在避税港设立下列哪种机构来实施国际避税？（　　）

A. 常设机构

B. 固定基地

C. 踏脚石传输公司

D. 基地公司

4. 针对跨国联属企业利用转移定价来实施国际避税的行为，各国通常采用下列哪种原则来实行反避税？（　　）

A. 正常交易原则

B. 固定基地原则

C. 常设机构原则

D. 引力原则

二、多项选择题

1. 跨国纳税人利用转移定价逃避国际税收的行为主要包括（　　）。

A. 先以低价出售给低税率国家的关联企业，再由该关联企业以高价出售给高税率国家的关联企业

B. 压低由低税率国家企业向高税率国家关联企业出售货物、提供劳务等的价格

C. 人为地增加跨国公司某一分支机构的成本与费用开支，从而减少该分支机构的盈利数额，达到逃避该机构所在国税收的目的

D. 提高由低税率国家企业向高税率国家

关联企业出售货物、提供劳务等的价格

2. 下列哪种方法属于跨国公司进行国际避税常用的方法？（　　）

A. 匿报应税财产和收入

B. 利用避税港设立基地公司

C. 不合理地分摊成本和费用

D. 转移定价

3. 各国管制纳税人国际逃税和避税的一般性法律措施包括（　　）。

A. 实行评估所得的征税

B. 核定利润方式征税

C. 加强国际税务申报制度

D. 强化对跨国交易活动的税务审查

E. 禁止非正常的利润转移

4. 跨国纳税人进行国际逃税的手段主要包括下列哪几项？（　　）

A. 跨国联属企业转移定价

B. 套用税收协定

C. 虚构扣除

D. 伪造账册

5. 关于在避免双重征税协定中增设反滥用协定条款，从目前各国税收协定的实践看，所采用的标准和方法大体分为（　　）。

A. 透视法　　B. 排除法

C. 渠道法　　D. 征税法

三、名词解释

1. 避税
2. 国际逃税
3. 转移定价
4. 资本弱化
5. 套用税收协定
6. 正常交易原则
7. 透视法

四、简答题

1. 简述管制国际逃税和避税的一般国内法措施。
2. 各国税法一般如何防止跨国联属企业利用转移定价进行国际避税？
3. 各国如何通过国际合作以防止国际逃税和国际避税？

五、论述题

试述跨国纳税人进行国际避税的主要方式。

参考答案

一、单项选择题

1. **答案**：B。各国针对转移定价所采用的反避税措施主要为正常交易原则。

2. **答案**：D。税收情报交换是进行国际反避税合作的主要内容；国际避税的四个基本方法中包括不转移纳税主体的避税；转让定价税制的管辖对象是关联交易；采用哪些方法对跨国关联企业利用转让定价形成不合理的国际收入和费用分配进行重新调整，是整个转让定价税制的核心内容。

3. **答案**：D。基地公司是指那些在避税港设立而实际受外国股东控制的公司，这类公司的全部或主要的经营活动是在避税港境外进行的。跨国纳税人利用避税港进行国际避税主要是通过在避税港设立基地公司来实施国际避税。

4. **答案**：A。针对跨国联属企业利用转移定价来实施国际避税的行为，各国通常采用正常交易原则来实行反避税。

二、多项选择题

1. **答案**：AD。（1）转移定价，是指由于关联企业之间存有共同的股权和控制关系，它们之间在交易中确定价格时不按照正常市场价格进行，而是根据逃避税收的目的故意提高或降低有关交易的价格。这样，通过把利润从税负高的国家转移到低税的国家而达到减税目的。跨国纳税人利用转移定价方法逃避国际税收的做法有：①压低由高税率国家企业向其低税率国家关联企业出售货物、提供劳务等的价格。②提高由低税率国家企业向高税率国家关联企业出售货物、提供劳务等的价格。③先以低价出售给低税率国家的关联企业，再由该关联企业以高价售给高税率国家的关联企业。(2) 所谓“跨国关联企业或称联属企业”，是指同一企业集团中存在的在股权上存有一定关系的企业，包括母公司、分公司和子公司及其下属公司或者参股公司等。根据联合国范本的解释，关联企业的情形有两种：①缔约国一方的企业直接或间接参与缔约国另一方的企业管理、控制或资本。②同一纳税人直接和间接地同时参与缔约国一方企业和缔约国另一方企业的管理、控制或资本。

2. **答案**：BCD。A 错，A 项表述属于国际逃税的情形。国际逃税是指跨国纳税人故意违反国家税法和国际税收协定的规定，采取各种隐蔽的非法手段，以减少本应承担的国际纳税义务的行为。BCD 对，通过征税对象的跨国移动进行国际避税，是纳税人最常用的方式，其中被各国政府密切关注的避税方式有：通过内部交易逃避税收；利用国际避税地逃避税收。(1) 通过内部交易逃避税收，一般是发生在跨国公司的各联属企业之间。具体是指：①转移定价，是指由于上述关联企业之间存有共同的股权和控制关系，它们之间在交易中确定价格时不按照正常市场价格进行，而是根据逃避税收的目的故意提高或降低有关交易的价格。这样，通过把利润从税负高的国家转移到低税的国家而达到减税目的。②不合理地分摊成本和费用，是指在跨国企业内部总机构和各分支机构间或者总公司和国外的分公司之间，通过不合理地增加某一机构的成本和费用开支的方法，以减少利润而达到逃避或减少该机构税负的目的。(2) 利用国际避税地逃避税收。避税地一般是指那些对财产和所得不征税或按很低的税率征税的国家和地区。

3. **答案**：ACD。E 项明显错误，B 项不属于各国管制纳税人国际逃税和避税的一般性法律措施。

4. **答案**：CD。AB 两项属于国际避税的方法。

5. **答案**：ABCD。

三、名词解释

1. **答案**：避税虽然在各国税法上往往没有明确的概念定义，但一般来说，它是指纳税人利用税法规定的缺漏或不足，通过某种公开的或形式上不违法的方式来减轻或规避其本应承担的纳税义务的行为。

2. **答案**：所谓国际逃税，一般是指跨国纳税人采取某种违反税法的手段或措施，减少或逃避就其跨国所得或财产价值本应承担的纳税义务的行为。

3. **答案**：转移定价，又称转让定价，是指跨国联属企业（又称跨国关联企业）之间在进行交易时，出于联属企业集团利益或经营目标的需要，在交易定价和费用分摊上，不是根据独立竞争的市场原则和正常交易价格，而是人为地故意抬高或压低交易价格或费用标准，从而将联属企业某一实体的利润转移至另一个实体的行为。避税是跨国联属企业实施转移定价行为的重要动机之一，通过转移定价行为，跨国联属企业可以将设在高税率国家的企业的利润人为地转移至设在低税率国家的企业中，避免在高税率国家承担较高的所得税纳税义务，从而使得跨国联属企业集团的总体税负减轻。

4. **答案**：资本弱化，又称隐蔽的股份投资，是指跨国集团公司把本来应以股份形式投入的资金转为采用贷款方式提供的行为。由于以股份形式投资而收取的股息与以贷款形式投资而收取的利息，在所得税税负方面存在差异，通常是股息的所得税税负要高于利息的所得税税负，因此，跨国集团公司通过资本弱化行为，可以逃避或减轻其本应承担的税收负担。

5. **答案**：套用税收协定，有的学者称之为滥用税收协定，是指本无资格享受某一特定税收协定优惠待遇的第三国居民，为获取该税收协定中的优惠待遇，通过在税收协定的缔约国一方境内设立一个具有该国居民身份的传输公司，从而间接享受该税收协定提供的优惠待遇，减轻或避免了其跨国所得本应承担的纳税义务的行为。由于税收协定所提供的优惠待遇仅对协定的缔约国适用，缔约国以外的第三国居民不能享有该优惠待遇，因此第三国居民便采取套用税收协定行为，以享受该协定提供的税收优惠待遇而减轻其纳税义务。

6. **答案**：目前，许多国家在这个问题上都实行正常交易原则，对关联企业之间的收入费用进行合理的分配。正常交易原则，系将关联企业的总机构与分支机构、母公司与子公司，以及分支机构或子公司相互间的关系，当作独立竞争的企业之间的关系来处理。按照这一原则，关联企业各个经济实体之间的营业往来，都应按照公平的市场交易价格计算。如果有人为地抬价或压价等不符合这一原则的现象发生，有关国家的税务机关则可依据这种公平市场价格，重新调整其应得收入和应承担的费用。

7. **答案**：按照这类透视法条款，缔约国的居民公司是否享受协定的优惠待遇，取决于控制或拥有该公司的股东是否也是缔约国的居民。换言之，判断一个公司是否适用协定优惠待遇，不再仅依据该公司是否为缔约国居民这一表面标准，还要进一步分析控制或拥有该公司的股东是否也是缔约国的居民。如果控制或拥有该公司的股东是第三国居民，则该公司不得享受协定规定的有关减免税优惠待遇。这种依公司股东身份决定公司能否享受协定待遇的方法，实际上是"揭开公司面纱"理论在税法上的运用。

四、简答题

1. **答案**：一是加强国际税务申报制度；二是强化税务审查制度；三是实行评估所得制度。

2. **答案**：目前，多数国家都实行正常交易原则来防止跨国联属企业利用转移定价逃避其应承担的纳税义务。正常交易原则，系将关联企业的总机构与分支机构、母公司与子公司，以及分支机构或子公司相互之间的关系，当作独立竞争的企业之间的关系来处理。按照这一原则，关联企业各个经济实体之间的营业往来，都应按照公平的市场交易价格计算。如果有人为地抬价或压价等不符合这一原则的现象发生，有关国家的税务机关可以依据这种公平市场价格，重新调整其应得收入和应承担的费用。

3. **答案**：目前，各国多采取双边或多边合作的形式，通过签订有关条约和协定达到防止国际逃避税的目的，其主要包括以下三个方面的内容：（1）建立国际税收情报交换制度，使各国税务机关能够了解掌握纳税人在对方国家境内的营业活动和财产收入情况，以防止和打击跨国纳税人的国际逃避税行为。（2）在双重征税协定中增设反滥用协定条款，以避免跨国纳税人滥用税收协定进行国际避税。（3）在税款征收方面的相互协助，包括一国的税务机关接受另一国税务机关的委托，代为执行某些征税行为，如代为送达纳税通知书，代为实施税收保全措施和追缴税款等。

五、论述题

答案：纳税人进行国际避税的方式多种多样，但常用的避税方式主要包括：（1）通过纳税主体的跨国移动进行国际避税。例如，由于各国一般以个人在境内存在居所、住所或居留达到一定期限等法律事实，作为行使居民税收管辖权的依据。对此，自然人往往采取移居国外或压缩在某国的居留时间等方式，达到规避在某国承担较高的居民纳税人义务的目的。（2）通过征税对象的跨国移动进行国际避税。这是跨国纳税人最经常采用的一类避税方法。其具体做法主要有两种：一种是跨国联属企业通过转移定价进行避税，即跨国联属企业在进行交易时不按一般市场价格标准，而是基于逃避有关国家税收的目的来确定相互之间的交易价格，或人为地提高交易价格或压低交易价格，使利润从税赋高的国家转移到税赋低的国家，以逃避税收。另一种是跨国纳税人利用避税港进行国际避税，即通过在那些对所得和财产不征税或按很低税率征税的国家和地区（避税港）设立"基地公司"，将在避税港境外的所得和财产汇集在基地公司账户下，从而达到逃避国际税收的目的。（3）跨国投资人有意弱化股份投资进行国际避税，即在跨国股息和利息所得的实际国际税负存在较大差别的情况下，跨国投资人有意弱化股份投资而增加贷款融资比例，从而达到避税的目的。(4) 跨国纳税人滥用税收协定进行国际避税，即本无资格享受某一特定的税收协定优惠待遇的第三国居民，为获取该税收协定的优惠待遇，通过在协定的缔约国一方境内设立一个具有该国居民身份的导管公司（通常采用子公司形式），从而间接享受了该税收协定提供的优惠待遇，减轻或避免了其跨国所得本应承担的纳税义务。

第二十六章　国际经济争议解决法律制度概述

基础知识图解

- 争议种类、特点
- 解决方法
  - 司法方法
    - 管辖的确定
    - 诉讼程序
    - 裁判的执行
  - 非司法方法
    - ADR 法律特征
    - 表现方式
      - 协商
      - 调解
      - 仲裁

配套测试

一、单项选择

我国 G 公司与荷兰 H 公司正就签订一项商务合同进行谈判。针对该合同可能产生的争议，H 公司提出，如发生争议应尽量协商调解解决，不成再提请仲裁或进行诉讼。在决定如何回应此方案之前，G 公司向其律师请教。该律师关于涉外民商事纠纷调解的下列哪一项表述是错误的？(　　)

A. 调解是有第三人介入的争议解决方式

B. 当事人双方在调解人的斡旋下达成的和解协议不具有强制执行的效力

C. 在涉外仲裁程序中进行的调解，仲裁庭无须先行确定双方当事人对调解的一致同意即可直接主持调解

D. 在涉外诉讼中，法官也可以对有关纠纷进行调解

二、名词解释

1. 国家之间的经济贸易争议

2. 司法方法

3. ADR（中国人民大学 2009 年考研真题）

三、简答题

1. 简述解决不同国家国民之间的国际经济贸易争议的方式。

2. 简述我国法院对涉外民事案件的管辖。

参考答案

一、单项选择

答案：C。国际民商事争议的解决方式包括调解、仲裁、诉讼。调解是当事人自愿将争议提交给第三者，并在第三者的主持和促使下达成和解协议，解决争议的方法。故 A 正确。但是当事人间的调解协议仅具有合同的效力，不能够申请强制执行。故 B 正确。仲裁是指根据当事人事先或者事后达成的仲裁协议，将争议提交给他们选定的仲裁机构，由仲裁机构依法作出裁决，解决争议的一种方式。仲裁过程中，仲裁庭可以征得当事人同意后进行调解，调解成功即结案。故 C 错误。诉讼是指由有管辖权的法院依法对当事人之间的争议进行裁判以解决争议的一种方式。诉讼过程中，合议庭可以征得当事人同意后进行调解，调解成功即结案。故 D 正确。所以本题答案为 C。

二、名词解释

1. 答案：国家之间的经济贸易争议是指主权国家在经济贸易交往中所产生的争议。这类争议的特点是：第一，争议一般产生于国家之间订立的双边或多边国际公约的解释或履行中，如对双边贸易协定、投资保护协定、避免双重征税和防止偷税、漏税协定的解释或履行中发生的争议以及由于多边国际经济贸易公约而产生的争议，如世界贸易组织中的各项协议的解释或履行中发生的争议。第二，争议双方均为主权国家，而不是这些主权国家中的国民。

2. 答案：司法方法即通过诉讼的方法解决国际经济贸易争议。由于世界上并不存在而且在近期内也不可能存在专门解决这类争议的、凌驾于各主权国家之上的法院，这里所说的司法诉讼，是在一国法院提起的涉及不同国家当事人之间的国际经济贸易争议，各国法院根据本国的民事诉讼法对此类争议行使管辖权。一国法院作出的判决，如果需要到另一国家执行，还要得到另一国法院的司法协助。

3. 答案：ADR 即通过法院以外的方式解决争议的方法，如通过双方当事人友好协商或谈判，或者由双方同意的第三人进行调解或仲裁。这种方法称为选择性的解决争议的方法(alternative dispute resolution)。这种解决争议方法的前提是当事人之间达成的解决争议的协议。

三、简答题

1. 答案：就不同国家的一般当事人之间的国际经济贸易争议解决的方法而言，概括起来，主要有以下两种：解决国际经济贸易的司法方法即通过诉讼的方法解决国际经济贸易争议和通过法院以外的方式解决争议的方法，即非司法方法。

2. 答案：我国法院对涉外民事案件的管辖，在我国《民事诉讼法》的有关章节中有具体规定。

(1) 属于我国法院专属管辖的事项。按照我国《民事诉讼法》的有关规定，属于我国法院专属管辖的事项包括：a. 位于我国境内的不动产纠纷和在我国港口作业中发生的纠纷；b. 在我国境内履行的中外合资经营企业合同、中外合作经营企业合同、中外合作勘探开发自然资源合同发生的争议提起的诉讼。

(2) 协议管辖的事项。对于涉外合同或者涉外财产权益纠纷，当事人均可就由此产生的争议的管辖法院作出书面约定。

(3) 其他事项的管辖法院。因合同纠纷或者其他财产权益纠纷，对在我国境内设有住所的被告提起的诉讼，如果合同在我国境内签订或履行，或者诉讼标的物在我国境内，或者被告在我国境内设有可供扣押的财产，或者被告在我国境内设有代表机构，可由合同签约地、合同履行地、诉讼标的物所在地、可供扣押的财产所在地、侵权行为地或者代表机构住所地人民法院管辖。

第二十七章　国际商事仲裁

基础知识图解

- 概念、法律特征、种类
- 常设仲裁机构
  - 职能
  - 作用
- 仲裁协议
  - 概念、特征
  - 表现方式及内容
  - 效力
  - 独立性
- 仲裁程序

配套测试

一、单项选择题

1. 某国甲公司与中国乙公司订立买卖合同，概括性地约定有关争议由“中国贸仲”仲裁，也可以向法院起诉。后双方因违约责任产生争议。关于该争议的解决，依我国相关法律规定，下列哪一选项是正确的？（　　）（司考.2009.1.38）

A. 违约责任不属于可仲裁的范围

B. 应认定合同已确定了仲裁机构

C. 仲裁协议因约定不明而在任何情况下无效

D. 如某国甲公司不服仲裁机构对仲裁协议效力作出的决定，向我国法院申请确认协议效力，我国法院可以受理

2. 中国和甲国均为《承认与执行外国仲裁裁决公约》缔约国。现甲国某申请人向中国法院申请承认和执行在甲国作出的一项仲裁裁决。对此，下列哪一选项是正确的？（　　）（司考.2010.1. 39）

A. 我国应对该裁决的承认与执行适用公约，因为该申请人具有公约缔约国国籍

B. 有关中国投资者与甲国政府间投资争端的仲裁裁决不适用公约

C. 中国有义务承认公约缔约国所有仲裁裁决的效力

D. 被执行人为中国法人的，应由该法人营业所所在地法院管辖

3. 关于仲裁裁决的撤销，根据我国现行法律，下列哪一选项是正确的？（　　）（司考.2008.1.38）

A. 我国法院可根据我国法律撤销一项外国仲裁裁决

B. 我国法院撤销涉外仲裁裁决的法定理由之一是裁决事项超出仲裁协议范围

C. 撤销涉外仲裁裁决的法定理由和撤销国内仲裁裁决的法定理由相同

D. 对法院作出的不予执行仲裁裁决的裁定，当事人无权上诉

二、多项选择题

1. 中国于1986年12月2日正式加入《承认和执行外国仲裁裁决公约》（简称《纽约公约》）时，提出了两点保留（　　）。

A. 互惠保留　　B. 最惠国待遇

C. 商事保留　　D. 契约保留

2. 我国甲公司与瑞士乙公司订立仲裁协议，约定由某地仲裁机构仲裁，但约定的仲裁机构

名称不准确。根据《最高人民法院关于适用〈中华人民共和国仲裁法〉若干问题的解释》，下列哪些选项是正确的？（　　）

A. 仲裁机构名称不准确，但能确定具体的仲裁机构的，应认定选定了仲裁机构

B. 如仲裁协议约定的仲裁地仅有一个仲裁机构，该仲裁机构应视为约定的仲裁机构

C. 如仲裁协议约定的仲裁地有两个仲裁机构，成立较早的仲裁机构应视为约定的仲裁机构

D. 仲裁协议仅约定纠纷适用的仲裁规则的，不得视为约定了仲裁机构

3. 常设仲裁机构仲裁方式较有利于解决争端的主要原因是（　　）。

A. 常设仲裁庭在案件审理完毕后即自动解散，具有较强的灵活性

B. 各种规则均适用于常设仲裁庭

C. 常设仲裁机构能为争端当事人提供进行仲裁的必要条件

D. 常设仲裁机构能促成作出裁决并能作出裁决是否具有最终约束力的技术鉴定

E. 常设仲裁机构可以通过原先积累的同类案件对有关仲裁员进行指导

4. 中国A公司与甲国B公司签订货物买卖合同，约定合同争议提交中国C仲裁委员会仲裁，仲裁地在中国，但对仲裁条款应适用的法律未作约定。后因货物质量问题双方发生纠纷，中国A公司依仲裁条款向C仲裁委提起仲裁，但B公司主张仲裁条款无效。根据我国相关法律规定，关于本案仲裁条款的效力审查问题，下列哪些判断是正确的？（　　）（司考.2012.1.78）

A. 对本案仲裁条款的效力，C仲裁委无权认定，只有中国法院有权审查

B. 对本案仲裁条款的效力，如A公司请求C仲裁委作出决定，B公司请求中国法院作出裁定的，由中国法院裁定

C. 对本案仲裁条款效力的审查，应适用中国法

D. 对本案仲裁条款效力的审查，应适用甲国法

5. 中国甲公司与外国乙公司在合同中约定，合同争议提交中国国际经济贸易仲裁委员会仲裁，仲裁地在北京。双方未约定仲裁规则及仲裁协议适用的法律。对此，下列哪些选项是正确的？（　　）（司考.2014.1.79）

A. 如当事人对仲裁协议效力有争议，提请所选仲裁机构解决的，应在首次开庭前书面提出

B. 如当事人将仲裁协议效力的争议诉至中国法院，应适用中国法

C. 如仲裁协议有效，应适用中国国际经济贸易仲裁委员会的仲裁规则仲裁

D. 如仲裁协议有效，仲裁中申请人可申请更改仲裁请求，仲裁庭不能拒绝

三、名词解释

1. 国际商事仲裁

2. 常设仲裁机构

3. 无国籍裁决

4. 中间裁决

四、简答题

国际商事仲裁协议的特性。

五、论述题

论海运提单中仲裁条款的效力。

参考答案

一、单项选择题

1. 答案：B。合同违约责任问题依据我国仲裁法可以仲裁，因其是财产关系而非人身关系问题，A错误。《仲裁法》第18条规定："仲裁协议对仲裁事项或者仲裁委员会没有约定或者约定不明确的，当事人可以补充协议；达不成补充协议的，仲裁协议无效。"因此，仲裁协议并非约定不明而一概无效，只有在约定不明而当事人又达不成补充协议时才无效，故C错误。根据《最高人民法院关

于适用〈中华人民共和国仲裁法〉若干问题的解释》第13条第2款的规定，仲裁机构若对仲裁协议有效与否作出裁决，当事人有异议去向法院申请确认协议效力，法院是不受理的，D错误。仲裁协议约定的仲裁机构名称不准确，但能够确定具体的仲裁机构的，应当认定选定了仲裁机构。B正确。

2. **答案**：B。缔约国有义务相互承认仲裁裁决具有约束力，并应依照承认与执行地的程序规则予以执行，但我国有两项保留：第一，互惠保留，即我国只对在另一缔约国领土内作出的裁决适用公约，所以A错误，因为与申请人国籍无关；第二，商事保留，即我国仅对那些按照我国法律属于契约性或非契约性商事法律关系所引起的争议所作的裁决适用公约。对于针对非商事性争议所作的仲裁裁决在我国的承认执行，我国不适用公约。所以，B项中国投资者与甲国政府间投资争端仲裁裁决不适用公约，而应该适用《解决国家和他国国民之间投资争端公约》，B正确。公约缔约国的仲裁裁决须符合条件才可能在中国得到承认与执行，公约第5条规定了若干拒绝理由：(1) 主体无能力或仲裁协议无效；　(2) 被执行人未适当参与；(3) 超范围仲裁；(4) 程序有缺陷；(5) 裁决未生效；(6) 争议事项为不可仲裁事项(依照执行地法律)；(7) 与公共秩序相抵触。所以，C错误，并非我国有义务承认缔约国所有仲裁裁决。根据《民事诉讼法》规定，当事人可以向被申请人住所地或者财产所在地的中级人民法院申请执行。所以，D错误。

3. **答案**：B。

二、多项选择题

1. **答案**：AC。我国于1986年12月2日正式加入《承认和执行外国仲裁裁决公约》(简称《纽约公约》)时，提出了两点保留：(1) 互惠保留声明，即我国仅对在另一缔约国领土内作出的仲裁裁决的承认与执行上适用公约。(2) 商事保留声明，即我国仅对按照我国法律属于契约性和非契约性商事关系所引起的争议适用该公约。

2. **答案**：AB。根据《最高人民法院关于适用〈中华人民共和国仲裁法〉若干问题的解释》第3条规定，仲裁协议约定的仲裁机构名称不准确，但能够确定具体的仲裁机构的，应当认定选定了仲裁机构。所以A项正确。第6条规定，仲裁协议约定由某地的仲裁机构仲裁且该地仅有一个仲裁机构的，该仲裁机构视为约定的仲裁机构。该地有两个以上仲裁机构的，当事人可以协议选择其中的一个仲裁机构申请仲裁；当事人不能就仲裁机构选择达成一致的，仲裁协议无效。所以B项正确，C项错误。第4条规定，仲裁协议仅约定纠纷适用的仲裁规则的，视为未约定仲裁机构，但当事人达成补充协议或者按照约定的仲裁规则能够确定仲裁机构的除外。所以，D项错误。

3. **答案**：CDE。A项所说的灵活性并不是常设仲裁庭的特点，常设仲裁庭审理完毕后并不自行解散。B项说法明显错误。

4. **答案**：BC。本题考查仲裁协议效力问题。双方当事人对仲裁协议(仲裁条款属于仲裁协议的一种)效力有异议时，可以找仲裁机构或法院进行审查认定。所以，A错误。如果仲裁机构已经对仲裁协议的效力作出决定，当事人再向法院申请确认，法院不予受理。在此之前，法院有优先认定权，所以，B正确。根据《最高人民法院关于适用〈中华人民共和国仲裁法〉若干问题的解释》第16条规定："对涉外仲裁协议的效力审查，适用当事人约定的法律；当事人没有约定适用的法律但约定了仲裁地的，适用仲裁地法律；没有约定适用的法律也没有约定仲裁地或者仲裁地约定不明的，适用法院地法律。"本案中，双方没有约定确定仲裁协议效力的法律，但约定的仲裁机构所在地和仲裁地均在中国，所以应适用中国法律。C正确，D错误。

5. **答案**：ABC。根据《仲裁法》第20条规定：当事人对仲裁协议的效力有异议的，可以请求仲裁委员会作出决定或者请求人民法院作出裁定。一方请求仲裁委员会作出决定，另一方请求人民法院作出裁定的，由人民法院裁定。当事人对仲裁协议的效力有异议，应当在仲裁庭首次开庭前提出。所以，A选项正确。根据《最高人民法院关于适用〈中华人民共和国仲裁法〉若干问题的解释》第16条规定，对涉外仲裁协议的效力审查，适用当事人约定的法律；当事人没有约定适用的法律但约定了仲裁地的，适用仲裁地法律；没有约定适用的法律也没有约定仲裁地或者仲裁地约定不明的，适用法院地法律。甲、乙公司，未约定仲裁协议效力的法律，但约定了仲裁地，所以适用仲裁地法，即中国法。B选项正确。根据《中国国际经济贸易仲裁委员会仲裁规则（2015版）》第4条规定，规则的适用（1）本规则统一适用于仲裁委员会及其分会/中心。（2）当事人约定将争议提交仲裁委员会仲裁的，视为同意按照本规则进行仲裁。（3）当事人约定将争议提交仲裁委员会仲裁但对本规则有关内容进行变更或约定适用其他仲裁规则的，从其约定，但其约定无法实施或与仲裁程序适用法强制性规定相抵触者除外。当事人约定适用其他仲裁规则的，由仲裁委员会履行相应的管理职责。（4）当事人约定按照本规则进行仲裁但未约定仲裁机构的，视为同意将争议提交仲裁委员会仲裁。（5）当事人约定适用仲裁委员会制定的专业仲裁规则的，从其约定，但其争议不属于该专业仲裁规则适用范围的，适用本规则。所以，C选项正确。根据《中国国际经济贸易仲裁委员会仲裁规则（2015版）》第17条规定，变更仲裁请求或反请求：申请人可以申请对其仲裁请求进行变更，被申请人也可以申请对其反请求进行变更；但是仲裁庭认为其提出变更的时间过迟而影响仲裁程序正常进行的，可以拒绝其变更请求。所以，D选项错误。

三、名词解释

1. **答案**：法国《民事诉讼法典》第1492条作了原则性的规定："如果包含国际商事利益，仲裁就是国际性的。"这里"国际商事利益"的含义，显然是极为广泛的。对一国而言，凡是仲裁协议的一方或双方为外国人、无国籍人或其他外国企业或实体，或者即使仲裁协议订立时双方当事人的住所或营业地位于不同的国家；或者即使仲裁协议双方当事人的住所或营业地位于相同的国家，但如果仲裁地点位于该国境外，或者仲裁协议中所涉及的商事关系的设立、变更或终止的法律事实发生在国外；或者争议标的位于该国境外者，均可视为国际商事仲裁。
2. **答案**：常设仲裁机构是依据国际公约或一国的国内法设立的旨在通过仲裁方式解决国际商事争议的专门机构。
3. **答案**：无国籍裁决，即裁决在某一大陆法国家作出，但由于该裁决的作出未能适用当地的法律，因此当地的法院就会拒绝对该裁决行使法律上的救济。这个概念是仅对裁决地而言的，至于其他国家如何对它作出认定，该无国籍裁决是否是《纽约公约》项下的裁决，归根结底取决于执行地国的法律和法院如何对此作出认定。即便某一裁决被裁决地国认定为非本国裁决或"无国籍"裁决，执行地国亦可根据其本国法将其作为《纽约公约》项下的外国仲裁裁决予以承认和执行。
4. **答案**：中间裁决，又称临时裁决，指在仲裁审理过程中，仲裁庭认为必要或当事人提出申请并经仲裁庭同意，由仲裁庭对某个或某些问题作出的暂时性裁决。中间裁决一般是在案件一些重要问题必须及时予以澄清或作出结论且等不及最终裁决的情况下，由仲裁庭作出的。在实践中，仲裁庭一般以中间裁决的方式决定采取临时保全措施。

四、简答题

答案：（1）仲裁协议（Arbitration Agreement）是指双方当事人合意将他们之间已经发生或者将来可能发生的争议提交仲裁机构仲裁解决的一种书面协议。根据我国《仲裁法》和1958年《承认与执行外国仲裁裁决公约》的规定，仲裁协议只有书面的才有效。

（2）特征：它是特定的法律关系的当事人之间同意将他们之间的争议提交仲裁的共同意思表示；是使得某一特定的仲裁机构取得对协议项下的案件的管辖权的根据，同时也是排除法院对该特定案件实施管辖的主要的抗辩理由；一项有效的仲裁协议，是仲裁裁决得以承认与执行的基本前提。

【参考资料】余劲松、吴志攀主编：《国际经济法》，北京大学出版社、高等教育出版社2009年版。

五、论述题

答案：(1) 仲裁协议是当事人在纠纷发生之前或之后达成的将可能发生或业已发生的纠纷提交仲裁的协议，它包括合同中的仲裁条款和独立存在的书面仲裁协议。仲裁协议是仲裁机构或仲裁员取得对案件管辖权和受理案件的依据，能够产生排除法院诉讼管辖的效力，对于仲裁作出的裁决，法院能否承认和执行，也要视当事人之间是否存在仲裁协议。可见，仲裁协议在仲裁中发挥着重要的作用，而最常见的仲裁协议的表现形式则是合同中的仲裁条款。在海上货物运输中，无论是依据班轮运输签发的提单，还是依据租船运输签发的提单，承运人都会在提单背面印刷上仲裁条款或在提单中并入租约中的仲裁条款，以维护船东的利益。由于提单本身具有的特殊性导致其仲裁条款与一般的仲裁协议的有效形式不相符，所以导致人们对提单中的仲裁条款的效力认定不一。在班轮提单中，由于承运人和托运人双方的议价实力、地位极不平等，一般而言，强大的班轮公司都会凭借其自身的实力和垄断地位，在其签发的提单的表面单方拟定并事先印刷一大堆条款，其中便有仲裁条款。由于这种仲裁条款未经双方当事人协商，而且班轮提单一般只由承运人单方签署，而没有托运人或第三方提单持有人的签名。因此，提单中的仲裁条款很难说是体现提单持有人的意思表示，而一般有效的仲裁协议必须是双方当事人都请求仲裁的意思表示。而在租约下签发的提单，其中的仲裁条款也同样存在这种不合理性。尽管最初的租约是船东与承租人在地位、实力相对平等的条件下签订的，但在租约下签发的提单，常常只是以一条简单的“并入条款”将租约并入提单，从而达到以租约来约束第三方提单持有人并使船东承担和租约相同的责任的目的。被并入提单的租约中仲裁条款也没有体现提单持有人的书面意思表示，也缺少协商的合意性。尤其是仅含有一条简单笼统的“并入条款”根本没有提及租约仲裁条款内容的情况下，更是一点都没有能体现提单持有人的意思表示。如果承认此时的仲裁条款亦适用于毫不知情的提单持有人，是不符合一般仲裁协议有效性所要求的合意性，并且将来发生争议而提交仲裁时，可能会产生对提单持有人不利的情况。

(2) 我国《海商法》对“并入条款”规定得不明确，仅在第95条作了简单的规定，即“对按照航次租船合同运输的货物签发的提单，提单持有人不是承租人的，承运人与该提单持有人之间的权利、义务关系适用提单的约定。但是，提单中载明适用航次租船合同条款的，适用该航次租船合同的条款”。可见，根据我国《海商法》，并入提单的租船合同中的条款包括仲裁条款是可行的。与我国《海商法》第95条规定相比，1978年的《汉堡规定》在第22条仲裁的第2款对并入条款作了特别说明，即如果租船契约中载有应将该租约所引起的争议提交仲裁的条款，而根据租船契约签发的提单并未载有一项特别的注解，规定该条款对提单持有人具有约束力，则承运人不得援用该条款对抗正当取得提单的人。由此可见，根据1978年《汉堡规则》，只有在提单中特别注明并入的是租约中的仲裁条款且约束提单持有人，该“并入条款”才被承认，否则，仅以一条简单的“并入条款”，租约中的条款并不当然地有效并入提单当中。通过前面所述可知，无论是班轮提单还是租约提单，其基本特征就是仅船东单方面签发，它缺少协商性和合意性，这是否与一般的有效仲裁协议的要求不符，一个有效的仲裁协议应具备哪些形式要件？根据仲裁协议的定义，仲裁协议应是当事人一致同意将争议提交仲裁的意思表示，如果没有当事人之间的一致同意，便不存在有效的仲裁。我国《仲裁法》第16条对仲裁协议有相应的规定，即应具有“请求仲裁的意思表示”，1958年《承认和执行外国仲裁裁决公约》（简称《纽约公约》）第2条第1款、第2款对这一问题作了较好的规定：首先，当事人以书面协定承允彼此所发生的或可能发生的一切或任何争议，如涉及可以仲裁解决事项的确定法律关系，不论为签约性与否，应提交仲裁时，各缔约国应承认此项协定。其次，称“书面协定”者，谓当事人所签订或在互换函电中所载明的契约仲裁条款或仲裁协定，对于提单中的仲裁条款而言，其具备了书面协定的“书面”特征，但不能满足书面协定应由双方当事人所“签订”这一条件。可见，根据我国《仲裁法》和《纽约公约》对仲裁协议的形式要求，无论是班轮提单还是租约提单中的仲裁条款都因提单自身所具有的特殊性而使之缺少双方当事人的书面合意表示，从这一点来说，提单中的仲裁条款不是有效的仲裁条款。但实践中的情况并非如此，并且，如果一律都判定提单中的仲裁条款无效的话，对于原本想通过仲裁解决争议的船东而言不大公平，这将不利于仲裁条款制度的发展，甚至会影响整个航运业的发展。所以，对于提单中的仲裁条款的效力问题，应该作具体的分析。各国对提单中的仲裁条款的效力态度并不一致，我国和美国有关法律对提单中的“并入条款”不作严格规定，简单的“并入条款”可以使仲裁条款有效地并入提单中。按照国际上关于并入条款效力的一般原则，首先是并入条款所规定的范围必须是能够将租船合同的条款并入。因此，如果并入条款只是笼统地规定将租船合同并入提单，这种情况下只能并入租船合同中与货物装船、运输、卸船、交付以及与运费支付直接相关的条款，此时仲裁条款并不能当然地并入提单。如果提单并入条款中明确规定并入租船合同中的某些具体条款，如仲裁条款，此时这种具体的条款才可能被并入，而英国法律则规定，只有在提单中特别注明并入了仲裁条款才发生效力，英国法律有关提单并入条款的规定目前是最严格的，如果并入条款中明确规定并入租船合同的仲裁条款并且该仲裁条款本身规定适合该提单，不与提单明文规定相抵触，则该仲裁条款可以并入。这一点和1978年《汉堡规定》的规定是一致的。对于班轮运输下签发的提单，由于班轮公司签发的提单已使用多年，其中的内容其他有关方业已熟悉，这包括提单中的仲裁条款，即使该提单的仲裁条款为班轮公司单方签发，仲裁条款也应该有效，因为有关方接受了提单。并根据提单的其他条款提起诉权，也可以说承认了提单的条款，包括仲裁条款。而租船运输下签发的提单，提单持有人可能不知道租约中仲裁条款的内容，如果都认定该仲裁条款有效，将对提单持有人产生不公平的后果。所以，对于该类仲裁条款的效力，应予严格认定，只有用明确的措辞表示将租约中的仲裁条款并入提单或写明仲裁条款的内容。

(3) 综上所述，当事人双方订立的仲裁协议是否有效，产生法律效力，关键在于其适用的准据法，只有符合准据法的规定，才可产生法律效力。所以，提单中并入的仲裁条款要产生效力，首先，它必须符合有关国家法律规定的生效条件使仲裁协议本身有效。其次，才考虑如何有效地把该有效的仲裁协议并入提单中。由于提单自身的特点导致该仲裁条款和一般有效的仲裁协议不相一致，其是否有效地并入提单中需要经法院或仲裁庭来认定。所以，船东在提单中并入仲裁条款时，应尽量使用明确完整的措辞而不是笼统地说“租约中的条款并入提单”。最后，船东应举证说明提单持有人接受其他条款的同时，亦接受了仲裁条款，仲裁条款是提单的一部分，提单持有人既然选择以提单其他条款提起诉权，那当然承认提单，也应该承认提单中的仲裁条款。只有谨慎地并入完备的仲裁条款并积极地采取抗辩行动，才能得到法院或仲裁庭的认可，有效的仲裁协议才能有效地并入提单中。

第二十八章　世界贸易组织的争议解决机制

基础知识图解

- 起源与发展
- 主要内容
  - 必经磋商程序
  - 专家组审理程序
  - 上诉机构审理程序
    - 常设机构
    - 只审法律问题
    - “反向一致”通过原则
  - 仲裁及其他程序
- 执行专家组或上诉机构裁定的监督程序（授权报复）
- WTO 争议解决机制特点
  - 实行统一解决机制
  - 建立专门争议解决机构
  - 采自动通过决策程序
  - 增加了监督程序

配套测试

一、单项选择题

1. 世界贸易组织的章程性文件是（　　）。

A.《与贸易有关的知识产权协议》

B.《与贸易有关的投资措施协议》

C.《1994 年关税与贸易总协定》

D.《建立世界贸易组织协议》

2. 下列关于世界贸易组织决策制度的说法中正确的有（　　）。

A. 世界贸易组织的每一参加方享有一票投票权

B. 在例外情况下，世界贸易组织的常务理事会有权决定豁免某一项协议成员方、参加方或任何单项贸易协议成员方的责任

C. 世界贸易组织采用协商一致或一致同意的决策方式，而不采用投票表决的决策制度

D. 世界贸易组织采用加权表决制

3. 为了进一步强化 GATT 的争端解决机制，乌拉圭回合谈判全面和彻底地对 GATT 争端解决规则和程序作了改进，并最终形成了（　　）。

A.《关于争端解决规则与程序的谅解》

B.《建立世界贸易组织协议》

C.《与贸易有关的知识产权协议》

D.《服务贸易协议》

4. 世界贸易组织争端解决机制的核心程序是（　　）。

A. 补偿与减让的中止以及交叉报复程序

B. 斡旋、调解与调停程序

C. 上诉审查程序

D. 专家小组程序

5. 甲、乙两国均为世界贸易组织成员，甲国对乙国出口商向甲国出口轮胎征收高额反倾销税，使乙国轮胎出口企业损失严重。乙国政府为此向世界贸易组织提出申诉，

经专家组和上诉机构审理胜诉。下列哪一选项是正确的？（　　）（司考.2009.1.44）

A. 如甲国不履行世贸组织的裁决，乙国可申请强制执行

B. 如甲国不履行世贸组织的裁决，乙国只可在轮胎的范围内实施报复

C. 如甲国不履行世贸组织的裁决，乙国可向争端解决机构申请授权报复

D. 上诉机构只有在对该案的法律和事实问题进行全面审查后才能作出裁决

6. 关于中国与世界贸易组织的相关表述，下列哪一选项是不正确的？（　　）（司考.2012.1.44）

A. 世界贸易组织成员包括加入世界贸易组织的各国政府和单独关税区政府，中国香港、澳门地区是世界贸易组织的成员

B. 《政府采购协议》属于世界贸易组织法律体系中诸边贸易协议，该协议对于中国在内的所有成员均有约束力

C. 《中国加入世界贸易组织议定书》中特别规定了针对中国产品的特定产品的过渡性保障措施机制

D. 《关于争端解决规则与程序的谅解》在世界贸易组织框架下建立了统一的多边贸易争端解决机制

7. 关于中国在世贸组织中的权利义务，下列哪一表述是正确的？（　　）（司考.2011.1.43）

A. 承诺入世后所有中国企业都有权进行货物进出口，包括国家专营商品

B. 对中国产品的出口，进口成员在进行反倾销调查时选择替代国价格的做法，在《中国加入世界贸易组织议定书》生效15年后终止

C. 非专向补贴不受世界贸易组织多边贸易体制的约束，包括中国对所有国有企业的补贴

D. 针对中国产品的过渡性保障措施，在实施条件上与保障措施的要求基本相同，在实施程序上相对简便

8. 甲、乙均为世界贸易组织成员方。乙称甲关于影像制品的进口管制违反国民待遇原则，为此向世界贸易组织提出申诉，并经专家组和上诉机构审理。对此，下列哪一选项是正确的？（　　）（司考.2012.1.42）

A. 甲、乙磋商阶段达成的谅解协议，可被用于后续争端解决审理

B. 专家组可对未在申请书中指明的诉求予以审查

C. 上诉机构可将案件发回专家组重审

D. 上诉案件由上诉机构7名成员中3人组成上诉庭审理

9. 关于世界贸易组织争端解决机制的表述，下列哪一选项是不正确的？（　　）（司考.2013.1.43）

A. 磋商是争端双方解决争议的必经程序

B. 上诉机构为世界贸易组织争端解决机制中的常设机构

C. 如败诉方不遵守争端解决机构的裁决，申诉方可自行采取中止减让或中止其他义务的措施

D. 申诉方在实施报复时，中止减让或中止其他义务的程度和范围应与其所受到的损害相当

二、多项选择题

1. 下列哪些表述反映了世界贸易组织争端解决机制的特点？（　　）

A. 其涉及的范围仅限于货物贸易争端

B. 该制度规定了严格的程序上的时间限制

C. 建立了反向协商一致的原则

D. 其涉及的范围不仅限于货物贸易，还包括服务贸易、与贸易有关的投资措施、与贸易有关的知识产权保护等争端

2. 关于世界贸易组织争端解决机制中的专家小组程序，下列说法中正确的有哪几项？（　　）

A. 它是世界贸易组织争端解决机制的核心程序

B. 专家小组一般情况下由三人组成，如果各方同意，也可以由5人组成

C. 专家小组的最后报告一般应该在6个月

内提交争端各方

D. 对专家小组报告的通过，世界贸易组织的争端解决机构适用“反向协商一致”的原则

3. 关于世界贸易组织争端解决机构裁定和建议的实施，下列选项中正确的有哪些？(　　)

A. 被裁定违反了有关协议的一方，应在合理时间内履行争端解决机构的裁定和建议

B. 如果被诉方在合理期限内，没有履行裁定和建议，原申诉方可以经争端解决机构授权报复，对被诉方中止减让或中止其他义务

C. 申诉方在实施报复时中止减让或其他义务的水平和范围，应与受到的损害相当

D. 申诉方在实施报复时可依其自由裁量中止减让或其他义务的水平和范围

4. 根据《建立世界贸易组织协议》，世界贸易组织的宗旨是（　　）。

A. 根据互惠和互利的安排，切实降低关税和其他贸易壁垒，并在国际贸易关系上消除歧视性待遇

B. 确保发展中国家，尤其是最不发达国家能够获得与其国际贸易额的增长需要相适应的经济发展

C. 促进国际货币的合作以及汇率的稳定

D. 建立完整的、更具活力的、永久性多边贸易体系

5. 世界贸易组织的基本原则包括（　　）。

A. 透明度原则　　B. 最惠国待遇原则

C. 自由贸易原则　　D. 国民待遇原则

6. 下列选项中属于世界贸易组织成员之间贸易争端解决方法的有（　　）。

A. 上诉复审

B. 交叉报复

C. 磋商

D. 斡旋、调解和调停

7. 关于世界贸易组织争端解决机制中的斡旋、调解与调停程序，下列说法中正确的有（　　）。

A. 该程序是秘密进行的，并不受时间限制

B. 专家小组无权进行斡旋、调解与调停

C. WTO 的总干事可以依其职权开展斡旋、调解与调停

D. 该程序是强制性的必经程序

8. 世界贸易组织争端解决机构受理成员之间在世界贸易组织成立以后，基于下列哪些协议产生的争端？(　　)

A. 建立世界贸易组织协议

B. 多边贸易协议的附件 1A、附件 1B、附件 1C、附件 2

C. 若干单项多边贸易协议

D. 联合国国际货物买卖合同公约

9. 关于世界贸易组织争端解决机构中的上诉机构，下列哪些选项是正确的？(　　)(司考. 2008. 1. 86)

A. 上诉机构为常设机构

B. 上诉机构审查被提起上诉的专家组报告中的法律问题

C. 上诉机构可以推翻专家组对有关事实的认定

D. 上诉机构作出的报告争端各方应无条件接受

10. 甲、乙、丙三国均为世界贸易组织成员，甲国对进口的某类药品征收 8% 的国内税，而同类国产药品的国内税为 6%。针对甲国的规定，乙、丙两国向世界贸易组织提出申诉，经裁决甲国败诉，但其拒不执行。依世界贸易组织的相关规则，下列哪些选项是正确的？(　　)(司考. 2015. 1. 80)

A. 甲国的行为违反了国民待遇原则

B. 乙、丙两国可向上诉机构申请强制执行

C. 乙、丙两国经授权可以对甲国采取中止减让的报复措施

D. 乙、丙两国的报复措施只限于在同种产品上使用

11. 甲国某公司在乙国销售进口药品，开设了十多家药店，后某公司发现乙国对其

销售的某类进口药品征收比国产同类药品更高的国内税。甲、乙两国都是WTO成员，根据WTO相关规则，下列哪些判断是正确的？（　　）

A. 为保护本国医药业，乙国有权对进口药品征收更高的国内税

B. 某公司应就其在乙国的营业所得向乙国纳税

C. 乙国违反了最惠国待遇原则

D. 乙国违反了国民待遇原则

三、不定项选择题

1. 甲、乙二国均为世贸组织成员方，乙国称甲国实施的保障措施违反非歧视原则，并将争端提交世贸组织争端解决机构。对此，下列哪一选项是正确的？（　　）（司考.2010.1.46）

A. 对于乙国没有提出的主张，专家组仍可因其相关性而作出裁定

B. 甲、乙二国在解决争端时必须经过磋商、仲裁和调解程序

C. 争端解决机构在通过争端解决报告上采用的是“反向一致”原则

D. 如甲国拒绝履行上诉机构的裁决，乙国可向争端解决机构上诉

2. 甲、乙、丙三国为世界贸易组织成员，丁国不是该组织成员。关于甲国对进口立式空调和中央空调的进口关税问题，根据《关税与贸易总协定》，下列违反最惠国待遇的做法是：（　　）。（司考.2014. 1.100）

A. 甲国给予来自乙国的立式空调和丙国的中央空调以不同的关税

B. 甲国给予来自乙国和丁国的立式空调以不同的进口关税

C. 因实施反倾销措施，导致从乙国进口的立式空调的关税高于从丙国进口的

D. 甲国给予来自乙、丙两国的立式空调以不同的关税

四、名词解释

1. DSB（中国人民大学2008年考研真题）

2. 全体一致否认

五、简答题

1. 简述世贸组织的争端解决机制。

2. WTO争端解决机制的特点。（中国人民大学2008年考研真题）

六、论述题

1. 试述《关税与贸易总协定》（GATT）争端解决的程序和争端解决机制在实践中的缺陷。

2. 评述ICSID与WTO争议解决机制。

参考答案

一、单项选择题

1. **答案**：D。世界贸易组织的法律文件由《建立世界贸易组织协议》及其4个附件构成。(1)《建立世界贸易组织协议》是规定世界贸易组织的地位、范围、职能、机构等的章程性文件。(2)附件1包括附件1A、附件1B、附件1C。附件1A，是有关货物贸易的多边协议，具体包括：《1994年关税与贸易总协定》《农产品协议》《卫生与植物检疫措施协议》《纺织品与服装协议》《贸易技术壁垒协议》《与贸易有关的投资措施协议》《1994年关税与贸易总协定第6条执行协议》《1994年关税与贸易总协定第7条执行协议》《装运前检验协议》《原产地规则协议》《进口许可证程序协议》《补贴与反补贴措施协议》以及《保障措施协议》。附件1B，是《服务贸易协议》及各附件。附件1C，是《与贸易有关的知识产权协议》。(3)附件2是《关于争端解决规则与程序的谅解》。(4)附件3是《贸易政策评审机制》。(5)附件4包括以下若干单项贸易协议（又称诸边协议）：民用航空器贸易协议、政府采购协议、国际奶制品协议、牛肉协议。目前，附件4只有少数成员参加。综上所述，本题中的ABC三项均属于附件的内容，其中《与贸易有关的知识产权协议》属于附件1C，《与贸易有关的投资措施协议》和《1994年

关税与贸易总协定》属于附件1A。

2. 答案：A。A对CD错，《建立世界贸易组织协议》第9条第1款规定：WTO应继续实行GATT1947所遵循的经协商一致作出决定的做法。除非另有规定，否则如无法经协商一致作出决定，则争论中的事项应通过投票决定。在部长级会议和总理事会会议上，WTO每一成员拥有一票。如欧洲共同体行使投票权，则其拥有的票数应与属WTO成员的欧洲共同体成员国的数目相等。部长级会议和总理事会的决定应以所投票数的简单多数作出，除非本协定或有关多边贸易协定另有规定。据此，世界贸易组织决策制度中，世界贸易组织的每一参加方享有一票投票权；除另有规定外，如不能对某一议题达成一致时，由参加方投票决定。B错，《建立世界贸易组织协议》第9条第3款规定：在特殊情况下，部长级会议可决定豁免本协定或任何多边贸易协定要求一成员承担的义务，但是任何此类决定应由成员的3/4多数作出，除非本款另有规定……

3. 答案：A。为了进一步强化GATT的争端解决机制，乌拉圭回合谈判全面和彻底地对GATT争端解决规则和程序作了改进，并最终形成了《关于争端解决规则与程序的谅解》。

4. 答案：D。世界贸易组织争端解决机制的核心程序是专家小组程序。

5. 答案：C。选项A错误。在当事方不履行裁决时，没有申请强制执行的规定。选项B错误。依世贸组织的争端解决机制，胜诉一方在对方不履行裁决时，可以申请授权报复，报复可以在同一产品内，也可以跨部门，还可以跨协议。选项C正确。当有关成员不履行裁决时，经申请授权进行报复，包括确定报复的范围和水平。选项D错误。上诉机构负责对被提起上诉的专家组报告中的法律问题和专家组进行的法律解释进行审查。不能就事实问题进行审查。

6. 答案：B。WTO成员是加入世贸组织的各国政府和单独关税区政府，任何个人、企业或其他非政府机构都不能成为WTO成员。单独关税区是指不具有独立的、完整的国家主权但在处理对外贸易关系方面拥有完全自主权的地区。所以A正确，不当选。诸边贸易协议包括民用航空器贸易协议、政府采购协议、奶制品协议和牛肉协议（后两个协议于1997年失效）、信息技术产品协议。诸边协议只有极少数成员参加，也只对参加的成员有约束力。所以，B错误，当选。《中国加入世界贸易组织议定书》中，特别规定了针对中国产品中的特定产品过渡性保障措施机制。这一机制，专门对中国产品实施，实施条件低于保障措施的要求。所以C正确，不当选。作为世贸组织多边贸易制度的一部分，《关于争端解决规则与程序的谅解》（DSU）在世界贸易组织框架下建立了统一的多边贸易争端解决制度，是WTO争端解决的基本原则。所以，D正确，不当选。

7. 答案：B。《中国加入世界贸易组织议定书》规定中国正式加入世贸组织后3年内，除国家专营商品外，所有中国企业都有权进行货物进出口。所以A错误。我国入世时，众多国家不承认我国市场经济国家地位，对中国产品提起反倾销时在确定价格时并不采用我国价格，而是另找国情类似的国家为替代国，以该国同类产品价格为准，无论中国是否能证明自己为市场经济，上述选择方法的规定在《中国加入世界贸易组织议定书》生效15年后终止。所以B正确。根据世贸组织反补贴规则，非转向补贴不受世贸组织多边贸易体制的约束。但如果中国政府提供的补贴的主要接收者是国有企业，或者接收了补贴中不成比例的大量数额，该补贴视为专向补贴。所以C错误。《中国加入世界贸易组织议定书》中，特别规定了针对中国产品的特定产品的过渡性保障措施机制。这一机制专门针对中国产品实施，实施条件低于保障措施的要求。所以D错误。

8. 答案：D。本题考查WTO的争端解决机制。磋商是申请设立专家组的前提条件。但磋商事项以及磋商的充分性，与设立专家组的申请及专家组将作出的裁定没有关系。所以A错误。专家组对于争端方未提出的主张不能作出审查和裁定，即使相关专家提出这样的主张也不行，所以B错误。上诉机构只审查专家组报告涉及的法律问题和专家组作出的法律解释。上诉机构可以推翻、修改或撤销专家组调查结果或结论，上诉机构无权将案件发回专家组重新审理。所以C错误。上诉机构由7名成员组成，由其中3名组成上诉庭审理案件，所以D正确。

9. **答案**：C。WTO争端解决机制鼓励争议双方采取友好协商的办法解决问题。争端解决机制的存在不是为了争司法管辖权或推动法学的发展进步，而是切实解决纠纷。每个成员方保证对另一成员方提出的问题给予考虑，并提供充分的磋商机会。对于成员之间的问题，鼓励寻求与WTO规定相一致的、各方都接受的解决办法。《关于争端解决规则与程序的谅解》(DSU) 规定，争端当事方的双边磋商是WTO争端解决的第一步，也是必经的一步。即使是争端进入专家组程序后，双方仍然可以通过双边磋商达成相互满意的解决方案。只有在当事双方磋商无法解决争端的情况下才作出裁决。所以，A选项正确。DSU第17条规定，争端解决机构应设立一个受理上诉的常设机构，处理争端当事方对专家小组决定不服提出的上诉请求。B选项正确。在败诉方（被诉方）应该履行专家小组和上诉机构的建议和裁决的合理期限之后的20天内，仍然未达成令人满意的补偿办法，申诉方可以请求争端解决机制授权其中止适用对有关成员方进行的减让或其他义务。中止减让或其他义务主要采取“交叉报复”机制。所以，C选项错误，不是自行采取，而是要经过请求授权采取中止减让或中止其他义务的措施。世贸组织最具有特色的救济手段，也是其最后的救济手段，是经过争端解决机构的授权，胜诉方有权中止有关协议下的减让或其他义务。如果在败诉的被诉方应该履行专家小组和上诉机构的建议和裁决的合理期限之后的20天内，仍未达成令人满意的补偿办法，申诉方可以请求争端解决机构授权中止适用对有关成员进行的减让或其他义务。在中止减让或其他义务的时候，世贸组织规定了所谓的“交叉报复”机制，即起诉方应该首先设法中止已经由专家小组和上诉机构确认存在违规、利益丧失与损害的相同部门的减让或其他义务；如果该当事方认为中止相同部门的减让或其他义务不可行或者无效，如果该当事方认为中止同一协议下其他部门的减让或其他义务仍然不可行或者无效，而且情况十分严重，则他可以设法中止另一有关协议项下的减让或其他各项义务。但申诉方在实施报复时，中止减让或中止其他义务的程度和范围应与其所受到损害相等。所以，D选项正确。

二、多项选择题

1. **答案**：BCD。世界贸易组织争端解决机制的特点是：（1）单一的争端解决机制。WTO的争端解决机制将该组织项下的各项协议的争端解决统一起来，并设立了专门的争端解决机构DSB。由争端解决机构解决的争端，不仅包括传统上的货物贸易，而且还包括由知识产权保护和服务贸易而引起的争端。（2）专门设立的争端解决机构。（3）通过决议时采用“全体一致否决”的方式。
2. **答案**：ABCD。
3. **答案**：ABC。申诉方在实施报复时中止减让或其他义务的水平和范围，应与受到的损害相当，而不是自由裁量。
4. **答案**：ABD。根据《建立世界贸易组织协议》规定，世界贸易组织的宗旨包括：（1）在发展贸易和经济关系方面应当按照提高生活水平、保证充分就业和大幅度稳步提高实际收入和有效需求，并扩大生产和商品交易以及服务等方面的观点，并为持续发展的目的而扩大对世界资源的充分利用，寻求对环境的保护和维护，并根据各自需要和不同经济发展水平情况，加强采取各种相应措施。（2）确保发展中国家尤其是最不发达国家能获得与其国际贸易额增长需要相适应的经济发展。（3）根据互惠和互利的安排，切实降低关税和其他贸易壁垒，并在国际贸易关系上消除歧视性待遇。（4）建立完整的、更具有活力和永久性的多边贸易体系，巩固原来关税与贸易总协定以往为贸易自由化所作的努力和乌拉圭回合多边贸易谈判的所有成果。(5) 保持一切基本原则，并努力达到多边贸易体系的各种目标。

5. **答案**：ABCD。世界贸易组织的规则涉及货物贸易、服务贸易和知识产权等许多领域，但有几个最基本的原则贯穿于各个协议之中，构成了多边贸易体制的基础。这些基本原则包括非歧视原则（包括最惠国待遇原则和国民待遇原则）、互惠原则、透明度原则、自由贸易原则和公平竞争原则。

6. **答案**：ABCD。世界贸易组织成员之间贸易争端解决的方法有：磋商程序；斡旋、调解与调停程序；专家组；上诉审查；裁定的监督执行；补偿；减让的中止；交叉报复等。(1) 磋商程序，是指当发生争端后，争端各方必须首先自行协商解决，以寻求自行解决彼此间的分歧，这一阶段的最长时间可达 60 天。(2) 斡旋、调解与调停程序，是由争端当事方选择，不是强制性程序。该程序秘密进行，并不受时间限制。WTO 总干事可以依其职权开展斡旋、调解和调停。一旦斡旋、调解和调停被终止，投诉方即可请求成立专家组。专家组在各方同意的情况下仍可继续进行斡旋、调解和调停。(3) 专家组程序，是世界贸易组织争端解决机制的核心程序。专家组一般由 3 位专家组成，除非争端各方一致同意，否则争端当事方的公民或在争端中有实质利害关系的第三方公民都不得作为有关争端的专家小组成员。专家小组原则上在 6 个月（最长不超过 9 个月）内提交最后报告，在专家小组提出报告供各成员传阅后 20 天至 60 天内，除非争端一方提出上诉或争端解决机构一致反对采纳此报告，该报告即视为通过。(4) 上诉审查程序，是新增加程序。DSU 设立了一个 7 人组成的“常设上诉机构”。争端当事方可就专家组报告提出上诉。上诉审理的范围也仅限于专家组报告中论及的法律问题及该小组所做的法律解释。上诉案审理期限原则上为 60 天至 90 天。上诉机构可以维护、修正、撤销专家组的裁决结论。上诉机构的裁决为最后裁决，当事方应无条件接受，除非争端解决机构一致反对。(5) 裁定的监督执行，是指在专家小组及上诉机构的报告被采纳后，该报告即成为争端解决机构的正式建议或裁定。有关成员应向争端解决机构通报其执行这些建议或裁定的意向。如果不能执行，应当确立一个合理的期限。从专家小组建立之日起到争端解决机构确立了上诉执行期限为止，不应超过 15 个月，最长不应超过 18 个月。(6) 补偿与减让的中止以及“交叉报复”，是指如果争端解决机构的建议或裁定没有在合理的时间内得到实施，申诉方可以申请授权采取补偿和中止减让或其他义务的措施，但必须遵守各项原则和严格的程序。申诉方应首先中止相同部门的减让或其他义务，如无效果，可以要求中止同一协定内其他部门的减让和义务。如果该行动仍不能使当事方执行裁决，申诉方可以中止另一有关协议下的减让或其他义务，即所谓“交叉报复”。

7. **答案**：AC。《关于争端解决规则与程序的谅解》第 5 条对世界贸易组织争端解决机制中的斡旋、调解与调停程序进行了规定。(1) 本条第 1 款规定：“斡旋、调解和调停是在争端各方同意下自愿采取的程序。”据此，该程序不是强制性的必经程序，D 项表述错误。(2) 本条第 2 款规定：“涉及斡旋、调解和调停的诉讼程序，特别是争端各方在这些诉讼程序中所采取的立场应保密，并不得损害双方中任何一方根据这些程序进行任何进一步诉讼程序的权利。” (3) 本条第 3 款规定：“争端任何一方可随时请求进行斡旋、调解或调停。此程序可随时开始，随时终止。一旦斡旋、调解或调停程序终止。起诉方即可开始请求设立专家组。”据此，该程序是秘密进行的，并不受时间限制，A 项表述正确。(4) 本条第 4 款规定：“如斡旋、调解或调停在收到磋商请求之日起 60 天内开始，则起诉方在请求设立专家组之前，应给予自收到磋商请求之日起 60 天的时间。如争端各方共同认为斡旋、调解或调停过程未能解决争端，则起诉方可在 60 天期限内请求设立专家组。” (5) 本条第 5 款规定：

“如争端各方同意，斡旋、调解或调停程序可在专家组程序进行的同时继续进行。”据此，专家小组有权进行斡旋、调解与调停，B项表述错误。（6）本条第6款规定：“总干事可依其职权提供斡旋、调解或调停，以期协助各成员解决争端。”据此，C项表述正确。

8. **答案**：ABC。世界贸易组织争端解决机构受理成员之间在世界贸易组织成立以后，基于建立世界贸易组织协议、多边贸易协议的附件1A、附件1B、附件1C、附件2、若干单项多边贸易协议而产生的争端。

9. **答案**：AB。上诉机构是争端解决机构中的常设机构，它负责对被提起上诉的专家组报告中的法律问题和专家组进行的法律解释进行审查，可以维持、变更或撤销专家组的法律裁决和结论。因此，AB项说法正确。上诉审是法律审，限于专家组报告所涉及的法律问题和专家组所作的法律解释，不涉及事实问题。因此，C项说法错误。上诉机构可以推翻、修改或撤销专家组的调查结果和结论，但是无权将案件发回重审。上诉机构的报告将提交到争端解决机构表决通过。因此，D项说法错误。

10. **答案**：AC。国民待遇，又称平等待遇，是指所在国应给予外国人与本国公民享有的同等的民事权利地位。国民待遇的适用范围通常包括：国内税，运输、转口过境，船舶在港口的待遇，船舶遇难施救，商标注册，申请发明权、专利权、著作权、民事诉讼权等；不包括领海捕鱼、购买土地、零售贸易等。故A正确。《关于争端解决规则与程序的谅解》第22条第6款规定：“若发生上面第22条第2款所述的情况，争端解决机构一接到请求，即应在合理期限到期后的30天内，授权中止这些减让或其他义务，除非争端解决机构一致决定拒绝该项请求。然而，若该有关成员方反对拟议中的中止程度，或声称在投诉当事方依照第22条第3款第2项或第3项提出中止减让或其他义务的授权请求的情况下。第22条第3款中所述之各项原则和各项程序未得到遵循，则该问题应诉诸仲裁。此类仲裁在能请到原有成员的情况下应由原来的专家小组执行，或由总干事任命的仲裁员执行，并应在合理期限到期后的60天内完成，在仲裁过程中，不应中止各项减让或其他义务。”因此B项错误，C项正确。《关于争端解决规则与程序的谅解》第22条第3款规定：在考虑中止哪些减让或其他义务时，上诉当事方应运用以下原则和程序：（1）总原则是上诉当事方应首先谋求中止涉及专家小组或受理上诉机构在其中发现有违反或其他取消或损害情况部门的减让或其他各项义务。（2）若该当事方认为中止涉及这一部门的减让或其他各项义务并不切实可行或有效，则它可以谋求中止同一协议其他部门中的减让或其他各项义务。（3）若该当事方认为中止涉及同一协议其他部门中减让或其他义务并不切实可行或有效，且情况十分严重，则它可以谋求中止另一有关协议中的减让或其他各项义务。由此可见，争端解决机制规定报复的行业或部门必须是自有争议和遭受损害的同一部门进行；报复应限于相当于利益丧失或损害的程度。如果受损害一方认为仅报复一个行业或部门无效或不能达到平衡，则可在其他的部门进行交叉报复。DSU还规定，在情况非常严重的时候，报复可以针对WTO的另外一个协议，实施跨协议报复。因此D错误。

11. **答案**：BD。根据WTO《关税与贸易总协定》国民待遇的要求，外国进口产品享受的待遇不得低于国内同类产品，本案中，乙国对进口药品征收比国产同类药品更高国内税的行为明显违反了国民待遇原则，A项错误、D项正确。甲国某公司在乙国的药店构成常设机构，对其营业所得乙国可行使来源地税收管辖权，B项正确。最惠国原则的目的是保证不同外国产品、服务和服务提供者、知识产权和知识产权人相同的待遇，本题与最惠国待遇无关，C项错误。

三、不定项选择题

1. **答案**：C。本题考查世贸组织争端解决机构。A项，如果乙国未提出主张，专家组不可以因相关性作出裁决；B项，甲乙两国须经过磋商，不必须经过仲裁和调解程序；D项，如果甲国拒绝履行，乙国可以采取报复性措施。故ABD项错误。
2. **答案**：D。《关税及贸易总协定》要求适用最惠国待遇，缔约国之间对于进出口货物及有关的关税规费征收方法、规章制度、销售和运输等方面，一律适用无条件最惠国待遇原则。但关税同盟、自由贸易区以及对发展中国家的优惠安排都作为最惠国待遇的例外。WTO体制的最惠国待遇原则规定于GATT文本的第1条中，其中表述"……每一成员对来自或运往其他国家的产品所给予的利益、优待、特权或豁免，应当立即无条件地给予来自或运往其他成员的相同产品"。所以，A项在不同产品之间适用不同的关税，没有违反最惠国待遇，是错误选项。BC项未违反最惠国待遇，是错误选项。D项违反了最惠国待遇，是正确选项。

四、名词解释

1. **答案**：根据WTO协议设立的DSB（dispute settlement body），是唯一有权设立解决争议的专家小组，是通过专家小组和上诉机构的报告和建议解决争议的权威机构，并负责监督对所通过的裁定和建议的实施。DSB这些职能的发挥，主要是通过它所设立的专家小组和上诉机构实现的。
2. **答案**：按照1947年GATT关于争议处理的程序，专家小组的报告书如果没有全体一致的同意就不能通过。只要有一国反对（包括有关的当事国），专家小组的报告就不能通过。为了提高争议解决的效率，WTO现行的争议解决程序采用了"全体一致否认"（negative consensus）的通过方式，即在通过专家小组的报告及有关的报复措施的决定时，只要不是全体一致反对，该特定的提案就算通过。

五、简答题

1. **答案**：WTO争端解决机制的程序有关WTO争端解决机制的规定具体凝结在《建立世界贸易组织（WTO）协定》附件2即《关于争端解决规则与程序的谅解》之中。具体的内容包括：(1) 当事人自行协商解决的方法（磋商）《关于争端解决规则与程序的谅解》第4条规定，WTO的任何缔约方认为其他缔约方采取的措施影响了自己根据有关协定享有的利益，可以要求进行协商。要求协商的一方应将申请提交争端解决机构（简称DSB），及有关的理事会和委员会。收到协商申请的成员方应自收到请求的10日内作出答复，并在30天内（紧急情况下为10天）进行协商，60天内（紧急情况下为20天）解决争端。双方若未在60天内解决争端，或者收到申请的一方未在规定期限内作出答复或进行协商，则申请协商一方可要求DSB成立专家小组。《关于争端解决规则与程序的谅解》还规定，凡与此争端有重要利害关系的其他缔约方可请求参与协商。

　　(2) 第三方协助解决的方法（斡旋、调解、调停或仲裁）。第一，斡旋、调解与调停。这是由第三方协助解决争端的方式。《关于争端解决规则与程序的谅解》规定，有关争端当事人可以在自愿的基础上，随时将争端提交第三方斡旋、调解解决，随时开始，随时终止。协议鼓励各缔约方在解决争端的60天期限内，利用斡旋、调解或调停的方法解决争端。如果该程序一旦被终止，起诉方有权请求成立专家组，但是如果各当事国同意，专家小组在工作时仍可运用斡旋、调解、调停的方式。第二，仲裁作为另一种可供选择的解决贸易争端的方法被广泛采用。它是由争端双方达成一致的仲裁协议，将争端提交仲裁，并将仲裁裁决及时通知DSB及有关的理事会或委员会。

　　(3) 争端解决机构解决争端的方法。第一，专家小组程序。此程序是在解决WTO成员方争端实践中广泛运用的主要方式。《关于争端解决规则与程序的谅解》第6条规定，当协商、斡旋、调解、调停均不能解决争端时，争端一方以书面形式向DSB提交成立专家小组的申请，申请中应阐明是否已经进行了磋商，对争议事项应提出简要概述并说明法律依据。只要申请方请求，则应在DSB首次将该项请求列入日程后最后一次会议上成立专家小组，除非DSB一致同意不设立专家小组。专家小组通常由秘书处指定3~5名中立方的人员组成，这些人员通常在国际贸易领域有丰富的知识和经验，并且应具有不同的背景，能独立、公正地处理争端。第二，上诉审查程序。如果争端一方对专家小组的报告持有疑义而提出上诉，或者DSB一致同意不予通过专家组的报告，则案件进入上诉审查程序。上诉只能由争端当事国提出，并且上诉事由只能限于专家小组报告中的法律问题及专家小组所作的法律解释。上诉机构的报告应于上诉决定通知DSB之日起60天作出。如不能如期完成，应以书面形式向DSB报告延迟原因，并告知预计期限，但最长不得超过90天。上诉机构的报告可维持、修改或驳回专家组的裁决或决定。DSB应自上诉机构的报告作出并发送各成员方之日起30天内通过上诉机构的报告，除非DSB一致决定不通过该报告。上诉报告一经通过，各争端当事方均应无条件接受。DSB的上诉机构是常设性机构，由7名具有法律、国际贸易和有关协定专门知识的权威人士组成，任期4年。每一个案件应由其中3人处理。上诉机构与任何政府无关，不隶属于任何政府。第三，最后手段：补偿与报复《谅解协议》规定，在专家组报告或上诉审议报告被通过后的30天内，有关当事方必须就其是否执行建议或裁决的意向作出声明。若有关当事方认为立即履行建议不切实际，DSB应给予其一段合理期限，允许其在合理期限内执行。若该当事方在合理期限内仍未履行建议或裁决，则必须于合理期限届满前与上诉方磋商，以达成为各方所接受的补偿办法。若在合理期限结束后20日内未达成补偿协议，则最初提出申诉一方可要求DSB授权报复，终止履行其根据有关协定承担的关税减让义务或其他义务，除非DSB一致拒绝该报复。终止履行关税减让义务或其他义务的程度应与其受损程度相等。若有关缔约方对终止实施关税减让义务或其他义务的程度存在异议，或报复未遵守规定原则、程序，可提交仲裁。仲裁应尽可能由原专家小组进行，仲裁过程中有关当事方不得终止减让义务。仲裁裁决为终局裁决。在通知DSB后，由其作出继续维持、修改或撤销原先报复授权决定。

2. **答案**：（1）统一了争端处理程序。WTO争端解决机制不仅把GATT的货物贸易领域的各种争端处理程序统一起来，还把服务贸易协定及知识产权协定的争端处理程序统一起来，制定了适用于货物贸易、服务贸易及知识产权等所有领域统一的争端处理程序，范围非常广泛。这种统一的机制对于提高争端解决的效力和加强各争端解决程序之间的协调，具有非常积极的意义。

（2）设立了专门的争端强制管辖机构（DSB）。《关于争端解决规则与程序的谅解》建立了统一专门的争端解决机构（DSB），负责管理规则与程序以及各有关协议中协商与解决争端的条款，DSB具有独立履行司法职能的全部权力，从而克服了关贸总协定中常遇到的争端双方“选择规则”（RuleShopping）和“选择机构”（ForumShopping）的困难，使解决争端专业化、法治化。

（3）规定了争端解决的时限。GATT争端解决规则只规定各个程序在“合理期限”内完成。有些案件以合理为由拖到三年至五年，到作出裁决时已失却了诉讼价值。《关于争端解决规则与程序的谅解》对争端解决的各程序规定了严格时限。WTO争端解决机制中，能够在一年之内完成争端解决程序，克服了GATT中某些案件拖延时间的弊端。

（4）确立了新的否决一致原则（Negative Consensus）。WTO争端解决机制采用否决一致原则，大大推动了争端解决进程，当一成员方认为其他成员方的行为违背了WTO原则或使其在WTO规则下享有的利益丧失或受到损害时，它就有理由期望获得迅速有效的解决，从而加强了WTO争端解决机制的有效性和权威性。

（5）增设了上诉评审程序（DSU）和上诉机构。设立了上诉评审程序，并由DSB设立了一个受理上诉的常设机构，这样，便达到在争端解决程序的司法性大大加强的情况下又确保了专家小组报告的合法性和维护当事方权益的目的。

可见，上诉评审程序通过对专家小组评审工作的再评审，可以防止错案的发生，保证对有关协议规则的正确适用。更为重要的是，上诉机构在适用有关法律规则时所作的解释可以使有关规则的模糊内容得到明确，而这种解释在同类案例中的反复援用，还可能起到发展世贸组织法以及增强世贸组织法实施的可预见性的作用。

（6）引入交叉报复权，加大了裁决的执行力度。DSU规定在专家小组或上诉机构报告通过的30天内进行的DSB会议上，有关的成员方应通知DSB有关其执行DSB各项建议和裁决的意向，如果不能立即执行，可在一段“合理时间”内做到，这段“合理时间”不得超过15个月。如果在这段时间内不能做到，则须与起诉方谈判，以确定可相互接受的补偿。

在上述方法都不可行的情况下，DSB还可以授权中止关税减让或其他义务，包括实行“交叉报复”。显然，通过授权交叉报复，使有关当事方可以选择更有效的方式对违反协议的情况进行报复，有助于提高WTO争端解决机制的效力。

（7）采用政治说理与法律方法相结合处理纠纷。WTO争端解决机制将政治说理方法与法律方法结合起来，形成了独特的和平解决争端制度。以磋商、斡旋、调解和调停等形式为主要内容的政治说理使争端当事方的争端获得满意的解决；以仲裁、专家小组、上诉机构为主要内容的法律方法，可以弥补协商等政治说理方式的不足，为合理解决国际争端提供有力的制度保障。

六、论述题

1. 答案：争端解决的程序：

（1）由发生纠纷的国家之间自行协商，通过磋商解决争端。

（2）如果磋商未能取得一致的意见，一方可将争端提交关贸总协定，要求成立专家组调查处理纠纷。

（3）专家组一般应在3个月内对争端双方分别进行调查，然后写出调查报告。

（4）由专家组将其报告提交给有关的委员会或理事会，由其对报告进行审查，并决定是接受、修改或退回专家组报告。

（5）专家组报告如获通过，有关委员会就说服该违反总协定的成员方改变其贸易措施或法律规定，使其符合关贸总协定的要求。

争端解决机制在实践中的缺陷：

（1）解决争议所需的时间过长，一般都得在1年以上。

（2）在关贸总协定的委员会或理事会审议专家小组报告时，被诉一方往往可阻挠专家组报告的通过。

（3）即使专家组报告获得通过，也并没有强制效力，委员会只能说服有关国家纠正其不符合关贸总协定规定的做法，如果遭其拒绝，其最坏结果也只是该违反规定的国家退出总协定，而决议仍不能得到执行。

2. 答案：（1）ICSID所确立的投资争端解决机制的特色主要体现在三个方面：其一是中心对管辖权的规定；其二是中心的排他管辖性；其三是中心在适用法律上所体现出的特点。

就管辖而言，公约第25条从三个方面进行了规定：一是主体要件，根据公约的规定，争议当事人一方必须是缔约国国家或缔约国指派到中心的该国任何组成部分或机构，他方必须是另一缔约国国民。二是主观要件，对于在公约缔约国之间所产生的投资争端并不因为双方是公约的缔约国就必然地接受中心的管辖，双方当事人还必须书面达成将争议提交中心管辖的意思一致性，同意一经作出，任何一方不得单方面予以撤销。三是客观要件，投资争议必须是直接产生于投资的法律争议，“投资”既包括传统类型的资本投资，也包括各种现代类型的非资本出资形式的投资，如服务合同与技术转让等。

就中心管辖的排他性而言，这主要体现在公约第26条对东道国当地救济的排他性及第27条对投资者本国外交保护权的排他性。公约第26条规定，除非另有约定，双方同意提交中心管辖的仲裁案件，不得再提交其他任何程序解决，而其他任何机构也不应受理。然而，争议缔约国一方可以要求把首先用尽当地各种行政或司法补救办法作为其同意提交中心仲裁的一个条件。第27条规定，对于双方已同意提交中心仲裁的争议，投资者本国不得行使外交保护权或提出外交保护或提出国际要求，除非争议的国家一方未能遵守和履行对此项争议所作出的裁决。

中心仲裁所适用的法律具体规则如下：当事人意思自治原则、当事人未选择法律的补救规则、禁止拒绝裁决的原则及公平与善意的原则。

评价：客观而言，对于ICSID所创立的投资争端解决机制应从积极与消极效应两个层面进行客观的分析。就积极方面来说，由于公约毕竟是发达国家与发展中国家关于国际投资争端解决机制问题在相互协调与妥协基础上第一次所作的比较成功的尝试，其在一定程度上体现了不同国家的主张与利益，同时从中心的管辖权等来分析，它所规定的解决方法具有自愿性、有效性与灵活性等特点。此外，就仲裁庭在适用法律上所作的安排来说还是比较有特色的，如从所能适用的法律排列顺序上来看，其首先是当事人之间意思自治。其次，在一定层面上解决了东道国法律与国际法在适用上的冲突问题。

从消极的方面来说，中心所确立的解决机制也并非完善的，它也存在一些漏洞，这无疑使其实际效应大打折扣。其一，公约规定的弹性条款太多；其二，公约第52条关于撤销措施的规定更是令人对中心争端解决机制的实然性结果产生疑问。

（2）《关于争端解决规则与程序的谅解》确立了一套较为统一的争端解决机制。对于这种争端解决机制可从以下几个方面进行分析：

其一是程序方面，这种争端解决机制在程序方面由六个部分组成，即强制性的双边协商；选择性的调停、斡旋及仲裁；公正独立的专家小组程序；上诉审查程序；争端解决机构的接受或批准；受监控和管制的制裁程序。其二是在适用范围上，该法律文件效力主要表现在对物适用、对时效适用及对人适用范围三个方面。就对物之适用范围来说，在不损害特别或另外争端解决规则与程序的前提下，《关于争端解决规则与程序的谅解》适用于与WTO体系所有法律文件相关的任何争端；在时效方面，WTO争议解决机制只适用于《WTO协定》生效后世界贸易成员方之间因适用上述国际法律文件所发生的争端；在对人的效力方面，《关于争端解决规则与程序的谅解》主要适用于世界贸易组织成员方相互之间因解释和适用上述国际法律文件所产生的各种争端。此外，在原则上，世贸组织成员方之间因解释与适用上述法律文件所产生的争端亦应依据《关于争端解决规则与程序的谅解》加以解决。同时，其第24条第1款也对不发达国家规定了一些特殊规则，如规定在确定与不发达国家有关的某项争端的原因及争端解决程序的所有阶段，应对不发达国家的特殊情况给予特别考虑。其三是从WTO争端解决机制的法律性质而言，这种机制是一种新型的、独特的国际经济组织争端解决机制，从其属性来说，它既非全司法性的，又非全政治性的争端解决机制，相反其呈现出的是一种司法性与政治性相兼容的特色。

评价：虽然WTO并非以解决国际投资法律问题为主要目的，然而其对与贸易相关的投资措施法律问题等的规定，已使WTO间接地切入了国际投资法领域，与此相关的争端解决问题也必将被纳入WTO争端解决机制中，在一定层面上来说，这是国际投资法的新发展，因为它已在实然上突破了传统国际投资法的空间。同时，由于WTO协定在本质上还有一个不同于其他国际公约的特点，那就是定期与不定期的多边贸易谈判不时地使WTO法律体系处于一个不断演变的过程中，这一特点肯定也会带动国际投资法在该区域的发展。此外，司法解决方式在投资争议解决中的作用日益得到加强。与贸易相关的投资争端为一种较特殊性的争议，就目前的国际法制而言，世界各国还没有找到较好的解决方法，然而WTO法律规则体系则采取了TRIMs协议、TRIPs协议及GATS协议等方式切入了国际投资法领域，它为逐步废除某些对国际贸易与国际投资具有比较明显的扭曲作用的投资立法与政策提供了强有力的实体法依据，也为投资者或贸易商人借助WTO途径对其遭受的损害进行补救提供了强有力的程序法规则。

第二十九章　国家与他国国民间投资争议的解决

基础知识图解

- 概念
- 特点
- 解决方法
  - 谈判
  - 寻求东道国救济
  - 通过外交途径
  - 国际仲裁
- 解决投资争议国际中心
  - 法律地位
  - 行使管辖权要件
    - 当事人资格
    - 双方同意
    - 法律性质
  - 仲裁程序
    - 申请
    - 组成仲裁庭
    - 审理
    - 作出裁决
    - 裁决的撤销
    - 裁决的承认与执行

配套测试

一、单项选择题

1. 提交"解决投资争端国际中心"调停或仲裁的争端，必须是什么性质的法律争端？（　　）

A. 和投资有关的

B. 直接由于投资引起的

C. 投资引起的

D. 包括由和投资有关的国际贸易引起的

2. 1965 年《解决国家和他国国民间投资争端公约》简称为（　　）。

A. 纽约公约　　B. 汉城公约

C. 华盛顿公约　　D. 海牙公约

3. 1965 年《解决国家和他国国民间投资争端公约》是在（　　）主持下制定的，根据公约设立了"解决投资争议国际中心"。

A. 国际货币基金组织

B. 国际清算银行

C. 世界银行

D. 联合国国际贸易法委员会

4. 下列哪个不是国家与他国国民之间投资争议的解决方法？（　　）

A. 谈判协商

B. 东道国救济

C. 提交国际法院

D. 外交途径

5. 甲、乙均为《解决国家和他国国民间投资争端公约》缔约国。甲国 A 公司拟将与乙的争端提交根据该公约成立的解决国际投

资争端中心。对此，下列哪一选项是不正确的？（　　）（司考. 2012. 1. 43）

A. 该中心可根据 A 公司的单方申请对该争端行使管辖权

B. 该中心对该争端行使管辖权，须以 A 公司和乙书面同意为条件

C. 如乙没有特别规定，该中心对争端享有管辖权不以用尽当地救济为条件

D. 该中心对该争端行使管辖权后，可依争端双方同意的法律规则作出裁决

二、不定项选择题

1. 对国际投资争端，可采取的解决方式有（　　）。

A. 仲裁　　B. 司法诉讼

C. 协商　　D. 调解

2. “解决投资争端国际中心”仲裁案件所适用的法律有（　　）。

A. 双方当事人选择的法律

B. 适用争端一方缔约国的法律（不包括冲突规范）

C. 适用国际法规则

D. 适用争端一方缔约国的法律（包括冲突规范）

3. 根据《解决国家与他国国民间投资争端公约》，如果当事人各方同意将争端提交解决投资争端国际中心仲裁，则下列说法中正确的有（　　）。

A. 原则上有关争端不再属于作为争端一方的缔约国国内法院的管辖范围，也排斥投资者本国的外交保护

B. 即使经双方当事人同意，也不得撤回已同意提交中心管辖的争议事项，但是可以改变

C. 如当事人一方拒绝参加仲裁，只要中心认为对争议有管辖权，则可以缺席审理并裁决

D. 胜诉方无论在哪一缔约国境内或其管辖领域下发现另一方的财产，都可请求该缔约国的法院执行中心的仲裁裁决

4. 依照 1965 年《华盛顿公约》关于 ICSID 管辖权的规定，有关将案件提交中心调解或仲裁必须具备的要件有（　　）。

A. 争议当事人的一方必须是缔约国国家，他方是另一缔约国国民

B. 必须是直接产生于投资的法律争议

C. 双方当事人必须书面同意将争议提交中心管辖

D. 参加该公约的成员国意味着其自动接受中心的强制管辖

5. 根据《华盛顿公约》，有关争议提交 ICSID 管辖时，下列说法正确的有（　　）。

A. 提交 ICSID 管辖的争议必须采取仲裁的方式

B. ICSID 仲裁时只能适用东道国法律

C. ICSID 的仲裁裁决是终局的

D. ICSID 的仲裁裁决不仅约束当事人双方而且对所有缔约国都有约束力

6. 依据《解决国家与他国国民间投资争端公约》建立的“解决投资争端的国际中心”，对下列哪一争端事项具有管辖权？（　　）

A. 缔约国和另一缔约国因直接投资而产生的法律争端，并经双方书面同意提交中心

B. 缔约国和另一缔约国国民因直接投资而产生的法律争端，并经双方口头同意提交中心

C. 缔约国和另一缔约国国民因直接投资而产生的法律争端，并经双方书面同意提交中心

D. 缔约国和另一缔约国国民因间接投资而产生的法律争端，并经双方书面同意提交中心

7. 关于《解决国家和他国国民间投资争端公约》和依其设立的解决国际投资争端中心，下列哪些说法是正确的？（　　）（司考. 2011. 1. 81）

A. 中心管辖直接因投资引起的法律争端

B. 中心管辖的争端必须是关于法律权利或义务的存在或其范围，或是关于因违反法律义务而实行赔偿的性质或限度的

C. 批准或加入公约本身并不等于缔约国

承担了将某一特定投资争端提交中心调解或仲裁的义务

D. 中心的裁决对争端各方均具有约束力

三、名词解释

解决投资争议国际中心

四、论述题

国际投资争议的解决方法。

参考答案

一、单项选择题

1. **答案**：B。提交"解决投资争端国际中心"，调停或仲裁的争端，必须是直接由于投资引起的争端。
2. **答案**：C。1965年《解决国家和他国国民间投资争端公约》简称为《华盛顿公约》。
3. **答案**：C。1965年《解决国家和他国国民间投资争端公约》是在世界银行主持下制定的。
4. **答案**：C。
5. **答案**：A。若纠纷要交由中心管辖，须双方当事人以书面形式同意提交中心解决，所以A错误，当选；B正确，不当选。但国家一方可以用尽当地救济作为其同意提交中心裁决的条件，所以若乙国未提出先用尽当地救济然后才能提交中心的特别规定，中心的管辖就不以用尽当地救济为条件，C正确，不当选。中心在解决法律争端时，首先适用双方协议选择的法律，所以D正确，不当选。

二、不定项选择题

1. **答案**：ABCD。国际投资中，不同国籍合营者或合作者之间由于对合同的解释或履行而发生争端，可采取的解决办法有政治解决与司法解决。其中政治解决方式包括谈判与协商、斡旋与调停。司法解决方式是指仲裁和诉讼。
2. **答案**：ACD。根据《华盛顿公约》第42条规定：一、法庭应依照双方可能同意的法律规则判定一项争端。如无此种协议，法庭应适用争端一方的缔约国的法律（包括其关于冲突法的规则）以及可能适用的国际法规则。
3. **答案**：ACD。根据《解决国家与他国国民间投资争端公约》，如果当事人各方同意将争端提交解决投资争端国际中心仲裁：(1) 不得单方撤销。(2) 原则上有关争端不再属于作为争端一方的缔约国国内法院的管辖范围，也排斥投资者本国的外交保护。(3) 如当事人一方拒绝参加仲裁，只要中心认为对争议有管辖权，则可以缺席审理并裁决。(4) 胜诉方无论在哪一缔约国境内或其管辖领域下发现另一方的财产，都可请求该缔约国的法院执行中心的仲裁裁决。
4. **答案**：ABC。中心行使管辖权的必要条件之一是：当事双方的同意。凡提交中心解决的特定争议，当事双方必须定有将该特定争议提交中心解决的书面仲裁协议，而此项协议的存在，是中心取得对该特定争议行使管辖权的必要的实质要件，任何一方当事人均不得单方面撤回其已经表示的同意。
5. **答案**：CD。中心的宗旨是为解决华盛顿公约各缔约国与其他缔约国国民之间的投资争议提供调解和仲裁的便利，故A不选。并且在仲裁时应当适用双方共同选择的法律，如无此项选择，应当适用争议一方的法律，包括法律中有关的冲突规则，以及可适用的国际法规则。
6. **答案**：C。公约规定的三个条件是：①主体资格条件，争端当事人的一方须是缔约国或其下属机构及代理机构，另一方须是另一缔约国的国民；②客体条件，争端必须属于"法律争端"的性质，并且是"直接由于投资而引起"；③主观要件，必须有争端当事人各方的同意，即书面明示将争端提交中心解决。本题中，选项A的错误在于争端不是发生在国与国之间，其中一方当事人必须是一国国民；选项B的错误是须以书面形式同意提交；选项D的错误在于不是因间接投资而是因直接投资引起的法律争端。
7. **答案**：ABCD。"中心"管辖的争端必须是因直接投资而产生的法律争端。所以A正确。关于“法律争端”，“中心”董事会报告认为，“争端必须是关于法律权利或义务的存在或其范围，或是关于因违反法律义务而实行赔偿的性质或限度的”。所以B正确。批准或加入公约本身并不等于缔约国承担了将某一特定投资争端提交中心调解或仲裁的义务。中心仅对争端双方书面同意提交的争端有管辖权。所以C正确。“中心”的裁决对于争端各方均具有约束力，不得采取上诉或任何其他除本公约规定外的补救方法。所以D正确。

三、名词解释

答案：解决投资争议国际中心（International Center for the settlement of Investment dispute，简称中心或ICSID）是根据1965年华盛顿《解决国家和他国国民间投资争端公约》（简称《华盛顿公约》）设立的，是世界银行所属的根据《华盛顿公约》专门处理国家与他国国民之间的投资争议的国际机构，总部设在美国首都华盛顿。

四、论述题

答案：(1) 友好协商和谈判解决。这种解决争议的方法可以规定在政府与外国当事人订立的特许协议中。在中法保护投资协定及美式双边保护投资协定中，都规定投资争议应尽量通过友好协商和谈判解决。这种解决方法有利于维持投资者和东道国之间的友好合作关系。

(2)“当地救济”方法。投资争议发生后，可以向东道国行政当局申请或向东道国法院提起诉讼。此种途径符合国际法上公认的“属地优越权”原则，并为发展中国家所主张和拥护，但在外国投资者看来，此种途径是下策，他们担心东道国的受理机关难免有所偏袒，执法不公。

(3) 通过外交途径解决。即采用外交保护的方法。由外国投资者所属国的政府有关部门通过外交途径向东道国政府提出国际请求，由两国政府之间通过谈判解决。但行使外交保护的前提，是用尽当地救济。

(4) 仲裁方法。这是当事人自愿解决争议的方法，其前提是存在将争议提交仲裁解决的仲裁协议。根据1965年华盛顿《解决国家和他国国民间投资争端公约》设立的解决投资争议国际中心（ICSID），就是为了给通过仲裁方式解决国家与外国投资者之间的争议提供便利。解决投资争议是ICSID的主要职责。由于仲裁内容的区别，ICSID较之其他的商事仲裁机构存在些许差别，表现在管辖权方面，ICSID管辖权的行使，必须：a. 由具有缔约国国籍的国民（法人和自然人）的双方提交仲裁申请。b. 双方当事人自愿将争议提交ICSID处理。c. 争议内容与投资项目有直接关系，其中包括各种直接投资或间接投资。d. 属于法律争议。如合同的准据法、国民待遇和最惠国待遇、特许协议、国有化问题、投资双方的民事主体地位等。此外，针对投资争议的特性，调解解决是重要的处理纠纷方式，由调解委员会根据调解程序规则主持进行，最大限度地发挥国际社会的法律兼容性，逐渐成为仲裁和诉讼的基础。

期末测试题一

一、单选题

1. 国际经济法中的首要基本规范是（　　）。
   A. 经济主权原则
   B. 公平互利原则
   C. 全球合作原则
   D. 有约必守原则
2. 关于C组贸易术语，下列选项哪个是正确的？（　　）
   A. 在CFR术语下，货物的风险是在装运港船上转移
   B. CIF是在目的港船上交货
   C. CIP是在装运港船上交货
   D. 在CFR术语下，货物的风险是在目的港交付时转移
3. 承运人在收取货物以后，签发的载明船名及装船日期的提单被称为（　　）。
   A. 收货待运提单
   B. 备运提单
   C. 已装船提单
   D. 不清洁提单
4. 根据《海牙规则》，下列事项中承运人不可以免责的包括（　　）。
   A. 承运的茶叶由于本身湿度过大而发生的霉变
   B. 承运人为了多装货，下令将船上救火设施全部拆除，不料途中船舶失火造成的货物损失
   C. 在航行途中，船长超速驾驶，船舶触礁沉没造成的货物灭失
   D. 不论何种原因引起的局部或全面罢工或停工而造成的货物损失
5. 在国际税法上，下列哪项税收管辖的原则已经得到广泛的承认？（　　）
   A. 公民税收管辖权
   B. 居民税收管辖权
   C. 收入来源地税收管辖权
   D. 国家领域管辖权
6. 根据世界贸易组织《服务贸易总协定》，下列哪一选项是正确的？（　　）
   A. 协定适用于成员方的政府服务采购
   B. 中国公民接受国外某银行在中国分支机构的服务属于协定中的境外消费
   C. 协定中的最惠国待遇只适用于服务产品而不适用于服务提供者
   D. 协定中的国民待遇义务，仅限于列入承诺表的部门
7. 我国G公司与荷兰H公司正就签订一项商务合同进行谈判。针对该合同可能产生的争议，H公司提出，如发生争议应尽量协商调解解决，不成再提请仲裁或进行诉讼。在决定如何回应此方案之前，G公司向其律师请教。该律师关于涉外民商事纠纷调解的下列哪一表述是错误的？（　　）
   A. 调解是有第三人介入的争议解决方式
   B. 当事人双方在调解人的斡旋下达成的和解协议不具有强制执行的效力
   C. 在涉外仲裁程序中进行的调解，仲裁庭无须先行确定双方当事人对调解的一致同意即可直接主持调解
   D. 在涉外诉讼中，法官也可以对有关纠纷进行调解
8. 应国内化工产业的申请，中国商务部对来自甲国的某化工产品进行了反倾销调查。依《反倾销条例》，下列哪一选项是正确的？（　　）
   A. 商务部的调查只能限于中国境内
   B. 反倾销税税额不应超过终裁确定的倾销幅度
   C. 甲国某化工产品的出口经营者必须接受商务部有关价格承诺的建议
   D. 针对甲国某化工产品的反倾销税征收期限为5年，不得延长
9. 根据《保护工业产权巴黎公约》，关于优

先权，下列哪一选项是正确的？（　　）

A. 优先权的获得需要申请人于“在后申请”中提出优先权申请并提供有关证明文件

B. 所有的工业产权均享有相同期间的优先权

C. “在先申请”撤回，“在后申请”的优先权地位随之丧失

D. “在先申请”被驳回，“在后申请”的优先权地位随之丧失

10. 依《最高人民法院关于审理信用证纠纷案件若干问题的规定》，出现下列哪一情况时，不能再通过司法手段干预信用证项下的付款行为？（　　）

A. 开证行的授权人已对信用证项下票据善意地作出了承兑

B. 受益人交付的货物无价值

C. 受益人和开证申请人串通提交假单据

D. 受益人提交记载内容虚假的单据

二、多选题

1. 下列关于国际经济法的各项陈述，哪些是正确的？（　　）

A. 国际商业惯例是在长期的国际经济交往中经过反复使用而形成的成文规则

B. 国际经济条约是国家及国际经济组织为确定其相互之间的权利义务所达成的书面协议

C. 国际经济法的基本原则是指被国际社会公认的，对国际经济法的各个领域都具有普遍指导意义的原则

D. 国际经济法主体是指在国际关系中能行使权利和承担义务的法律人格者

2. 根据《联合国国际货物销售合同公约》有关规定，在卖方有义务移交与货物有关的单据的情况下，关于卖方的此项义务，下列哪些选项是正确的？（　　）

A. 卖方必须在规定的时间移交

B. 如卖方在规定的时间前移交，可以在该时间到达前纠正其中不符合同规定的情形

C. 卖方行使纠正单据的权利使买方承担不合理开支的，买方有权要求赔偿

D. 卖方在不使买方承担不合理开支的情况下，可以改变移交单据的地点和方式

3. 根据《联合国国际货物销售合同公约》的规定，要约的构成要件之一是“内容必须十分确定”，所谓“十分确定”，最少要指明下列哪几项？（　　）

A. 货物名称

B. 交货时间和地点

C. 货物价格或确定价格的方法

D. 货物数量或确定数量的方法

4. 厦门甲商行于10月20日来电向上海乙公司发盘出售一批木材。发盘中列明各项交易条件，但未规定有效期限。乙公司于当天收到来电，经研究决定后，于22日上午11时向上海电报局交发对上述发盘表示接受的电报，该电报于22日下午1时送达厦门甲商行。此期间，因木材价格上涨，厦门甲商行于10月22日上午9时15分向厦门电报局交发电报，电文如下：由于木材价格上涨，我商行于10月20日电告发盘撤销。甲商行的电报于22日上午11时20分送达乙公司。下列选项中哪些是正确的？（　　）

A. 厦门甲商行未能撤销其发盘

B. 乙公司的回电构成承诺

C. 双方之间合同成立

D. 厦门甲商行10月20日的来电属于要约邀请

5. 根据《反倾销条例》，在反倾销案件的调查过程中，出现何种情形时，应当由商务部发出公告，终止反倾销调查？（　　）

A. 没有足够证据证明存在倾销、损害的

B. 倾销幅度低于2%的

C. 倾销进口产品实际或者潜在的进口量或者损害属于可忽略不计的

D. 申请人撤回申请的

6. 中国加入世界贸易组织的条件规定在《中国加入世界贸易组织议定书》及其附件中。对此，下列哪些选项是正确的？（　　）

A. 该议定书及其附件构成世界贸易组织

协定的一部分

B. 中国只根据该议定书及其附件承担义务

C. 该议定书规定了特定产品过渡性保障机制

D. 中国与其他成员在加入谈判中作出的具体承诺，不构成该议定书的组成部分

7. 甲公司的营业所在甲国，乙公司的营业所在中国，甲国和中国均为《联合国国际货物销售合同公约》的当事国。甲公司将一批货物卖给乙公司，该批货物通过海运运输。货物运输途中，乙公司将货物转卖给了中国丙公司。根据该公约，下列哪些选项是正确的？(　　)

A. 甲公司出售的货物，必须是第三方依中国知识产权不能主张任何权利的货物

B. 甲公司出售的货物，必须是第三方依中国或者甲国知识产权均不能主张任何权利的货物

C. 乙公司转售的货物，自双方合同成立时风险转移

D. 乙公司转售的货物，自乙公司向丙公司交付时风险转移

8. 在一国际贷款中，甲银行向贷款银行乙出具了备用信用证，后借款人丙公司称贷款协议无效，拒绝履约。乙银行向甲银行出示了丙公司的违约证明，要求甲银行付款。依相关规则，下列哪些选项是正确的？(　　)

A. 甲银行必须对违约的事实进行审查后才能向乙银行付款

B. 备用信用证与商业跟单信用证适用相同的国际惯例

C. 备用信用证独立于乙银行与丙公司的国际贷款协议

D. 即使该国际贷款协议无效，甲银行仍须承担保证责任

9. 我国甲公司与瑞士乙公司订立仲裁协议，约定由某地仲裁机构仲裁，但约定的仲裁机构名称不准确。根据《最高人民法院关于适用〈中华人民共和国仲裁法〉若干问题的解释》，下列哪些选项是正确的？(　　)

A. 仲裁机构名称不准确，但能确定具体的仲裁机构的，应认定选定了仲裁机构

B. 如仲裁协议约定的仲裁地仅有一个仲裁机构，该仲裁机构应视为约定的仲裁机构

C. 如仲裁协议约定的仲裁地有两个仲裁机构，成立较早的仲裁机构应视为约定的仲裁机构

D. 仲裁协议仅约定纠纷适用的仲裁规则的，不得视为约定了仲裁机构

10. 甲公司向乙公司出口一批货物，由丙公司承运，投保了中国人民保险公司的平安险。在装运港装卸时，一包货物落入海中。海运途中，因船长过失触礁造成货物部分损失。货物最后延迟到达目的港。依《海牙规则》及国际海洋运输保险实践，关于相关损失的赔偿，下列哪些选项是正确的？(　　)

A. 对装卸过程中的货物损失，保险人应承担赔偿责任

B. 对船长驾船过失导致的货物损失，保险人应承担赔偿责任

C. 对运输延迟造成的损失，保险人应承担赔偿责任

D. 对船长驾船过失导致的货物损失，承运人可以免责

11. 中国甲公司与某国农业公司签订了进口一批羊毛的货物买卖合同，合同约定有关合同的一切争议适用中国法，此批货物由马来西亚“马莱”号承运，并投保了一切险。“马莱”号在太平洋公海航行时与巴拿马籍货物“那玛”号相撞，“马莱”号船长为了避免该轮沉没采取了自愿搁浅的措施，“马莱”号在救助人的帮助下进入了避难港，经修理继续航行到中国目的港。但在途中遭遇暴风雨，使部分羊毛受损。问：下列关于一切险正确的是（　　）。

A. “马莱”自愿搁浅的损失应赔

B. 因暴风雨使羊毛湿损应赔
C. 一切险包括外来原因所致的部分损失
D. 一切险包括外来原因所致的全损

12. 在国际税法中，对于法人居民身份的认定各国有不同标准。下列哪些属于判断法人纳税居民身份的标准？（　）
A. 依法人的注册成立地判断
B. 依法人的股东在征税国境内停留的时间判断
C. 依法人的总机构所在地判断
D. 依法人的实际控制与管理中心所在地判断

13. 中国甲公司发现有假冒某商标的货物通过海关进口。依我国相关法律规定，甲公司可以采取下列哪些措施？（　）
A. 甲公司可向海关提出采取知识产权保护措施的备案申请
B. 甲公司可要求海关将涉嫌侵犯某商标权的标记移除后再进口
C. 甲公司可向货物进出境地海关提出扣留涉嫌侵权货物的申请
D. 甲公司在向海关提出采取保护措施的申请后，可在起诉前就被扣留的涉嫌侵权货物向法院申请采取责令停止侵权行为的措施

14. 国际税收协定的内容主要包括（　）。
A. 协定的适用范围
B. 避免国际重复征税的措施
C. 对各项所得的课税安排
D. 防止国际逃避税的措施

15. 关于国际投资法相关条约，下列哪些表述是正确的？（　）
A. 依《解决国家与他国国民间投资争端公约》，投资争端应由双方书面同意提交给投资争端国际中心，当双方表示同意后，任何一方不得单方面撤销
B. 依《多边投资担保机构公约》，多边投资担保机构只对向发展中国家领土内的投资予以担保
C. 依《与贸易有关的投资措施协议》，要求企业购买或使用最低比例的当地产品属于协议禁止使用的措施
D. 依《与贸易有关的投资措施协议》，限制外国投资者投资国内公司的投资比例属于协议禁止使用的措施

三、不定项选择题

1. 2010年5月2日，中国一进出口公司甲公司电告日本一商贸公司乙株式会社，欲以CIF条件向日方出口一批丝绸，总价款为100万美元，乙株式会社于5月4日回电答应中方提出的要求。随后，甲公司将货物运至上海港，交由中国的远洋运输公司承运。由于船员的疏忽，5月10日船上发生火灾，甲公司托运的一个集装箱被火焚毁。在本案中，货物风险在哪一时刻由卖方转移给买方？（　）
A. 甲公司将货物交付远洋运输公司时
B. 在上海港自货物装上船时
C. 在横滨港自货物越过船舷时
D. 在甲公司将货物运至上海港码头时起

2. 中国甲公司进口一批日产空调，合同规定以信用证支付。甲公司开出的信用证规定装船期限为7月10日至7月20日，由承运人所属的“SALA”号货轮承运上述货物。“SALA”号在装货港外锚地因遇大风走锚与另外一艘在锚地待泊的油轮相撞，使“SALA”号不能如期装货。“SALA”号最后于8月15日完成装货，船长在接受了托运人出具的保函的情况下签发了与信用证一致的提单，并办理了结汇。由于船舶延迟到港错过了空调的销售季节，给甲公司造成了很大损失。甲公司为此向承运人提出了索赔要求，下列关于承运人责任的选项哪个是正确的？（　）
A. 延迟装货是因为不可抗力，因此承运人对延迟不负责任
B. 承运人的行为是倒签提单，承运人应对此承担责任
C. 承运人倒签提单是应托运人的要求，因此不应承担任何责任
D. 承运人的行为是预借提单，承运人应对此承担责任

3. 根据我国《反倾销条例》规定，倾销进口

产品的出口经营者在反倾销调查期间，可向商务部作出改变价格或停止以倾销价格出口的价格承诺。有关价格承诺的规定，下列哪一选项是正确的？(　　)

A. 商务部可以向出口经营者提出价格承诺的建议

B. 商务部在对倾销及其损害作出肯定的初步裁定之前可以寻求或接受价格承诺

C. 对出口经营者作出的价格承诺，商务部应予接受

D. 出口经营者违反其价格承诺的，商务部可以采取保障措施

4. 我国某外贸公司因向某国一家贸易商行出口一批货物，收到该贸易商行开出的以外贸公司为受益人的不可撤销的即期信用证，该信用证上载明："数量共计3000箱，1月至3月分3批装运，每次装运1000箱，"其后，外贸公司于1月和2月，每月装运1000箱，银行亦分批议付了货款。第三批货物原定于3月25日装船运出，但由于台风登陆，该批货物延迟至4月1日才装船，当该外贸公司凭4月1日的装船提单向银行交单议付货款时，遭到银行的拒付，外贸公司以遇到台风、不可抗力为由提出抗辩。银行应如何处理？(　　)

A. 银行完全有权拒收单据和拒绝付款

B. 银行可以付款，但要求外贸公司须提交有关"不可抗力"的证明

C. 银行可以付款，但条件是外贸公司提交有关"不可抗力"的证明并通知开证申请人某国贸易商行

D. 银行可以付款，但条件是必须经开证申请人的同意修改信用证并通知银行办理

5. 和《巴黎公约》相比，《与贸易有关的知识产权协议》在哪些方面提高了对驰名商标的特殊保护？(　　)

A. 规定驰名商标的认定不以注册为前提，使用亦可成为认定的依据

B. 规定驰名商标的特殊保护原则可以扩大适用于服务标记

C. 将驰名商标特殊保护的规定比照适用于与该商标核准使用的商品或服务不相类似的商品或服务

D. 规定对以不诚实手段取得注册或使用的商标提出取消注册或禁止使用的要求的，不应规定时间限制

四、简答题

1. 简述我国对国际货物买卖新规定的管制措施。

2. 简述税收饶让抵免的概念及其与一般的外国税收抵免的主要区别。

3. TRIPs协议关于版权保护的主要规定。

五、论述题

1. 试比较《海牙规则》《维斯比规则》和《汉堡规则》在承运人的责任基础、责任期间、责任限额、免责等方面的不同规定。

2. 如何适用《联合国国际货物销售合同公约》中的损害赔偿救济？

3. 如何理解国际技术许可合同中的限制性条款？

六、案例分析题

1. 某国A公司与中国B公司签订了一份买卖合同，合同规定某国A公司向中国B公司出售一批机床。在订立合同时，中国B公司明确告诉某国A公司：这批机床将转口土耳其并在土耳其使用。合同签订后，在履行过程中，由于种种原因，这批机床并未按原计划转口到土耳其，而是转口到了意大利。当这批机床运达意大利之后，一位意大利生产商发现该批机床的制造工艺侵犯了其两项专利权，故根据其本国专利法向当地法院提出请求，要求法院禁止这批机床在意大利境内使用或销售，同时要求损害赔偿，后据调查，这批机床确实侵犯了意大利生产商的两项专利，这两项专利均是在意大利批准注册的。当中国B公司找到某国A公司，要求后者承担违约责任时，某国A公司以其在订立合同时并不

知道该批机床将转口意大利为由，拒绝承担违约责任。双方因此产生争议。

请问：(1) 某国 A 公司拒绝承担违约责任是否有理由？为什么？

(2) 假设该批机床按原计划转口土耳其并在土耳其境内使用，土耳其生产商根据其本国相关法律，向法院提起诉讼，经法院调查证实，该批机床确实侵犯了土耳其生产商的专利权，中国 B 公司是否有权要求某国 A 公司承担违约责任？为什么？

2. 山东一家进出口公司和某外国公司订立了进口尿素 5000 吨的合同，依合同规定我方开出以该外国公司为受益人的不可撤销的跟单信用证，总金额为 148 万美元。双方约定如发生争议则提请北京中国国际经济贸易仲裁委员会仲裁。货物装船后，该外国公司持提单在银行支付了货款。货到青岛后，我公司发现尿素有严重质量问题，立即请商检机关进行了检验，证实该批尿素是毫无实用价值的废品。我公司持商检证明要求银行追回已付款项，否则将拒绝向银行支付货款。

请问：(1) 银行是否应追回已付货款，为什么？

(2) 我进出口公司是否有权拒绝向银行付款？为什么？

(3) 中国国际经济贸易仲裁委员会是否有权受理此案？依据是什么？

(4) 我进出口公司应如何保护自己的利益？

参考答案

一、单选题

1. 答案：A。经济主权原则是国际经济法的首要基本规范。

2. 答案：A。CIF 是在装运港船上交货，CIP 是货交承运人，而 CFR 术语下，根据 2010 年《国际贸易术语解释通则》A4、A5、B5 的规定，货物的风险是在装运港船上转移。

3. 答案：C。AB 错 C 对，根据签发提单时货物是否已装船，可将提单划分为已装船提单和收货待运提单。银行一般只接受已装船提单。已装船提单，是指由船长或承运人的代理人在货物装上指定的船舶后签发的提单。装载日期即提单的签发日。D 错，根据提单有无批注，可将提单划分为清洁提单和不清洁提单。

4. 答案：B。根据《海牙规则》第 4 条规定，承运人的免责条款，主要包括过失免责和无过失免责。承运人的过失免责，是指船长、船员、引航员或承运人的受雇人员在驾驶船舶或管理船舶上的行为、疏忽或过失引起的货物灭失或损坏，承运人可以免除赔偿责任；承运人的无过失免责，通常是指船舶发生火灾、海上灾难、意外事故、天灾、不可抗力、船舶潜在缺陷、货物固有缺陷等。A 可以免责，A 项表述属于货物固有缺陷；B 错，B 项表述并非疏忽或过失，而是故意；C 可以免责，C 项表述属过失；D 可以免责，D 项表述属不可抗力。

5. 答案：C。在国际税法上，收入来源地税收管辖权已经得到广泛的承认。

6. 答案：D。根据《服务贸易总协定》第 1 条的规定，协定适用于各成员影响服务贸易的措施，包括：(a) 从一成员境内向任何其他成员境内提供服务；(b) 在一成员境内向任何其他成员的服务消费者提供服务；(c) 一成员的服务提供者在任何其他成员境内以商业存在提供服务；(d) 一成员的服务提供者在任何其他成员境内以自然的存在提供服务。其中“服务”包括任何部门的任何服务，但在行使政府权限时提供的服务除外。所以 A 选项错误。境外消费（Consumption abroad）是指服务的提供者在一成员的领土内向来自另一成员的消费者提供服务。这种服务提供方式的主要特点是，消费者到境外去享用境外服务提供者提供的服务。所以，中国公民接受国外某银行在中国分支机构的服务不属于协定中的境外消费，B 选项错误。第 2 条规定最惠国待遇是在本协定项下的任何措施方面，各成员应立即和无条件地给予任何其他成员的服务和服务提供者以不低于其给予任何其他国家相同的服务和服务提供者的待遇。所以，无论是服务产品或服务提供者，都享有最惠国待遇，所以C选项错误。第17条规定的国民待遇是指在列入其承诺表的部门中，在遵照其中所列条件和资格的前提下，每个成员在所有影响服务提供的措施方面，给予任何其他成员的服务和服务提供者的待遇不得低于其给予本国相同服务和服务提供者的待遇。此外，本协定的规定不得解释为阻止任何成员赋予或给予其毗邻国家优惠，以便利毗邻的边境地区进行当地生产和消费的服务的交换。所以，D选项正确。

7. **答案**：C。国际民商事争议的解决方式包括调解、仲裁、诉讼。调解是当事人自愿将争议提交给第三者，并在第三者的主持和促使下达成和解协议，解决争议的方法。故A正确。但是当事人之间的调解协议仅具有合同的效力，不能够申请强制执行。故B正确。仲裁是指根据当事人事先或者事后达成的仲裁协议，将争议提交给他们选定的仲裁机构，由仲裁机构依法作出裁决，解决争议的一种方式。仲裁过程中，仲裁庭可以征得当事人同意后进行调解，调解成功即结案。故C错误。诉讼是指由有管辖权的法院依法对当事人之间的争议进行裁判以解决争议的一种方式。诉讼过程中，合议庭可以征得当事人同意后进行调解，调解成功即结案。故D正确。所以本题答案为C。

8. **答案**：B。《反倾销条例》第20条规定："商务部可以采用问卷、抽样、听证会、现场核查等方式向利害关系方了解情况，进行调查。商务部应当为有关利害关系方提供陈述意见和论据的机会。商务部认为必要时，可以派出工作人员赴有关国家（地区）进行调查；但是，有关国家（地区）提出异议的除外。"故A错误。第42条规定："反倾销税税额不超过终裁决定确定的倾销幅度。"故B正确。第31条规定："倾销进口产品的出口经营者在反倾销调查期间，可以向商务部作出改变价格或者停止以倾销价格出口的价格承诺。商务部可以向出口经营者提出价格承诺的建议。商务部不得强迫出口经营者作出价格承诺。"故C错误。第48条规定："反倾销税的征收期限和价格承诺的履行期限不超过5年；但是，经复审确定终止征收反倾销税有可能导致倾销和损害的继续或者再度发生的，反倾销税的征收期限可以适当延长。"故D错误。

9. **答案**：A。选项A正确。优先权的获得并不是自动的，需要申请人于在后申请中提出优先权申请并提供有关证明文件。选项B错误。发明专利和实用新型专利为12个月，外观设计和商标为6个月。选项CD错误。《保护工业产权巴黎公约》第4条规定，如果后来提出申请时，在先的申请已被撤回、放弃或驳回，而没有提供公众审阅，也没有遗留任何未定的权利，并且如果在先的申请尚未成为请求优先权的根据，则应按照本款第2项规定在本同盟同一个国家内就在先的申请的同样主题所提出的后来申请应认为是第一次申请，其申请日应为优先权期限的开始日。此后，在先的申请就不得作为请求优先权的根据。据此可知，在先申请的撤回、放弃或驳回不一定影响该申请的优先权地位。

10. **答案**：A。《最高人民法院关于审理信用证纠纷案件若干问题的规定》第10条规定："人民法院认定存在信用证欺诈的，应当裁定中止支付或者判决终止支付信用证项下款项，但有下列情形之一的除外：（一）开证行的指定人、授权人已按照开证行的指令善意地进行了付款；（二）开证行或者其指定人、授权人已对信用证项下票据善意地作出了承兑；（三）保兑行善意地履行了付款义务；（四）议付行善意地进行了议付。"因此A项说法正确。

二、多选题

1. **答案**：BC。国际商业惯例，是在长期的国际交往过程中形成的习惯性做法。

2. **答案**：ABC。在国际贸易中，单据对买方很重要，特别是在象征性交货的情况下，单据可能影响到买方是否能及时提取货物和转卖货物，也会影响到买方办理相关的海关手续。《联合国国际货物销售合同公约》第34条对卖方交付单据的义务进行了规定，依该条规定，如果卖方有义务移交与货物有关的单据，他必须按照合同规定的时间、地点和方式移交这些单据。因此，A项正确。如果卖方在约定的时间以前已移交这些单据，则可在时间届满前纠正单据中任何不符合合同规定的情形，但是，此项权利的行使不得使买方遭受不合理的不便或承担不合理的开支。而且，买方可以保留公约规定的要求损害赔偿的权利。因此，BC项说法正确。在买方承担不合理开支的情况下，买方有权要求赔偿，但是无权未经买方同意改变移交单据的地点和方式。因此，D项说法错误。

3. **答案**：ACD。

4. **答案**：ABC。厦门甲商行10月20日的来电属于要约。

5. **答案**：ABCD。《反倾销条例》第27条规定：有下列情形之一的，反倾销调查应当终止，并由商务部予以公告：(1) 申请人撤销申请的；(2) 没有足够证据证明存在倾销、损害或者二者之间有因果关系的；(3) 倾销幅度低于2%的；(4) 倾销进口产品实际或者潜在的进口量或者损害属于可忽略不计的；(5) 商务部认为不适宜继续进行反倾销调查的。来自一个或者部分国家（地区）的被调查产品有前款第（2）（3）（4）项所列情形之一的，针对所涉产品的反倾销调查应当终止。

6. **答案**：AC。中国在世界贸易组织中的权利义务分为两部分：一部分是各成员都承担的规范性义务，另一部分是中国加入世界贸易组织议定书中中国作出的承诺，是中国承担的独特义务。所以B项中国只根据议定书及其附件承担义务的说法是错误的。中国加入世界贸易组织的条件规定在《中国加入世界贸易组织议定书》及其附件中。该议定书及附件构成了世界贸易组织协定的一部分。中国与其他成员方进行的加入谈判结果和中国作出的具体承诺，也是该议定书的组成部分。所以A项正确，D项错误。《中国加入世界贸易组织议定书》中规定了贸易经营权、倾销与补贴中的非市场经济的规定、特定产品的过渡性产品保障机制和针对中国纺织品的特殊保障措施。所以C项正确。

7. **答案**：AC。本题考查国际货物贸易中卖方知识产权担保义务和运输途中货物风险转移问题。在国际货物贸易中，卖方必须保证其所交付货物是第三方不能依据买方营业地所在国法律或约定的转售第三国法律提起知识产权侵权之诉。本案中，买方营业所所在地为中国，所以卖方保证第三方不能依据中国法提起侵权之诉即可，A正确，B错误。在途货物运输的风险原则上自买卖合同成立时转移而非交付承运人时转移，否则对买方太不公平。所以C正确，D错误。

8. **答案**：CD。备用信用证，简称SBLC(standby letters of credit)。又称担保信用证，是指不以清偿商品交易的价款为目的，而以贷款融资，或担保债务偿还为目的所开立的信用证。开证行保证在开证申请人未能履行其应履行的义务时，受益人只要凭备用信用证的规定向开证行开具汇票，并随附开证申请人未履行义务的声明或证明文件，即可得到开证行的偿付。备用信用证目前只适用《ICC跟单信用证统一惯例》(UCP600) 的部分条款。故B错误。备用信用证具有：(1) 不可撤销性。除非在备用证中另有规定，或经对方当事人同意，开证人不得修改或撤销其在该备用证下之义务。故A错误。(2) 独立性。备用证下开证人义务的履行并不取决于：①开证人从申请人那里获得偿付的权利和能力。②受益人从申请人那里获得付款的权利。③备用证中对任何偿付协议或基础交易的援引。④开证人对任何偿付协议或基础交易的履约或违约的了解与否。故C正确。(3) 跟单性。开证人的义务要取决于单据的提示，以及对所要求单据的表面审查。(4) 强制性。备用证在开立后即具有约束力，无论申请人是否授权开立，开证人是否收取了费用，或受益人是否收到或因信赖备用证或修改而采取了行动，它对开证行都是有强制性的。故 D 正确。

9. 答案：AB。根据《最高人民法院关于适用〈中华人民共和国仲裁法〉若干问题的解释》第 3 条规定，仲裁协议约定的仲裁机构名称不准确，但能够确定具体的仲裁机构的，应当认定选定了仲裁机构。所以 A 项正确。第 6 条规定，仲裁协议约定由某地的仲裁机构仲裁且该地仅有一个仲裁机构的，该仲裁机构视为约定的仲裁机构。该地有两个以上仲裁机构的，当事人可以协议选择其中的一个仲裁机构申请仲裁；当事人不能就仲裁机构选择达成一致的，仲裁协议无效。所以 B 项正确，C 项错误。第 4 条规定，仲裁协议仅约定纠纷适用的仲裁规则的，视为未约定仲裁机构，但当事人达成补充协议或者按照约定的仲裁规则能够确定仲裁机构的除外。所以，D 项错误。

10. 答案：ABD。平安险（Free from Particular Average）是指单独海损不负责赔偿。根据国际保险界对单独海损的解释，它是指保险标的物在海上运输途中遭受保险范围内的风险直接造成的船舶或货物的灭失或损害。依照中国人民保险公司《海洋货物运输保险条款》的规定，平安险的承保责任范围是：（1）被保险货物在运输途中由于恶劣气候、雷电、海风、地震、洪水等自然灾害造成整批货物的全部损失或推定全损。（2）由于运输工具遭遇搁浅、触礁、沉没、互撞、与流水或其他物体碰撞以及失火、爆炸等意外事故造成的被保险货物的全部或部分损失。（3）运输工具已经发生搁浅、触礁、沉没、焚毁等意外事故的情况下，货物在此前后又在海上遭受恶劣气候、雷电、海风等自然灾害所造成的部分损失。（4）在装卸或转运时由于一件或数件货物落海造成的全部或部分损失。（5）被保险人对遭受承保责任内危险的货物采取抢救、防止或减少货损的措施而支付的合理费用，但以不超过该批货物的保险金额为限。（6）运输工具遭遇海难后，在避难港由于卸货所引起的损失，以及在中途港、避难港由于卸货、存仓以及运送货物所产生的特别费用。（7）共同海损的牺牲、分摊和救助费用。（8）运输合同订有船舶互撞责任条款，根据该条款规定，应由货方偿还船方的费用。所以，对装卸过程中的货物损失，保险人应承担赔偿责任，A 选项正确，C 选项错误。依照中国人民保险公司《海洋货物运输保险条款》中的除外责任规定，不论是平安险、水渍险或一切险，对下列各项损失和费用，概不负赔偿责任：（1）被保险人的故意行为或过失所造成的损失；（2）属于发货人责任所引起的损失；（3）在保险责任开始前，被保险货物已存在的品质不良或数量减差所造成的损失；（4）被保险货物的自然损耗、本质缺陷、特性以及市价跌落、运输延迟所引起的损失或费用；（5）海洋运输货物战争险条款和罢工险条款规定的责任范围和除外责任。所以对船长驾船过失导致的货物损失，保险人应承担赔偿责任，B 选项正确。《海牙规则》第 4 条第 2 款第 1 项规定，由于船长、船员、引航员或承运人的雇佣人在航行或管理船舶中的行为、疏忽或过失所引起的货物灭失或损坏，承运人可以免除赔偿责任。所以，D 选项正确。

11. 答案：ABCD。一切险除包括水渍险的责任范围外，还负责被保险货物在运输中由于外来原因所致的全部或部分损失，所以 CD 正确。A 项属于平安险，B 项属于水渍险，均包括在一切险内。

12. 答案：ACD。对于法人居民身份的认定各国有不同的标准：（1）法人登记注册地标准，即依法人在何国注册成立来判断法人纳税居民的身份；（2）实际控制与管理中心所在地标准，即法人的实际控制与管理中心所在地设在哪个国家，该法人即为哪个国家的纳税居民，董事会或股东大会所在地往往是判断实际管理中心所在地的标志；（3）总机构所在地标准，即法人的总机构设在哪个国家，该法人即为哪个国家的纳税居民，总机构通常指负责管理和控制企业日常营业活动的中心机构。一些国家在确定居民身份时是采取两个以上的标准。依我国《企业所得税法》第2条的规定，我国实际采用了法人注册地和总机构所在地两个标准。

13. 答案：ACD。本题考查中国对知识产权保护的边境措施。权利人采取的措施：(1) 申请人：知识产权权利人请求海关采取知识产权保护措施或者向海关总署办理知识产权海关保护备案的，境内知识产权权利人可以直接或者委托境内代理人提出申请，境外知识产权权利人可以委托其在境内设立的办事机构或者境内代理人提出申请。委托境内代理人提出申请的，应当出具规定格式的授权委托书。(2) 备案期限：知识产权海关保护备案自海关总署准予备案之日起生效，有效期为10年，在上述有效期届满前6个月内，权利人向海关总署申请续展备案，每次续展备案的有效期为10年。(3) 申请法院措施：权利人在向海关提出采取保护措施的申请后，可依我国《商标法》《著作权法》《专利法》，在起诉前就被扣留的侵权嫌疑货物向人民法院申请采取责令停止侵权行为或者财产保全的措施。(4) 申请海关措施：权利人发现侵权嫌疑货物即将进出口的，可以向货物进出境地海关提出扣留侵权嫌疑货物的申请。海关应将扣留侵权嫌疑货物情况书面通知权利人，并将海关扣留凭单送达收货人或发货人。

14. 答案：ABCD。国际税收协定的主要内容包括：协定的适用范围、有关定义的解释、对各项所得的课税安排、避免国际双重征税的措施、防止国际逃税、避税的措施、避免税收歧视的规定等。

15. 答案：ABC。《解决国家与他国国民间投资争端公约》第25条规定，中心的管辖适用于缔约国（或缔约国向中心指定的该国的任何组成部分或机构）和另一缔约国国民之间直接因投资而产生并经双方书面同意提交给中心的任何法律争端。当双方表示同意后，任何一方不得单方面撤销其同意。所以，A选项正确。《多边投资担保机构公约》规定，机构的目标应该是鼓励在其会员国之间，尤其是向发展中国家会员国融通生产性投资，以补充国际复兴开发银行（简称银行）、国际金融公司和其他国际开发金融机构的活动。为达到这些目标，机构应：(1) 在一会员国从其他会员国得到投资时，对投资的非商业性风险予以担保，包括再保和分保；(2) 开展合适的辅助性活动，以促进向发展中国家会员国和在发展中国家会员国间的投资流动；并且 (3) 为推进其目标，行使其他必要和适宜的附带权利。所以，多边投资担保机构是针对发展中国家领土内的投资。B选项正确。《与贸易有关的投资措施协议》第2条规定，成员不得实施与GATT第3条国民待遇或第11条数量限制的一般取消不一致的投资措施。为此，各成员专门就禁止的投资措施制定了一份“解释性清单”，表明了被禁止的投资措施的多种表现形式，这些措施可表现为法律和法规形式，也可表现为政府的行政指令或裁决，还可表现为某种优惠政策。其中，包括违反国民待遇规定的投资措施——“当地成分要求”或“国产化要求”，即要求企业，无论是本国投资企业，还是外商投资企业，在生产过程中必须购买或使用一定数量金额或最低比例的当地产品。这种投资措施对贸易的扭曲作用主要是阻止或限制进口产品的使用。如规定购买与使用当地产品的数量或价值的比重等。所以，C选项正确。另外，是贸易（外汇）平衡要求，规定外商投资企业为进口而支出的外汇，不得超过该企业出口额的一定比例。其中不符合1994年关贸总协定第11条一般取消进口数量限制原则的投资措施，包括国内法律或行政条例规定的强制性执行的措施，或者为了获得一项利益必须与之相符合的投资措施。具体包括：贸易（外汇）平衡要求，对外商投资企业的进口作出一般的限定，或规定不得超过该企业出口量或出口值的一定比例；进口用汇限制，规定外商投资企业用于生产所需的进口额应限制在该企业所占有的外汇的一定比例内；国内销售要求，规定外商投资企业要有一定数量的产品在东道国销售。协议中属于禁止使用的投资措施主要有4项，即当地成分要求、贸易平衡要求、进口用汇限制和国内销售要求。但协议并未要求成员不得实施出口实绩，技术转让和外资比例等投资措施。所以，D选项错误。

三、不定项选择题

1. **答案**：B。
2. **答案**：B。B对C错，倒签提单是指出口商为了出口货物的结汇，在货物装船后，要求承运人签发的是一种早于货物实际装船日期的提单。倒签提单是一种非法欺诈行为，是托运人与承运人合谋欺诈提单持有人的行为，承运人应承担相应的责任。
3. **答案**：A。《反倾销条例》第33条第3款规定，商务部对倾销以及由倾销造成的损害作出肯定的初裁决定前，不得寻求或者接受价格承诺。所以B项错误。第33条第1款和第2款规定，商务部认为出口经营者作出的价格承诺能够接受并符合公共利益的，可以决定中止或者终止反倾销调查，不采取临时反倾销措施或者征收反倾销税。中止或者终止反倾销调查的决定由商务部予以公告。商务部不接受价格承诺的，应当向有关出口经营者说明理由。所以C项错误，商务部也可以不接受出口经营者作出的价格承诺。第36条规定，出口经营者违反其价格承诺的，商务部依照本条例的规定，可以立即决定恢复反倾销调查；根据可获得的最佳信息，可以决定采取临时反倾销措施，并可以对实施临时反倾销措施前90天内进口的产品追溯征收反倾销税，但违反价格承诺前进口的产品除外。所以D项错误，出口经营者违反其价格承诺的，商务部可以恢复反倾销调查，而不是采取强制措施。第31条第2款规定，商务部可以向出口经营者提出价格承诺的建议。所以A项正确。
4. **答案**：AD。
5. **答案**：BC。和《巴黎公约》相比，《与贸易有关的知识产权协议》有以下特点：(1) 规定驰名商标的特殊保护原则可以适用于服务标记；(2) 将驰名商标特殊保护的规定比照适用于与该商标核准使用的商品或服务不相类似的商品或服务。

四、简答题

1. **答案**：我国对国际货物买卖的管制措施，新规定的有：

    (1) 保障措施。我国《对外贸易法》规定，因进口产品数量增加，使国内相同产品或者与其直接竞争的产品的生产者受到严重损害或有严重损害的威胁时，国家可采取必要的保障措施，消除或者减轻这种损害或损害的威胁。所谓必要的保障措施，是指规定进口限额或设定进口许可制度。

    (2) 反倾销。所谓“倾销”，指的是产品以低于正常价值的方式进口，并由此对国内已建立的相关产业造成实质损害或威胁，或者对国内建立相关产业造成实质阻碍的一种情况。当倾销情况发生时，国家可以采取必要的反倾销措施，各国的普遍做法是对倾销产品征收反倾销关税。

    (3) 反补贴。进口的产品直接或者间接地接受出口国给予的任何形式的补贴，并由此对国内已建立的相关产业造成实质损害或者产生实质损害的威胁，或者对国内建立相关产业造成实质阻碍时，国家可以采取必要措施，消除或者减轻这种损害或者损害的威胁或者阻碍。关于反补贴措施，各国的普遍做法是对接受补贴的产品征收反补贴关税。
2. **答案**：税收饶让抵免，又称税收饶让，是一种特殊的外国税收抵免制度。税收饶让抵免，是指居住国对其居民因享受来源国的税收减免而未实际缴纳的税额视同纳税额给予抵免。

    与一般的外国税收抵免相比，税收饶让具有以下特点：第一，税收饶让抵免是为了使收入来源国对外资的税收优惠政策能够取得实效，同时，使国际投资者能从收入来源国的税收优惠中得到实惠，而不是像一般的外国税收抵免那样为了解决国际重复征税。第二，税收饶让抵免必须通过双边税收协定才能得到实施，一般的外国税收抵免在没有双边税收协定的情况下，其居民也能享受抵免的待遇。第三，在一般的外国税收抵免方面，各国的做法基本相同；但在税收饶让抵免方面，各国的做法则有较大的出入。

3. 答案：（1）各成员必须遵守 1971 年《伯尔尼公约》实质规定，《伯尔尼公约》所定义的文学作品都属于 TRIPs 协议保护范围。但协议排除了《伯尔尼公约》第 6 条关于作者精神权利的保护。

（2）文学作品的保护期为作者有生之年加上死后 50 年。表演者、录音制作者的权利保护期为 50 年，自表演发生及录制完成之日起算（罗马公约规定保护期为 20 年）。广播权为 20 年，自播出之日历年年底算起。

（3）协议明确把计算机软件和数据编辑作品作为《伯尔尼公约》的文学作品来保护，弥补了《伯尔尼公约》的不足，也有助于打击这类盗版侵权活动。

（4）协议允许计算机软件、电影作品、唱片作品的作者享有租借权，即允许或禁止他人向公众出租其原作品和复制品的权利，这是多边国际公约中首次承认租借权。

五、论述题

1. 答案：《海牙规则》《维斯比规则》和《汉堡规则》均是关于海上货物运输的公约，三个公约在承运人的责任原则、责任期间、责任限额、免责等方面有不同的规定，主要表现在：（1）承运人的责任原则。《海牙规则》在承运人的责任上采用的是不完全过失责任。因为承运人对于航行过失引起的损失可以免责。而《汉堡规则》在承运人的责任上采用的则是完全过失责任。《海牙规则》和《汉堡规则》规定的承运人的责任均为过失责任，但由于《海牙规则》有关于承运人航行过失免责的规定，因此是一种不完全的过失责任制。《汉堡规则》取消了承运人对航行过失的免责，因而是完全的过失责任制。同时，《汉堡规则》还采用了推定过失责任制，即在货损发生后，先推定承运人有过失，如承运人主张自己无过失，则必须承担举证的责任。另外，《汉堡规则》不但取消了承运人对船长、船员等在驾驶船舶或管理船舶上的过失免责，也取消了火灾中的过失免责。海运发达国家在火灾免责的废除上是持反对态度的，妥协的结果是将火灾的举证责任推给索赔人，即由索赔人举证承运人一方有过失。依《汉堡规则》的规定，承运人对火灾所引起的货物灭失、损坏或延迟交付负赔偿责任，但索赔人需证明承运人、其受雇人或代理人有过失。然而，由于货物在承运人的掌管之下，特别是当船舶在航行途中时发生的火灾，货方是很难举证的。因而，可以说承运人仍然可以间接享受到火灾的免责。

（2）承运人的责任期间。依《海牙规则》第 1 条第 5 项的规定，承运人的货物运输责任期间为从货物装上船起至卸完船为止的期间。这里是否包括装船和卸货的过程并不清楚，结合上述承运人“装载”和“卸货”和责任可以看出，这两个过程应该包括在内。至于装卸货从哪一点开始到哪一点为止，条文也未明确规定。在实践中，多将其理解为钩至钩责任。在使用岸吊的情况下，以船舷为责任期间的起止点。在使用驳船装卸货时，一般的解释是承运人的责任期间是从货物挂上船上吊钩起，至货物卸至驳船上止的期间。《汉堡规则》规定承运人的责任期间为货物在装货港、运送途中和卸货港在承运人掌管下的期间。与《海牙规则》相比，在《汉堡规则》下，承运人的责任期间是在装港和卸港向两头延长了，即承运人“收货”到“交货”的全部期间。

（3）承运人的赔偿责任限额。《海牙规则》第 4 条第 5 款规定，承运人对货物的灭失或损失的赔偿责任，在任何情况下每件或每单位不得超过 100 英镑，但托运人于装货前已申明该货物的性质和价值并在提单上注明者不在此限。

《维斯比规则》采用了双重责任限额制，即对货物的灭失或损害责任以每件或每单位 10000 金法郎或每公斤 30 金法郎为限，两者以高者计。双重责任限额给了货方选择的余地，使货方在货物单件较重的情况下能获得较高的赔偿。在采用货币币种的问题上，《维斯比规则》吸取了《海牙规则》因采用某国货币而引起种种贬值问题的教训，未使用某国的货币单位，而是采用了金法郎。金法郎为含纯度为900/1000的黄金65.5毫克的计算单位。关于成组运输工具的责任限制问题，《海牙规则》并未涉及，因为当时还没有这种方式的运输。为了适应使用集装箱等成组运输工具运输的发展，《维斯比规则》增加了关于在该类运输中件数的确定方法的规定。该规则规定如果货物是以集装箱、托盘或类似的运输工具集装的，则提单中载明的内装件数就是计算赔偿限额的件数。如提单上未注明内装件数，则以成组运输工具的件数为计算赔偿限额的件数。

《汉堡规则》提高了承运人的最高赔偿限额，规定承运人对货物灭失或损坏的赔偿责任限额为每件或每单位835特别提款权，或每公斤2.5特别提款权，以高者为准。《汉堡规则》也采用了对货主有利的双重责任限额。为了解决货币贬值问题，《汉堡规则》采用特别提款权为计算责任限额的单位。特别提款权是国际货币基金组织创设的一种储备资产和记账单位。创设时，1特别提款权等于0.888671克纯金。此外，规则还规定，如货损是由于承运人、其雇佣人或代理人故意造成的，则将丧失责任限制的权利。

（4）承运人的免责。《海牙规则》规定的承运人的免责共有17项，依第4条第2款的规定，对由于下列原因引起或造成的货物的灭失或损害，承运人不负责任：船长、船员、引水员或承运人的雇佣人在驾驶或管理船舶中的行为、疏忽或不履行职责；火灾，但由于承运人实际过失或私谋所造成者除外；海上或其他可航水域的风险、危险或意外事故；天灾；战争行为；公敌行为；君主、统治者或人民的扣留或拘禁或依法扣押；检疫限制；货物托运人或货主、其代理人或代表的行为或不行为；不论由于何种原因引起的局部或全面的罢工、关厂、停工或劳动力受到限制；暴乱和民变；暴乱指公众骚乱，民变为聚众非法制造混乱的行为；救助或企图救助海上人命或财产；由于货物的固有瑕疵、性质或缺陷所造成的容积或重量的损失，或任何其他灭失或损害；包装不当；标志不清或不当；尽适当的谨慎所不能发现的潜在缺陷；不是由于承运人的实际过失或私谋，或是承运人的代理人或受雇人员的过失或疏忽所引起的任何其他原因。上述最重要的是航行过失免责，《汉堡规则》取消了航行过失免责，加重了承运人的责任。

（5）延迟交货的责任。《海牙规则》没有规定延迟交货的责任，承运人为了避免货方向其索赔因延迟交货引起的损失，常常在提单中加入延迟交货的免责条款。货方因此也很少就延迟交货向承运人索赔。《汉堡规则》规定承运人应对延迟交货负责。延迟交货指未在约定的时间内交付，或在无约定的情况下，未在合理的时间内交付。承运人对延迟交货的赔偿责任限额为迟交货物应付运费的2.5倍，但不应超过应付运费的总额。

（6）关于保函的效力。保函是托运人为了换取清洁提单而向承运人出具的保证赔偿承运人因此而受到损失的书面文书。由于保函常常带有欺诈的意图，以往的案例通常判保函无效。《汉堡规则》第一次在一定范围内承认了保函的效力，这主要是考虑到在托运人与承运人对货物的数量等有分歧，而又无从查验时，出具保函可以免去许多麻烦，也是商业上的一种习惯的变通做法，但为了抑制保函的作用，规则规定，托运人为了换取清洁提单可向承运人出具保函，保函只在托运人与承运人之间有效。如保函有欺诈意图，则保函无效，承运人应赔偿第三者的损失，且不能享受责任限制。

（7）货物的适用范围。《海牙规则》不适用于舱面货和活牲畜。关于舱面货，《汉堡规则》规定，承运人依协议、惯例、法律的要求，有权在舱面装货，否则承运人应对将货物装在舱面上造成的损失负赔偿责任。关于活牲畜，《汉堡规则》规定，活牲畜的受损如是因其固有的特殊风险造成的，承运人可以免责，但承运人须证明已按托运人的特别指示办理了与货物有关的事宜。

(8) 关于承运人与实际承运人的关系。《海牙规则》只有承运人的概念，没有关于实际承运人的规定，也没有对在转船、联运和租船进行班轮运输的情况下承运人的责任作出规定，以致订约承运人常常以自由转船等条款逃避在部分航程中或全部航程中的货损责任。受委托的实际承运人也可以非订约承运人为由拒绝货方的索赔。《汉堡规则》第10条规定，即使订约承运人将全程运输或部分运输委托给实际承运人，订约承运人仍应对运输全程负责。如果订约承运人和实际承运人都有责任，则两者负连带责任。

(9) 诉讼时效。《海牙规则》在诉讼时效上规定，货方对承运人或船舶提起货物灭失或损害索赔的诉讼时效为1年，自货物交付之日起算，在货物灭失的情况下，自货物应交付之日起算。《维斯比规则》对《海牙规则》第6条作了两点修改：(1) 诉讼时效为1年，双方协商，可以延长时效。(2) 对第三者的追偿诉讼，在1年的诉讼时效期满后，仍有3个月的宽限期。依规则的规定，在对第三者的追偿诉讼中，只要在受诉法院所在地法律允许的期间之内，即使上述1年的时效届满仍可起诉，但允许的时间自提起此种诉讼的人已解决索赔案件，可向其本人送达起诉状之日起算，不得少于3个月。对第三者的追偿诉讼，如在租船运输的情况下，承运人在向提单持有人赔偿后，还要依租船合同向责任方追偿。这里因为包含了两个诉讼，所以需要的时间较长。《维斯比规则》针对这一情况规定了一个宽限期。《汉堡规则》规定的诉讼时效为2年，自承运人或实际承运人交付货物或交付部分货物，或者自应交付货物的最后1日起算。被索赔人可在上述诉讼时效期间之内向索赔人提出延长时效的书面声明，而且可通过再次声明进一步延长时效。此外，承运人向收货人赔付后在向第三方追偿时，即使上述时效已届满，仍可在诉讼所在国法律许可的时间内提起诉讼，但所许可的时间，自起诉人已解决对其索赔的案件，或已接到向其本人送达的起诉状之日起算，不少于90天。

2. 答案：(1) 公约就违反合同的损害赔偿问题作了规定。一方当事人违反合同应负的损害赔偿额，应与另一方当事人因其违反合同而遭受的包括利润在内的损失额相等。

(2) 这种损害赔偿不得超过违反合同一方在设立合同时，依照他当时已知道或理应知道的事实和情况，对违反合同预料到或理应预料到的可能损失。

(3) 在宣告合同无效时如买方购买替代货物或卖方转售货物，赔偿额应包括合同价格与替代货物价格之间的差额，在没有购买或转售时出现的合同价格与时价之间的差额也包括在内。

(4) 声称另一方违反合同的一方，必须按情况采取合理措施，减轻由于该另一方违反合同而引起的损失，包括利润方面的损失，如果他不采取这种措施，违反合同一方可以要求从损害赔偿额中扣除可以减轻的损失数额。

(5) 损害赔偿救济是可以与其他救济措施同时适用的救济，请求损害赔偿的权利不因采取其他救济方法而丧失。违反合同一方是由于非他所能控制的障碍而违反合同的，不承担赔偿责任。

3. 答案：当限制性商业惯例或限制性贸易做法被具体地订入国际技术许可合同中，有关条款就被称为限制性条款。

(1) 关于哪些约定属于限制性条款，各国立法不同。实践中主要体现为下列行为或条款：

①搭售条款；②限制竞争条款；③限制技术产品的生产或销售；④限制合同期限；⑤不合理地限制被许可方在合同期满后继续使用许可技术；⑥限制被许可方改进或发展许可技术；⑦限制被许可方的商标使用以及广告宣传等商业行为；⑧限制被许可方企业经营管理自主权；⑨限制被许可方使用技术的技术人员范围及技术使用范围；⑩限制被许可方就许可技术的有效性提出异议。

(2) 国际技术许可活动中出现的限制性

做法一般体现为：技术的供方依据其拥有的技术专有之垄断地位，对技术受方的相关经营活动实施不合理的限制。

(3) 其目的在于限制对方的技术或市场竞争力以维护其技术或市场竞争优势，或带动其他商业的销售或过时技术的出口。

(4) 其实质性后果是导致对自由贸易的限制。

六、案例分析题

1. **答案**：(1) 某国公司的抗辩具有理由。根据《联合国国际货物销售合同公约》第 42 条规定，卖方承担的货物工业产权或其他知识产权瑕疵担保义务，以卖方在订立合同时已经知道或者不可能不知道的权利或要求为限，并且该权利或要求是以转售地或其他使用地的法律作为依据。

   (2) 中国公司的请求具有理由。因为卖方明知中国公司将从某国公司购买的机床在土耳其销售或使用，第三人根据转售地土耳其的专利法对该批货物提出专利侵权损害赔偿，具有理由，某国公司违反了其知识产权瑕疵担保义务，理应承担违约责任。

2. **答案**：(1) 银行不能追回货款，因为卖方提交的单据与信用证相符。

   (2) 我进出口公司无权拒绝向银行付款赎单，因为信用证独立原则。

   (3) 我仲裁委员会有权受理此案，依据是双方订立的仲裁协议。

   (4) 依仲裁条款提请仲裁，向卖方要求损害赔偿或追回货款。

期末测试题二

一、单项选择题

1. 下列关于国际经济法的调整对象的描述，哪项是正确的？（　　）
   A. 只调整国家间的经济关系
   B. 只调整国际组织间的经济关系
   C. 只调整个人、法人之间的跨国经济关系
   D. 调整国家、国际组织、不同国家的法人与个人之间的经济关系
2. 下列关于《联合国国际货物销售合同公约》的说法中，哪一项正确？（　　）
   A. 公约适用于具有不同国籍或营业地位于不同国家的当事人之间的国际货物销售合同
   B. 公约不涉及国际货物买卖合同中货物的所有权问题和因货物造成的人身伤亡的责任问题
   C. 公约不适用于那些提供劳务或服务的合同
   D. 当事人可以通过选择其他法律来排除公约的适用，也可以对公约的内容进行改变，除非存在其所在国的相关保留
3. 甲国公司（卖方）与乙国公司订立了国际货物买卖合同，FOB价格条件，采用海上运输方式。甲、乙两国均为《联合国国际货物销售合同公约》缔约国，下列哪一选项是正确的？（　　）
   A. 货物的风险应自货物交第一承运人时转移
   B. 因当事人已选择了贸易术语，《联合国国际货物销售合同公约》整体不再适用该合同
   C. 甲国公司应在装运港于约定日期或期限内将货物交至船上
   D. 甲国公司在订立运输合同并装船后应及时通知乙国公司办理保险
4. 某服装公司以生产高档男女西服、衬衫闻名，其产品在国内占有一定的市场，某牌文字和图形商标在国内也有较高的知名度。为打开国际市场，公司决定除提高服装质量、在国外广泛宣传外，还要在十几个国家申请某牌文字和图形商标的注册专用权。考虑到我国和公司拟申请注册的大多数国家都是《商标国际注册马德里协定》的成员国，公司决定通过国际注册的方式在各有关国家取得商标专用权。如果该公司提出申请，下列表述中不正确的是（　　）。
   A. 该某服装公司可直接向世界知识产权组织国际局申请国际注册
   B. 在提出申请时，某服装公司须注明要求保护的国家
   C. 如果申请成功获得国际注册，则某服装公司将享有20年的保护期
   D. 如果在获得国际注册以后的第3年，我国商标局撤销了某牌的注册，各国注册也将随之失效
5. 关于海上货物运输中的迟延交货责任，下列哪一项表述是正确的？（　　）
   A.《海牙规则》明确规定承运人对迟延交付可以免责
   B.《维斯比规则》明确规定了承运人迟延交付的责任
   C.《汉堡规则》只规定了未在约定时间内交付为迟延交付
   D.《汉堡规则》规定迟延交付的赔偿为迟交货物运费的2.5倍，但不应超过应付运费的总额
6. 某公司A从国外进口一批钢坯，以集装箱运输，装箱单及提单上均载明为21箱。货交甲船运输后，由于市场行情的变化，A公司将货物转售给B公司，双方签订买卖合同时，A公司向B公司背书交付了提单等各项单据。待船到目的港，B公司持

单提货时，发现货物只有20箱。B公司要求甲船偿付漏装一箱的货款，船方经仔细审查，发现在大副记载的有关日志中，写明实际收货20箱。对此，船公司提出抗辩，拒绝承担赔偿责任。那么，缺失的一箱货物损失由谁承担？（　　）

A. B公司

B. A公司

C. 甲船公司

D. A、B公司共同承担

7. 在国际货物买卖中，当事人所采取的支付方式与国内货物买卖中的当事人所采取的支付方式有很大的不同，下列支付方式中，不属于国际货物买卖当事人常用的是（　　）。

A. 汇付　　B. 即时付款

C. 托收　　D. 信用证付款

8. 根据《解决国家与他国国民间投资争端公约》，如果当事人各方同意将争端提交解决投资争端国际中心仲裁，则下列说法中正确的有（　　）。

A. 原则上有关争端不再属于作为争端一方的缔约国国内法院的管辖范围，也排斥投资者本国的外交保护

B. 即使经双方当事人同意，也不得撤回已同意提交中心管辖的争议事项，但是可以改变

C. 如当事人一方拒绝参加仲裁，只要中心认为对争议有管辖权，则可以缺席审理并裁决

D. 胜诉方无论在哪一缔约国境内或其管辖领域下发现另一方的财产，都可请求该缔约国的法院执行中心的仲裁裁决

9. 甲公司与乙公司签订了出口200吨农产品的合同，付款采用托收方式。船长签发了清洁提单。货到目的港后经检验发现货物质量与合同规定不符，乙公司拒绝付款提货，并要求减价。后该批农产品全部变质。根据国际商会《托收统一规则》，下列哪一选项是正确的？（　　）

A. 如代收行未执行托收行的指示，托收行应对因此造成的损失对甲公司承担责任

B. 当乙公司拒付时，代收行应当主动制作拒绝证书，以便收款人追索

C. 代收行应无延误地向托收行通知乙公司拒绝付款的情况

D. 当乙公司拒绝提货时，代收行应当主动提货以减少损失

10. 中国某公司进口了一批皮制品，信用证方式支付，以海运方式运输并投保了一切险。中国收货人持正本提单提货时发现货物已被他人提走。依相关司法解释和国际惯例，下列哪一选项是正确的？（　　）

A. 承运人应赔偿收货人因其无单放货造成的货物成本加利润损失

B. 因该批货物已投保一切险，故保险人应对货主赔偿无单放货造成的损失

C. 因货物已放予他人，收货人不再需要向卖方支付信用证项下的货款

D. 如交单人提交的单证符合信用证的要求，银行即应付款

二、多项选择题

1. 关于世界贸易组织争端解决机构裁定和建议的实施，下列选项中正确的有哪些？（　　）

A. 被裁定违反了有关协议的一方，应在合理时间内履行争端解决机构的裁定和建议

B. 如果被诉方在合理期限内，没有履行裁定和建议，原申诉方可以经争端解决机构授权报复，对被诉方中止减让关税或中止其他义务

C. 申诉方在实施报复时中止减让关税或其他义务的水平和范围，应与受到的损害相当

D. 申诉方在实施报复时可依其自由裁量中止减让关税或其他义务的水平和范围

2. 下列哪些方法属于跨国公司进行国际避税常用的方法？（　　）

A. 匿报应税财产和收入
B. 利用避税港设立基地公司
C. 不合理地分摊成本和费用
D. 转移定价

3. 各国税法上确定自然人居民身份的标准主要有哪些？（　　）
A. 住所标准
B. 实际管理和控制中心所在地标准
C. 居所标准
D. 居住时间标准

4. 1995 年 2 月 26 日，由于一名交易员在衍生金融交易中投机失败，使得有 233 年历史的英国巴林银行宣布倒闭，在全球金融市场掀起了一场轩然大波。就如何加强跨国银行业务的监管，巴塞尔委员会在强调资本充足率最低标准的基础上，于 1992 年提出了"巴塞尔建议"，并于 1997 年发布了"银行业有效监管核心原则"。该核心原则强调的事项是（　　）。
A. 强调监管的全过程，推行全面风险管理
B. 强调建立银行业监管的规范化系统
C. 强调对银行业的监管必须是持续监管
D. 强调母国统一监管

5. 中国的甲公司与日本的乙公司订立买卖合同。甲公司为乙公司开出一张汇票，付款人为中国的某商业银行。后乙公司将该汇票背书转让给中国的丙公司。下列说法中错误的有（　　）。
A. 如果乙公司是为清偿与丙公司之间合同之债务而向丙公司背书转让该汇票，则在乙、丙公司之间合同无效的情况下，丙公司无权要求付款人付款
B. 如果丙公司要求付款人付款时，付款人以汇票过期为由拒付，则丙公司可以向乙公司或甲公司追索
C. 该汇票不再是一张国际票据
D. 如果甲、乙公司之间的合同无效，则丙公司无权要求付款人付款

6. 下列说法中正确的有（　　）。
A. 国际经济条约是国家及国际经济组织为确定其相互之间的权利义务而达成的书面协议
B. 国际经济法的基本原则是指国际社会公认的、对国际经济法的各个领域都具有普遍指导意义的原则
C. 国际商业惯例是在长期的国际经济交往中经过反复使用而形成的成文规则，不能随意修改
D. 国际经济法主体是指在国际关系中能行使权利和承担义务的法律人格者

7. 厦门甲商行于 10 月 20 日来电向上海乙公司发盘出售一批木材。发盘中列明各项交易条件，但未规定有效期限。乙公司于当天收到来电，经研究决定后，于 22 日上午 11 时向上海电报局交发对上述发盘表示接受的电报，该电报于 22 日下午 1 时送达厦门甲商行。此期间，因木材价格上涨，厦门甲商行于 10 月 22 日上午 9 时 15 分向厦门电报局交发电报，电文如下：由于木材价格上涨，我商行于 10 月 20 日电告发盘撤销。甲商行的电报于 22 日上午 11 时 20 分送达乙公司。下列选项中哪些是正确的？（　　）
A. 厦门甲商行未能撤销其发盘
B. 乙公司的回电构成承诺
C. 双方之间合同成立
D. 厦门甲商行 10 月 20 日的来电属于要约邀请

8. 中国某公司进口了一批皮制品，信用证方式支付，以海运方式运输并投保了一切险。中国收货人持正本提单提货时发现货物已被他人提走。依相关司法解释和国际惯例，下列哪些选项是错误的？（　　）
A. 承运人应赔偿收货人因其无单放货造成的货物成本加利润损失
B. 因该批货物已投保一切险，故保险人应对货主赔偿无单放货造成的损失
C. 因货物已放予他人，收货人不再需要向卖方支付信用证项下的货款
D. 如交单人提交的单证符合信用证的要求，银行即应付款

9. 中国甲公司与德国乙公司签订服装买卖合同，约定单价每件 30 美元/FOB 青岛。乙公司为该货物的运输向保险公司投保了平

安险。对于航行途中发生的下列哪些损失，保险公司应承担赔偿责任？（　　）

A. 在运输途中货轮与另一艘船舶相撞造成货物损失

B. 由于运输延迟造成的货物损失

C. 在运输途中遭遇飓风造成货物全部损失

D. 在装卸时由于一件或整件货物落海造成的部分损失

10. 为了完成会计师事务所交办的涉及中国某项目的财务会计报告，永居甲国的甲国人里德来到中国工作半年多，完成报告并获得了相应的报酬。依相关法律规则，下列哪些选项是正确的？（　　）

A. 里德是甲国人，中国不能对其征税

B. 因里德在中国停留超过了 183 天，中国对其可从源征税

C. 如中国已对里德征税，则甲国在任何情况下均不得对里德征税

D. 如里德被甲国认定为纳税居民，则应对甲国承担无限纳税义务

三、不定项选择题

1. 2002 年 5 月 2 日，中国一进出口公司甲公司电告日本一商贸公司乙株式会社，欲以 CIF 条件向日方出口一批丝绸，总价款为 100 万美元，乙株式会社于 5 月 4 日回电答应中方提出的要求。随后，甲公司将货物运至上海港，交由中国的远洋运输公司承运。由于船员的疏忽，5 月 10 日船上发生火灾，甲公司托运的一个集装箱为火焚毁。在本案中，货物风险在哪一时刻由卖方转移给买方？（　　）

A. 甲公司将货物交付远洋运输公司时

B. 在上海港自货物装上船时

C. 在横滨港自货物越过船舷时

D. 在甲公司将货物运至上海港码头时起

2. 上海 A 公司与荷兰 B 公司签订了从中国购买肠衣的货物买卖合同，价格条件是 CIF。A 公司依买卖合同的规定把货物用木桶装妥后交给上海远洋运输公司运输，承运人按托运人要求将货物装在水线以下远离锅炉的舱位，然后签发了清洁提单。船到目的港时发现木桶全部被压碎，货物因而损失约 15 万美元。B 公司作为收货人向承运人索赔，承运人以托运人对货物包装不当为由拒赔。关于本案例，下列选项哪些是正确的？（　　）

A. 承运人应当赔偿，因为其签发了清洁提单，就应对货物在途中受到的损失负责赔偿

B. B 公司应当首先承担责任，因为货物的风险已在装货港货物装上船时转移给了 B 公司

C. A 公司应承担责任，因为其对货物包装不当

D. 承运人不应赔偿，因为它是按照托运人的要求装载的

3. 在司法实践中，下列哪些保函通常被认定为无效保函？（　　）

A. 托运人和承运人明知货物的表面状况有瑕疵，为换取清洁提单，托运人向承运人出具的保函

B. 托运人为得到倒签提单而向承运人出具的保函

C. 托运人为得到预借提单而向承运人出具的保函

D. 由于缺乏识别手段或计量工具，承运人和托运人出现认识上的偏差，为免去提单上的批注，托运人向承运人出具的保函

4. 根据我国的《反补贴条例》进行调查、采取反补贴措施的补贴，必须具有专向性。下列补贴中哪些属于具有专向性的补贴？（　　）

A. 由出口国政府明确确定的某些企业、产业获得的补贴

B. 由出口国法律、法规明确规定的某些企业、产业获得的补贴

C. 以出口实绩为条件获得的补贴，包括反补贴条例所附出口补贴清单列举的各项补贴

D. 以使用本国或本地区产品替代进口为条件获得的补贴

5. 中国甲公司与某国乙公司签订了一出口红枣的合同，合同约定货物品质为三级，信用证支付。交货时甲公司因库存三级红枣缺货，便改装二级货，并在发票上注明货品二级，货款仍按原定三级货价格计收。在办理议付时，银行认为发票注明该批货物的品级与信用证规定的三级品质不符，因而拒绝收单付款。乙公司认为该货有特殊用途，因而不能接受甲公司所交的二级货，并主张甲公司应承担未按合同规定交货的责任。下列表述哪些是正确的？（ ）

A. 银行可以发票与信用证不符为由拒绝收单付款

B. 甲公司所交货物品级比合同规定的高，甲公司不应承担任何责任

C. 银行不应拒绝收单付款

D. 本案信用证的受益人为中国甲公司

四、简答题

1. 简述美国学者杰克逊的“国际经济法”的概念。
2. 简述买方要求卖方交付替代货物的条件。
3. 简述《海牙规则》中关于承运人的免责规定。

五、论述题

1. 试论在国际货物买卖中卖方在知识产权担保方面的担保及免责。
2. 试论《服务贸易总协定》的宗旨、一般义务和原则。
3. 分析倒签提单与预借提单的性质及其导致的法律后果。

六、案例分析题

某国A公司与我国B公司签订了购买一批月饼的合同，交货日期为当年中秋节前一个星期，以便卖给在某国的华人过中秋节之用。但是，由于我国当年中秋月饼市场火爆，公司货源紧张，中秋节已过了一个星期还未交货。而某国的实际情况是由于中秋节已过，月饼难以销售。A公司于是通知B公司宣告合同无效。

问题：

（1）A公司宣告合同无效是否有法律依据？

（2）A、B两公司约定在中国国际经济贸易仲裁委员会仲裁，哪一方有可能败诉？如果败诉方不履行仲裁裁决，另一方当事人应怎样做？

参考答案

一、单项选择题

1. 答案：D。本题考查国际经济法的调整对象，国际经济法的调整对象是国家、国际组织、不同国家的法人与个人之间的经济关系。

2. 答案：D。销售合同公约规定了国际货物买卖合同的订立、买卖双方的义务、货物风险的转移和合同的违约救济等，但由于参与谈判的各国分歧太大，所以公约不涉及以下三个问题：（1）合同效力或者惯例效力；（2）所售货物的所有权转移问题，要注意只是不涉及所有权转移问题，并非没有涉及所有权问题，因为在卖方的权利担保中，卖方应担保对其货物享有完全的所有权；（3）因货物造成的人身伤亡的责任问题。同时，（1）公约不调整如下几种合同：购买供私人、家人或家庭使用的货物的销售（属于消费合同，消费者权益保护属于各国专门法处理范围）；经由拍卖的销售；根据法律执行令状或其他令状的销售（有公权力牵涉其中，适用特别规则）；公债、股票、投资证券、流通票据或货币的销售（有些国家不认为是货物，同时有自己的特殊规则）；船舶、船只、气垫船或飞机的销售（有些国家视为不动产，都要求过户登记，规则不宜统一）；电力的销售（不可触及的特殊性，有些国家不视为货物）。（2）公约不适用于下列两类合同：由买方提供制造货物的大部分原材料的合同；供货一方的绝大部分义务在于提供劳务或其他服务的合同。注意如果劳务或服务并未构成绝大部分义务的，公约仍调整。（3）公约的适用是任意性的，当事人可以通

过选择其他法律来排除公约的适用，也可以对公约的内容进行改变，除非存在其营业地所在国的保留。

3. **答案**：C。选项A错误。在FOB的情况下，风险在装运港船上转移。选项B错误。选择贸易术语，并不排除对《公约》的适用。选项C正确。在FOB的情况下，在装运港船上交货。选项D错误。在FOB的情况下，价格构成中没有保险一项，因此，卖方对买方“无义务”，同样买方对卖方也无保险的义务。装船以后风险就转移了，买方若此时才去投保，可能会导致自己的利益受损。

4. **答案**：A。

5. **答案**：D。《海牙规则》规定的承运人的免责共有17项，包括2项过失免责和15项无过失免责，根据第4条第2款的规定，对由于下列原因引起或造成的货物的灭失或损害，承运人不负责任：(1) 船长、船员、引水员或承运人的雇佣人在驾驶或管理船舶中的行为、疏忽或不履行职责；(2) 火灾，但由于承运人实际过失或私谋所造成者除外；(3) 海上或其他可航水域的风险、危险或意外事故；(4) 天灾；(5) 战争行为；(6) 公敌行为；(7) 君主、统治者或人民扣留或拘禁或依法扣押；(8) 检疫限制；(9) 货物托运人或货主、其代理人或代表的行为或不行为；(10) 不论由于何种原因引起的局部或全面的罢工、关厂、停工或劳动力受到限制；(11) 暴乱和民变；(12) 救助或企图救助海上人命或损害；(13) 由于货物的固有瑕疵、性质或缺陷所造成的容积或重量的损失，或任何其他灭失或损害；(14) 包装不当；(15) 标志不清或不当；(16) 尽适当的谨慎所不能发现的潜在缺陷；(17) 不是由于承运人的实际过失或私谋，或是承运人的代理人或受雇人员的过失或疏忽所引起的任何其他原因。可见，《海牙规则》没有规定承运人对迟延可以免责，故A错误。《维斯比规则》的内容主要是对《海牙规则》的补充和修改，也没有规定承运人迟延交付的责任，故B错误。《汉堡规则》规定，承运人对火灾所引起的灭失、损坏或延迟交付负赔偿责任，但索赔人需证明承运人、其受雇人或代理人有过失。《汉堡规则》所规定的延迟交付是指未在约定的时间内交付，或在无约定的情况下，未在合理的时间内交付。故C错误。《汉堡规则》规定，承运人对延迟交付的赔偿责任限额为延迟交付应付运费的2.5倍，但不应超过应付运费的总额。故D正确。

6. **答案**：C。提单是承运人接管货物或货物装船的依据。当提单被转让给善意第三方时，提单是承运人和提单持有人之间的绝对证据，承运人须严格按照提单上所记载的内容履行义务，即使承运人对提单所记载的货物有疑问，并能提出有效的证据，也不能推翻提单的记载。参见《维斯比规则》第1条。

7. **答案**：B。即时付款由于风险比较大，所以在国际贸易中一般不常用。

8. **答案**：C。

9. **答案**：C。《托收统一规则》第26条 (3) a. 规定：“代收行必须无延误地对向其发出托收指示的银行寄送付款通知，列明金额或收妥金额、扣减的手续费和（或）支付款和（或）费用额以及资金的处理方式。”所以C是正确的。

10. **答案**：D。《最高人民法院关于审理无正本提单交付货物案件适用法律若干问题的规定》第6条规定：“承运人因无正本提单交付货物造成正本提单持有人损失的赔偿额，按照货物装船时的价值加运费和保险费计算。”赔偿额不包含利润损失，故A错误。一切险的保险范围不包括承运人无单放货造成的损失。故B错误。根据《最高人民法院关于审理信用证纠纷案件若干问题的规定》第5条的规定，开证行在作出付款、承兑或者履行信用证项下其他义务的承诺后，只要单据与信用证条款、单据与单据之间在表面上相符，开证行应当履行在信用证规定的期限内付款的义务。当事人以开证申请人与受益人之间的基础交易提出抗辩的，人民法院不予支持，存在信用证欺诈的除外。故C错误，D正确。

二、多项选择题

1. **答案**：ABC。申诉方在实施报复时中止减让关税或其他义务的水平和范围，应与受到的损害相当，而不是自由裁量。

2. **答案**：BCD。A错，A项表述属于国际逃税的情形。国际逃税是指跨国纳税人故意违反国家税法和国际税收协定的规定，采取各种隐蔽的非法手段，以减少本应承担的国际纳税义务的行为。BCD对，通过征税对象的跨国移动进行国际避税，是纳税人最常用的方式，其中被各国政府密切关注的避税方式有：通过内部交易逃避税收；利用国际避税地逃避税收。通过内部交易逃避税收，一般是发生在跨国公司的各联属企业之间。具体是指：①转移定价，是指由于上述关联企业之间存有共同的股权和控制关系，他们之间在交易中确定价格时不按照正常市场价格进行，而是根据逃避税收的目的故意提高或降低有关交易的价格。这样，通过把利润从税负高的国家转移到低税的国家而达到减税目的。②不合理地分摊成本和费用，是指在跨国企业内部总机构和各分支机构间或者总公司和国外的分公司之间，通过不合理地增加某一机构的成本和费用开支的方法，以减少利润而达到逃避或减少该机构税负的目的。

3. **答案**：ACD。各国税法上确定自然人居民身份的标准有（1）住所标准，即以自然人在征税国境内是否拥有住所这一法律事实，决定其居民或非居民纳税人身份。（2）居所标准，在各国税法上的含义可能不尽相同，但一般是指一个人在某个时期内经常居住的场所，并不具有永久居住的性质。（3）居住时间标准，即以一个人在征税国境内居留是否达到和超过一定期限，作为划分其居民或非居民身份的标准，并不考虑个人在境内是否拥有财产或住宅等因素。

4. **答案**：ABC。

5. **答案**：ABCD。AD项应选，票据是指由一国出票人签发的由自己或他人无条件支付一定金额的书面凭证。汇票的内容应包括"无条件支付一定金额的命令"，即付款人的付款不得附带任何条件，只有见票即付或见票后定期付款的汇票才允许记载利息及利率。C项应选，当票据跨越国境流通或当出票人与受票人或背书人或付款人分处不同国家时，该票据则被视为一张国际票据。国际汇票，是指在5个地点（出票地点；出票人签名旁所示地点；受票人姓名旁所示地点；收款人姓名旁所示地点；付款地点）中，至少有两处地点是分处不同国家且汇票签发地或付款地位于缔约国内。B项应选，汇票遭拒付，持票人向出票人或背书人或承兑人要求偿还汇票金额的行为称为追索。当汇票过了期限遭拒付时，持票人不仅对背书人，而且对出票人均丧失追索权。应注意，这里丧失的仅是"追索权"，其实体求偿权利并未丧失。本题中的中国甲公司为出票人，日本乙公司为受票人也是背书人，中国丙公司为持票人。

6. **答案**：AB。A对，国际经济条约，是国家及国际经济组织为确定其相互之间的权利义务所达成的书面协议。条约分为双边条约和多边条约，多边国际经济条约是国际经济法最主要的渊源。B对，国际经济法的基本原则，是指被国际社会公认的、对国际经济法的各个领域都具有普遍指导意义的原则。C错，国际商事惯例，是在长期的国际经济交往中经过反复使用而形成的不成文规则。国际商事惯例属于任意性的规范。只有在当事人明示选择适用时才对当事人有约束力，而且当事人还可以对其选择的商事惯例进行修改。D错，国际经济法的主体是指在国际经济交往的法律关系中（而非国际关系中），可以享受权利及承担义务的法律人格者，包括自然人、法人、国家和国际经济组织。

7. **答案**：ABC。厦门甲商行10月20日的来电属于要约。

8. **答案**：ABC。《最高人民法院关于审理无正本提单交付货物案件适用法律若干问题的规定》第6条规定："承运人因无正本提单交付货物造成正本提单持有人损失的赔偿额，按照货物装船时的价值加运费和保险费计算。"赔偿额不包含利润损失，故A错误。

一切险的保险范围不包括承运人无单放货造成的损失。故B错误。根据《最高人民法院关于审理信用证纠纷案件若干问题的规定》第5条的规定，开证行在作出付款、承兑或者履行信用证项下其他义务的承诺后，只要单据与信用证条款、单据与单据之间在表面上相符，开证行应当履行在信用证规定的期限内付款的义务。当事人以开证申请人与受益人之间的基础交易提出抗辩的，人民法院不予支持，存在信用证欺诈的除外。故C错误，D正确。

9. **答案**：ACD。平安险的责任范围主要包括：(1) 在运输过程中，由于自然灾害和运输工具发生意外事故造成整批货物的实物的实际全损或推定全损；(2) 由于运输工具发生意外事故而造成的货物全部损失或部分损失；(3) 只要运输工具曾经发生搁浅、触礁、沉没、焚毁等意外事故，不论这意外事故发生之前或者以后曾在海上遭受恶劣气候、雷电、海啸等自然灾害所造成的被保险货物的部分损失；(4) 在装卸转船过程中，被保险货物一件或数件落海所造成的全部损失或部分损失；(5) 运输工具遭受自然灾害或意外事故，在避难港卸货所引起被保险货物的全部损失或部分损失；(6) 运输工具遭受自然灾害或意外事故，需要在中途的港口或者在避难港口停靠，因而引起的卸货、装货、存仓以及运送货物所产生的特别费用；(7) 发生共同海损所引起的牺牲、公摊费和救助费用；(8) 发生了保险责任范围内的危险，被保险人对货物采取抢救、防止或减少损失的各种措施，因而产生合理费用。但是保险公司承担费用的限额不能超过这批被救货物的保险金额。施救费用可以在赔款金额以外的一个保险金额限度内承担。

10. **答案**：BD。《个人所得税法实施条例》第5条规定："下列所得，不论支付地点是否在中国境内，均为来源于中国境内的所得：(一) 因任职、受雇、履约等而在中国境内提供劳务取得的所得；(二) 将财产出租给承租人在中国境内使用而取得的所得；(三) 转让中国境内的建筑物、土地使用权等财产或者在中国境内转让其他财产取得的所得；(四) 许可各种特许权在中国境内使用而取得的所得；(五) 从中国境内的公司、企业以及其他经济组织或者个人取得的利息、股息、红利所得。"故A错误。个人非居民劳务所得包括个人独立劳务所得和非个人独立劳务所得。(1) 个人独立劳务所得指个人独立从事独立性的专业活动所取得的收入。如医生、律师、会计师、工程师等从事独立活动取得的所得。确定独立劳务所得来源地的方式一般采用"固定基地原则"和"183天规则"。固定基地指个人从事专业性活动的场所，如诊所、事务所等。后者指在境内停留的时间，即应以提供劳务的非居民某一会计年度在境内连续或累计停留达183天或在境内设有经营从事独立活动的固定基地为征税的前提条件。对独立的个人劳务所得，应仅由居住国行使征税权。但如取得独立劳务所得的个人在来源国设有固定基地或者连续或累计停留超过183天者，则应由来源国征税。(2) 非个人独立劳务所得，即非居民受雇于他人的所得，一般由收入来源国一方从源征税。因此B正确。无限纳税义务亦称"全面纳税义务"，是"有限纳税义务"的对称。指纳税人就其来源于全球范围内的所得或财产对其所在国负有纳税义务。无限纳税义务只适用于本国居民（公民）。因此C错误，D正确。

三、不定项选择题

1. **答案**：B。
2. **答案**：BCD。承运人按照托运人的要求装运货物，所以不应赔偿。
3. **答案**：ABC。保函，是指由托运人出具的用以担保承运人签发清洁提单而产生一切法律后果的一种担保文件。也就是说，托运人为了取得清洁提单以向银行办理结汇，就会出具一份保函请求承运人签发清洁提单。该保函能担保承运人因签发提单后而产生的法律后果。
4. **答案**：ABCD。

5. 答案：AD。

四、简答题

1. 答案：杰克逊认为国际经济法这一词语包括非常广泛的内容：经济交易的法律；有关经济事务的政府规章；以及包括诉讼和国家经济关系组织的相关法律关系。在一定程度上，国际经济法可以分为两种宽泛的模式，这两种模式贯穿了国际经济法所包括的几乎全部内容。大致可以称为“交易性”的和“管理性”的。

交易性的国际经济法涉及在国际贸易或者其他经济活动中进行的交易活动。其关注的主要方面是私人企业或者其他主体的行为。管理性的国际经济法，关注的是政府机构（国家的、地方的或者国际的）的角色。

另外，国际经济法的特点是：国际经济法不能从一般或者“公法”的国际法中分割或者分离开；国际经济法和国内法或者“域内”法的关系具有特别重要的意义；对从事国际经济法项目工作的人来讲，需要不同学科的综合训练方式的研究和思考相结合；从事国际经济法工作，与从事其他国际法学科工作相比，似乎经常需要更多经验性的研究；国际经济法经常遇到收集信息这一问题。当国际经济法学的主题越来越成为政府决策和政策研究的中心时，这些问题也越来越成为新闻媒体关注的焦点，与政治团体和机构的联系也越来越密切。

2. 答案：卖方已交货物，但不符合合同，买方有权要求交付替代货物。这一办法的补救作用，虽很直接，但它将给卖方带来许多不便：既要安排替代货物的交付，还要考虑原交货物的处理。所以这一补救办法的采用，有较严格的限制。按照《联合国国际货物销售合同公约》的规定，买方要求卖方交付替代货物，必须具备三个条件：

（1）卖方所交货物不符合同，情况严重，构成根本违反合同；

（2）买方能按实际收到货物的原状归还原交货物；

（3）关于替代货物的要求，必须与货物不符合同的通知同时提出，或者在该项通知发出后一段合理时间内提出。

这三个条件，缺一不可。

3. 答案：（1）《海牙规则》实行的是不完全过失责任制度。关于承运人免责的规定共有17项，包括两类：一是过失免责；二是无过失免责。过失免责是指由于船长、船员、引航员或者承运人的雇佣人在航行或者管理船舶中的行为或者疏忽或者过失引起的灭失和损害，承运人可以免除赔偿责任。

（2）无过失免责可以分为以下几个方面：不可抗力或者承运人无法控制的事项方面。如海上危险、天灾、战争、公敌行为、暴动和骚乱、政府扣押船舶、检疫限制、罢工或者停工等。托运人或者货方的行为或者过失方面。有托运人或者货主的行为，货物包装不良、货物标志不清或者不当以及货物的性质、固有缺陷等。特殊免责条款有三项：第一，火灾；第二，企图救助人命或者财产；第三，谨慎处理但是仍然不能发现的潜在缺陷。总的无过失免责条款，即属于未列举的承运人无过失免责条款，对此，《海牙规则》规定必须由承运人举证。

五、论述题

1. 答案：依1980年《联合国国际货物销售合同公约》的规定，在国际货物买卖中，卖方有知识产权担保的义务。知识产权担保指卖方所交付的货物，必须是第三方不能根据工业产权或其他知识产权主张任何权利或要求的货物。知识产权是包括工业产权的，公约之所以将两者并列是为了避免不同国家在使用这两个概念时的分歧。如果在买方接收货物后，任何第三人通过司法程序指控买方所购的货物侵犯了其知识产权，卖方应承担代替买方辩驳第三人的指控的责任。

由于知识产权的地域性质，以及货物将销售到某个外国的特点，卖方不可能对每个国家的情况都了解，因此，公约虽然规定了卖方的知识产权担保义务，但并不要求其出售的货物不得侵犯全世界任何一个知识产权权利人的权利，那样的要求是不现实的。此外，买方可能在自己的国家销售，也有可能将货物销售到第三国。例如，买方改变了将货物转卖A国的计划，而将卖方出售的货物转卖到了B国，则当一B国人称该货物侵犯其商标权时，卖方不应对买方负责，因为在订立合同时，卖方并不知道这批货物将被转卖到B国。鉴于这些情况，公约对卖方的知识产权担保义务规定了两个条件。其一，第三方的权利主张必须是基于货物销售或使用地国家的法律，而且这个国家是在双方签订合同时已经为双方所知道的。如果没有明确货物的销售和使用国家，则权利主张必须基于买方营业地点所在国家的法律。其二，卖方必须在签订合同时知道或不可能不知道这种基于知识产权的权利或主张。关键是对卖方不可能不知道的判断，如果该权利主张是基于已经申请或批准的专利权利，或已经批准的商标权利的，卖方通常将被视为不可能不知道，因为这些都会有公告。

公约还对卖方的知识产权担保做了两项免责规定。第一，如果在签订合同时，买方知道或不可能不知道存在基于知识产权的要求，卖方将对知识产权担保豁免责任。由于对卖方不可能不知道知识产权权利或要求的判断标准和对买方对同一事实的判定标准应当是相同的，所以，卖方豁免责任的可能性是很大的。第二，如果卖方的货物导致的侵权是由于卖方遵守买方订货时要求的技术图样、图案、程式或其他规格的要求的结果。在这种情况下，由于是买方先行要求，所以责任应由买方承担。但是，根据一些国家的法律，卖方需要给予买方适当的通知才能免除自己的责任。

2. 答案：《服务贸易总协定》（GATS）的宗旨是在透明度和逐步自由化的前提下，建立一个有关服务贸易原则和规定的多边框架。在互利和权利义务总体平衡的基础上开展多边谈判，以促进所有贸易伙伴的经济增长和发展。

一般义务和原则包括：一是最惠国待遇原则。每一成员给予任何其他成员服务提供者的待遇，应立即无条件地给予其他任何成员的相同服务和服务提供者。也允许存在例外：提供给邻国的优惠；豁免清单作为附件从而享受为期不超过10年的豁免；成员方参与的经济一体化安排；政府采购服务的法律、条例和规定。二是透明度原则。每一成员应设立咨询点，以便于向其他成员方提供不妨碍其法律实施或不违反其公共利益或不损害其商业利益的各种信息，包括可能影响GATS实施的措施、国际协定、法律、条例、行政命令及修改、商业性惯例和补贴等。三是资格的认可。就服务提供者的资格，成员方之间应通过国际协定或安排或自动许可方式予以认可，并逐步制定和推行认可的统一标准。四是公平竞争。成员境内的垄断和专营服务提供者不得滥用其垄断和专营的优势地位。五是发展中国家的更多参与。为使发展中国家和最不发达国家更多参与国际服务贸易，发达国家应承担以下义务：在GATS生效之日起2年内设立联络点，为发展中国家服务提供者提供各自市场有关服务的商业和技术信息，专业资格登记、认可和获得等方面的信息；通过关于具体承诺的谈判，增强发展中国家国内服务业能力、效率和竞争力，促进销售渠道和信息网络的改善以及对各部门市场准入的自由化和促进发展中国家服务出口；以上两项义务的履行是对最不发达国家给予特别优惠的考虑。

3. 答案：（1）倒签提单是承运人在货物装船后签发的，但提单中注明的装船日期早于实际装船日期的提单。而预借提单则是指在货物尚未全部装船，或者货物虽已由承运人接管但尚未装船的情况下签发的已装船提单。

（2）倒签提单和预借提单一样，掩盖了货物的实际装船日期，并使信用证对装货这一环节的制衡力丧失，无法保证货物准时到达，从而避开了迟延交货的责任，对提单受让人中的收货人构成欺诈。因此，倒签提单和预借提单的行为性质均为欺诈行为。

（3）对于倒签提单和预借提单的法律后果，从倒签提单和预借提单的产生原因来看，它是托运人为了避免因装船日期滞后而要求承运人提前签发的，其行为的目的是实现信用证结汇的需要，从其行为的性质看，应为一种与收货人订立合同的行为。但因托运人和承运人的欺诈行为，违反了先合同义务，最终导致其订立的合同（倒签提单）无效。因此，倒签提单和预借提单的责任属性为缔约过失责任。

（4）实践中，承运人在签发倒签提单或预借提单时，常常要求托运人出具保函。承运人接受保函而签发这种提单仍需承担较大的风险，这是因为签发倒签提单或预借提单，有违民事活动诚实信用的基本原则，甚至构成与托运人串通而对善意的收货人进行欺诈。因此，如果由此而造成第三者收货人的损失，承运人需承担赔偿责任，并且，承运人在赔偿收货人的损失后，根据保函向托运人或者其他提供保函的人追偿时，有时也难以得到法律的保护。

【参考资料】张湘兰主编：《海商法论》，武汉大学出版社2005年版。

六、案例分析题

答案：（1）A公司宣告合同无效的依据是B公司的行为构成根本违约。B公司延迟交货，就是违约行为。而且由于中秋月饼是在特定时间销售的物品，B公司延迟交货，使A公司卖出月饼就很困难，由此会蒙受损失，以至于实际上剥夺了A公司根据合同所期待得到的利益，即B公司的延迟交货构成根本违反合同。B公司根本违反合同，A公司就有权宣告合同无效，并可向B公司主张损害赔偿。

（2）由于B公司根本违反合同，B公司会败诉。若B公司不履行仲裁裁决，A公司可以根据中国法律的规定，向中国法院申请执行。

附录一：全国部分高校国际经济法专业研究生入学考试真题

北京大学

2020年

1. 从F组和C组贸易术语中各选一例，说明在跟单信用证下买卖双方的注意事项。

2. WTO下的贸易救济措施。

3. 结合《涉外民事关系法律适用法》论述涉外知识产权的法律适用。

4. 述评《外商投资法》对“外商投资”的定义。

5. 所得税国际税收协定的作用。

6. 国际债券种类及其法律关系。

2019年

1. 近年来WTO多边贸易体制面临哪些挑战，如何应对挑战？

2. 海商法的调整范围有哪些？如果我国《海商法》的调整范围需要修改，应该增加哪些内容？

3. 甲国A公司向乙国B公司购买大豆1万吨，签订CIF合同，途中起火，救火湿损大豆1000吨，甲、乙两国进行贸易战，征收反倾销税。

（1）A、B公司的国际贸易合同什么情形下适用CISG？

（2）起火救火湿损的1000吨大豆能否获得保险赔偿？

（3）反倾销税和关税由谁缴纳？

4. 法律规避制度和公共秩序保留制度的联系和区别在哪里？

5. 甲国A公司系乙国B公司的全资子公司，A公司汇回B公司股息，甲、乙两国均按来源地和国籍征收所得税，施行正常所得税制度，问：国际双重征税有哪些类型，如何避免国际双重征税？

6. 国际商业贷款和国内商业贷款的不同在哪里？

2017年

1. 信用证的基本原则。

2. 论述雇佣救助的法律适用。

3. 特征履行和最密切联系原则的关系。

4. WTO的基本原则有哪些？最惠国待遇原则的例外？

5. CISG，买卖双方的权利义务、救济。

2016年

1. 结合WTO规则和我国规定，分析保障措施的必需条件。

2. 分析海上保险法的特点和发展趋势。

3. 公共秩序保留和法律规避的关系，谈谈我国的实践和立法。

4. 国际货物贸易中的国际惯例的作用并举例。

5. 国际贸易支付方式有哪些、分析其特点和风险。

6. 国际区域经济新发展及对世界经济规则的影响。

2015年

1. 中国铁建股份有限公司与墨西哥当地4家铁路公司组成投标联合体，中标墨西哥首都墨西哥城至克雷塔罗市的高速铁路项目，后墨西哥单方面取消中标。试从国际投资法角度，中国铁建股份有限公司可以有哪些救济途径？

2. 论述WTO争端解决机制的法律程序？

3. 阐述国际私法上管辖权与法律适用的关系，它们有哪些原则？

4. APEC有哪些法律特征，它和WTO有什么关系？

5. 论述委付和代位求偿的关系？

6. 国际贸易有哪些环节？这些环节容易产

生哪些纠纷？有哪些途径解决纠纷？

2014 年

1. 国际贸易中有哪些法律风险？自选从进口方或者出口方角度进行论述，并对如何防范这些法律风险提出建议。至少应从两个方面以上进行论述。

2. 我国国际私法的立法采纳了哪些国际上的通行做法，请选择两个以上角度进行论述。

3. 简述 WTO 的法律框架以及基本原则。

4. 提单的功能有哪些？提单电子化的法律障碍主要是什么？有关电子提单的国际立法有哪些新动态？

5. 我国的《企业所得税法》和签订的税收协定是如何规定反避税的。

6. 中国（上海）自由贸易区的外资制度对于国内外资立法将会产生什么样的影响？

2013 年

1. 中国买方与英国（非 CISG 缔约国）卖方通过电子邮件签订货物买卖合同，贸易术语 CIF，信用证支付。约定发生争议由中国法院管辖，但未选择应适用的法律。卖方按时发货后，由于运输迟延，货物未在规定的日期到达目的地，其间市价下跌，导致买方预期利益受损。买方通知银行停止付款，并拒收货物。卖方无奈，只得支付额外的滞期费，并将货物转卖。

（1）中国法院有无管辖权？依据？

（2）CISG 可否适用？合同应适用的准据法是什么？

（3）卖方可有何种主张？法律依据？

2. 近年来索马里海盗横行。某载货船舶被海盗劫持，货物被海盗扣押。请从国际货物买卖、海上运输、海上保险、共同海损、海难救助等关系，分析赎回被扣押货物的赎金应由谁承担。

3. 国际私法中适用法院地法的情形？应当扩大法院地法的适用还是予以合理限制？

4. 中国某公司在比利时投资设立的比利时某公司被比利时政府采取国有化措施。中国某公司欲向 ICSID 提出仲裁申请。请问 ICSID 对此案行使管辖权的条件。

5. GATT1994“一般取消数量限制”的含义和例外。

6. 经济全球化对国际经济法有哪些影响？择其中一个方面谈谈。

2012 年

1.《联合国国际货物买卖合同公约》的适用范围以及解决的主要问题是什么？我国和公约的关系如何？

2. 结合最密切联系原则、公共秩序保留制度和法律选择的方法，谈谈国际私法上自由裁量权的运用？

3. 试述海上货物运输保险中被保险人的如实告知义务？

4. 什么是海事赔偿责任限制？它与承运人单位赔偿责任限制关系如何？

5. WTO 允许的贸易救济措施有哪些？试述这些贸易救济措施实施的条件以及形式有哪些。

6. 举例最近国际经济法领域的热点问题（至少说出 3 个热点），并择其中一个热点谈谈。

2011 年

1. 我国《海商法》颁布后，又相继颁布了许多重要的法律，与《海商法》的内容有许多不同规定，急需对《海商法》加以修改。

（1）我国《海商法》颁布后，又颁布了哪些重要的法律？

（2）论述海商法与民法的关系。

（3）我国《海商法》应作出哪些修改？

2. 谈谈对自由贸易协定的认识。

3. A 国甲公司与 B 国乙公司订立货物买卖合同，A 为《联合国国际货物销售合同公约》缔约国，B 为非缔约国。现在甲公司与乙公司发生纠纷，在 A 国法院起诉。

（1）公约在什么情况下会被适用？

（2）公约中买卖双方的义务是什么？

（3）公约如何对买方救济？

2010 年

1. 比较《鹿特丹规则》和我国《海商

法》，我国是否应该加入该公约？

2. 我国船只被索马里海盗劫持，船员被绑架作为人质，船东付款赎人，请问船东是否可以要求保险赔偿？

3. 举例说明国际货物贸易术语的作用。

4. 银行在托收和信用证中的地位和作用。

5. 国际货物贸易中会产生的法律问题？2000 通则可以解决哪些问题？其他问题怎么解决？

6. WTO 关于最惠国待遇的内容？

2008 年

简述国际货物贸易中买卖、运输、保险、支付等法律关系中各当事人之间的关系，以及调整和适用于这些法律关系的法律、习惯有哪些？

中国人民大学

2016 年

一、比较下列概念

1. 承兑交单和付款交单、反垄断

2. 反垄断和反倾销

2014 年

一、名词解释

UCP600

2013 年

一、名词解释

特许协议

2012 年

一、名词解释

海牙规则

2011 年

一、名词解释

1. 国际商业惯例

2. 排他许可

2009 年

一、名词解释

1. 普遍定期审查制

2. 提单

3. ADR

二、简答

1. WTO 争端解决机制特点。

2. CISG 中卖方违约救济方法。

2008 年

一、名词解释

1. 税收来源地管辖权

2. 司法协助

3. DSB

二、简答

国际项目融资的特点。

三、论述

试述《修改 TRIPs 的议定书》的修改原因、内容、意义和对中国的影响。

2007 年

一、简答

1. 国际经济组织的特点、种类和发展趋势。

2. CISG 中卖方的知识产权担保义务。

中国政法大学

2022 年

一、名词解释

1. 国际保理
2. 独占许可协议
3. 备用信用证

二、简答题

1. 共同海损的构成要件。
2. 外商投资法中对外商投资的管制。
3. 国际避税的行为方式及解决措施。

三、论述题

多边体制下《服务贸易总协定》遇到的挑战与改进措施。

2021 年

一、名词解释

1. 转移定价
2. 保障措施
3. 独立保函

二、简答题

1. 什么是外资安全审查，《外商投资法》规定了吗？

2. 2020 贸易术语对 cip 和 cif 保险的规定。

2020 年

一、名词解释

1. 选择性争端解决机制
2. 单独关税区
3. 国际重复征税

二、简答

1. 国际商业贷款协议陈述和保证内容。
2. 国际海运中货物运输承运人责任。
3. 海外投资保险机制。

三、论述

关贸总协定的安全例外规定。

2019 年

一、名词解释

1. DDP
2. 亚投行
3. 税基侵蚀和利润转移

二、简答

1. 简述《鹿特丹规则》对承运人义务的规定，及其发展趋势。

2. 技术可以通过哪种方式转让。

3. 海外投资担保制度。

三、论述

WTO 的改革。

2017 年

一、名词解释

1. 倾销幅度
2. 国际投资法中的负面清单模式
3. 避免双重征税协定

二、简答题

1. 简述自贸区（FTA）与自贸园区（FTZ）的区别。

2. 何种专利技术许可具有等同于专利转让的效果，理由为何？

3. 简述全球经济治理与国际经济法的关系。

三、论述

试论述人民币成为特别提款权的一揽子货币之一的意义。

2016 年

一、名词解释

1. 补贴
2. 特别提款权
3. 居民税收管理权原则

二、简答题

1. WTO 争端解决程序。

2. 多边投资保险机构。

三、分析题

版权独立原则案例分析。

2015 年

一、简答题

简要回答见索即付担保的概念和特点。

2014 年

一、分析题

试说明 GATT 和 GATS 中关于最惠国待遇原则和国民待遇原则。

2013 年

一、简答题

简述国际货币基金组织关于汇率问题的规定。

2011 年

一、分析题

1. 联合国于 2008 年通过了《鹿特丹规则》对运输单证的定义如下：“运输单证”是指承运人在运输合同签发的单证，该单证：

（1）证明承运人或者履约方收到了运输合同下的货物。

（2）证明或者包含一项运输合同。

（3）与提单定义的差别，以及说明造成这种差别的原因。

2008 年

一、名词解释

1. 租船合同项下的提单

2. 承兑交单

3. 1999 年《蒙特利尔公约》

4. 欧盟

二、简答

1. 国际许可协议的主要条款和特点。

2. 国际投资争议的种类、特点和解决方式。

3. 国际银团贷款及其特点。

4. WTO《反补贴措施协议》中补贴的认定、补贴的种类及特点。

5. 国际税法中常设机构原则和固定基地原则及其运用。

三、案例分析

1. 中国买方某公司与英国卖方某公司签订了一项货物买卖合同。中国某公司与“罗斯福”号货轮签订了运输合同，并向中国某保险公司投保海上货物运输水渍险。“罗斯福”号货轮在公海上与“小鹰号”货轮发生碰撞，造成罗斯福号货轮损失 7 万美元，经确定罗斯福号按过失程度应承担 40%的碰撞责任。罗斯福号在发生碰撞后搁浅，为了起伏脱浅，共抛弃 5 万美元的货物，其间救助船舶“尼米兹号”对其进行了救助，并产生救助费用 3 万美元，结合中国《海商法》和《约克—安特卫普规则》分析：

（1）对于由于船舶碰撞造成的损失，中国某公司有权向谁主张赔偿？

（2）对于由于船舶碰撞造成的损失，中国某公司是否有权向罗斯福号船舶所有人主张赔偿，为什么？

（3）对于所抛弃的 5 万美元的货物，属于共同海损还是单独海损？

（4）对于因船舶碰撞造成的罗斯福号的损失 7 万美元，在其应承担的 40%的碰撞责任范围内，该损失是共同海损还是单独海损？

（5）对于尼米兹号船舶的救助费用 3 万美元，该如何分担？

2. 中国买方与泰国卖方签订一份 10 万吨橘子的买卖合同，合同条件为 FOB（曼谷）。中方将安排的船舶的有关信息通知卖方后，船舶在若干天后抵达曼谷，但由于船长计算失误，所剩货舱不足以装运所有的 10 万吨橘子。经船舶公司与泰国方的协商，双方同意由该船舶公司的下一班轮运送该批货物，该下一班轮将于下周抵达。一周后，该班轮抵达泰国曼谷，并将 10 万吨橘子运至中国青岛港，但买方在收到货物后发现已有 50%的橘子腐烂。试评析该案例。

2007 年

一、简答题

1. TRIPs 的特点。

2. 国际并购的含义、特点、法律效力。

3. 中国对于外资银行人民币业务的规定是否违反入世承诺？该规定是否符合 WTO 精神？

4. 试论述国际税收饶让抵免。在当今是否有保留必要？

5. 欧共体和欧盟的关系，谁是 WTO 等国际协议的签约主体？

6. 最惠国待遇的特点。

7. 国际许可证协议的定价方式。

8. 电子商务的发展对国际税收的影响。

9. 欧盟和欧共体的区别。

10. 中国对自由贸易区的安排。

11. 股票上市注册制和审核制的区别。

12. 海陆空承运人责任比较。

13. 税收公平原则。

14. INCOTERMS 的变体。

15. 班轮运输与航次运输的区别。

16. 国际经济法的地位。

17. 跨国公司的社会责任。

武汉大学

2015 年

一、名词解释

1. 契约式合营企业

2. 卡尔沃原则

3. 独占许可协议

4. 国际银团贷款

5. 税收管辖权

6. 政治风险

二、简答题

1. 简述《联合国国际货物销售合同公约》（CISS）中关于买卖双方风险的分担原则。

2. 简述 MIGA 体制是如何促进国际直接投资的发展的。

3. 许可证制度与许可证贸易有无异同？如果有，请简述各自的内容。

4. 简要归纳《国际货币基金协定》的汇率制度。

5. 分析 FOS 和 RCA 的异同。

6. 简要回答国际借贷合同中的先决条件条款的含义。

三、论述题

1. 试分析：为什么说跨国公司内部各实体在法律上是相互独立的实体，而在经济上又是在母公司控制下所形成的一个整体？

2. 评述国际贸易惯例在国际贸易法中的地位与作用。

四、案例分析题

1. ［案情］甲国和乙国都是《联合国国际货物销售合同公约》的缔约国。甲国 A 公司与乙国 B 公司签订了从 B 公司进口 100 吨白糖的合同。合同选用了 2000 年《国际贸易术语解释通则》的 FOB 术语，并约定付款方式为托收。此后，A 公司与承运人 C 公司签订了海上货物运输合同（运输合同受《海牙规则》的约束），并向 D 保险公司投保了平安险。承运人的“希望”号轮按时抵达乙装货，B 公司提供了符合合同要求的货物。在“希望”号轮驶向甲国目的港的途中，因遇台风使部分白糖受损。B 公司委托银行向 A 公司收取款项，A 公司却以货物已经发生损失为由拒绝付款。

［问题］请回答下列问题：

（1）本案中的保险公司是否应对该批白糖的损失进行赔偿？为什么？

（2）本案中的承运人是否应对该批白糖的损失进行赔偿？为什么？

（3）本案白糖损失的风险在哪一方当事人？

2. ［案情］我某地对外工程承包公司于 5 月 25 日以电传方式请意大利某供应商发盘出售一批钢材。我方在电传中声明：这一发盘是为了计算一项承造一幢大楼的标价和确定是否参加投标之用，我方必须于 5 月 15 日向招标人送交投标书，而开标日期为 5 月 31 日。意大利供应商于 5 月 5 日用电传方式就上述钢材向我方发盘。我方据以计算标价，并于 5 月 15 日向招标人递交投标书。5 月 20 日，意大利供应商因钢材市价上涨，发来电传，通知撤销 5 月 5 日的发盘。我方当即复电表示不同意撤盘，双方为此发生争议。及至 5 月 31 日招标人开标，我方中标，随即电传通知意大利供应商，我方接受其 5 月 5 日发盘。但意大利供应商坚持发盘已于 5 月 20 日撤销，合同不能成立，而我方则认为合同已成立。

［问题］请问，根据 CISG 的相关规定，合同是否成立，并说明理由。

2014 年

一、名词解释

1. CIF
2. BOT
3. Bill of Lading（BIL）
4. 卡尔沃条款
5. 所得来源地税收管辖权
6. 租船合同
7. 国际债券
8. 货币法则（lex monetae）

二、简答题

1. 简述国际借贷合同中的消极担保条款的含义及其作用。

2. 简述《联合国国际货物买卖合同公约》关于卖方担保义务的规定。

3. 简述 MICA 体制是如何促进国际直接投资的发展的。

4. 许可证制度与许可证贸易有无异同？如果有，请简述各自的内容。

5. 简要归纳布雷顿森林体系的主要内容。

三、论述题

1. 评述国际贸易惯例在国际贸易法中的地位与作用。

2. 分析 WTO 法对国际经济法的发展。

四、案例题

1. ［案情］王某先后就其三项发明向中国专利局提出专利申请：1997 年 2 月 5 日提出水磁化技术的发明申请；1997 年 5 月 10 日提出真空保温技术的发明专利申请；1997 年 8 月 8 日提出不锈钢密封技术的发明专利申请。1998 年 1 月 16 日，王某以包含该三项技术的不锈钢真空保温磁化杯向日本特许厅申请产品发明专利，并同时提出优先权申请。

［问题］请根据《巴黎公约》回答如下问题：

（1）如果日本特许厅经审查认为王某的此项产品发明专利申请符合发明的单一性原则，那么王某此次申请的优先权期间从哪天起算？

（2）如果日本特许厅经审查认为王某的此项产品发明专利申请不符合发明的单一性原则，王某应怎么办？

2. ［案情］设 A 国的甲公司来源于 A 国的应税所得为 1000 万美元，甲公司在 B 国设立的分公司又取得来源于 B 国的应税所得 100 万美元。A 国的所得税率为 50%，B 国为 60%。

［问题］

（1）甲公司在抵免前应纳 A 国税款为多少？

（2）其应纳 B 国税款为多少？

（3）如果全部予以抵免，甲公司实际向 A 国缴纳的税款是多少？

（4）实行限额抵免，则甲公司实际向 A 国缴纳的税款是多少？

（注：请列明计算过程及货币单位）

2013 年

一、名词解释

1. GATS
2. CFR
3. 维斯比规则
4. 排他许可证
5. 公平公正待遇
6. 常设机构原则

二、简述题

1. 国家行为原则。

2. GATT 中最惠国待遇的特点。

3. 三个提单公约对我国《海商法》的影响。

4. 基金协定关于一国外汇管理法域外效力的规定。

5. MIGA 的作用。

6. 国际重复征税的原因。

三、论试题

1. CISG 中关于风险转移的规则。

2. 卡沃尔主义与投资自由化。

2012 年

简答题

1. 条约的保留与反对。

2. 信用证的基本原则及其与合同的关系。

3. CISG 中的卖方应当承担的权利担保和瑕疵担保义务。

2011 年

一、名词解释

1. 根本违约

2. CFR

3. 托收

4. 备用信用证

5. 卡尔沃主义

二、简答

1. 国家主权原则的具体体现。

2. 海牙规则关于承运人义务的规定。

3. GATT1994 最惠国待遇原则。

4. CISG 卖方的权利担保义务。

5. MIGA 承保风险范围。

6. 国际税收中的常设机构原则。

三、论述

1. 国际货物买卖统一立法的历史和作用。

2. IMF 关于汇率的规定如何？中国人民币制度是否符合该规定？

四、案例分析（此处只列举考题所涉的知识点）

1. 关于 CISG 的适用性和合同是否成立。

2. WTO 一成员方擅自提高关税，限制外资进入某一行业，当地成分要求是否符合 WTO 规定。

华东政法大学

2009 年

一、简答

1. SCM 协定中补贴的定义以及分类。

2. 信用证欺诈例外原则。

二、论述

1. 试以 ICSID 争端解决机制对发展中国家的影响为例，阐释国际经济法的经济主权原则。

对外经贸大学①

一、简答题

1. 简述我国对于 CISG 的适用保留。

2. 简述反倾销中的因果关系认定。

二、分析题

1. 在买卖合同中，如何理解“买者自慎”，卖方有何告知义务？

① 编者注：对外经贸大学国际经济法专业科目二中的简答、分析等题型，基本附有英文材料，对法律专业英语要求较高，考生应当注意加强对 CISG、WTO 等英文材料的学习。

附录二：国际经济法学习参考书目

《国际经济法学》编写组：《国际经济法学》，高等教育出版社 2019 年版。
郭寿康、赵秀文、韩立余主编：《国际经济法》，中国人民大学出版社 2022 年版。
张乃根：《新编国际经济法导论》，复旦大学出版社 2022 年版。
陈安主编：《国际经济法学》，北京大学出版社 2020 年版。
曾华群：《国际经济法导论》，法律出版社 2020 年版。
王传丽主编：《国际经济法》，中国政法大学出版社 2018 年版。
余劲松主编：《国际经济法概论》，北京大学出版社 2015 年版。
余劲松、吴志攀主编：《国际经济法》，北京大学出版社 2014 年版。
《学生常用法规掌中宝———国际法 · 国际私法 · 国际经济法》，中国法制出版 2021 年版。